Fernando Pessoa: abordagens

Organizado por:
Francesca Pasciolla
Rui Gonçalves Miranda

London
Spanish, Portuguese and Latin American Studies in the Humanities

Series: Pessoa Studies, vol. 6.
Works in this series are academically refereed.

Fernando Pessoa: abordagens,
edited by Francesca Pasciolla and Rui Gonçalves Miranda.

First published in Great Britain by SPLASH Editions, 2021, with the support of the Instituto Camões.

The rights of the contributors to be identified as authors of this work has been asserted in accordance with the Copyright, Designs and Patents Act, 1988.

© Individual contributors, 2021.

All unauthorised reproduction is hereby prohibited. This work is protected by law. It should not be duplicated or distributed, in whole or in part, in soft or hard copy, by any means whatsoever, without the prior and conditional permission of the Publisher, SPLASH Editions.

All rights reserved.

ISBN 9781912399222

Cover illustration and design by Francesca Pasciolla, inspired by the original painting "The Sun Sets Sail" by Rob Gonsalves (2001).

Vivemos todos, neste mundo, a bordo de um navio saído de um porto que desconhecemos para um porto que ignoramos; devemos ter, uns para os outros, uma amabilidade de viagem.

                        Fernando Pessoa

In memoriam
Dezembro 2020

O milagre digno de memória foi o de ter, paradoxalmente, *unido* o imaginário português, não apenas em volta de si próprio mas do que buscava, novo Ulisses, no oceano da alma moderna inconformada com o seu tormento e fragmentação incuráveis.

Eduardo Lourenço

A fragmentação incurável poderá ter perturbado gerações de críticos, quer literários quer de outra índole, porém uma *modernidade inconformada* não requer uma distinção rígida, rápida, entre as escritas criativa e crítica. Tormenta ou prazer, a entrada, reentrada, na textualidade unirá os imaginários do viajante, explorador, investigador.

As metáforas, como as sereias, encantam pela sedução; pois quem resistirá? Os contribuidores presentes neste volume, o mais recente da série *Pessoa Studies*, responderam generosamente ao pedido de Francesca Pasciolla e Rui Miranda, assim como ao desafio de embarcar na sempre atribulada aventura de sondar os textos e contextos de Fernando Pessoa.

Bernard McGuirk
Series Editor
Pessoa Studies

Rotas

Introdução 7
Francesca Pasciolla e Rui Gonçalves Miranda

Embarque

Atmosferas, estilhaços, ruídos. *Livro do Desassossego* – da 23
escrita enquanto abandono da vontade de poder
Silvina Rodrigues Lopes

Pessoa/ Soares desacorrentado: diegese da sensação no *Livro* 38
do Desassossego
Diego Giménez

To be discontinued... Desassossegar Pessoa 54
Francesca Pasciolla

Atracagens

A vida como sonho. Reler o onironauta Bernardo Soares à luz 75
do "sonho lúcido" e do "yoga do sonho"
Paulo Borges

O desassossego e o pensamento poético-filosófico de Fernando 94
Pessoa
Gisele Batista Candido

Fernando Pessoa leitor de Pascal e Novalis: estética do sonho e 110
criação heteronímica
Nuno Ribeiro

Tripulantes

As *personae* de Pessoa: a árvore genealógica britânica dos 123
heterónimos
Mariana Gray de Castro

Que tipo de Pessoas somos nós? Search me 134
Maria Manuel Lisboa

O Barão de Teive e *A educação do estóico* 154
Kelvin Falcão Klein

Beira-mar

Cinco marinheiros de Fernando Pessoa   167
Kenneth David Jackson

A gramática de Shakespeare n'*O marinheiro* de Pessoa   176
Flávio Rodrigo Penteado

Mensagem: Uma espécie de solução... não demasiado definitiva   194
Rui Gonçalves Miranda

Redes

"Só o mar das outras terras é que é belo": reinscrições pessoanas em dois textos de al berto   221
Mark Sabine

Um imenso outrar-se: leituras herberteanas em pessoa   244
Sara Costa

Nós

A morte, a vida e Fernando Pessoa   265
Richard Zenith

"Um desejo de termos companhia". Fernando Pessoa e o companheiro Mário de Sá-Carneiro   274
Rita Patrício

O riso irônico de Pessoa   296
Caio Gagliardi

Apocalipse... nau

O Apocalipse segundo Fernando Pessoa: quatro notas sobre o imaginário do fim do mundo   311
Pedro Eiras

Engatar Fernando: Pessoal?... Não, só um toque em teoria   331
Bernard McGuirk

Notas biográficas   347

Índice   353

Introdução

Francesca Pasciolla e Rui Gonçalves Miranda

Há certas expectativas que se podem vir a confirmar quando surge um novo título sobre Fernando Pessoa, mas o mesmo (ou parecido) poderá ser dito em relação a, por exemplo, James Joyce, Franz Kafka ou Jorge Luis Borges. Não se entra no panteão dos celebrados escritores da modernidade sem pagar um preço; várias são as metodologias, os entendimentos, constrangimentos até, ou as sensibilidades que informam as abordagens de hermeneutas, biógrafos, filólogos, editores e críticos, teóricos, amadores ou profissionais. Todos leitores dedicados, sensatos e necessários de um, ou de vários, Fernando Pessoa. Os autores deste volume, incluindo os editores, estão cientes e reconhecem(-se) (n)os esforços de críticos que antes abordaram, e produziram leituras outras do texto pessoano, dentro das respetivas sensibilidades geracionais e culturais, inevitavelmente com o seu *partis pris*. *Plus ça change*, não tivéssemos todos de partir desde onde pensamos estar no texto. Mas o leitor acompanhá-los(nos)-á na tarefa irresistível, no prazer performativo, de reler sempre, uma e outra vez, as aberturas da obra e do texto, as linhas e as entrelinhas que convidam a inúmeras partidas sem regresso definido, mesmo sem garantia de regresso... Se porto houver, este será, como no poema "Padrão", de *Mensagem*, um "porto sempre por achar".

O volume que aqui se apresenta é constituído por dezanove contribuições para a leitura de uma obra cuja dimensão e capacidade de surpreender não se esgota no espólio do autor, que continua sendo mapeado, decifrado, reordenado; se bem que, inevitavelmente, também passe por aí. A iniciativa por detrás do volume partiu dessa ideia simples, que também se poderia aplicar a Joyce, Kafka, Borges: a obra de Pessoa é inesgotável também porque o(s) seu(s) texto(s) convida(m) sempre a novas interpretações e desafiam, já e sempre, consensos. O desafio lançado aos autores, então, foi o de procurar saber como cada indivíduo responde ao desafio da escrita, dos textos, da obra, das provocações até, de Pessoa. Longe de um pretenso regresso às origens, ou de procurar fazer *tabula rasa* de uma rica, e vastíssima, fortuna crítica, o convite realizado aos contribuidores não definiu um tema, não se circunscreveu a uma obra ou a um conjunto de obras, não predefiniu metodologias ou posições críticas. A proposta foi a de que cada um/a lesse, ou relesse, criticamente o texto de Fernando Pessoa uma vez mais. O resultado é um volume com uma multiplicidade e variedade de abordagens, com uma diversidade de textos sob análise e em diálogo, que acabam por comunicar fortemente entre si.

O título *Abordagens* pretende ser sugestivo do carácter sempre provisório, ainda que absolutamente decisivo, de cada leitura, de cada aproximação. Abordar, no mar ou na rua, implica uma aproximação, partindo de onde se julga estar, em relação a um outro. Neste sentido, toda a leitura é aproximada, é uma aproximação. Mas abordar implica também confrontar os limites (*borda*), e as limitações: abordar não é abarcar, abordar não é incorporar, abordar não é definir ou restringir. *Abordagens* enfatiza quer os limites (fines) quer a noção de fronteiras porosas entre um(uns?) e outro(s).

Pelas razões acima descritas, o livro não se dividiu em unidades temáticas, ou dedicadas a obras em específico. Isto não invalida que certas secções não apresentem temáticas dominantes ou determinadas obras em maior destaque. O fio condutor para a organização do volume é o diálogo que os ensaios estabeleceram entre si. A arrumação dos textos sob termos que evocam a navegação espelha a dinâmica que os editores, também leitores, entreviram entre as diferentes abordagens a Pessoa; e é por isso provisória e ilustrativa. E se a princípio se estranhou, depois entranhou-se à medida que ensaios que abordavam obras no entorno marítimo (*Marinheiro*, *Mensagem*) sem embarcar em leituras predeterminadas (nacionalistas, essencialistas) resistiam ao canto de sereia das apropriações. Os títulos prestam homenagem à errância (leia-se: não acertar, com o sentido, com o significado, com um destino) de ler, de abordar Fernando Pessoa.

O que eventualmente se poderá perder em coesão recupera-se na coerência fundamental de as secções representarem diferentes tipos de combinação entre perspetiva(s) crítica(s) e texto(s) estudado(s). O diálogo que se estabelece entre ensaios em diferentes secções aponta para a riqueza de perspetivas sem deixar de fazer notar o entrecruzamento de leituras. Neste livro, como na obra de Pessoa, não há compartimentos estanques; a ambiguidade dos títulos das secções responde precisamente ao facto que, parafraseando um outro poeta, nenhuma secção é uma ilha.

Abordagens funciona simultaneamente como um aviso e um convite ao leitor para que não espere um sentido, um significado, um destino, um fim. Os textos de Pessoa, sem lealdade a *shibboleths* de género e, potencialmente, até ostensivamente, contraditórios, estão à espera de se desconstruir com, e pelo, leitor, hóspede talvez inconvidado – mas esperando sempre. Como em "O Homem de Porlock" se anuncia: "não queremos fazer esperar quem não existe, não queremos melindrar 'o estranho' *que é nós*" (2000a: 492). Se "Je est un autre" para Rimbaud, o estranho no texto de Pessoa "é nós". A pluralidade é assumida, é ponto de partida ("queremos"). Não é caso para ninguém se melindrar – entre "Pessoa-ele-mesmo" e "Pessoa-dobrado-em-outrem" (para usar a nítida expressão de Richard Zenith), não há "Je" à partida, só "me": "Nunca *me* sinto tão portuguesmente eu como quando me sinto diferente de mim – Alberto Caeiro, Ricardo Reis, Álvaro de Campos, Fernando Pessoa, e quantos mais haja havidos ou por haver" (1986: 180). Também não há (havido) "Je" ou eu ou nós à chegada: "por haver". A casa fica "por fabricar" ("O Andaime"), o "porto *sempre* por achar".

E o que se poderá acrescentar ao que já foi dito em relação aos escritos que Pessoa publicou em vida e, também, aos que deixou por publicar? Mesmo tendo em conta as descobertas de novos textos, novos enquadramentos, novas referências, mesmo novos desígnios, certamente chegaremos a um conjunto de escritos que apenas aparentemente seria inesgotável? *Fin de partie*. Enfim, sossego. Ou não? O desassossego persiste, e é notório o poder que ainda exerce em muitos dos capítulos inseridos no volume. É uma lição de humildade que o leitor atento acaba por ter de aprender, e os de Pessoa muito em particular. Pois não só tem de arcar com o imprevisto (*known unknowns* e *unknown unknowns*) de uma obra que se foi (e vai) reformulando com a emergência regular ou esporádica, por vezes inesperada, de novos escritos. O leitor que procure o julgamento cabal sobre um qualquer texto de Pessoa ou da sua obra em geral encontrará fraco consolo em ter sido antecipado, talvez mais uma vez, por algo que Pessoa (d)escreveu. A propósito dos juízos críticos feitos e por fazer sobre obras literárias, e num gesto, à falta de melhor palavra, pessoano, apela-se a uma certa esperança:

> A hope in a final – but not too final – justice: the "God writes straight on crooked lines" of the Portuguese proverb... unless by a practical development of Einstein it be possible to relay our talk into the past. But there is a linguistic brake to that: the ancients are spared more than our mere noise. When Caesar begins to have heard Mussolini, he will be no wiser than he has always been.
> The Gods will not tell us, nor will Fate. The Gods are dead and Fate is dumb. (2000b: 199)

Mesmo que algumas das teorias de Einstein já tenham sido confirmadas por avanços científicos, a evolução prática a que Pessoa alude ainda não se deu, logo também não podemos descobrir se Pessoa ficaria mais sábio se pudesse ouvir aqueles para quem a *Orpheu* é já centenária. Estes saberão, justiça nos seja feita, que no tempo presente se continua a aprender, de forma inesperada até, com o que Pessoa compreendeu, desenvolveu, e escreveu no século passado. Pois quanto ao futuro, estamos numa versão do futuro a que o texto se refere: no nosso *aqui e agora* que é ainda, já e sempre, o aqui e o agora de cada aproximação aos escritos de Pessoa. Abordar Pessoa, com uma justiça nunca demasiado final por horizonte, é expor-se ao risco de poder sempre falhar a partir da abordagem. Por linhas mais ou menos tortas, escrevendo-se mais ou menos certo: afinal Deus é um autor, morto e mudo segundo Nietzsche e Barthes, cada qual a seu tempo. O corpo morto de Deus, em "Ulisses" é "vivo e desnudo"; em Bernardo Soares, os deuses são uma função do estilo. Cada renovado esforço de leitura dos escritos pessoanos – com o passado, presente ou futuro em mente – comprova que somos o que talvez desde há muito vimos desconfiando; sempre e já contemporâneos, não do que Pessoa fez, mas do que o texto de Pessoa nos diz.

Os três primeiros ensaios demonstram a vantagem de ler Pessoa partindo de Pessoa, ou seja, do texto. Mas também a importância, para o crítico, de partir ao encontro de, por vezes de encontro a, antes do texto, a escrita. Em "Atmosferas, estilhaços, ruídos. *Livro do Desassossego* – da escrita enquanto abandono da vontade de poder", por Silvina Rodrigues Lopes, "estilhaços" opera de modo polissémico; pois o que de facto se rompe é a noção, a mera possibilidade, de uma totalidade, de ilhas flutuantes de géneros plurais e diferentes. *Différance* requer interação, considerar o *jeu* (e não o *je*) que erradica a consideração de presença e ausência enquanto termos separados (e separáveis) na estruturação de toda e qualquer metafísica. Sim, os sons, o ruído, de tropos familiares poderão ainda seduzir escritor e leitor para um reconhecimento (perigoso) do ambiente designado por história das tipologias, categorizações e divisões literárias. Tudo isto soa a, e destoa de, vontade de poder; esta iniciativa não sai incólume do *Livro do Desassossego*. É abandonado também o que obviamente está para trás, o passado, mas não oferece nenhum indicador, nenhum sinal de compensação a não ser sob a forma do enigmático.

Diego Giménez, em "Pessoa/Soares desacorrentado: diegese da sensação no *Livro do Desassossego*", demonstra a importância de uma leitura norteada por, mas não ancorada em, conceitos "puramente" teóricos. A tentação está sempre presente, e transmite muitas vezes uma falsa sensação de poder, e de segurança. Contudo, analisar implica também, muitas vezes não pode deixar de implicar, um abandono da vontade de controlar as correntes que atravessam, estruturam sem acorrentar, o texto. É nesse sentido que Giménez visa analisar a possibilidade e, necessariamente, as limitações, de uma leitura estruturalista do *Livro do Desassossego*, tomando como foco particular a "diegese da sensação". Ainda que alguns pressupostos da teoria de Roland Barthes sobre a estrutura da narrativa pareçam poder aplicar-se ao *Livro*, a proposta do *Livro* acaba evidenciando, isso sim, os limites da teoria. O ensaio explora de seguida se a teorização de Jacques Rancière sobre o romance moderno resiste melhor ao desafio de ler Soares desacorrentado.

Para Francesca Pasciolla, a tónica coloca-se antes numa certa "descontinuação". Em "To be discontinued... Desassossegar Pessoa", os textos de Fernando Pessoa são intercalados e harmonizados com as propostas críticas apresentadas por teóricos de inclinação estruturalista ou pós-estruturalista de modo a questionar a suposta necessidade de "completar" o *Livro do Desassossego* mesmo quando, ou sobretudo quando, confrontados com impossíveis continuidades. O que Pasciolla propõe é responder às aberturas da *e* na textualidade pessoana colocando-a em diálogo com numerosos autores, desde Sterne a Safran Foer, passando por Mallarmé, Kafka, Calvino e Coetzee, de forma a evidenciar – em vez de escamotear ou tentar colmatar – noções como interrupção, lacuna, não dito e espaço em branco. A literatura oferece aos seus leitores possibilidades multíplices e plurais, fazendo com que eles não sejam meros usufruidores da obra, mas participantes ativos na criação de sentido. Os textos que compõem o *Livro* são tidos não como emblemáticos, mas enquanto textos sintomáticos do *écrit* enquanto *scriptible*.

O Livro do Desassossego continua a ocupar lugar de destaque nos ensaios seguintes, da autoria de Paulo Borges, Nuno Ribeiro, e Gisele Batista Candido. A dinâmica, no entanto, é outra: em causa está sobretudo a tensão, necessariamente produtiva, entre o texto e as disciplinas, pensamentos e até certas tradições da estética e da filosofia, das mais próximas às mais inesperadas. Estas contribuições convidam a refletir sobre o modo como as diferentes ideias se ligam e aproximam aos *e* nos textos de Pessoa, como estas relações – detetáveis no espólio, ou não – podem alargar o entendimento do *Livro do Desassossego* e das suas fronteiras, por vezes instáveis mas invariavelmente porosas, com filosofias e estéticas várias.

O ensaio de Paulo Borges, "A vida como sonho. Reler o onironauta Bernardo Soares à luz do 'sonho lúcido' e do 'yoga do sonho'", visa mostrar que, ao considerar a vida como sonho e ilusão, Pessoa faz mais do que se inscrever numa tradição poético-literária ocidental e numa linhagem dissidente na tradição filosófica ocidental (Schopenhauer,

Nietzsche), mesmo sem expressa consciência disso. Evoca uma tradição, a indo-tibetana, que explora a fundo as possibilidades de usar os sonhos para o conhecimento e a libertação espirituais, dialogando implicitamente com uma das mais recentes descobertas neurocientíficas, a da possibilidade de se ter e cultivar sonhos lúcidos.

Se a leitura de Pessoa à luz de temas e aspetos das tradições orientais, pelas quais se interessou, alarga o horizonte filosófico interpretativo, a proposta de Gisele Batista Candido procura ir além das relações que frequentemente se estabelecem entre a obra de diversos filósofos e os escritos de Pessoa. Em "O desassossego e o pensamento poético-filosófico de Fernando Pessoa", a autora investiga a originalidade do pensamento poético-filosófico nos escritos de Pessoa, para isso explicitando a conexão entre o pensamento desenvolvido nos escritos e as discrepâncias e instabilidades do texto. O texto do *Livro*, e da categoria de desassossego que nele se desenvolve, representa, encena, pode desembocar num pensamento poético-filosófico que é, no entanto, inseparável das experiências criativas do texto. Só assim se entende o jogo entre desassossego e pluralidade que posiciona o desassossego como elemento-chave cujo sentido e originalidade parecem manifestar-se na capacidade de reiteradamente alargar o horizonte das suas experiências.

O ensaio de Nuno Ribeiro reforça a noção de que sonho ou pensamento não são categorias estáticas – mas elementos textuais geradores de múltiplos sentidos e desdobramentos. Em "Fernando Pessoa leitor de Pascal e Novalis: estética do sonho e criação heteronímica", Ribeiro revisita os textos de teoria heteronímica e extratos do *Livro do Desassossego* que abordam o sonho, apontando a importância da leitura que Pessoa fez dos livros de Pascal e Novalis presentes na sua Biblioteca Particular. Nestas obras, sublinhadas e anotadas por Pessoa, encontram-se considerações acerca do sonho e do problema da despersonalização que, segundo o autor, viriam a ter reflexo na obra de Pessoa, nomeadamente na génese de dispositivos literários que configuram o desdobramento heteronímico.

O título da secção que se segue, *Tripulantes*, presta homenagem à prodigiosa invenção de heterónimos e *personae*, mas sem deixar de notar que há vida para além, e para aquém, da heteronímia. O ensaio de Mariana Gray de Castro amplia a visão comparativa sobre a obra de Pessoa sem deixar igualmente de considerar o Pessoa leitor. Pessoa, afinal, é mais que apenas um estranho estrangeiro: foi educado no estrangeiro, nomeadamente numa colónia britânica, um aspeto fundamental para o entendimento da íntima relação de Pessoa com a literatura inglesa, e Shakespeare em particular. O ensaio "As *personae* de

Pessoa: a árvore genealógica britânica dos heterónimos" esboça, de forma provocadora mas convincente, os grandes ramos da família artística de Pessoa, assinalando como os recantos mais sombrios da heteronímia, como por exemplo o fingimento e a despersonalização, podem ser iluminados pela obra dos seus irmãos (Pound, Eliot e Joyce), modelos (Wilde e Keats), e pai coletivo (Shakespeare) literários.

O capítulo de Maria Manuel Lisboa, "Que tipo de Pessoa somos nós? Search me...", apresenta uma provocação de diferente espécie, mas partilha de um esforço semelhante de recontextualização da obra pessoana, partindo da leitura de "A Very Original Dinner", obra de um jovem autor em busca de voz/es (im)própria/s que assinou Alexander Search, e terminando no único livro em língua portuguesa que Pessoa publicou, *Mensagem*. A leitura de "A Very Original Dinner" sob o signo das tensões entre diferentes tradições imperiais, culturais e filosóficas no final do século XIX e nas primeiras décadas do século XX revela, sob o macabro enredo, quer uma ansiedade gerada pela visível irrelevância do projeto imperial português quer uma visão acutilante da barbaridade primeva que as roupagens discursivas, intelectuais e filosóficas com que se apresentam os impérios não conseguem disfarçar. A esta luz, a visão nacionalista (ou mesmo tão somente "nacional") de *Mensagem* não resiste. Em *Mensagem* persiste sobretudo uma procura, necessariamente amadurecida, por um modo de enquadrar a história de uma forma sem dúvida irónica, talvez mesmo cínica, mas – quando comparada com visões imperiais e nacionalistas contemporâneas e posteriores – também pragmática e até crítica.

Depois de Search, é a vez do Barão de Teive ser resgatado dentre as inúmeras *personae* da obra pessoana. Em "O Barão de Teive e *A educação do estóico*", Kelvin Falcão Klein analisa a figura do autor Barão de Teive, uma figura extrema e de excesso que, no entanto, partilha com as figuras autorais de Fernando Pessoa e de Bernardo Soares um culto da consciência da impossibilidade de fazer arte superior. O palco está montado para pôr em cena uma escritura que é sempre esboço, potência e devir, e cujo poder de questionamento e transgressão se compreendem melhor em diálogo e contraste quer com literatura contemporânea abertamente metatextual (o romance *Bartleby e companhia* de Enrique Vila-Matas) quer com as meditações de Giorgio Agamben sobre o desdobramento e despersonalização pessoanos.

Há mais marés que marinheiros, ensina a sabedoria popular. Mas tudo pode depender da atenção com que se lê. O ensaio de Kenneth David Jackson, "Os cinco marinheiros de Fernando Pessoa", enceta uma leitura da figura do marinheiro que atravessa a obra de Fernando Pessoa em diferentes géneros. A figura da peça *O Marinheiro*, em redor de cuja ausência se encontram as veladoras, será a manifestação mais visível, mas outras obras como os contos "A perversão do longe" e "A perda do hiate 'Nada'", publicados mais recentemente, obrigam a reequacionar a importância e a presença (algo paradoxal) dessa figura de ausência e de *rêverie*. O ensaio deslinda o valor da figura do marinheiro, assim como do mar, na constante criação de realidades alternativas e na convocação de personagens extraordinários e irreais, que ultrapassam os limites normais da percepção e da realidade. As aparições da imagem do mar e do marinheiro em diversos escritos e em diferentes momentos da obra revelam nos escritos de Pessoa um impulso que confronta, e afronta, os poderes de imaginação e perceção.

O ensaio de Flávio Rodrigo Penteado, "A gramática de Shakespeare n'*O Marinheiro* de Pessoa", na esteira de ensaios anteriores, não deixa de dar conta também da forma como os textos de Pessoa, e neste caso específico, *O Marinheiro*, revisita e reescreve o *topos* da vida como sendo um sonho. Shakespeare surge mais uma vez como uma espécie de pai, mas no âmbito dos escritos dramáticos de Pessoa, um pai tomado como ausente. O ensaio estabelece como ponto de partida um apontamento de Antonio Tabucchi que assinalava a comparação com a dramaturgia shakespeariana como uma alternativa viável à convencional aproximação, até mesmo integração, do drama estático pessoano na estética simbolista. O desenvolvimento da análise do influxo textual das peças teatrais de Shakespeare nos escritos dramáticos de Pessoa, e n'*O Marinheiro* em particular, não se resume a questões de influência. Pelo contrário, realça as particularidades e originalidades dos textos dramáticos escritos por Pessoa não só em relação a Shakespeare, mas também, e sobretudo, em relação às categorias que vêm informando a sua categorização e discussão.

"Quando, meu Sonho e meu Senhor?", assim termina o terceiro Aviso em *Mensagem*, o poema cuja ausência de título se faz notar. O *eu* que enuncia, à "beira-mágoa" e à "beira-mágua", evoca um outro (como no caso de *O Marinheiro*) imaginário mas nem por isso menos inconsequente, cuja ausência serve sobretudo para aumentar o poder e a potência da enunciação/ anunciação. Este é um de dois poemas datados de 1928 (o outro é "O dos Castelos") que Rui Gonçalves Miranda procura reler. Como no caso das leituras de *O Marinheiro*, as noções de imaginação e de memória (imaginada) são estruturantes; mas *Mensagem*, como o ensaio de Maria Manuel Lisboa demonstra categoricamente, não é alheio às malhas que impérios, e a história (por volta de 1928), vão tecendo. O ensaio enquadra a crise de Portugal, o desafio por superar em *Mensagem* no contexto mais amplo das discussões sobre crise e decadência europeia que, emergindo na segunda metade do século XIX, ecoam em várias obras e autores do período entre as duas guerras mundiais. "*Mensagem*. Uma espécie de solução... não demasiado definitiva", traça um mapeamento de tendências, uma recontextualização (e, também, retextualização) de escritos de Pessoa, poéticos e em prosa, lidos à luz da tormenta e nebulosidade do início do século XX: a impossibilidade de prever qualquer futuro de que fala Paul Valéry. Portugal, em *Mensagem*, pode convocar um processo messiânico, mas sem Messias que fitar e um futuro (do passado?) obrigatoriamente, porque estruturalmente, por vir.

O ensaio de Mark Sabine marca um desvio ainda mais contundente em relação aos discursos, histórias e memórias (*ça va sans dire*, textuais) nacionais e nacionalistas. Sabine explora como al berto se inspira na figura do marinheiro e na imagética do mar que o texto pessoano desenvolve, sobretudo em *O Marinheiro* e em "Ode Marítima". Em "'Só o mar das outras terras é que é belo': reinscrições pessoanas em dois textos de al berto", Sabine explora uma rede inter- e intra-textual em que o mar e o navio convocam uma exploração de novas possibilidades, experiências e sensações de modo a reler "Ode Marítima" ou *O Marinheiro* como contraponto a uma tradição poética portuguesa e a mitologias (poéticas, discursivas) que fazem uso de imagens semelhantes, ainda que claramente em diferente medida e de modo distinto. Quando al berto evoca, e reescreve até, o poema e o texto dramático de Pessoa, em "Salsugem" e "Luminoso Afogado", despoleta uma releitura que simultaneamente aproxima *O Marinheiro* e "Ode Marítima" de "Le Bateau ivre" de Rimbaud e os afasta das mitologias marítimas nacionais. A exploração da identidade ou da sexualidade não são, nos poemas de al berto, um apêndice de outras gestas, funcionam isso sim como um motor de transformação e exploração de si, do outro, e dos outros em si.

A questão de um(?) eu e do(s) outro(s), que na leitura de Sabine se desenvolve sob uma ótica que incorpora também a corporalidade e a sexualidade, não deixa de ecoar temas clássicos da diegese pessoana como os conceitos de unicidade e multiplicidade, ou da despersonalização e espelhamento autoral. Através de uma comparação entre Pessoa e um outro nome incontornável da poesia portuguesa do século XX, Herberto Helder, Sara Costa explora uma relação intertextual que vai além de questões de influência ou de pontos de contacto, debruçando-se antes sobre os mecanismos que possibilitam a (re)criação da matéria poética que se manifesta como efeito do discurso em potência. O capítulo "Um imenso outrar-se: leituras herberteanas em pessoa" parte da leitura lacaniana de Pessoa, na qual o sujeito é engendrado como lugar vazio de onde emerge a linguagem, para atentar na performance da escrita que constrói progressivamente, mais do que um sujeito poético, uma forte identidade textual quer em Pessoa quer em Helder, de formas obviamente diversas nos respetivos atos criadores, mas que não deixam de ser surpreendentemente complementares.

No decurso do ensaio "A morte, a vida e Fernando Pessoa", Richard Zenith destaca o poema "A Passagem das Horas", em contraponto ao mais celebrado "Tabacaria". A avidez pela vida, ser todas as coisas e todas as pessoas, representada no poema de Álvaro de Campos, reforça o argumento de Zenith que essa última passagem, a morte, insistentemente presente nos poemas e na prosa de Fernando Pessoa, é um insuperável limite mas que nem por isso – aliás, talvez por isso mesmo – deixou de atuar como um motor para o avanço da sua vida e obra. Morte e vida, segundo Zenith, apresentam-se numa relação claramente simbiótica nos textos de Pessoa: não só a morte integra o processo natural da vida como a meditação e o conhecimento da morte que está presente na sua obra conduziram Pessoa a uma maior entrega à vida. Esta abordagem às grandes questões existenciais, inevitavelmente pessoais mas quiçá transmissíveis, é revelada, repensada, reposta na leitura de Zenith.

O ensaio acima descrito, bem como os de Rita Patrícia e o de Caio Gagliardi que completam a secção, demonstra a vantagem de encarar Pessoa de uma forma dessacralizada, como mais que um *corpus*, mas evitando sempre falácias autobiográficas ou de qualquer outro tipo. Harold Bloom, com a sua proposta da noção de ansiedade de influência como motor de criação poética, colocou a relação agonística entre o poeta e os seus precursores no centro do processo criativo do poeta. Urge repensar a questão da influência de forma menos linear, cronológica, e mesmo combativa; mas o agónico não pode ser desprezado. O capítulo de Rita Patrício, "'Um desejo de termos companhia'. Fernando Pessoa e o companheiro Mário de Sá-Carneiro", esclarece o modo como, em determinados momentos, o confronto de Fernando Pessoa com o autor que, em muitos sentidos, lhe foi mais próximo, Mário de Sá-Carneiro, acabou por ser inevitável. A obra de Pessoa revela a coexistência de sentimentos de proximidade e distância, pela parte de Pessoa, em relação a Sá-Carneiro. Se o desejo de "companhia literária" projeta Sá-Carneiro como um possível par, o texto pessoano não deixa de assinalar a diferença entre a obra de Sá-Carneiro e a obra de Pessoa, projetada para um tempo futuro após a sua morte também, não apenas a do companheiro; o tempo para o qual, como Zenith também havia notado,

Pessoa viveu.

O que nunca deixou de acompanhar Pessoa foi o seu riso irónico, claramente aparentado com o riso-enigma que Silvina Rodrigues Lopes destaca no ensaio que abre este volume. Em "O riso irônico de Pessoa", texto que termina precisamente com uma acutilante menção ao riso de Fernando Pessoa em vésperas da sua morte, Caio Gagliardi extravasa, sem nunca turvar, as divisões muitas vezes artificiais entre o pessoal e o textual, entre vida e obra, numa leitura que sublinha a dimensão irónica dos textos de Pessoa. O riso irónico, focado no *ethos* autoral e manifestado nos traços de estilo, surge enquanto fio estruturante, e estrutural, da problemática do ser na obra de Pessoa tal qual se escreveu e tem sido descrita. O percurso que o texto de Gagliardi traça, numa acutilante revisitação da fortuna crítica, reescreve a obra à luz de um baudelaireano "ridente irremissível". Mais do que assinalar o humano, mas talvez não demasiado humano na escrita de Pessoa, o riso textual afirma-se como um riso de inteligência, nela fundado e implicado. Afinal, *caveat lector*, o capítulo oferece uma oportunidade de revisitar a importância da ironia na obra de Pessoa, relembrando-nos que nem tudo o que luz é ou(t)ro.

Nos ensaios de Pedro Eiras e Bernard McGuirk, a ponderação dos limites, do limite e do fim – das teleologias enfim – coloca-se em questão e como questão. Pois é sempre possível naufragar, não chegar a bom porto, sem que, no entanto, isso implique falhar um destino, por mais indefinido ou por definir. Ambos os ensaios, num tom herético (religioso e crítico), abordam, entre outros, o poema "Magnificat" de Álvaro de Campos. Em "O Apocalipse segundo Fernando Pessoa: quatro notas sobre o imaginário do fim do mundo", Eiras revisita a poesia (heterónima e ortónima) bem como a prosa semi-heteronímica de Soares à luz do Apocalipse e limítrofes narrativas teleológicas e escatológicas. O resultado da leitura de textos familiares através da convocação da ideia de futuro, do fim dos tempos, do fim da vida, do Juízo Final, é original, herético no sentido elogioso do termo. A despedida no final de *Mensagem* ("*Valete, Fratres*") ou as palavras finais do poeta são interrogadas, reposicionadas, reinterpretadas. Pessoa pode ter vivido para o futuro, mas não o adivinhou: "I know not what tomorrow will bring"; o que Eiras conclui em relação a esta frase – que é legível, mas indecifrável – aplica-se quer ao final de *Mensagem* quer ao regozijo com que muitas vezes o sentido do texto pessoano é fechado, arrumado, sedimentado pelos críticos e leitores mais desatentos à complexidade do *finis*. Por vezes, o tom apocalíptico adotado, o fim, é amigo (talvez *the only friend*?) do leitor que arrisca, mas não petisca, da certeza de ter decifrado o Apocalipse segundo Fernando Pessoa.

O ensaio de Bernard McGuirk, "Engatar Fernando: Pessoal?... Não, só um toque em teoria", realça que a possibilidade de um extravio do (proposto, pressuposto) destino é uma necessidade estrutural, não um acidente. Por mais que a bússola aponte para um contexto, o signo da rasura atua no, e sobre o, texto. A análise pós-estrutural impulsiona a leitura de uma poesia que assinala e prefigura, para logo submergir, portos críticos manifestamente, apesar das promessas, inseguros. O título e as epígrafes de abertura do ensaio de McGuirk conduzem – *Ecce animot* – a uma resposta ao toque da teoria para a perplexidade de "Conheço-me e não sou eu". "Gato" e "engatar" incluem toda e qualquer busca por uma subjetividade extra-textual; "quem tens lá no fundo?" será sempre uma pergunta retórica, sem resposta *hors-texte*. A corda de segurança do leitor que quer resistir a cantos de sereia passará necessariamente por largar mão de narratividades teleológicas. "A minha morte é estruturalmente necessária ao pronunciar do *Eu*" pode ser entendida então como uma percepção de Jacques Derrida, sem horizonte à vista, do apropriadamente designado "Bom servo das leis fatais" de Pessoa, um herdeiro pouco ou nada ansioso do "Un coup de dés jamais n'abolira le hasard" de Stéphane Mallarmé. Tanto mar...

Fernando Pessoa: abordagens é o mais recente título da série dedicada pela SPLASH Editions a Fernando Pessoa; é o primeiro título em português, bem como a primeira coleção de ensaios. Não se propôs ser exaustivo – nunca o poderia ser – mas ainda assim abrange um número de questões e textos que demonstra uma amplitude de abordagens a uma variedade de escritos que, à falta de melhor solução, cobardemente se passa a catalogar a modo de exemplo: dramáticos, filosóficos, críticos, correspondência, poemas e prosa, escritos em língua portuguesa e inglesa. As visões críticas que se apresentam são múltiplas, variadas, e até podem divergir naturalmente entre si; a máxima de um todo composto de partes não se aplica a um volume que não se concebeu segundo um tema ou empreitada específica, mas na base de abordagens por críticos e leitores com interesses e perspetivas diversas, em contextos distintos, com objetivos inevitavelmente diferentes. Não há comunhão de esforços, o que há de comum em cada artigo é uma abordagem crítica da obra de Pessoa para além dos julgamentos do (seu e nosso) tempo, (re)ler Pessoa à sua conta e risco: de cada abordagem ou enquadramento, de cada leitura, de cada referência crítica ou intertextual.

Talvez a forma mais adequada de fazer justiça aos textos de Pessoa, de corresponder aos desafios, seja abordar Pessoa sob novas perspetivas, revisitar as antigas, e voltar a ler cada escrito, de cada vez, como pela primeira vez, uma vez mais. Mas, como no caso do poema "Ela canta, pobre ceifeira", é importante ter consciência disso. Reler Pessoa é, nesse sentido, reescrever Pessoa: os escritos de Pessoa continuarão a ser lidos e relidos contra qualquer julgamento final, resta-nos depositar esperança, a procurar justiça, no carácter nunca demasiado definitivo de toda e qualquer abordagem. Cada século terá não só o Pessoa que quer, mas também o Pessoa de que precisa; e, para aqueles com um viés moralista, o Pessoa que merece. Sem avanços nas aplicações práticas da teoria de Einstein, só nos resta especular. Uma vez mais.

Referências bibliográficas

Pessoa, Fernando (1986). *Textos de intervenção social e cultural. A ficção dos heterónimos*, António Quadros (ed.). Mem Martins: Europa-América.

Pessoa, Fernando (2000a). *Crítica: ensaios, artigos e entrevistas*, Fernando Cabral Martins (ed.). Lisboa: Assírio & Alvim.

Pessoa, Fernando (2000b). *Heróstrato e a Busca da Imortalidade*, Richard Zenith (ed.), Manuela Rocha (trad.). Lisboa: Assírio & Alvim.

Embarque

Atmosferas, estilhaços, ruídos.
Livro do Desassossego – da escrita enquanto abandono da vontade de poder

Silvina Rodrigues Lopes

A escrita do *Livro do Desassossego* de Fernando Pessoa/ Bernardo Soares, que não se compõe em versos e não se cinge a regras de qualquer tipo, prossegue a indistinção entre prosa e poesia expressa na fórmula "a prosa dos meus versos" de Alberto Caeiro. Esse é um dos aspetos de uma ideia nova de literatura vinda do Romantismo, nomeadamente do alemão, que se afasta da possibilidade de definição de formas, temas e motivos próprios da escrita literária, conectando a literatura imediatamente à filosofia e apresentando-a como resolução, através de síntese, da tensão entre poesia e filosofia de que participavam as hierarquizações clássicas destes dois "géneros" de escrita.

Embora num fragmento do referido livro se faça o elogio da prosa dizendo que nela "se engloba toda a arte" (331)[1], a totalização ou englobamento é aí decisivamente posta em causa quando, em sequência, se discorre sobre a conexão da prosa a um anterior, um antes da fala, infância ou sentimento sem nome, dado como ritmo: "Lembro a minha infância com lágrimas, mas são lágrimas rítmicas onde já se prepara a prosa. Lembro-a como uma coisa externa e através de coisas externas; lembro só as coisas externas" (335). Nesta passagem poderia ler-se um programa do livro: por um lado, a referência ao ritmo é aí abertura para que se atenda ao que na prosa não é embalo do canto ou da música, por outro lado, e muito importante, a abertura é para uma pré-escrita, um exterior ("coisas externas") que não está sob domínio de um Eu, mas se coloca contra o mito da interioridade, sem que tal corresponda à rendição a uma instância exterior soberana. Trata-se de estilhaçar a soberania: por exasperação, pelo encetar de uma reescrita[2] que desgasta qualquer ideia e instaura a perplexidade, pondo em causa toda a vontade de poder. Irredutível à concretização de um programa, o livro apresenta-se como pesadelo labiríntico que se desfaz por uma ironia libertadora, quase impercetível, a da permanente discórdia consigo mesmo.

---

[1] Doravante, a numeração entre parêntesis a seguir a uma citação corresponde ao nº do fragmento que a integra em *Livro do Desasocego* (Pessoa 2010).
[2] Segue-se quanto a este aspecto a conceptualização de reescrever apresentada por Jean-François Lyotard num texto em que, partindo da noção freudiana de perlaboração, a transpõe para a compreensão da relação da obra de arte com o que nunca foi presente, e pode irromper na escrita em condições indetermináveis, manifestando-se como resistência à redução do dizer à comunicação e informação. Cf. "Reescrever a modernidade" (Lyotard 1990).

A poesia, que na Grécia começou por ser entendida enquanto manifestação da possessão divina, e a que se juntou a figura judaica do profeta, adquiriu a partir dessa base o seu estatuto de supremacia, indissociável das potencialidades da fala na condução das políticas, dos negócios, dos encantamentos.³ Solicitada para apoio de políticos e educação do povo, a poesia teve como rival a filosofia, que, apresentando-se com base na razão, visou tornar-se independente da palavra inspirada ou sacerdotal. O Romantismo apresentou-se como superação dessa rivalidade, substituindo-a por um drama sem fim, no qual cabia ao génio – indivíduo excecional, intermediário do divino ou capacidade superior, cume da potência da Natureza, seu defensor contra as ameaças do progresso e seu profeta – educar, pela poesia, a restante humanidade (o povo), reconhecendo nesta uma potência recetiva, uma disponibilidade para ser conduzida pelas ideias e ideais a que a poesia poderia fazer aceder.⁴

O fragmento a seguir transcrito assinala um ponto decisivo de rutura com o Romantismo, mostrando ao mesmo tempo que conceber tal rutura é ainda permanecer no interior dele.

> A personagem individual e imponente, que os românticos figuravam em si mesmos, várias vezes, em sonho, a tentei viver, e, tantas vezes quantas a tentei viver, me encontrei a rir alto, da minha ideia de vivê-la. O homem fatal, afinal, existe nos sonhos próprios de todos os homens vulgares, e o romantismo não é senão o virar do avesso do domínio quotidiano de nós mesmos. Quase todos os homens sonham, nos secretos do seu ser, um grande imperialismo próprio, a sujeição de todos os homens, a entrega de todas as mulheres, a adoração dos povos, e, nos mais nobres, de todas as eras... Poucos como eu habituados ao sonho, são por isso lúcidos bastante para rir da possibilidade estética de se sonhar assim. (198)

Verifica-se que a exacerbação romântica do Eu não corresponde à exceção que pretendeu ser, a do "homem fatal" – irresistível e pleno de poderes – pois, afinal, ela não difere dos sonhos dos "homens vulgares" virados do avesso, imagem que dá a ver aqueles que em tal creem como

---

³ Como observou Edgar Zilsel (1993), a valorização da poesia e da retórica enquanto atividades supremas está em consonância com a desvalorização do trabalho manual e com a correspondente instituição de uma cultura assente na idealização.
⁴ Contra essa boa consciência, podemos ler: "Não temos o direito de fazer os outros vítimas dos nossos caprichos, ainda que de humanidade ou de ternura. A bondade é um capricho temperamental" (335).

uma espécie de bobos da corte, que dão em espetáculo a vida não regulada, como se a sua desordenação fosse manifestação da mais alta liberdade. É isso que faz rir. Sendo a do excerto acima uma das raras referências ao riso no *Livro do Desassossego*, ela está todavia em sintonia com uma leitura desse livro que valorize nele a ironia como esboço de um riso libertador na dissipação de hierarquias a que o livro procede.

Para os românticos, virar do avesso esse avesso da alma que é o sonho é dar-lhe dignidade de sagrado, de intocável, é pô-lo do direito, convertendo-o em operação finalizada pela Natureza (do homem) ou por outra instância superior. A incompreensibilidade dos sonhos sempre suscitou modos de os reconduzir a finalidades – sagradas, teológicas egocêntricas e outras. Associados a oráculos, profecias, revelações divinas, é nas *Confissões* de Santo Agostinho que aqueles assumem uma função de exaltação teológica, em aliança com a ideia de uma interioridade em busca da sua expressão mais autêntica, a do *interior intimo meo*.

No "domínio quotidiano de nós mesmos", o dos "homens vulgares" (excerto citado acima), o sonho perde grandeza, surge com uma espécie de inevitabilidade para aqueles que se lhe dedicam como a um meio espontâneo de evasão com que iludem o referencial das suas ações pré-determinadas – pelo critério de eficácia e pela administração de sentimentos talhados em imagens disponíveis para uso da imaginação. Enquanto faculdade de viver em imaginação, de viver a vida por empréstimo, o sonho corresponde ao avesso enquanto aquilo que não tem valor, que deve ser confinado e considerado indigno de ser vivido, só podendo ter lugar no mais secreto dos indivíduos.

Bernardo Soares compõe um viver que diz ser trágico, e por isso mesmo irónico, uma vez que decorre do destino, uma designação para o não antecipável cujo poder não pode ser comprovado e assim fica (ironicamente) dependente da crença. Não crendo na naturalidade da (sua) função social, do (seu) emprego, verifica-a. A repugnância que tem pelo vulgar é repugnância por tudo o que aparece como inevitável, daí que esse sentimento esteja na origem do seu isolamento e das conjeturas que ele propicia: sonho, devaneio, introspeção, observação, etc.

Uma vez que o fora da linguagem só se poderá dar na linguagem, nenhuma conjetura pode ser certa, nem o desejável pode ocorrer no cálculo total em que reina a Razão tecnocrática. Pela condição estrutural de ficcionalidade da linguagem, embora ignorando-a ou iludindo-a, a razão faz valer ortodoxias e heterodoxias, mas é também abalada por ela: entre circulação e corte, a linguagem tece semelhanças e dissemelhanças, que "emaranha" ao traçar e apagar limites do mundo. Os fragmentos, estilhaços da continuidade lógica, não pretendem ser acesso ao impossível, mas afirmam que viver não é apenas, nem sobretudo, dominar (a natureza, a si mesmo, os outros). Eles tanto cortam como remendam, e é como tal que vão afastando a solução final, a do mundo apenas fechamento, sendo a sensação de frio quase sempre figura de corte, figura de ser só, numa separação irremediável de tudo; e a matéria sem forma definida, a água (nuvens, chuva, lágrimas), quase sempre figura de ligação.

O paradoxo do sentimento de separação como corte (dor) é que ele supõe o sentimento oposto, o do social, como desejável. Mas não o social, ou cultural, enquanto afirmação da troca entre sujeitos, nem o místico como esquecimento de si num todo – o social impossível, infância das relações, abertura ao desconhecido.

A passagem do estatuto milenar do poeta para a sociedade moderna deu-se de várias maneiras, mas principalmente através da atribuição do lugar de uma competência superior no manejo da linguagem, que o torna aliado e dependente de uma intelectualidade superior e lhe permite continuar a ser o "mentor" desconhecido, que a vontade de dominação usa a seu bel-prazer para compensar a "orfandade" resultante da celebrada morte de Deus. O *Livro do Desassossego* recebe a herança confrontando-se principalmente com o Romantismo e o que se lhe seguiu. Daí herda a crença na inseparabilidade do pensamento filosófico e da escrita literária. Mas coloca na base da repetição dessa crença uma deslocação decisiva: enquanto modos do pensamento, modos de relação com o desconhecido, filosofia e literatura não podem abdicar da incerteza que as liga e as põe em causa, as desassossega – escrever não é uma atividade instintiva nem o resultado de uma competência; não equivale a registar no livro Razão aquilo que lá cabe, aquilo que é suposto respeitar a lei de uma forma. Nesse sentido, a atenção à vida moderna, ao vulgar – "a vulgaridade é um lar" (196) –, afasta-se do que nela é ditado por uma economia da atenção enquanto processo que visa torná-la um instrumento eficaz: "a atenção não deve ser cultivada exageradamente" (110).

A observação da vida urbana dá-se em fragmentos, paisagens em que a personagem-autor se inscreve, se implica: "desenrolo-me na alma desatenta esta paisagem de abdicações, inconsequências [...] tudo se emaranha" (204).

Na literatura sem propósitos nem competências, literatura-que-não-nasceu-para-isso, que resiste à eficácia e à autoridade, nada é antecipável: o profético está fora da realidade "vulgar" (o ordinário), que é a única realidade (natureza e cultura), aquela de que se herda. Em rutura com a vontade de poder, que pretende ter um fundamento unificador fora da realidade, da sua permanente mudança, a escrita testemunha um tipo de complexidade que a torna incurável, insuscetível de ordenação. Esta não se separa das fontes da desordem, a primeira das quais é o inútil, posto em destaque como qualificação do livro – "páginas inúteis, lixo e desvio" (303).

Sendo composto por uma acumulação de fragmentos, sem ordem nem soma, o *Livro do Desassossego* é escrito em contraste com o Caixa e o Razão, livros que a personagem Bernardo Soares tem em cima da secretária, idênticos àqueles que qualquer um poderia utilizar para registar os resultados sintetizáveis em "deve", "haver" e "balanço". É um livro em que, nas horas vagas, são escritas "memórias" ou "confissões", expressões criadas pela razão e pela imaginação, próprias e impróprias, sem interior ou exterior que as fundamente, ficcionais (entende-se como ficcional tudo o que não é de ordem factual, registável como ocorrência documentada, logo, por definição, tudo o que se pode apresentar como incerto). Aí assumem especial importância as variações de pormenores mínimos, em conjeturas e descrições, e o movimento de contradizer o que já se disse. Como tal, a propósito deste livro, apenas de modo provisório se pode falar de temas e apresentá-los. Eles existem em estilhaços que atingem a competência dos leitores e os desassossegam, remetendo-os para a descontinuidade que esta não para de iludir.

Tendo como base a invenção de uma existência que, sem se isentar da condição do "homem vulgar", escapa à burocracia da vida – dedicando-se a escrever, pensar, sentir, imaginar, desejar e detestar –, Bernardo Soares toma corpo em sonhos, devaneios, emoções, sentimentos, silêncios e observações (de coisas, cores, ruídos, estados atmosféricos, luminosidades, paisagens, etc.), produzidos enquanto inteligência da realidade (natureza e cultura). Ele existe para lá do que seriam os possíveis do vulgar (realidade abstrata, dada em expressões que constituem os possíveis de qualquer um, incluindo os seus), existe no risco da escrita, na qual constrói a expressão do seu viver e a deixa, oferecida a leitores desconhecidos, aos quais não impõe qualquer sentido ou hipótese de ali o encontrar. É como tal que estamos perante um livro impossível e prolixo: um livro que expõe a sua condição de livro (impossível) que, num certo sentido, deveria ser sobre tudo (ou sobre nada), sobre o quotidiano dos "homens vulgares" (cada homem, mesmo os que desprezam o vulgar, participa, enquanto falante, dessa condição), desde os que constroem para si sonhos de genialidade e glória, até aos que se conformam com a vida e aos que dela se lamentam – todos previsíveis e, por vezes, imprevisíveis. A prolixidade é por conseguinte constitutiva e possível, mas o "tudo" é impossível. Trata-se então, no livro possível-impossível, de uma escrita que faz (reescreve) mitos e teorias e nesse fazê-los os desfaz, mostrando a inseparabilidade das duas faces da luz – negra, fria, terrível; luminosa, enigmática, esperançosa –, enquanto manifestações de forças exorbitantes que atiram cada homem para uma solidão irremediável, a qual, num sistema dominado pelo egocentrismo, o deixa à mercê da solidão dos outros e das paixões nascidas da socialidade.

Paradoxalmente, a solidão é também condição de fuga à fixação de si e às paixões. Por ela, a palavra adquire a graça do reconhecimento do outro enquanto desconhecido, decisivo no movimento de interpelação não egocêntrica dos outros enquanto igualmente interpelantes.

Na impossibilidade de distinguir o previsível do imprevisível, o objetivo do subjetivo, o correto do incorreto, o gesto de escrita que consiste apenas na apresentação de temas e observações – publicar para ir ao encontro de outros e lhes mostrar o que se viu – estará sempre imbuído da arrogância de quem se apresenta como tendo visto o que, por qualquer motivo, os outros não viram. Daí que a escrita seja temperada pelo gesto de estudo, de observação e de esforço de compreensão, sem os quais não há abertura à contradição (um dos modos de suspender o exercício de sedução retórica) nem à interpelação – gestos que suspendem a rendição da vida prática à necessidade, permitindo a incerteza do pensamento, que a retira à esfera do útil. O estilhaçar da ordem regrada dos hábitos e da lógica não é feito de grandes descobertas ou de invenções espetaculares, mas sim do mínimo desvio que vem do escavar da monotonia prolixa (sonho, devaneio, "introspeção", observação, raciocínio, etc.) e desassossegada, em que as imagens e ideias se multiplicam, desconectam e perdem a hierarquia que as sustentava.

É possível admitir que o homem vulgar imagine uma existência que tenha por base a exacerbação prolixa de possíveis e faça disso um programa de vida. Não é esse o tipo de existência da personagem-autor Bernardo Soares (se assim fosse, o livro seria o registo de uma acumulação de factos como resultado de ações desta personagem, e eles não existem). A "estética da abdicação", por vezes aí proclamada, corresponde à colocação de uma metodologia que afasta a subordinação a regras de verosimilhança e propõe um jogo ficcional sem limites. Construir uma expressão é inventá-la, pensar, com toda a carga de enigma que daí advém, o que não impede que se construa com materiais que fazem parte do repositório de ideias e imagens feitas, mas produzem efeitos inesperados ao serem introduzidos no jogo da escrita. O "homem vulgar", o que num indivíduo é repetição de um retrato feito de estereótipos psicológicos e sociológicos, não é o homem (vulgar), que vive: é aquilo que o aprisiona no seu cárcere. Bernardo Soares, nome de um vulgar ajudante de guarda-livros, não é no entanto isso, é nome de alguém que dá ao mundo uma certa atenção que vai ao encontro do seu ruído, do que dele se não pode converter em informação e comunicação. Pode ser o ruído silencioso das lágrimas, ou o do grito, como numa descrição de uma mudança atmosférica: "E súbito, como um grito, um formidável dia estilhaçou-se. [...] A chuva era triste com o seu ruído bruto e humilde [...] Nitidamente, na rua ao lado, as campainhas dos elétricos tinham também uma socialidade connosco. Uma gargalhada de criança deserta fez de canário na atmosfera limpa" (276). A tempestade que estilhaçou o dia proporcionou o espanto, introduzindo ruídos e sons que tornaram mais próxima a realidade. Também na descrição da Baixa numa manhã com nuvens se estabelece uma simbiose entre Bernardo Soares que observa e a bruma que nele se infiltra ao ponto de o fazer ouvir, em vez de ver: "Reparo subitamente que o ruído é muito maior, que muito mais gente existe" (298). Aí, a grande diversidade de sons dá à rua um tom festivo, de proximidade, até ao momento em que a névoa se dissipa e Bernardo Soares acorda da ilusão que a névoa (ou o sonho) lhe proporcionou e perde o contacto, vislumbre, que teve da Realidade como ela é, quando as pessoas não surgem identificadas com funções, mas se tornam pontos ruidosos do mundo: seres falantes atravessados pelo caos sem serem caos, pela ordem sem serem tipos. No final, reconhece que, perdido o espanto, a visão que tem já de novo lhe não pertence. Aí lemos: "[a minha visão] é só a do animal humano que herdou, sem querer, a cultura grega, a ordem romana, a moral cristã e todas as ilusões que formam a civilização em que sinto" (298).

Figurações da intimação imediata ao sentir que suspende o sentir habitual, as variações atmosféricas, ao perturbarem as perceções pré-definidas, intensificam os ruídos e a proximidade, estilhaçam visões ordenadas pela civilização ocidental, são por isso figurações do que no pensamento se dá em estado nascente e irreconhecível. Elas alertam para o desfazer de um centro ordenador, que se dispersa, como as nuvens (em ficções instáveis), ficando em seu lugar o intervalo entre Eu (qualquer um, enquanto multiplicidade instável) e Outro (igualmente qualquer um). Ficções e confissões são dois nomes para os estilhaços decorrentes do esforço de pensar, elas não dependem de nenhum pacto prévio com o leitor, de nenhum aviso, mas sim do abandono de códigos de pretensão naturalista ou convencionalista. As referências a comportamentos rigidamente enquadrados e à habitual sobrevalorização dos factos ou resultados fazem parte do movimento de saída desse espaço saturado, através da exposição de um sentimento de insuportabilidade que se alia ao apelo de uma "energia deslocante". As confissões-escrita (vazios de previsibilidade, intervalos da fala) distinguem-se da transgressão, uma vez que esta se define positivamente, como ação, distinguindo-se também da abdicação de viver. A abdicação de agir, impensável nos termos da relação sujeito-ação, torna-se paradoxal quando a ideia de sujeito como centro se desfaz. Aquele que diz "odeio a vida por amor a ela" (88) chama a atenção para os muitos sentidos que a palavra "vida" tem na perspetiva do viver, eles fazem com que o viver de alguém não seja resumível a Um, mas seja dividido.

Quando Bernardo Soares, personagem-autor, advoga a abdicação da ação, pode entender-se aí uma relação com Bartleby, a personagem-escrita da novela de Melville: a defesa do não agir é em ambos a de uma reserva de fora-do-cárcere no coração do cárcere, isto é, uma reserva de não subjugação a *dead letters* ou cópias.[5] Bartleby, enquanto personagem-escrita, é "ilustração" de um não agir que deixa os leitores confrontados com a radicalidade dessa decisão, vista como manifestação do mais singular de um indivíduo – isso inquieta e solicita que se pense a resistência passiva no seu extremo, naquilo que a aproxima da morte. Quanto à personagem-autor, Bernardo Soares, enquanto suporte da construção de uma ficção do viver de um indivíduo que, não tendo factos relevantes, não tem nada de representável, trata-se de colocar como ponto de partida a confissão baseada na crença no irrepresentável, crença (confiança) na saída invisível do emparedamento cujas hipóteses a razão permite tecer e destecer, mas cuja porta apenas se abre sem hipóteses, sem porquês, pelo próprio viver, que se dá na reescrita, como um anterior no posterior, interminavelmente:

> A tragédia principal da minha vida é, como todas as tragédias, uma ironia do Destino. Repugno a vida real como uma condenação, repugno o sonho como uma libertação ignóbil. Mas vivo o mais sórdido e o mais quotidiano da vida real; e vivo o mais intenso e o mais constante do sonho. Sou como um escravo que se embebeda à sesta – duas misérias em um corpo só.
> Sim, vejo nitidamente, com a clareza com que os relâmpagos da razão destacam do negrume da vida os objectos próximos que no-la formam, o que há de vil, de lasso, de deixado e factício, nesta Rua dos Douradores que me é a vida inteira [...].
> E o sonho, a vergonha de fugir para mim, a cobardia de ter como

---

[5] No entanto, estas personagens diferenciam-se na medida em que a personagem-autor Bernardo Soares rompe com as convenções realistas, multiplicando fragmentos em que a introspeção se assume como construção, ficção, sendo daí que decorre o desejo de abdicação de agir, enquanto, no que respeita a Bartleby, a preferência pela inação é sugerida, através do seu quase emudecimento, como traço de um carácter singular em oposição ou resistência ao que o rodeia.

vida aquele lixo da alma que os outros têm no sono, na figura da morte com que ressonam, na calma com que parecem vegetais progredidos! (212)

Não há medida da distância entre a vida e o viver. Na embriaguez, tal como no dormir e ressonar dos que "parecem vegetais progredidos" (duas figuras da quase-morte), a vida sobrepõe-se ao viver, destituindo o indivíduo de qualquer grau de autodeterminação. No sonho acordado, devaneio, aquela distância dá-se como sentimento de vergonha provocado pelas representações que, embora falhando as distinções do viver – complexas, não-lineares, pertencentes à penumbra do mundo, ao acaso – são o meio em que pode formar-se "um desejo inútil que não seja deveras inútil" (212), pois o devaneio, sonho acordado, não é nítido, mas sim, como um céu nublado, cheio de sombras, de consciência da sua inutilidade, que pode não ser deveras inútil, pode abrir para o acaso de movimentos e encontros.

Entre a Rua dos Douradores quando destinada a acolher os que exerciam o ofício de recobrir a folhas de ouro livros e outros objetos, para dar a ver apenas a magnificência, e a Rua dos Douradores em que trabalha o ajudante de guarda-livros,[6] cuja tarefa é registar quantidades e quantias em livros de contabilidade, mudou o tipo de trabalho realizado: o ofício era questão de paciência e aperfeiçoamento, o emprego destina-se apenas a registar e manter certas as contas no interior de livros que se confundem com a ordenação burocrática do mundo, a qual afasta o dourado enquanto véu de ilusão próximo da vida prática e o coloca num nível separado do quotidiano do comum dos mortais, o nível de uma simbologia competentemente estabelecida e imposta. Essa mudança faz parte do culminar da identificação do indivíduo com a sua função. Quanto a Bernardo Soares, ele não deseja integrar-se nessa mudança – nem para assumir nela o papel do homem vulgar que reage segundo regras, nem para assumir nela um papel de controlo[7] – mas também não deseja viver do sonho ou da imaginação. Ele é expressão do desejo de sair de qualquer lugar, construída através da monotonia da vida do homem vulgar na condição excecional do indivíduo solitário, inverosimilmente em conjugação com o "vício" das teorias e a convicção da inutilidade

---

[6] "Todos nós que sonhamos e pensamos somos ajudantes de guarda-livros" (186).
[7] Note-se o desejo de ser sempre "ajudante de guarda-livros [...], não passar nunca a guarda-livros" (284), que faz lembrar o texto de Kafka "Diante da Lei", no qual a porta da Lei não existe enquanto tal, havendo apenas a porta destinada a cada um. A semelhança reside na ausência de centro da lei ou do mundo: não havendo centro, não há a Porta Principal, como também não há o guarda-livros, mas apenas portas e ajudantes de guarda-livros, cabendo a cada indivíduo a porta de uma relação única com a lei, ou a guarda única dos livros da humanidade.

delas, que reforçam a referida monotonia. Trata-se de levar a monotonia a uma exacerbação tal que ela permita pressentir a expressão do desejo de partir para o impossível sem abandonar a razão, condição da consciência de distinção da humanidade, que se destaca como história: "Partir da Rua dos Douradores para o Impossível [...] Mas isto intersecionado com a Razão – o Grande Livro que diz que fomos" (211).

Alusões ao "cansaço da inteligência abstracta" (229), ao "peso da consciência do mundo" (229), à "vontade de não querer ter pensamento" (229), coexistem com a apreciação de versos de Alberto Caeiro, atribuindo-lhes a característica de "Frases [...] que parecem crescer sem vontade que as houvesse dito" (232), mostrando como há um problema da vontade, que se coloca em termos kierkegaardianos, como drama da existência. Por vezes, o desejo de "não saber de si" precede o "saber de si de repente" que se apresenta como "Luz súbita", luz em que o "saber de si" se dá como relâmpago que fulmina pelo excesso de velocidade e intensidade: não o saber de alguma coisa, mas saber-se existente na suspensão de qualquer objetividade, sentimento súbito de si como resistência à dissolução, sentimento sublime, instantâneo da existência na sua irrepresentabilidade. A referência a ocorrências súbitas, frequente no conjunto de fragmentos, é um indicador dessa passagem para o plano da quase-consciência, de alguma coisa a que só o esforço de representação permite aceder, inventando-a, e que enquanto moção da ordem do sentimento, desfaz a oposição representado/ irrepresentado, a qual constitui a base do positivismo tecnológico. Trata-se de pensar na escrita a "perlaboração" infinita[8] desencadeada pelo escrever que tanto dá lugar ao terror como ao seu oposto, a vontade de viver: "O ruído do dia humano aumenta de repente, como um som de sineta de chamada" (210). O terror abate-se num gesto brusco e o pesadelo termina: "O som da chuva esbate-se para mais alto no exterior indefinido. Sinto-me mais feliz. Cumpri uma cousa que ignoro" (210).

Com a subjetivação moderna, o progresso enquanto definidor de futuro retira o homem à dependência divina, interpondo-se entre ele e Deus (ou deuses, enquanto figuras de poder não conhecível) e coroando a Razão (a deusa Razão) com os atributos da divindade – o poder ilimitado que excede e comanda os homens, mas com o qual o combate se trava em termos diferentes, pois a razão é a faculdade que permite ao homem determinar as suas finalidades e programar as suas ações, de modo a

---

[8] Trata-se de uma noção proposta por Freud (em *Erinnern, Wiederholen und Durcharbeiten*, 1914), que prevê o abandono da repetição e rememoração como vias de cura. Na perlaboração, como no conceito de *reprise* em Kierkegaard, a repetição modifica-se ao aliar-se à invenção, assim libertando da compulsão à repetição.

colocar-se como centro ordenador do mundo. Na sua exclusividade ela daria lugar à vida necessária, eficaz, insensível: "O Mundo é de quem não sente. A condição para ser um homem prático é a ausência de sensibilidade" (382). O sonho aparece então mais nitidamente como o avesso da vida, a parte de interioridade inútil, de lixo ou de desejo de evasão: triste compensação e testemunho de capitulação face aos ditados do novo poder, o qual, dada a sua impessoalidade, não atende preces nem escuta emoções ou sentimentos.

A condição de crença no progresso é também a de abdicação perante ele, a qual não precisa de justificação, dado que, supremo e inquestionável, ele é já o traçado do destino dos homens e a configuração das suas vidas, o fim do aleatório. O ponto de vista da técnica como produtora de realidade traçou os moldes do desejo e colocou padrões de emoções e sentimentos. Sob essa condição, a produção de sonhos apareceu primeiro como refúgio, evasão e remédio, eles respondiam ao sentimento de não pertença à realidade, como se lê nas *Confissões* de Rousseau, em que a consciência de se remeter para o "país das Quimeras" é já procura de remédio para a perda.[9] É assim que, na época moderna pré-romântica, introspeção e sonho surgem aliados como modo de fuga à produção de subjetivação forçada: daí surgiu também a ideia de um passado "primitivo" ingénuo, e de uma época em que o progresso técnico expurgava o indivíduo da relação com a natureza e privava-o de infância. Sonhar, enquanto evasão escrita e meio de confissão, confronta-se – deixando aberta a porta, que outros pretendiam fechar para confinar o sonho ao segredo ou ao avesso da alma – com a perda, com o haver perda que não é dita mas se diz no exercício da linguagem como *pharmakon*, possibilidade de coexistência nesta de veneno e cura.

Construindo a ideia de um poder Irracional superior, o do Eu, que até a razão pode colocar ao serviço da sua Missão, o Romantismo de Jena construiu uma conceção de poesia que a apresentava como "devir Universal progressivo". Desse modo, pretendeu unificar os dois polos da oposição natureza/cultura sob o signo da primeira, cuja lei estaria plasmada na linguagem. Numa operação de conciliação absoluta dos contrários, o "primitivo" era relevado pela poesia, que incluiria em si filosofia e ciência, partes de um todo indiscernível, o "Real Absoluto".[10]

No excerto que transcrevi inicialmente, o riso da personagem-autor assinala a distância em relação à "personagem individual e imponente, que os românticos figuravam em si mesmos, várias vezes, em sonho".

---

[9] Por exemplo: "L'impossibilité d'atteindre aux êtres réels me jeta dans le pays des Chimères", *Confessions*, cápítulo V, "Du nouveau sur la Nouvelle Héloise".
[10] Fórmula de Novalis, a qual enquadra as primeiras edições, póstumas, de livros de Fernando Pessoa, as de Edições Ática.

Trata-se de considerar que essa personagem é a concretização de um outro tipo de fatalidade, que não a pretendida, não a do exercício de um poder superior, que a tudo subjuga, mas a da condenação ao sonho, que subjuga qualquer um que se constrói como sonhador, que se identifica pelo sonho, assim julgando escapar à identidade imposta de fora mas indo afinal ao encontro dela.

Bernardo Soares vê o "homem vulgar" como se ele transportasse consigo um monstro idêntico à quimera do texto de Baudelaire *Chacun sa Chimère* (Baudelaire 2007). Neste texto, os homens que são observados a fazer juntos o seu caminho não se submetem ao sonho como um interior, uma *energeia*, mas ao exterior, à quimera que se cola a cada um como carga transportada, sob o peso da qual se curvam. As quimeras são monstros que impõem uma postura à existência, oprimindo os homens, encarcerando-os numa espécie de insensibilidade que, como escudo medonho, os faz mover-se segundo uma "invencível necessidade". Os que transportavam a quimera parecia que a "tomavam como parte de si mesmos. Nenhum daqueles rostos cansados e sisudos testemunhava desespero algum" (26). Note-se que eles se deslocavam "sob a cúpula spleenética do céu" (26), uma espécie de encerramento numa esfera de tédio, uma atmosfera ameaçadora. O narrador, na distância a que ficou após a observação do cortejo que foi saindo do seu horizonte, quis em vão compreender aquela ausência de desespero: "logo a irresistível Indiferença se abateu sobre mim, e fiquei mais acabrunhado do que eles com as suas opressivas Quimeras" (27). A incapacidade de desespero aqui sugerida é em grande parte também medida do mundo que Bernardo Soares observa e do qual vai escrevendo algumas tentativas de compreensão, chegando por vezes a situações idêntica àquela a que chega o narrador do texto de Baudelaire – a aceitação de que nem tudo se pode compreender é dita gerar a Indiferença, mas ao mesmo tempo ela mostra-se associada ao acabrunhamento, como sentimento de impotência.

Uma vez que indiferença e sentimentos são estados psicológicos logicamente incompossíveis (a indiferença é por definição manifestação de ausência de sentimentos), aquele que refere a sua indiferença ao chamar a atenção para aquilo a que pretende ser indiferente – a indiferença da conformação – apresenta-se impossivelmente inquieto com a indiferença. No texto de Baudelaire, o narrador fica "mais acabrunhado do que os que viu seguirem acabrunhados" (p.27). Esse "mais", mesmo que indique um acabrunhamento decorrente da sua impossibilidade de compreender o acabrunhamento dos outros, indicia já compaixão.

Em Bernardo Soares, a "indiferença" não exclui os sentimentos de proximidade: as observações sobre o tédio, a indiferença, e o acabrunhamento não ignoram nem resolvem a oposição natureza/ cultura, antes admitem passagens inevitáveis entre esses polos que fazem com que a escrita se situe na orla de sentimentos e emoções – à "beira mágoa", onde as palavras persistem e desaparecem, numa intermitência litoral em que a personalidade se estilhaça e a escrita tem novas paisagens, feitas de tédios concretos e imaginados: tédio "informe, que afoga", "alma que de si se enoja e repudia", "tédio de estar lembrando o que se não recorda", tédio que é "deveras a sensação carnal da vacuidade prolixa das coisas", ou a "sensação física do caos e de que o caos é tudo" (51). Não subscrever nenhuma doutrina, cultivar a descrença, são modos de escapar ao tudo e ao nada, à indiferenciação característica do tédio: "Resume-se tudo enfim a procurar sentir o tédio de modo que ele não doa" (51), senti-lo como motivo de desassossego através do jogo da escrita, sem fazer dele uma verdade.

No excerto do fragmento 198 citado (destacado) no início deste texto, o riso tanto é parte da ficção de indiferença – o riso de si, em resultado do prazer de destruição que inverte a "personalidade imponente" em "glória da [minha] desilusão", em "consciência da derrota" – como pode ser um riso proveniente do libertar-se de si como prisioneiro de si mesmo, um riso indefinível, pois nesse fragmento se fala de "areias movediças: [Estas] cobrem tudo, a minha vida, a minha prosa, a minha eternidade" (198). Estilhaços de astro desaparecido, o Eu, estilhaços de história... riso-enigma.

Em vários aspectos, as observações do *Livro do Desassossego* suscitam o estabelecimento de semelhanças, com o devaneio em *Rêveries d'un promeneur solitaire*, de Jean-Jacques Rousseau. A referência ao sentimento de "inquietude" (inquietude, desassossego) é muito frequente neste livro, no qual é apresentado como uma consequência da quebra dos laços sociais, que remete o homem para a solidão. Aquele que escreve considera-se particularmente ameaçado por essa quebra: as suas ideias são atacadas e denegridas perante os possíveis leitores pelo grupo de intelectuais que tem audiência nessa época, de tal modo que ele tem que admitir que nem no futuro será lido. Assim, por um lado, lamenta-se da sua sorte, por outro inquieta-se pelo futuro que será dominado pela exclusividade de uma razão que se pretende autossuficiente. O devaneio aparece então como um modo de se distanciar dessa maneira de viver, mas também como busca de autenticidade.

Em Pessoa, para quem o Eu é uma operação, que como tal não tem direito nem avesso, o problema não é o da autenticidade *versus* cálculo, mas o da inexpugnabilidade do sentir, que persiste enquanto o homem se não resume àquilo que o (com que se) identifica. Assim, a confissão ganha uma nova face: "São as minhas Confissões, e se nelas nada digo, é que nada tenho que dizer" (p. 48). Note-se a incerteza em relação ao dizer e não dizer ("*se* nelas nada digo"): pode considerar-se o não dizer nada como uma possibilidade que decorreria de não ter nada a dizer; mas também é possível admitir que o que é colocado naquela expressão é a ausência de um Eu que possa saber em absoluto o que é dito ou não dito no seu dizer.

Descrer de tudo pode ser ainda sentir e, desse modo, crer. A descrença extrema, que produz o tédio e o apagamento dos contornos, das diferenciações, configura ideias de viver já morto, póstumo – mas ninguém escreve postumamente. Distinguindo-se pela relação entre viver e pensar, a existência do homem não é puramente impulsiva, mas também não é inteiramente controlável, não é natural nem artificial – é caótica e ordenada. Não é apenas a consciência disso que no *Livro do Desassossego* se designa por desassossego, são também os efeitos dessa consciência na escrita de quem pretende compreender aquela relação, embora considere que o que é a cada momento compreensível é *também* ficção, feito de ficções que se sucedem a outras ficções, a que por sua vez outras se sucederão. Porque não há senão ficções: o mal maior é a fixação delas, que constitui um apelo permanente à guerra e à abdicação. A instabilidade do desassossego, feita de sonhos, devaneios, observações e conjeturas é a da literatura contra si mesma, contra o que possa identificá-la, atribuir-lhe uma missão ou tarefa, fazer dela um adjuvante do ser só e cego (socego), aquilo que as ficções automatizadoras produzem nas suas guerras.

O desejo de solidão, frequentemente manifestado por Bernardo Soares, não está associado a um lamento em relação à incompreensão dos outros. Ele decorre da compreensão da complexidade da condição humana, que tem como pressuposto o viver social enquanto cultura que sempre tende a converter-se em mecanismo dotado de regras próprias, nas quais os indivíduos se formam e das quais precisam impossivelmente de se distanciar para não ficarem reféns das convenções, para não "sentirem por caderno de encargos". O que cada um vive, escreve (pensa) impossivelmente é o que dele fica no mundo, aquilo em que tocou de maneira inigualável. Por outras palavras, o passado vive na inquietação que faz e desfaz o presente como tempo sem limite, sentimento excessivo da ausência do que nunca existiu no ruído que o rodeia e gera enigma, ruído do instante sem espessura.

A inexpugnabilidade do sentir, o haver infância não havendo todavia um interior a revelar, a confessar, faz da monótona variabilidade (variabilidade sem fim) um impossível ir ao encontro do acaso (impossível pois só há acaso quando não se buscou o que foi encontrado).

Um abdicar sempre de qualquer chão, de qualquer coisa estável, de qualquer narrativa que se fixou como memória. As confissões que se fazem na abdicação de confessar fazem-se através da atenção de uma atenção de um tipo particular ("atenção desatenta", "atenção flutuante"[11]) como movimento de rutura com uma tradição que concebe o pensamento como capacidade de reflexão que faz da consciência uma função que tem o poder de se representar a si própria, de se observar a observar, e concebe a memória e a interioridade como depósitos de informações e propensões disponíveis. A reescrita como aventura de nascer de novo, em novas ficções, novas expressões, nas quais se tece/constitui uma interioridade irrepresentável, tem como condição o desassossego – a aceitação de que, quanto ao impossível, buscar (o acaso, as razões de viver assim) é nunca encontrar, e no entanto há o súbito e inexplicável. A mobilidade e energia da atmosfera, que contrastam com as paisagens e os hábitos, sugerem a falha da capacidade humana de representar e o sentimento, sublime, que lhe corresponde. Esse sentimento, que estilhaça (fragmenta) a escrita, é um antídoto contra a instauração de uma ordem definitiva.

Referências bibliográficas
Baudelaire, Charles (2007). *O Spleen de Paris. Pequenos Poemas em Prosa*, trad. Jorge Fazenda Lourenço. Lisboa: Relógio D'Água Editores.
Lyotard, Jean-François (1990). "Reescrever a modernidade", *O Inumano. Considerações sobre o tempo*. Lisboa: Ed. Estampa, 33-43.
Pessoa, Fernando (2010). *Livro do Desasocego*, org. Jerónimo Pizarro, Livro XII, tomo I. Lisboa: INCM.
Zilsel, Edgar (1993). *Le Génie. Histoire d'une notion de l'Antiquité à la Renaissance*. Paris: Éd. Minuit.

---

[11] Para além da expressão, note-se ainda: "Há um sono da atenção voluntária".

Pessoa/Soares desacorrentado:
diegese da sensação no *Livro do Desassossego*

Diego Giménez

> It is astonishing, for instance, how much of Shelley is only what Shelley could have been if he had been somebody else. But it is all unfiltered, unsublimed, a splendour of the virtual, a luminous verbalised possibility.
>
> Fernando Pessoa

O *Livro do Desassossego* é o grande desacorrentado da literatura universal, uma obra que não se deixa categorizar sem dificuldade. A obra de Fernando Pessoa é considerada como um não-livro, como uma autobiografia sem fatos, como um romance, como um ensaio. No presente texto pretendemos analisar a obra sob a categorização barthesiana, no que diz respeito à estrutura narrativa de "Introduction à l'analyse structurale des récits" (1966). Faremos, assim, uma primeira aproximação às teorias de Roland Barthes para passar logo à obra do escritor português. Segundo a teorização do filósofo francês Jacques Rancière em título *Le fil perdu: essais sur la fiction moderne* (2014), a análise estruturalista é insuficiente para dar conta da escrita moderna; especialmente quando nos atentamos ao detalhe supérfluo, que para Barthes seria outra forma de verossimilhança aristotélica. Para Rancière, o detalhe supérfluo, dentro da economia do relato, faz subverter a hierarquia baseada na ação do todo orgânico clássico entendido como princípio, meio e fim e que divide os sujeitos entre os seres passivos e ativos. O *Livro do Desassossego* de Fernando Pessoa, caracterizado por esse "devaneio e desconexo lógico" (Pessoa 2011: 507), que pode ser entendido, também, como uma compilação de detalhes inúteis, resiste à análise barthesiana e no entanto apresenta paralelismos com o estudo sincrônico da literatura. Esses paralelismos se devem ao Sensacionismo pessoano. Pessoa e Saussure compartilham a leitura de Condillac, que nas palavras de Kristeva (1988) foi uma das bases da teoria gramatical do século, cuja preocupação foi como fazer da sensação um signo linguístico.

A lógica da diegese barthesiana
No artigo "Introduction à l'analyse structurale des récits", Roland Barthes tentou definir os elementos fundacionais das estruturas narrativas. Para Barthes, a análise estruturalista era o único caminho para poder dar conta da universalidade da narrativa que, no caso do

relato literário, não é composto simplesmente por um conjunto de proposições mas sim por uma série de funções e operações que dão forma, mediante níveis de significação, ao corpo de enunciados, numa hierarquia que vai desde as funções à narração, passando pelas ações:

> Quel que soit le nombre des niveaux qu'on propose et quelque définition qu'on en donne, on ne peut douter que le récit soit une hiérarchie d'instances. Comprendre un récit, ce n'est pas seulement suivre le dévidement de l'histoire, c'est aussi y reconnaître des "étages", projeter les enchaînements horizontaux du "fil" narratif sur un axe implicitement vertical; lire (écouter) un récit, ce n'est pas seulement passer d'un mot à l'autre, c'est aussi passer d'un niveau à l'autre. (Barthes 1966: 5)

Reconhecer os estágios e projetar os encadeamentos horizontais do fio narrativo implica, desde a perspectiva integrativa (hierárquica), procurar um critério de unidade baseado na funcionalidade dos segmentos da história. De tal maneira que a função germina "un élément qui mûrira plus tard, sur le même niveau, ou ailleurs, sur un autre niveau" (Barthes 1966: 7). O teórico distingue dois tipos de funções básicas; em primeiro lugar, as distribucionais, que se dividem em cardinais e catálises e, em segundo lugar, as integrativas, que se dividem em índices e informantes. As funções distribucionais, por um lado, seriam as responsáveis pelo encadeamento do discurso no que diz respeito à ligação consequente entre atos, sendo as cardinais quem detém essa especificidade, enquanto as catálises acelerariam, retardariam ou desorientariam o discurso. Por outro lado, as funções integrativas não remetem à ligação de atos consequentes, mas, em qualquer caso, são necessárias ao sentido da história. As primeiras são operacionais e têm uma dimensão metonímica relacionada com o fazer. As segundas são significativas e têm uma dimensão metafórica relacionada com o ser.

A narrativa, assim, estrutura-se mediante o encadeamento de funções cardinais em sequências lógicas de núcleos.[1] Barthes utiliza um exemplo simples duma consumação: alguém entra em um bar, pede uma bebida, a bebe, paga e vai embora. As catálises e as funções integrativas podem expandir esses núcleos narrativos, por exemplo, acrescentando elementos ao relato como um diálogo ou uma descrição entre atos. Para compreender a utilidade das catálises e das funções integrativas, é

---

[1] "Une séquence est une suite logique de noyaux, unis entre eux par une relation de solidarité: la séquence s'ouvre lorsque l'un de ses termes n'a point d'antécédent solidaire et elle se ferme lorsqu'un autre de ses termes n'a plus de conséquent" (Barthes 1966: 13).

preciso passar a outros níveis hierárquicos: as "Ações" e a "Narração". As sequências lógicas de núcleos, em relatos complexos, podem aparecer desacorrentadas no conjunto do enredo, cobrando, assim, uma nova significação nesses outros níveis.

No que diz respeito às "Ações", Barthes especifica que se trata do nível das personagens entendidas pela sua participação na esfera actancial: "c'est pourquoi l'on a appelé ici le second niveau de description, quoique étant celui des personnages, niveau des Actions: ce mot ne doit donc pas s'entendre ici au sens des menus actes qui forment le tissu du premier niveau, mais au sens des grandes articulations de la praxis (désirer, communiquer, lutter)" (Barthes 1966: 17). A chave da análise do nível actancial, que o leva para o seguinte nível de significação, a narração, não estará na análise psicológica da personagem, senão na análise gramatical da pessoa dentro da economia do relato. Este ponto se enquadra com a intenção estruturalista de desvincular a leitura literária de interpretações de cunho psicológico, hermenêutico ou historicista, propondo uma aproximação sincrônica, focada só nos elementos que compõem a narrativa, independente do referente, da gênese do relato e da possível intenção do autor nessa famosa virada metalinguística, anunciada por Jakobson com sua função poética. Assim, o teórico assinala:

> Mais comme ces catégories ne peuvent se définir que par rapport à l'instance du discours, et non à celle de la réalité, les personnages, comme unités du niveau actionnel, ne trouvent leur sens (leur intelligibilité) que si on les intègre au troisième niveau de la description, que nous appelons ici niveau de la Narration (par opposition aux Fonctions et aux Actions). (Barthes 1966: 18)

Definir os elementos que compõem o relato em relação à diegese e não à realidade será uma das máximas do estruturalismo. Para Barthes, tanto o narrador como as personagens são "êtres de papier" (seres de papel), de tal forma que os signos do narrador e das personagens são imanentes à narrativa. Identificar o autor empírico com o texto implica supor que o autor é um sujeito pleno e que sua narrativa é um reflexo dessa plenitude, mas, "ce à quoi ne peut se résoudre l'analyse structurale: qui parle (dans le récit) n'est pas qui écrit (dans la vie) et qui écrit n'est pas qui est" (Barthes 1966: 20). Para o teórico, a pessoa psicológica não tem nada a ver com a pessoa linguística que está condicionada, não pela sua disposição emocional ou sentimental, antes pela sua posição na diegese. Concluindo, afirma que aquilo que se passa na narrativa, desde o ponto de vista referencial, não é nada: "'ce qui arrive', c'est le langage tout seul, l'aventure du langage, dont la venue ne cesse jamais d'être fêtée"

(Barthes 1966: 27).

Após a necessária introdução aos conceitos barthesianos, pode-se então verificar se o *Livro do Desassossego* de Fernando Pessoa se deixa analisar, ou não, e em que medida, sob uma ótica estruturalista.

O desconexo lógico do *Livro do Desassossego*

O *Livro do Desassossego* apresenta duas fases de escrita (1913-1920 e 1929-1934) atribuídas a autores textuais (ou narradores) diferentes: Vicente Guedes e Bernardo Soares. A primeira das fases representa uma mistura de estilos que vão do Paulismo ao Sensacionismo. Muitos desses fragmentos correspondem aos "Grandes Trechos" da obra, caracterizados também pela sua extensão. A segunda fase está marcada pelo Sensacionismo, na qual a escrita está parcialmente desvinculada de elementos decadentistas e simbolistas mais próprios do Paulismo. As diferenças estilísticas e temáticas entre ambos os estilos são notórias e suficientes, no mínimo, para que o próprio Fernando Pessoa ponderasse publicar os textos separadamente. O escritor trabalhou com a ideia de publicar o livro desde o começo em que a obra emergiu no seu horizonte poético, escreveu diferentes prefácios e até listou uma possível arrumação de alguns trechos.[2] A morte, porém, impediu o escritor de ordenar os textos para sua publicação e revisar o estilo de trechos que não correspondiam com o novo narrador, Bernardo Soares. A Biblioteca Nacional de Portugal indica 700 manuscritos, aproximadamente, como pertencentes ao espólio do *Livro do Desassossego*. Pessoa publicou 12 trechos do livro em vida em diferentes revistas e jornais; hoje, as edições variam entre os 500 e os 700 fragmentos. Essa condição de inacabado dá pé a que se interprete o livro de forma muito variada, tanto ao nível editorial como teórico. O debate que suscita a obra pode se resumir com a teorização de Umberto Eco em *Opera Aperta* (1967) sobre a relação que se estabelece entre o fascínio romântico pelo fragmento e certa unidade da obra. Para o italiano, um mínimo de unidade é preciso, mesmo nas obras mais caóticas, com a finalidade de acessar a uma certa inteligibilidade.

Da mesma forma que Eco fala do fascínio romântico pelo fragmento, neste caso podemos dizer também que, durante décadas, houve nos estudos pessoanos um fascínio pela heteronímia, fato condicionado pelo próprio Pessoa ao fornecer, mediante resposta epistolar a Casais Monteiro, a origem dos seus heterônimos e na qual descrevia essa gênese como fruto da loucura e da genialidade (no sentido romântico do termo).

---

[2] Pode consultar-se neste sentido o artigo de Pedro Sepúlveda (2013), publicado na revista *Matlit* da Universidade de Coimbra.

Assim descreve, por exemplo, que se deve à sua histeria-neurastenia e à sua tendência para a despersonalização o fato de ter escrito a fio, duma vez, trinta e tantos poemas, numa espécie de êxtase criativo, do *Guardador de Rebanhos* de Alberto Caeiro. Esta autodescrição condicionou a crítica, levando a questionar e a problematizar o estatuto ontológico que se deve dar a essas pessoalidades literárias chamadas heterônimos. Essa situação pode embaçar a análise de alguns aspectos da obra, por exemplo, no caso que nos convoca, se devemos ou podemos chamar a Bernardo Soares de narrador, ou de personagem, e em que medida. Realizados esses primeiros apontamentos, podemos nos perguntar qual é o enredo ou o tema do *Livro do Desassossego*, e se este pode ser analisado sob uma leitura estruturalista.

De início não queremos entrar no debate heteronímico e sim tentar uma abordagem dentro da economia da diegese pessoana. Para isso vamos tentar analisar os diferentes níveis de significação segundo a hierarquia apontada por Barthes, isto é: as funções, o nível actancial e o nível discursivo, não necessariamente nessa ordem. A obliquidade desses níveis de significação, no caso da obra de Pessoa, dificulta a análise estruturalista ao mesmo tempo que lhe confere sua especificidade.

O *Livro do Desassossego* apresenta, assim, as impressões ou sensações de uma personagem, guarda-livros na cidade de Lisboa, que narra seus devaneios em primeira pessoa. Entre os diferentes prefácios que Pessoa escreveu, aqueles que por consenso se colocam como iniciais descrevem o encontro duma personagem A, num restaurante onde se reúnem os apartes de vida, com uma outra personagem B que se parece muito à personagem A. B deixa um livro com A que é publicado por este último. Pessoa parece brincar entre aquilo que se convenciona chamar autor empírico e autor textual, criando uma estrutura especular que vem anunciada em alguns datiloscritos do espólio:

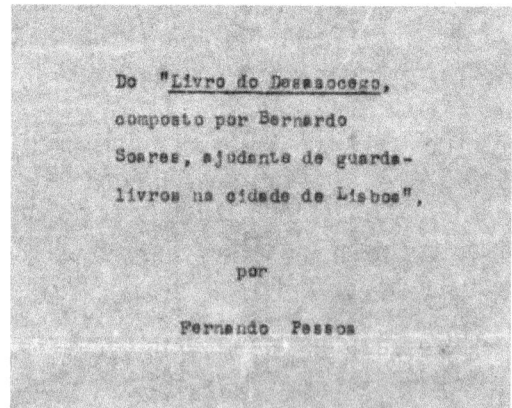

5-81r

A partir do prefácio sucedem-se os trechos que compõem o *Livro do Desassossego*. Pessoa teria pensado, também como texto inicial a seguir ao prefácio, um fragmento que dá conta da posição do narrador dentro do momento da modernidade no qual escreve: "Nasci em um tempo em que a maioria dos jovens haviam perdido a crença em Deus, pela mesma razão que os seus maiores a haviam tido – sem saber porquê" (Pessoa 2011: 49). Com esse início parece que Pessoa está dando uma resposta à pergunta sobre o que é o iluminismo lançada por Immanuel Kant e que Michel Foucault situaria como começo da modernidade: "Aufklärung ist der Ausgang des Menschen aus seiner selbstverschuldeten Unmündigkeit" (Kant 2004: 5).[3] Para Foucault esse seria o primeiro momento em que a filosofia se pergunta pela sua atualidade, pelo seu presente. Num datiloscrito do espólio (92c-100) consta o prefácio a uma "Teoria do Estado Moderno" onde Pessoa escreve no terceiro parágrafo: "o livro presente deriva, não só da tendência que o espírito tem, de se julgar investido da missão de dar soluções, mas também da incapacidade, de que enferma, de se desligar da opressão da hora presente". Essa hora presente não é vivida como uma oportunidade para sair da menoridade, porém como uma opressão. Uma posição que é problematizada pelo narrador do *Livro do Desassossego* na medida em que representa principalmente o desamparo que se opera se servindo do entendimento sem a orientação de outrem. Tal visão pode ser comparada com a de Walter Benjamin no que diz respeito ao narrador (1987). O romance, entendido como epopeia moderna, é insuficiente para dar conta da nova forma de experiência que se vive na Europa de entreguerras. Nem a religião, nem a política nem a ciência são capazes de dar resposta ao lugar que ocupa na modernidade:

> Assim, não sabendo crer em Deus, e não podendo crer numa soma de animais, fiquei, como outros da orla das gentes, naquela distância de tudo a que comumente se chama a Decadência. [...] A quem, como eu, assim, vivendo não sabe ter vida, que resta senão, como a meus poucos pares, a renúncia por modo e a contemplação por destino? Não sabendo o que é a vida religiosa, nem podendo sabê-lo, porque se não tem fé com a razão; não podendo ter fé na abstracção do homem, nem sabendo mesmo que fazer dela perante nós, ficava-nos, como motivo de ter alma, a contemplação estética da vida. E, assim, alheios à solenidade de todos os mundos, indiferentes ao divino e desprezadores do

---

[3] Na tradução do autor: "Iluminismo é a saída do homem da sua menoridade de que ele próprio é culpado".

humano, entregamo-nos futilmente à sensação sem propósito, cultivada num epicurismo subtilizado, como convém aos nossos nervos cerebrais. (Pessoa 2011: 49)

Entregue futilmente à sensação sem propósito, o narrador estrutura a diegese da obra mediante textos caracterizados por um "devaneio e desconexo lógico" (Pessoa 2011: 507). Dessa forma, o livro está composto por uma série de textos que dão conta das sensações desse narrador na cidade de Lisboa. Analisada a estrutura sob as teorias de Barthes, diríamos que não existem sequências lógicas de núcleos que liguem os atos entre os trechos, configurando um enredo com princípio, meio e fim. Thomas Cousineau caracterizará o *Livro do Desassossego*, em *An Unwritten Novel*, como "a show without a plot" (Cousineau, 2013). As funções cardinais estão circunscritas à própria lógica do trecho, não à do conjunto da obra. Seguindo a análise barthesiana, para poder ressignificar esses desconexos lógicos, devíamos passar, hierarquicamente, a outros níveis de significação: as Ações e a Narração barthesianas.

Nos níveis actancial e narrativo temos diferentes elementos que poderiam ajudar a ressignificar a obra. Por um lado, Bernardo Soares e seu devanear e, por outro, a cidade de Lisboa. Há, porém, uma dificuldade inerente à própria condição inacabada da obra no que diz respeito aos textos de Guedes e Soares. Ao contar com estilos diferentes, Pessoa precisou de nomes diferentes para ressignificar a diegese. É problemático, uma situação que também foi problemática para os editores da obra, analisar os trechos de forma geral tendo em conta as especificidades de cada período. Para o presente texto, vamos nos direcionar aos textos atribuídos a Bernardo Soares, que são a maioria dos trechos do livro. Soares atua como aglutinador das sensações que não apresentam nexos em comum entre elas (cardinais), se não na medida em que são obra do mesmo narrador oblíquo. Os núcleos narrativos estão desacorrentados na lógica do livro e circunscritos à lógica de cada trecho. A estrutura da diegese, assim, apresenta mais funções integrativas (índices e informantes) e catálises que se expandem nas descrições das sensações. Essa é, precisamente, a definição estruturalista para a prosa poética, aquela que apresenta mais características metafóricas do que metonímicas. Essas descrições que são irrelevantes ao enredo do livro, isto é, às funções cardinais que ligam os atos na trama de conjunto, serão para Barthes efeitos de real que têm como função uma nova acepção da verossimilhança aristotélica. Dentro da lógica estruturalista, a inutilidade da descrição supérflua tem sua função dentro da economia do relato. Aqui podemos encontrar uma dificuldade no modelo estruturalista aplicado ao *Livro do Desassossego* segundo a teorização de Rancière sobre o romance moderno em *Le fil perdu*. Para o teórico francês, a descrição supérflua não representa uma nova acepção do modelo aristotélico, antes o contrário, sua refutação. O modelo de verossimilhança aristotélico dá relevância à representação de ações e divide os sujeitos de ação entre seres ativos e passivos, restando os primeiros como únicos sujeitos de representação. Ao subverter a hierarquia aristotélica, mediante a descrição supérflua que não adiciona nada à representação do enredo, os sujeitos passivos cobram protagonismo. Rancière analisa esse deslocamento não no que a prosa moderna representa, antes no que ela realiza nas práticas da escrita. De tal forma que o centro, entendido como o todo da ação, passa a estar ao serviço da periferia da descrição. Assim, o livro, entendido como todo, no caso do desassossego pessoano, passa a estar, como horizonte, ao serviço do trecho. Aquilo que realiza a prosa pessoana, com uma determinada práxis da escrita, é dar forma a esse devanear das sensações de um anônimo na cidade de Lisboa. Como funciona esse processo?

As bases estéticas da escrita pessoana, como é bem sabido, foram o Paulismo, o Interseccionismo e o Sensacionismo, movimentos criados junto com Mário de Sá-Carneiro.[4] Este último movimento tem merecido justa atenção crítica, mas para o caso basta mencionar que o movimento impelia a sentir tudo de todas as maneiras, abolindo os dogmas da objetividade, da pessoalidade e da dinamicidade. Para tal efeito era preciso partir da sensação para intelectualizá-la em dois níveis: a consciência da sensação, que dá a essa sensação um valor e, portanto, um cunho estético; e a consciência dessa consciência da sensação, de onde resulta uma intelectualização de uma intelectualização, isto é, o poder de expressão. A partir do Sensacionismo, Pessoa articula a diegese da obra que, a nosso ver, se deixa analisar sobre a teorização estruturalista ao mesmo tempo que demonstra seus limites.

---

[4] "O Sensacionismo foi o último ismo criado por Pessoa, na cumplicidade, uma vez mais, do seu *compagnon de route*, Sá-Carneiro, à semelhança do que aconteceu com outros ismos anteriores, tais como o Paulismo e o Interseccionismo. Pela sua teorização e prática deixou-se Pessoa entusiasmar bastante, já que ele lhe pareceu ser uma hipótese feliz de conciliação de contrários, ajudando-o a construir uma corrente literária [...] acolhedora dos ismos de vanguarda. Tendo como princípio fundamental, sentir tudo de todas as maneiras e ser tudo e ser todos, o sensacionismo foi para Pessoa a arte da soma-síntese, como lhe chamou, um todo no qual as partes, mesmo as mais díspares, se harmonizavam, como se de um atanor alquímico se tratasse" (Cabral Martins 2008: 786).

Diegese da sensação
O *Livro do Desassossego* está repleto de referências às sensações. A escrita dessas impressões é a forma como Pessoa tenta se ligar ao mundo e aos outros ou, nas palavras de Octavio Paz, a escrita de Pessoa pode se entender como o passo da irrealidade de sua vida à realidade de sua escrita (1965: 133). Georg Rudolf Lind apelou ao fragmento como a unidade de expressão que dá conta da experiência no Sensacionismo pessoano (1970). Para o investigador, esse movimento estético é uma objetivação da experiência por meio da materialização da sensação mediante o fragmento. A partir desse ponto, a sensação passa a ser intelectualizada e pode ser decomposta. A unidade dessa descomposição, para Lind, é o fragmento: "Através do fragmento sensacionista, apesar da sua falta de clareza conceptual, fala o poeta modernista consciente e experimentado, procurando objetivar a experiência e subordiná-la aos critérios de razão poética" (1970: 171).

Das regras sensacionistas, gostaríamos de destacar a abolição dos dogmas de personalidade, objetividade e *dinamicidade* (Pessoa 1993: 266-67). Se a sensação é a realidade essencial, e não podemos sair dela, torna-se complicado lhes assinalar um princípio temporal ordenador e organizador que seja externo a elas próprias. Daí também a impossibilidade de uma identidade que dê coerência a essas sensações, que lhes dê objetividade e coerência em relação às outras. Neste ponto encontramos um dos primeiros paralelismos com a análise sincrônica estruturalista que pretende analisar a narrativa dentro da economia do relato. Não é de estranhar que Pessoa e Saussure compartilhem a leitura de Étienne Bonnot de Condillac.[5]

O Sensacionismo, cujo problema teórico é o solipsismo e a possibilidade da intersubjetividade, não consegue fazer do tempo um princípio de inteligibilidade e também não consegue inscrever de forma clara um princípio de identidade, apesar dos textos tocarem temas comuns. Tanto o livro como a vontade de narração funcionam como ideais na medida em que estão destinados a não se consumar. Não existem certezas que possibilitem um relato unitário, com início, meio e

---

[5] "La filosofía sensualista y empirista, no obstante, será la que dará el fundamento teórico sobre el que se construirá la descripción gramatical del siglo. Locke (1632-1704) y Leibniz, y en Francia los 'ideólogos' encabezados por Condillac (1715-1780), proponen la teoría del signo como principio general de aquella lengua común que se manifiesta en varias lenguas concretas. De este modo reanudan las teorías del signo de Grecia, de la Edad Media y la lógica cartesiana y, al mismo tiempo, las transforman: si, para los filósofos del siglo XVIII, el pensamiento es una articulación de los signos que son los elementos lingüísticos, el problema estriba en definir la vía mediante la cual se llega de la sensación al signo lingüístico" (Kristeva 1988: 156-57).

fim. Assim, quando Pessoa fala que "[a] obra de arte é uma tentativa de provar que o universo não é real", está situando no mesmo plano a pirâmide hegeliana de arte, filosofia e religião. A escrita de Pessoa se constrói sobre a anotação, leitura e reconstrução literária das sensações com vistas a um horizonte irrealizável que é o livro e cuja perseguição desencadeia, mantém e projeta a escrita.

Há textos do *Livro do Desassossego* que, tomados separadamente, apresentam uma estrutura fechada e que, como vimos, apoiam uma leitura anti-fragmentária da obra. Isto é, há textos que apresentam uma estrutura, aparentemente com princípio, meio e fim. Aparentemente, escrevemos, porque, tomados esses textos em conjunto, o nexo que os articula só se encontra na narração da sensação e na tomada de consciência dessa sensação. Apesar de o livro tocar temas comuns (Lisboa, a trama, o narrador e a voz), como bem demostrou o especialista norte-americano Cousineau em *An Unwritten Novel*, não há um nexo narrativo que interligue os fragmentos. O autor americano sustenta que a escrita baseada na sensação, no pensamento e no sonho transcende a ruína fragmentária em um todo universal (2013: 20). Mas o que se torna complicado é determinar o que pode ser esse todo universal. Daí que afirmemos que é a temporalidade da inscrição que fixa a coerência semântica e material que, por sua vez, não deixa de estar aberta ao sentido e desacorrentada na totalidade orgânica que o livro representaria. Dessa forma, o filósofo Hans-Jost Frey argumenta:

> But the openness of the fragment is not temporary and cannot be repaired. If it were a whole the fragment would not be a fragment anymore; if it were a part it could be completed and made into a whole. Because it is neither a whole nor a part, it remains resistant to closure. An encounter with it is possible only when the whole, as a structure of meaning accessible to the understanding, is no longer a possibility: outside the whole is not even no longer there, but fades into oblivion. (1996: 26)

Se bem que há fragmentos que estão "fechados" (doze publicados em vida, e mais de 65% que se poderia dizer que apresentam uma escrita sem fendas), a escrita de Pessoa, no *Livro*, se dá por unidade de expressão. Pode-se argumentar que, estudando essas unidades, é possível chegar a uma compreensão de conjunto que ajuda a entender e ordenar a obra, mas isso apenas teria sentido se a linguagem funcionasse de forma fixa. Apelamos nesta instância também à polifonia descrita no projeto de Stéphane Mallarmé. Essa afirmação, epistemológica, tem um correlato ontológico nas teorias de Jerome MacGann sobre a condição textual, segundo a qual a única constante de um texto é sua variabilidade. Parafraseando MacGann, a única constante de um texto é a sua abertura.[6]

Essa abertura de sentido, tanto na hermenêutica do conteúdo como da materialidade dos textos, é uma das causas da dificuldade em definir a obra de Pessoa sob um gênero concreto. Precisamente, consideramos que é essa particularidade que faz do *Livro do Desassossego* uma das maiores obras do modernismo e cuja contemporaneidade ainda é espantosa.

A obliquidade da personagem está relacionada à abolição da personalidade e com certa dificuldade do próprio escritor, por situá-lo dentro do drama em gente que supõe a heteronímia pessoana, já que "[e]m prosa é mais difícil de se outrar" (Pessoa 1966a: 105). Daí também a dificuldade de falarmos de um diário ou de uma autobiografia. Mais uma vez, a leitura de Pessoa sob uma perspectiva estruturalista salta à vista, quando Barthes argumenta que "ce à quoi ne peut se résoudre l'analyse structurale: qui parle (dans le récit) n'est pas qui écrit (dans la vie) et qui écrit n'est pas qui est". Quando Pessoa apela à abolição da personalidade está fazendo uma chamada a não confiar no *eu* como garantia de certa subjetividade sem fendas que possa dar conta de alguma coisa. É mediante a escrita, e o devaneio como escrita, que o escritor consegue bordar o vazio, o furo no saber de que fala Jacques Lacan.[7] O *Livro* é rico em exemplos deste tipo:

> Sou, em grande parte, a mesma prosa que escrevo. Desenrolo-me em períodos e parágrafos, faço-me pontuações, e, na distribuição desencadeada das imagens, visto-me, como as crianças, de rei com papel de jornal, ou, no modo como faço ritmo de uma série de palavras, me touco, como os loucos, de flores secas que continuam vivas nos meus sonhos.
> [...]
> Tornei-me uma figura de livro, uma vida alheia. O que sinto é (sem que eu queira) sentido para escrever que se sentiu. O que penso está logo em palavras, misturado com imagens que o desfazem, aberto em ritmos que são outra coisa qualquer. De

---

[6] "Variation, in other words, is the invariant rule of the textual condition. Interpretive differentials (or the freedom of the reader) are not the origin or cause of the variation, they are only its most manifest set of symptoms" (McGann 1991: 185).

[7] "Será que a letra não é o literal a ser fundado no litoral? Porque este é diferente de uma fronteira [...]. Não é a letra propriamente o litoral? A borda do furo no saber que a psicanálise designa, justamente ao abordá-lo, não é isso que a letra desenha?" (Lacan 2009: 109).

> tanto recompor-me destruí-me. De tanto pensar-me, sou já meus pensamentos mas não eu. Sondei-me e deixei cair a sonda; vivo a pensar se sou fundo ou não, sem outra sonda agora senão o olhar que me mostra, claro a negro no espelho do poço alto, meu próprio rosto que me contempla contemplá-lo (Pessoa 2011: 204-5)
>
> Tudo se me evapora. A minha vida inteira, as minhas recordações, a minha imaginação e o que contém, a minha personalidade, tudo se me evapora. Continuamente sinto que fui outro, que senti outro, que pensei outro. Aquilo a que assisto é um espectáculo com outro cenário. E aquilo a que assisto sou eu.
> [...]
> Devaneio com o pensamento, e estou certo que isto que escrevo já o escrevi. Recordo. E pergunto ao que em mim presume de ser se não haverá no platonismo das sensações outra anamnese mais inclinada, outra recordação de uma vida anterior que seja apenas desta vida...
> Meu Deus, meu Deus, a quem assisto? Quantos sou? Quem é eu? O que é este intervalo que há entre mim e mim?. (Pessoa 2011: 221-22)

Esses trechos são clarificadores dessa obliquidade no que diz respeito à personalidade, ao autor e à personagem. "Sou, em grande parte, a mesma prosa que escrevo" parece demostrar a tese de Paul De Man (2012) sobre a autobiografia, segundo a qual o autor parte de um vazio que vai bordando mediante tropos até construir uma máscara; um rosto que mostra, claro a negro no espelho do poço alto, seu próprio rosto que o contempla a contemplá-lo. Já no segundo trecho, podemos associar à abolição da personalidade a suspeita de uma subjetividade aglutinadora do *eu*. O devaneio, como forma de pensamento e de escrita, afirma que de tanto pensar-se é já seus pensamentos, mas não ele. Assim, devaneia com o pensamento e consegue distinguir quantos é, porque "cada um de nós deve ser muitos. A arte é aspiração do indivíduo a ser o universo. O universo é uma coisa imaginada: a obra de arte é um produto de imaginação" (Pessoa 1993: 266-67). Ou, dito de outra forma, a literatura é tão real como a realidade.

A diegese da inação de um anônimo na cidade de Lisboa

No que diz respeito à falta de ação da trama narrativa, voltamos ao recente livro de Jacques Rancière, *Le fil perdu*, no qual o teórico francês analisa as obras de Gustave Flaubert, Joseph Conrad e Virginia Woolf como inaugurais do romance moderno e em que fala de uma reconceptualização da descrição supérflua em detrimento da ação. Se bem que há quem poderia objetar a classificação de o *Livro do Desassossego* como um romance, é de notar que duas recentes aproximações se referem à obra de Pessoa usando o termo, ainda que de forma crítica e ao apontar os limites da obra: o já citado livro de Cousineau e um texto de Richard Zenith intitulado "*Livro do Desassossego*: o romance possível (var.: impossível)" (2013). Em qualquer caso, interessa apontar que, na exposição de Rancière, no romance moderno se dá uma "logique à la fois simple et paradoxale de l'effet de réel [barthesiano]. L'utilité du détail inutile, c'est de dire: je suis le réel. [...] Cette évidence sans phrase du réel, c'est pour Barthes le substitut moderne de la vraisemblance qui normait depuis Aristote l'orde représentatif" (Rancière 2014: 19), isto é: princípio, meio e fim. Por isso comentamos, ao nos referirmos aos textos bem organizados de Pessoa, que aparentemente apresentavam uma estrutura narrativa da ordem mencionada. A relevância do detalhe supérfluo é outra das constantes do livro, que podemos pôr em paralelo, também, com os outros dois dogmas a abolir segundo dita o Sensacionismo: a objetividade e a dinamicidade. Rancière, nesse sentido, questiona: "quel système de rapports entre des personnages et des situations peut constituer l'œuvre fictionnelle quand la vieille hiérarchie des formes de vie qui définissait l'espace de la fiction et commandait son unité organique est ruinée?" (2014: 35).

A pergunta de Rancière é pertinente no que diz respeito à estrutura do *Livro do Desassossego* tendo em conta a época em que foi escrito. É nesse sentido que Pessoa pergunta, e responde: "A beleza das ruínas? O não servirem já para nada" (Pessoa 2011: 313). A posição de Rancière apela a uma determinada política da ficção cujo foco não é a representação, porém as fronteiras que a nova prosa opera ou apaga entre perceção e ação, onde se dá "une destruction du modèle hiérarchique soumettant les parties au tout et divisant l'humanité entre l'élite des êtres actifs [sujeitos, atores da ação] et la multitude des êtres passifs [ou espectador irónico, no caso de Soares]" (Rancière 2014: 12). Sob essa perspetiva, em que a verdade se encontra nos detalhes, no particular e não no todo da ação, o centro está ao serviço da periferia. O conteúdo ficcional, para Rancière, não está no encadeamento da história, está no detalhe. A sua análise, comparada com o texto "Apontamentos para uma estética não-aristotélica" de Campos (2012) resulta esclarecedora deste ponto: "Assim, ao contrario da esthetica aristotelica, que exige que o individuo generalize ou humanize a sua sensibilidade, necessariamente particular e pessoal, nesta theoria o percurso indicado é inverso: é o geral que deve ser particularizado, o humano que se deve pessoalizar, o 'exterior' que se deve tornar 'interior'" (Pessoa 2012: 195). Fazendo um paralelismo com a estrutura do *Livro do Desassossego*, a verdade se encontra na escrita dessas sensações, não numa trama que não existe.

O livro, como utopia ou quimera, está ao serviço dos textos; como explica Rancière: "Ce qui mérite d'être raconté, ce ne peut plus être l'entreprise de gens à la recherche du pouvoir, de la richesse ou de la gloire. Ce sont des moments singuliers et imprévisibles où l'éclat d'une chimère rencontrant l'immaîtrisable d'une situation vient trouer la routine de l'existence" (2014: 52). É na riqueza da escrita da sensação que se encontra o que merece ser contado, e não uma história clássica. Esse deslocamento da ficção moderna, para o teórico francês, estabelece uma democracia da escrita em que os anônimos podem ser muitos. "[C]ada um de nós deve ser muitos" (Pessoa 2009: 180), diz Pessoa, ou "a glória nocturna de ser grande não sendo nada! A majestade sombria de esplendor desconhecido... [...] E na mesa do meu quarto sou menos reles, empregado e anónimo, escrevo palavras como a salvação da alma" (Pessoa 2011: 53). Os paralelismos continuam: "C'est cette aptitude nouvelle des anonymes à vivre n'importe quelle vie qui a permis à la fiction moderne de rompre avec la logique hiérarchique de l'action et de trouver sa matière dans tout événement insignifiant." (Rancière 2014: 69); já Pessoa escreve no livro: "É nobre ser tímido, ilustre não saber agir, grande não ter jeito para viver" (Pessoa 2011: 98); "A arte é um esquivar-se a agir, ou a viver" (Pessoa 2011: 234). O *Livro do Desassossego* parece antecipar a formulação teórica de Rancière, já que é da ordem dessa renúncia à ação que se estrutura a escrita pessoana, num devaneio não contrário à ação, se não como outro modo de pensar a fronteira entre a realidade das sensações e a realidade exterior abolindo o modelo organicista representacional aristotélico que continua vigente em Barthes: "Quem sabe escrever é o que sabe ver os seus sonhos nitidamente (e é assim) ou ver em sonho a vida, ver a vida imaterialmente, tirando-lhe fotografias com a máquina do devaneio, sobre a qual os raios do pesado, do útil e do circunscrito não têm acção, dando negro na chapa espiritual" (Pessoa 2011: 491). A genialidade da obra pessoana sempre nos deixa nos confins do texto, o *Livro* se deixa ler à luz do estruturalismo e ao mesmo tempo antecipa as limitações teóricas que serão denunciadas por Rancière.

O *Livro do Desassossego* relata as sensações de um anônimo, "do alto da majestade de todos os sonhos, ajudante de guarda-livros na cidade de Lisboa" (Pessoa 2011: 52), na constante procura de sentido na urbe moderna. Os textos, que se podem ler de forma independente, porque, como temos visto, aquilo que os articula não é a ação (núcleos barthesianos), manifestam a perceção cotidiana de um narrador, espectador irônico de si mesmo, que retrata o deslocamento com a realidade e os outros e que tenta se ligar a eles mediante a palavra escrita. Não existe nem tempo da história, pois é uma *diegesis* sem fatos, nem tempo do discurso. No *Livro do Desassossego*, o escritor fixa as sensações no texto de forma que a temporalidade se inscreva no próprio ato de escrita, como ato de autoconsciência da sensação, isto é, intelectualiza a intelectualização da perceção mediante a palavra escrita. O foco na consciência das perceções e das sensações que se recolhem no texto coexistem com o desejo e com o projeto de lhes dar forma de livro, em que o detalhe prima sobre o todo. A consumação da escrita no livro não se fecha, se reinicia, se recomeça e se repensa durante os mais de vinte anos que durou a elaboração desse bem-sucedido fracasso chamado *Livro do Desassossego*.

Referências bibliográficas
Barthes, Roland (1966). "Introduction à l'analyse structurale des récits", *Communications*, 8, 1-27.
Benjamin, Walter (1987). "O narrador", *Magia e técnica, arte e política*. São Paulo: Editora Brasiliense, 197-222.
Cousineau, Thomas J. (2013). *An Unwritten Novel*. Champaign: Dalkey Archive Press.
De Man, Paul (2012). "A autobiografia como des-figuração". Obtido de: http://www.culturaebarbarie.org/sopro/outros/autobiografia.html #.U_IAqvldVH0.
Eco, Umberto (1991). "Introdução à Segunda Edição", *Obra Aberta*. São Paulo: Perspectiva, 21-37.
Frey, Hans-Jost (1996). *Interruptions*. New York: State University of New York.
Kant, Immanuel (2004). "Was ist Aufklärung?", *UTOPIE kreativ*, H. 159 (Januar), 5-10.
Kristeva, Julia (1988). *El Lenguaje, ese desconocido*. Madrid: Fundamentos.
Lacan, Jacques (2009). *O Seminário. Livro 18. De um discurso que não fosse semblante*. Rio de Janeiro: Zahar.
Lind, Georg Rudolf (1970). *Teoria poética de Fernando Pessoa*. Porto: Inova.
Martins, Fernando Cabral (2000). "Editar Bernardo Soares", *Revista Colóquio/Letras*, 155/156, 220-25.
Martins, Fernando Cabral (2008). *Dicionário de Fernando Pessoa e do Modernismo Português*. Lisboa: Editorial Caminho.
McGann, Jerome (1991). "Texts and Textualities" and "Conclusion", *The*

Textual Condition. Princeton, New Jersey: Princeton University Press, 3-16, 177-86.

Paz, Octavio (1965). *Cuadrivio*. México: Joaquín Mortiz.

Pessoa, Fernando (1966a). *Páginas íntimas e de auto-interpretação*, textos estabelecidos e prefaciados por Georg Rudolf Lind e Jacinto do Prado Coelho. Lisboa: Ática.

Pessoa, Fernando (1966b). "Erostratus", *Páginas de estética e de teoria literárias*, textos estabelecidos e prefaciados por Georg Rudolf Lind e Jacinto do Prado Coelho. Lisboa: Ática.

Pessoa, Fernando (1986). *Escritos íntimos, cartas e páginas autobiográficas*. Lisboa: Europa-América.

Pessoa, Fernando (1993). *Pessoa inédito*, orientação, coordenação e prefácio de Teresa Rita Lopes. Lisboa: Livros Horizonte.

Pessoa, Fernando (2009). *Sensacionismo e outros ismos*, edição de Jerónimo Pizarro. Lisboa: INCM.

Pessoa, Fernando (2011). *Livro do Desasocego*, edição de Richard Zenith. Lisboa: Assíro & Alvim.

Pessoa, Fernando (2012). *Prosa de Álvaro de Campos*, edição de Jerónimo Pizarro e Antonio Cardiello. Lisboa: Babel.

Rancière, Jacques (2014). *Le fil perdu: essais sur la fiction moderne*. Paris: La Fabrique éditions.

Sepúlveda, Pedro (2013). "Listas do Desassossego", *MATLIT*, 1.1: 35-55. Obtido de: http://dx.doi.org/10.14195/2182-8830_1-1_2.

Zenith, Richard (2013). "*Livro do Desassossego*: o romance possível (var.: impossível)". Comunicação presentada no Colóquio Internacional Fernando Pessoa, celebrado entre o 28 e 30 de novembro de 2013. Comunicação obtida de: http://www.congresso internacionalfernandopessoa.com/comunicacoes/richard_zenith.pdf.

To be discontinued...
Desassossegar Pessoa

Francesca Pasciolla

> [P]ourquoi l'homme, en supposant que le discontinu lui soit propre et soit son œuvre, ne révélerait-il pas que le fond des choses auquel il faut bien qu'en quelque façon il appartienne, n'a pas moins affaire à l'exigence de la discontinuité qu'à celle de l'unité ?
> Maurice Blanchot, *L'entretien infini*

Scriptus interruptus

A interrupção desempenha um papel crucial, quer na relação entre o leitor e a obra literária, quer – inseparavelmente – na ligação do escritor com o texto que está a compor. Inicialmente, ela dá-se no momento em que este percebe que compor significa abandonar-se a certas forças para lá do seu controlo. Temos evidência disso em um trecho do *Livro do Desassossego* datável ao redor de 1930, onde a voz do sujeito descreve uma caraterística do seu processo criativo:

> A razão por que tantas vezes interrompo um pensamento com um trecho de paisagem, que de algum modo se integra no esquema, real ou suposto, das minhas impressões, é que essa paisagem é uma *porta por onde fujo* ao conhecimento da minha impotência fecunda. Tenho a *necessidade*, em meio das conversas comigo que formam as palavras deste livro, de falar de repente com outra pessoa [...] (Pessoa 2014: 344) [itálicos meus]

É possível encontrar outras passagens em que essa "necessidade" de intercalar o fio da narração com estimulações alheias se manifesta. Em um dos numerosos excertos do *Livro* que tratam do tema da trovoada, o sujeito narrativo, depois de ter delineado minuciosamente os traços do aguaceiro recém-terminado, aproxima-se da janela do escritório e "com atenção intensa e indiferente" começa a contemplar os que passam pela rua abaixo. De repente, o seu interesse focaliza-se de maneira incontrolável em um homem que, virada uma esquina, segue andando sob a chuva abrandada. Olha-o com uma atenção "não já desatenta, que se dá às coisas, mas definidora, que se dá aos símbolos" (496):

> Era o símbolo de ninguém; por isso tinha pressa. Era o símbolo de quem nada fora; por isso sofria. Era parte, não dos que sentem a sorrir a alegria incómoda da chuva, mas da mesma chuva – um inconsciente, tanto que sentia a realidade.
> Não era isto, porém, que eu queria dizer. Entre a minha observação do transeunte que, afinal, perdi logo de vista, por não ter continuado a olhá-lo, e o nexo destas observações *inseriu-se-me qualquer mistério da desatenção*, qualquer *emergência* da alma que me deixou sem prosseguimento. E ao fundo da minha *desconexão*, sem que eu os oiça, surgem os sons das falas dos moços da embalagem [...] (496) [itálicos meus]

De vez em quando, o sujeito dedica-se ao ato da escrita rigorosamente para se desviar: "Estou escrevendo, afinal, para fugir e refugir" (338). No caso mencionado acima, a porta por onde ele foge ao "esquema, real ou suposto, das [suas] impressões" é aberta por um transeunte, que lhe permite satisfazer essa "emergência da alma". Em uma outra ocasião, é o trabalho mesmo de contabilista que lhe proporciona essa possibilidade de divagar: as linhas paralelas da tabela que está a preencher, remetendo para as tábuas de um veleiro, titilam a imaginação do sujeito narrativo que zarpa seguindo a onda das suas fantasias.

> Escrevo atentamente, curvado sobre o livro em que faço a lançamentos a história inútil de uma firma obscura; e ao mesmo tempo o meu pensamento segue, com igual atenção, a rota de um navio inexistente por paisagens de um oriente que não há. As duas coisas estão igualmente nítidas, igualmente visíveis perante mim: a folha onde escrevo com cuidado, nas linhas pautadas, os versos da epopeia comercial de Vasques & C.ª, e o convés onde vejo com cuidado, um pouco ao lado da pauta alcatroada dos interstícios das tábuas, as cadeiras longas alinhadas, e as pernas saídas dos que sossegam na viagem. (376)

Por vezes, a voz que opera no texto *corta* a narração de uma cena para introduzir comentários linguísticos. Isso é o que se passa, por exemplo, em um traço de 25 de abril de 1930, em que a voz em questão, servindo-se da metáfora aquática dos remoinhos, conta o episódio de uma multidão colorida de pessoas a andar pela Praça do Comércio – gente que "faz poças, abre-se em riachos, junta-se em ribeiros" –, para depois o suspender abruptamente por meio de uma digressão gramatical.

> Os meus olhos veem desatentamente, e construo em mim essa imagem áquea que, melhor que qualquer outra, e porque pensei que viria chuva, se ajusta a este incerto movimentos.
> Ao escrever esta última frase, que para mim exatamente diz o que define, pensei que seria útil pôr no fim do meu livro, quando o publicar, abaixo das "Errata" umas "Não-Errata", e dizer: a frase "a este incerto movimentos", na página tal, é assim mesmo, com as vozes adjetivas no singular e o substantivo no plural. Mas que tem isto com aquilo em que estava pensando? Nada, e por isso me deixo pensá-lo. (322)

No mesmo dia em que concebe a frase "a esse incerto movimentos", essa própria voz deixa mais uma meditação sobre a sua prosa. Supondo ver diante de si uma rapariga de modos masculinos, discorre sobre as várias formas como essa menina se poderia designar. Distanciando-se dos que diriam "Aquela rapariga parece um rapaz", "Aquela rapariga é um rapaz" ou "Aquele rapaz", o sujeito narrativo indicá-la-ia como "Aquela rapaz":

> Eu direi, "Aquela rapaz", violando a mais elementar das regras da gramática, que manda que haja concordância de género, como de número, entre a voz substantiva e a adjetiva. E terei dito bem; terei falado em absoluto, fotograficamente, fora da chateza, da norma, e da quotidianidade. (324)

Em 1982, entrevistado por André Rodin, Jacques Derrida (conforme o qual o "Livro" – qualquer livro –, desde o momento da sua publicação, opera como um corte de um texto potencialmente infinito [Derrida 1999: 29]) salienta a importância das interrupções no processo da escrita. Essas suspensões não têm, para ele, uma conotação negativa – ao contrário, seriam a condição mesma do ato de criação: "Elle [l'interruption] donne son souffle à la question qui, loin de paralyser, met en mouvement. L'interruption libère même un mouvement infini" (Derrida 2003: 38). Derrida oferece como exemplo o modo como se dedica quotidianamente à prática literária. Dado que o escritório fica no sótão da sua casa, para principiar a sua atividade, o filósofo tem de subir uma escadinha e, uma vez em cima, deve curvar-se até chegar às mesas de trabalho. De facto, há ali duas mesas: uma baixa e pequena, onde se ergue a máquina de escrever, e uma secretária recoberta de folhas de papel, onde ele "toma notas, traça rabiscos", mas na qual "raramente escreve de maneira contínua". Derrida acrescenta que, habitualmente, ele só trabalha por sequências breves.

> – A peu près combien de temps ?
> – C'est difficile à dire, je ne reste jamais assis à la machine plus d'un quart d'heure, vingt minutes. Il faut que je me lève, que je fasse autre chose.
> – Et comme le grenier est très bas vous êtes obligé de redescendre ?
> – Oui. Ou je redescends ou je fais autre chose dans le grenier, mais je n'écris pas par séquences ou pulsions longues. Plus la chose m'intéresse ou me requiert...
> – Plus vous quittez votre siège...
> – Plus vite j'interromps. Voilà, je reste de manière plus durable à la machine quand le travail est fait, quand je suis en train par exemple de retaper pour une version à peu près définitive, alors là le travail est fait et je retranscris ou je retape, à ce moment-là je peux avoir la patience de rester une heure ou deux. Mais quand j'écris un texte sous sa première forme, alors là je dirais que mieux ça va et plus c'est bref. (1982: 63)

Quanto mais o assunto é interessante, mais exige estar intervalado por pausas. Essa "necessidade", essa "emergência", ou, nas palavras de Maurice Blanchot, em epígrafe, essa "exigência" de descontinuidade não se manifesta apenas no processo da produção textual, mas também no ato (em *cada* ato) da leitura. A tal respeito, examine-se uma passagem do *Livro do Desassossego* de cerca de 1930, em que o sujeito narrativo confessa que as suas leituras prediletas passam pela releitura de velhos livros que nunca se sumiram da sua vida, ficando sempre em cima da mesa de cabeceira. Apesar de esses volumes serem os seus favoritos, a voz em questão esclarece que "se é certo que já os li todos muitas vezes, também é certo que a nenhum deles li em sequência (2014: 349)" (o que reenvia para outro excerto do *Livro*, em que se encontra o imperativo "Nunca ler um livro até ao fim, nem lê-lo a seguir e sem saltar [101]"). Consequentemente, desenvolve-se a seguinte reflexão:

> Nunca pude ler um livro com entrega a ele; sempre, a cada passo, o comentário da inteligência ou da imaginação, me estorvou a sequência da própria narrativa. No fim de minutos, *quem escrevia era eu*, e o que estava escrito não estava em parte alguma. (349) [itálicos meus]

Inúmeras imagens e associações i[nte]rrompem [n]o fio da leitura do sujeito, o qual chega a afirmar: "Leio e abandono-me, não à leitura, mas a mim" (350). O texto só pode começar a ter valor para o leitor depois da ação – bastante instintiva – de ele dar nova vida às suas palavras graças às memórias e às experiências que tem tido. Quando se lê um livro distraidamente – porque as suas palavras levam para algo que as transcende e manifesta-se no leitor a urgência de errar alhures –, suspender o supracitado ato não significa ofender o texto: é sinal de que o leitor se tornou impaciente com o que está presente na página e pronto para *escrever a sua leitura*.

Esta noção evoca algumas reflexões elaboradas por Roland Barthes, o que facilita a possibilidade de uma abordagem da obra pessoana à luz do pensamento barthesiano. De acordo com o crítico francês, a leitura é *o texto que escrevemos em nós* quando estamos a ler. Ela procede segundo uma lógica que não é dedutiva, mas associativa: não canaliza, mas dispersa, dissemina. O texto sozinho, portanto, não existiria: por si, "le texte seul" seria apenas um conjunto de frases, de orações. Ele subsiste enquanto *texto-leitura* que associa outras ideias, outras imagens, outros significados. Lendo um livro, quanto mais o sujeito se sente envolvido, mais lhe acontece de suspender continuamente a atividade já mencionada, não por desinteresse, mas, pelo contrário, pelo ininterrupto afluir de ideias, estímulos e associações. Por outras palavras, conforme Barthes, ler verdadeiramente é ler *levantando a cabeça, distraindo-se por interesse*.

> Ne vous est-il jamais arrivé, lisant un livre, de vous arrêter sans cesse dans votre lecture, non par désintérêt, mais au contraire par afflux d'idées, d'excitations, d'associations ? En un mot, ne vous est-il pas arrivé de lire en levant la tête ?
> C'est cette lecture-là, à la fois irrespectueuse, puisqu'elle coupe le texte, et éprise, puisqu'elle y revient et s'en nourrit, que j'ai essayé d'écrire [...].
> Ce texte-là [ce texte que nous écrivons dans notre tête quand nous la levons], qu'il faudrait pouvoir appeler d'un seul mot: *texte-lecture*, est mal connu parce que depuis des siècles nous nous intéressons démesurément à l'auteur et pas du tout au lecteur [...]: on cherche à établir *ce que l'auteur a voulu dire*, et nullement *ce que le lecteur entend*. (Barthes 2015: 33-34)

Uma meditação semelhante também está presente no ensaio *Le plaisir du texte*, em que se reafirma que "le plaisir de la lecture vient évidemment de certaines ruptures" (1973: 14). O texto que produz prazer é o que leva quem o lê a levantar frequentemente a cabeça:

> Être avec qui on aime et penser à autre chose: c'est ainsi que j'ai les meilleures pensées, que j'invente le mieux ce qui est nécessaire à mon travail. De même pour le texte: il produit en moi le meilleur plaisir s'il parvient à se faire écouter indirectement; si, le lisant, je suis entraîné à souvent lever la tête, à entendre autre chose. (41)

A interrupção, portanto, é um ponto de partida, é o gatilho de uma obra literária (em que escrever é um ato sempre já começado, pois é uma das atividades do inconsciente), e, libertada pelo leitor em certo momento do seu encontro com o texto, ela torna-se no processo através do qual quem lê pode estabelecer uma relação com o que está escrito.

Em numerosas passagens do *Livro do Desassossego* há evidência desse impulso espontâneo da voz narrativa *que se distrai por interesse*, definindo-se esta como "um perpétuo desenrolamento de imagens, conexas ou desconexas" (Pessoa 2014: 489). Em um trecho do *Livro*, a tendência para a divagação do narrador – para a contínua interferência do fluxo dos seus pensamentos no texto que está a compor –, que em princípio deveria ser fonte de frustração e humilhação, na verdade, constitui um valor acrescentado, dando-lhe "asas de ouro".

> Em certa altura da cogitação escrita, já não sei onde tenho o centro da atenção – se nas sensações dispersas que procuro descrever, como a tapeçarias incógnitas, se nas palavras com que, querendo descrever a própria descrição, me embrenho, *me descaminho* e vejo outras coisas. Formam-se em mim *associações de ideias, de imagens, de palavras* – tudo lúcido e difuso –, e tanto estou dizendo o que sinto, como o que suponho que sinto, nem distingo o que a alma me sugere do que as imagens, que a alma deixou cair, me enfloram no chão, nem, até, se um som de palavra bárbara, ou um ritmo de frase interposta, me não tiram do assunto já incerto, da sensação já em parque, e me absolvem de pensar e de dizer, *como grandes viagens para distrair*. E isto tudo, que, se o repito, deveria dar-me uma sensação de futilidade, de falência, de sofrimento, não consegue senão dar-me asas de ouro. (382) [itálicos meus].

Não faltam, no *Livro*, as remessas para o hábito próprio do sujeito textual de desencaminhar-se, de extraviar-se do rumo que está a percorrer, por causa do brotar improviso de novas intuições ("Tudo em mim é a tendência para ser a seguir outra coisa" [358]). Possuir um livro não é uma razão suficiente para o ler até ao fim: é apenas um pretexto para compor o próprio *texto-leitura*, como se pode observar no poema "A novela inacabada" de 1933: "Lenda do sonho que vivo,/ Perdida por a salvar.../ Mas quem me arrancou o livro/ Que eu quis ter sem acabar?" (Pessoa 1990: 124). E é sempre Pessoa, em um pensamento anotado em inglês por volta de 1910, a revelar que, embora tenha sido leitor voraz e ardente, não se lembra de qualquer livro que tenha lido, "so far were my reading states of my own mind, dreams of my own, nay, provocations of dreams" (Pessoa 1966: 15). Consulte-se um outro excerto do *Livro*:

> Divago, se me concentro [...].
> Às vezes é tão grande, tão rápida, tão abundante a fluência concentrada de imagens e de frases certas que se me desenrola no espírito desatento, que raivo, estorço-me, choro de ter de as perder – porque as perco. [...] E fica-me [...] o debruçar-me sobre o abismo de um passado rápido de imagens e ideias, figuras mortas da bruma de que elas mesmas se formaram. [...]
> O ritmo da palavra, a imagem que evoca, e o seu sentido como ideia, juntos necessariamente em qualquer palavra, são para mim juntos com separação. Só de pensar uma palavra eu compreenderia o conceito de Trindade. Penso a palavra "inúmero" e escolho-a para exemplo porque é abstrata e escusa. Mas se a oiço no meu ser, rolam grandes ondas em som que não para no mar sem fim; constelam-se os céus, e não é de estrelas, mas da música de todas as ondas onde os sons se constelam, e a ideia de um infinito decorrente abre-se-me, como uma bandeira desfraldada, em estrelas ou sons do mar, e a um eu que reflete todas as estrelas. (367-68)

É verdade que, para *escrever a sua leitura*, é necessário que o sujeito se afaste do que está a ler – "Ouviu-me ler os meus versos – que nessa ocasião li bem, porque me distraí" (366) –, mas também é preciso que antes tenha entrado profundamente no texto, que tenha criado nele um espaço para si, por onde ter uma vista mais panorâmica do mundo exterior. Percebe-se bem esse aspeto em uma passagem de 15 de maio de 1932:

> Considero a leitura como o modo mais simples de entreter esta, como outra, viagem; e, de vez em quando, ergo os olhos do livro *onde estou sentindo verdadeiramente*, e vejo, como estrangeiro, a paisagem que foge – campos, cidades, homens e mulheres, afeições e saudades – e tudo isso não é mais para mim do que um episódio do meu repouso, uma distração inerte em que descanso

os olhos das páginas demasiado lidas. [...] Ah, quero a verdade? Vou continuar o romance... (491) [itálicos meus]

Em 1979, é publicada uma novela de Italo Calvino intitulada *Se una notte d'inverno un viaggiatore*, na qual se narram as peripécias de um leitor que, na tentativa de ler um romance, está obrigado, por razões sempre diferentes, a interromper a leitura do livro e a empreender a de outros. Pode-se considerar a novela de Calvino como uma alegoria das multíplices possibilidades que a literatura oferece aos seus leitores, os quais não são simples usufruidores da obra, mas participantes ativos na criação de sentido.

Na parte final de *Se una notte d'inverno un viaggiatore*, a personagem principal encontra-se em uma biblioteca, à procura do romance cuja leitura teve de suspender. Uma vez sentado em uma mesa, começa a observar os leitores que o rodeiam; todos parecem mergulhados nas suas leituras, com uma exceção: o olhar de um homem, em particular, em vez de se sustar sobre o volume aberto que tem entre as mãos, vagueia no ar. Ainda assim, os seus olhos não estão distraídos porque "una fissità intensa accompagna i movimenti delle iridi azzurre" (Calvino 2000: 216). A uma certa altura, o homem inicia uma fala:

> – Non si meravigli se mi vede sempre vagare con gli occhi. In effetti questo è il mio modo di leggere, ed è solo così che la lettura mi riesce fruttuosa. Se un libro m'interessa veramente, non riesco a seguirlo per più di poche righe senza che la mia mente, captato un pensiero che il testo le propone, o un sentimento, o un interrogativo, o un'immagine, non parta per la tangente e rimbalzi di pensiero in pensiero, d'immagine in immagine, in un itinerario di ragionamenti e fantasie che sento il bisogno di percorrere fino in fondo, allontanandomi dal libro fino a perderlo di vista. Lo stimolo della lettura mi è indispensabile, e d'una lettura sostanziosa, anche se d'ogni libro non riesco a leggere che poche pagine. (216-17)

Tal como no caso do *Livro do Desassossego*, aqui também o facto de o volume ser cativante dá azo a que não seja possível lê-lo a fio. Quanto mais a leitura for estimulante, tanto mais a mente do leitor resvala "de pensamento em pensamento, de imagem em imagem", até chegar ao ponto de distanciar-se do texto e perdê-lo de vista (dando início à composição do "texte-lecture"). Nesse momento da novela, mais um interlocutor decide tomar parte na conversa para reforçar o conceito de que cada ato de leitura é um processo estilhaçado:

– La capisco bene, – interloquisce un altro lettore, alzando il volto cereo e gli occhi arrossati dalle pagine del suo volume, – la lettura è un'operazione *discontinua* e *frammentaria*. O meglio: l'oggetto della lettura è *una materia puntiforme e pulviscolare*. (217) [itálicos meus].

Embora não se tenham provas do facto de Calvino estar familiarizado com a produção literária de Pessoa, o que é certo é que domina muitos conteúdos da obra de Barthes, ao qual em 1984 dedica o ensaio "In memoria di Roland Barthes" incluído na recolha *Collezione di sabbia*.

Já que a leitura, no acme da sua intensidade, é um processo intermitente e "punctiforme", talvez abandonar um texto seja a única homenagem autêntica que um leitor pode oferecer a um escritor. E – por que não? – a esperança que o leitor, em um momento dado, pare de ler o seu livro, pode ser o incentivo que impulsiona o escritor a compor.

> O triunfo supremo de um artista é quando a ler suas obras o leitor prefere tê-las e não as ler. Não é porque isto aconteça aos consagrados; é porque é o maior tributo ▢.[1] (Pessoa 2014: 107)

[In]exprimir o exprimível

> [T]âche un peu de lire entre
> les lignes.
>
> Maupassant, "La moustache"

Se, de acordo com Barthes, ler é lutar para nomear (Barthes 1970: 98), poder-se-ia afirmar, contrariamente, que escrever é lutar para *não* nomear. Ouve-se muitas vezes dizer que a arte tem como função exprimir o inexprimível:

> [C]'est le contraire qu'il faut dire (sans nulle intention de paradoxe): toute la tâche de l'art est d'*inexprimer l'exprimable*, d'enlever à la langue du monde, qui est la pauvre et puissante langue des passions, une parole *autre*, une parole *exacte*. (Barthes 1964: 15)

Nenhum texto, por definição, se pode completar. Ele é um espaço de inclusões e de exclusões: é o que é porque também é *o que não é*. Há autores que erigiram toda uma poética a partir dos fundamentos da exclusão. Repare-se, por exemplo, no caso de Laurence Sterne. Conforme

---

[1] Espaço deixado em branco por Fernando Pessoa.

o narrador de *The Life and Opinions of Tristram Shandy, Gentleman*, o ato da escrita é comparável a uma conversa: tal como nenhum indivíduo, que se encontre em boa companhia, monopolizaria o diálogo, assim nenhum autor, que conheça as boas maneiras ("the just boundaries of decorum and good breeding" [Sterne 2003: 96]), possuiria o exclusivo do texto. O bom escritor não se impõe; deixa que o leitor tenha o seu papel e que imagine tudo o que ele quiser.

> The truest respect which you can pay to the reader's understanding, is to halve this matter amicably, and leave him something to imagine, in his turn, as well as yourself.
> For my own part, I am eternally paying him compliments of this kind, and do all that lies in my power to keep his imagination as busy as my own. (96)

Há prova de Sterne ter posto em prática esse princípio no sétimo volume do seu livro, capítulo XXIX, quando Tristram tem um encontro amoroso – que se intui não ter um final feliz – com a "meiga Jenny". Enquanto os dois se estão a recompor, a mulher sussurra ao ouvido do jovem, envergonhado, alguma coisa que o leitor só pode conjeturar porque é indicado com asteriscos.

> 'Tis enough, said'st thou, coming close up to me, as I stood with my garters in my hand, reflecting upon what had *not* pass'd – 'Tis enough, Tristram, and I am satisfied, said'st thou, whispering these words in my ear, **** ****** *** ******; – **** ** **** – any other man would have sunk down to the centre –. (466)

Alessandro Manzoni representa mais um padrão para essa caraterística da criação literária. A frase "La sventurata rispose", no capítulo X de *I Promessi Sposi*, é considerada uma das aposiopeses mais famosas da literatura italiana.[2] Com a fórmula "La sventurata rispose" no fim do parágrafo, a voz narrativa não reporta apenas o facto de a monja Gertrude ter contestado o gesto de saudação do jovem Egidio, mas também oferece a quem lê a oportunidade de pressagiar as consequências funestas desse ato.

A omissão, o não dito, a ideia do vazio são questões também especialmente ligadas à produção de Stéphane Mallarmé, segundo a qual

---

[2] Por aposiopese, ou *reticentia*, entende-se o recurso estilístico que consiste na interrupção intencional de uma frase, por meio da qual quem escreve dá a impressão de não poder ou não querer prosseguir, mas deixa intuir ao leitor a conclusão deliberadamente calada.

a verdadeira tarefa da prática poética – e, acrescenta-se aqui, da prática prosaica – é *sugerir*.

> Nommer un objet c'est supprimer les trois quarts de la jouissance du poème qui est faite du bonheur de deviner peu à peu; le suggérer, voilà le rêve. (Mallarmé 1945: 869)

Evocar um objeto aos poucos, intercalando a descrição mediante espaços em branco e aparentes ausências, deixa ao leitor o prazer da decifração e consente-lhe ter um papel ativo na criação de sentido. Em uma carta de 27 de maio de 1867 endereçada a Eugène Lefébure, Mallarmé declara que toda a sua obra se enraíza na perda e que a destruição é desde sempre a sua única fonte de inspiração:

> Je n'ai créé mon œuvre que par *élimination*, et toute vérité acquise ne naissait que de la perte d'une impression qui, ayant étincelé, s'était consumée et me permettait, grâce à ses timbres dégagés, d'avancer plus profondément dans la sensation des Ténèbres Absolues. La Destruction fut ma Béatrice. (1959: 329)

Robert Louis Stevenson é mais um letrado que crê no poder da inexpressão do exprimível. Para ele, toda a arte só exige uma coisa: a capacidade de seleção. Quem sabe omitir – e ele suspira "O if I knew how to omit, I would ask no other knowledge" (Stevenson 1901: 338) – consegue compor uma inteira Ilíada do tamanho de um jornal. Silenciar é uma forma de cegueira, mas, remata Stevenson, de uma cegueira sapiente.

Fernando Pessoa – que em um poema sem título de 1923 escreve "Tudo nos narra o que nos não diz" (Pessoa 1990: 52) – é um leitor assíduo de Mallarmé e planeia traduzir para português a novela *The Strange Case of Dr. Jekyll and Mr. Hyde* de Stevenson. Se bem que não haja evidência de ele ter entrado em contacto direto com a produção de Manzoni, um dos seus apontamentos revela que o romance de Sterne fazia parte da sua biblioteca particular por volta de 1908 (Zenith 2013: 359).

No *Livro do Desassossego*, são muitos os recursos à omissão e as referências à *brevitas*. No âmbito da retórica, esta não remete apenas para o tamanho do enunciado, mas antes diz respeito à densidade de uma forma que exprime muito em relativamente poucas palavras. Em oposição à *ubertas* (que reenvia à abundância e à copiosidade da oração), a *brevitas* tem uma única regra: não dizer mais do que convém. Em uma passagem do *Livro* de 1913, a voz que narra pergunta-se: "E para que exprimir? O pouco que se diz melhor fora ficar não dito" (2014: 69). Vários anos depois, em 1930, a voz em questão segue na mesma linha de pensamento: "Creio que dizer uma coisa é conservar-lhe a virtude e tirar-lhe o sabor" (378). A meditação continua com o sujeito a gozar o prazer de tudo o que da sua escrita omitiu:

> Tenho neste momento tantos pensamentos fundamentais, tantas coisas verdadeiramente metafísicas que dizer, que [...] decido não escrever mais, não pensar mais, mas deixar que a febre de dizer me dê sono, e eu faça festas com os olhos fechados, como a um gato, *a tudo quanto poderia ter dito*. (378) [itálicos meus]

Não existe omissão textual que não aponte para uma plenitude extratextual – e esta está para o texto como a sombra está para o corpo. Como observa J. M. Coetzee em *Slow Man*, a Vénus de Milo não representaria um ícone da beleza feminina se fosse o retrato de uma mulher mutilada. De facto, o que agrada não é o corpo fragmentário, mas a imagem fragmentária do corpo. Este antigamente estava inteiro e sempre tal ficará na fantasia do observador:

> Once she had arms, the story goes, then her arms were broken off; their loss only makes her beauty more poignant. Yet if it were discovered tomorrow that the Venus was in fact modelled on an amputee, she would be removed at once to a basement store. Why? Why can the fragmentary image of a woman be admired but not the image of a fragmentary woman, no matter how neatly sewn up the stumps? (Coetzee 2006: 59)

A consciência disso também está presente no *Livro do Desassossego*, onde o sujeito narrativo dedica um elogio a todas as obras que se perderam e nunca se acharão, aos tratados "que são títulos apenas hoje" (Pessoa 2014: 71), às bibliotecas que arderam e às estátuas que foram partidas:[3]

> Que santificados do Absurdo os artistas que queimaram uma obra muito bela, daqueles que, podendo fazer uma obra bela, de

---

[3] O tema do fogo é recorrente também em outros momentos da produção pessoana. Sobre o Barão de Teive, uma das três *pessoas-livros* às quais Pessoa atribui o *Livro do Desassossego* (Lopes 2015, 21) – junto com Bernardo Soares e Vicente Guedes – o autor português informa que um dia queimou todos os seus escritos (com exceção de um) no fogão da cozinha. Na base deste gesto havia a frustração por o Barão não ter conseguido compor a obra literária que queria, tendo esta sempre permanecido inacabada.

propósito a fizeram imperfeita, daqueles poetas máximos do Silêncio que, reconhecendo que poderiam fazer obra de todo perfeita, preferiram ousá-la de nunca a fazer. (Se fora imperfeita, vá.)
Quão mais bela a Gioconda desde que a não pudéssemos ver! E se quem a roubasse a queimasse, quão artista seria, que maior artista que aquele que a pintou! (71)

Para o sujeito em questão, o prazer que uma obra suscita é tanto mais intenso, quanto mais forte é no usufruidor a sensação de que essa obra está truncada. É a mesma inacessibilidade a estimular a imaginação do observador. Mediante o que está aparentemente ausente – ou não enunciado – o beneficiário do produto artístico-literário torna-se em participante efetivo do ato criativo. Neste sentido, o que ainda hoje vivifica os fragmentos do *Livro do Desassossego* é o seu próprio velar-se, o que *não está*, ou melhor, o que eles *in*exprimem do exprimível:

> Des critiques examinent les mots les plus fréquents dans un livre et les comptent !
> Cherchez plutôt les mots que l'auteur a évités, dont il était tout près ou décidément éloigné, étranger, ou dont il avait la pudeur, tandis que les autres en manquent. (Michaux 1981: 82)

Carta branca

> Ed ecco che, nel momento in cui la tua attenzione è più sospesa, volti il foglio a metà d'una frase decisiva e ti trovi davanti due pagine bianche.
> Italo Calvino, *Se una notte d'inverno un viaggiatore*

Em uma carta composta enquanto está a trabalhar na novela sentimental *The Man of Feeling* (s. d.), Henry Mackenzie põe em relação a sua escrita fragmentária com o cuidado que presta ao leitor. Há cenas do seu livro que ele gostaria de descrever, mas se retém para não se intrometer demais na imaginação de quem lê.

> [T]he Feelings must appear, but not obtrusive; just as much as to call forth the Hearts of our Readers – And if we can put the Pencil into their own Hands, a few Outlines will serve for our Part of the Picture. (Mackenzie *apud* Harries 1994: 100-101)

O papel do escritor seria o de traçar apenas um esboço inicial do desenho – umas linhas de orientação – e deixar que o leitor delineie o resto. Por outras palavras, encenar uma passagem sentimental não é necessário nem desejável. Quem escreve tem de deixar espaço à atividade de quem lê: os sentimentos dependem da vagueza, do sugestivo e da abertura. Como comentou Anna Laetitia Barbauld em 1810 com respeito a Sterne, a caraterística deste é a sua capacidade de "afetar o coração", não mediante longas digressões narrativas, mas por meio de toques elétricos ("electric touches") que fazem vibrar os nervos de quem lê.

> He resembles those painters who can give expression to a figure by two or three strokes of bold outline, leaving the imagination to fill up the sketch. (Howes 2013: 332)

Em *The Life and Opinions of Tristram Shandy, Gentleman*, Sterne faz troça da analogia entre escritor e pintor: quando a voz narrativa deve ilustrar o fascínio irresistível da viúva Wadman, insere, no lugar da descrição, uma página branca. Nela, a fantasia do leitor pode tracejar o seu ideal de beleza feminina.

> To conceive this right, – call for pen and ink – here's paper ready to your hand. – Sit down, Sir, paint her to your own mind – as like your mistress as you can – as unlike your wife as your conscience will let you – 'tis all one to me – please but your own fancy in it. (Sterne 2003: 422)

Também relevante é a conclusão do capítulo, que se encontra logo depois da página em branco, em que se celebra o facto de o livro ter agora pelo menos uma folha não enegrecida pela malícia, nem desvirtuada pela ignorância:

> Thrice happy book! thou wilt have one page, at least, within thy covers, which MALICE will not blacken, and which IGNORANCE cannot misrepresent. (424)

Para além dessa folha completamente branca, o volume de Sterne – que um dos primeiros críticos definiu como tendo o aspeto mais de uma coletânea de fragmentos do que de uma obra regular (Ferriar 1971: 4) – também contém páginas inteiramente pretas. Isso é o caso do final do capítulo XII do primeiro volume, quando é relatada a morte do Pastor Yorick.

Todas essas passagens em falta abrem fissuras no texto, obrigando o leitor a aceitar a dissonância, a impossibilidade de reduzir a obra a um todo inteiro ou a uma narrativa contínua. O impulso, em quem lê, pode ser o de resolver ou expandir esses textos fragmentários para os enquadrar dentro de uma forma coerente, mas eles resistem a qualquer tentativa de manipulação. Sterne provoca o leitor, oferecendo-lhe e, ao mesmo tempo, negando-lhe o acesso à sua escrita. Uma coisa semelhante passa-se com Samuel Taylor Coleridge. *Biographia Literaria* inclui um capítulo intitulado "A chapter of requests and premonitions concerning the perusal or omission of the chapter that follows". Aqui se encontra um pedido que o autor faz ao seu público:

> In lieu of the various requests which the anxiety of authorship addresses to the unknown reader, I advance but this one; that he will either pass over the following chapter altogether, or read the whole connectedly. (Coleridge *apud* Harries 1994: 156)

Coleridge afirma que esse capítulo tem uma unidade orgânica que o leitor descuidado poderia não perceber. Trata-se de uma declaração que Sterne nunca faria, mas que deixa emergir a mesma intenção lúdica.

No romance de 2005, que se ocupa do pós-11 de setembro, *Extremely Loud & Incredibly Close*, Jonathan Safran Foer introduz vários elementos visuais para veicular significados mais profundos. Um exemplo disso são as páginas 121-22-23 deixadas totalmente em branco. Elas servem para mostrar ao leitor a história, intitulada "My Life", que a avó do protagonista tenta compor na máquina de escrever, sem se dar conta de que a máquina, que o marido lhe emprestou, não tem fita.

Se o narrador tivesse simplesmente informado o seu público da existência de três folhas brancas, a mensagem teria chegado de modo claro ao leitor. Contudo, ele faz mais: decide representá-las graficamente. O resultado é que o leitor é levado a experienciar – e empatizar com – o choque e o desapontamento provados pelo protagonista, em vez de simplesmente os ler. Quando se chega às folhas em branco, a primeira reação é de confusão: viram-se as páginas para ter certeza de que não há um erro. Depois, realiza-se que a avó está cega (ela tem "crummy eyes" [Safran Foer 2005: 124]) e que, portanto, não tem como saber que nada escreveu. O facto de ter sido o avô a sabotar a máquina também convida quem lê a pausar e refletir: de facto, danificando o instrumento, o homem (que há anos se tornou mudo), impede que a sua mulher (cega) ponha por escrito as memórias do seu passado juntos. O branco das páginas pode, aqui, ser sintomático da incomunicabilidade deste velho casal.

Também há ocorrências em que esse branco não representa uma falta de diálogo, mas, ao contrário, uma tentativa de conexão com o próximo. Este é o caso da novela *A Visit from the Goon Squad* (2011) de Jennifer Egan – um livro que, devido à sua inusual estrutura narrativa, certos críticos preferiram considerar uma coletânea de contos breves, e não um romance tradicional. No capítulo 12, a menina Alison relata os eventos ocorridos na sua família entre os dias 14 e 15 de maio de 2020. A narração tem a forma de uma apresentação PowerPoint, pois a história está situada em um futuro em que as novas gerações acabaram por desenvolver uma dependência tecnológica. Ao longo dos *slides*, Alison desvela, com o olhar de uma criança de treze anos, os problemas que afligem os seus pais, os quais decidiram criar os filhos no isolamento do deserto. Uma das preocupações parece relacionada com o filho secundogénito Lincoln, um menino autista que tem dificuldades em manifestar afetividade. A paixão de Lincoln são as pausas: ele dedica a maior parte do seu tempo a escutar, analisar e listar canções *rock*, que cataloga com base na duração dos intervalos de suspensão do som (entre as suas favoritas figuram "Young Americans" de David Bowie, "Roxanne" dos Police e "Foxey Lady" de Jimi Hendrix). Vista a sua incapacidade de exprimir abertamente o que sente, o menino tenta criar uma ligação com o pai, comentando os efeitos das pausas na música de Steve Miller: já que o pai é oriundo de Wisconsin, como Steve Miller, conversar sobre as pausas de "Fly Like an Eagle" é, para Lincoln, uma maneira de expressar carinho. Contudo, o pai não chega a entender os esforços que o menino faz e interroga-o acerca da origem da sua mania ("Lincoln, before you play another song, I – I'd love to know why the pauses matter so much to you" [Egan 2011, 286]). Isso causa o pranto, quer de Lincoln, quer de Alison (que tem um liame empático com o irmão), e leva a mãe a intervir:

> The pause makes you think the song will end. And then the song isn't really over, so you're relieved. (289)

O *slide* seguinte é constituído por uma página completamente branca, sobre a qual paira a escrita "A Pause While We Stand on the Deck". Esta pausa – este espaço em branco – é crucial para a família, que, pela primeira vez, parece se dar conta de que, apesar da situação doméstica instável (uma prolongada crise matrimonial), uma pausa (tal na música, como nas relações humanas) representa uma oportunidade de catarse. Se as pausas significam tanto para os dois filhos é porque eles esperam que a música continue, ou, em sentido amplo, que o núcleo familiar fique unido; se chegam a significar tanto para os pais, é porque as pausas levam consigo a mensagem de que não tudo está perdido e o amor se pode revigorar. Não obstante as tensões, todos experienciam essa pausa como um momento de renovado apreço por o que têm. Por isso, na noite de 15 de maio, o pai faz a primeira tentativa de criar uma conexão com Lincoln: esgueirando-se para o quarto do filho, convida-o a olhar pela janela e dizer-lhe o que ouve. Dado que o menino responde não perceber som nenhum, o pai insiste: "Listen with me. What does that sound to you?" (309). O *slide* sucessivo consta de uma página completamente preta, depois da qual Lincoln afirma: "Ok. I know" (311). O *slide* preto é emblemático do momento de partilha das duas personagens. O silêncio do deserto proporciona ao pai a possibilidade de se aproximar do filho, desfrutando da sua paixão pelas pausas. A cena final do conto sugere uma remição do elo afetivo.

A 10 de março de 1931, a voz narrativa do *Livro do Desassossego* refere:

> Vi que tinha nas mãos a mensagem que entregar, e quando lhes disse que o papel estava branco, riram-se de mim. E ainda não sei se riram porque todos os papéis estão brancos, ou porque todas as mensagens se adivinham. (Pessoa 2014: 393)

De imediato, a mente vai para um conto de Franz Kafka de 1917, titulado "Eine kaiserliche Botschaft" ["Uma mensagem imperial"]. Aqui, do seu leito de morte, um imperador manda o seu mensageiro ajoelhar-se e receber de si uma mensagem segredada ao ouvido. A sua tarefa será a de entregar a mensagem a um "súbdito solitário e lastimável" (indicado pelo pronome "tu" no texto). Apesar dos muitos esforços, o mensageiro nunca conseguirá sair do palácio, encontrando eternamente obstáculos constituídos por escadas, portões e pátios. Mas, fora da fortificação, sentado à janela, o súbdito espera. Na última linha do conto, convida-se o aguardador a imaginar, ele próprio, a mensagem do imperador.

Se, como afirma Barthes, escrever é tornar-se "silencioso como um morto" ("devenir l'homme à qui est refusée *la dernière réplique*" [Barthes 1964: 9]), então é possível considerar o conto de Kafka como uma metáfora dos atos mesmos da escrita e da leitura. O autor é o imperador moribundo ao qual é negada a última réplica. Os leitores, seus súbditos, procuram em vão encontrar a subjetividade dele no texto – a chave de leitura que lhes permita dar uma interpretação unívoca e inequívoca. A mensagem, mesmo quando chegar, será sempre uma página em branco porque "todas as mensagens se adivinham".

> Tudo quanto o homem expõe ou exprime é uma nota à margem de um texto apagado de todo. Mais ou menos, pelo sentido da nota, tiramos o sentido que havia de ser o do texto; mas fica

sempre uma dúvida, e *os sentidos possíveis são muitos*. (Pessoa 2014: 208) [itálicos meus]

Já que não há nenhum/a autor/idade maior a impor, do alto, um sentido ao texto, as leituras possíveis serão multíplices e plurais. A obra ficará sempre uma *tabula rasa* sobre a qual quem lê poderá gravar os seus pensamentos e as suas significações – sobre a qual, por outras palavras, gozará o prazer de *escrever a sua leitura*. A ter *carta-branca*, a deter a liberdade total da última réplica, é e será sempre o leitor.

Escrevi numa página em branco, "Fim". (Pessoa 1990: 78)

Referências bibliográficas
Barthes, Roland (1964). *Essais critiques*. Paris: Éditions du Seuil.
Barthes, Roland (1970). *S/Z*. Paris: Éditions du Seuil.
Barthes, Roland (1973). *Le plaisir du texte*. Paris: Éditions du Seuil.
Barthes, Roland (2015). *Le bruissement de la langue. Essais critiques IV*. Paris: Éditions du Seuil.
Blanchot, Maurice (1969). *L'entretien infini*. Paris: Gallimard.
Calvino, Italo (2000). *Se una notte d'inverno un viaggiatore*. Milano: Oscar Mondadori.
Coetzee, John Maxwell (2006). *Slow Man*. London: Vintage.
Derrida, Jacques (1982). "Je n'écris pas sans lumière artificielle". *Le fou parle* 21/22, 61-63. Paris: Éditions Balland.
Derrida, Jacques (1999). *No escribo sin luz artificial*. Valladolid: Cuatro Ediciones.
Derrida, Jacques (2003). *Béliers*. Paris: Éditions Galilée.
Egan, Jennifer (2011). *A Visit from the Goon Squad*. London: Corsair.
Ferriar, John (1971). *Illustrations of Sterne*. New York: Garland.
Harries, Elizabeth Wanning (1994). *The Unfinished Manner. Essays on the Fragment in the Later Eighteenth Century*. Charlottesville and London: University Press of Virginia.
Howes, Alan (2013). *Laurence Sterne: The Critical Heritage*. London: Routledge.
Lopes, Teresa Rita (2015). *Fernando Pessoa. Livro(s) do Desassossego*. São Paulo: Global.
Mallarmé, Stéphane (1945). *Œuvres complètes*. Paris: Pléiade.
Mallarmé, Stéphane (1959). *Correspondance complète, 1862-1871*. Paris: Gallimard.
Maupassant, Guy de (1999). "La moustache". *Boule de suif*. Paris: Gallimard.
Michaux, Henri (1981). *Poteaux d'angle*. Paris: Gallimard.

Pessoa, Fernando (1966). *Páginas íntimas e de auto-interpretação*. Lisboa: Ática.
Pessoa, Fernando (1990). *Poesias inéditas (1919-1930)*. Lisboa: Ática.
Pessoa, Fernando (2014). *Livro do Desassossego*, edição de Jerónimo Pizarro. Lisboa: Tinta-da-China.
Safran Foer, Jonathan (2005). *Extremely Loud & Incredibly Close*. London: Penguin.
Sterne, Laurence (2003). *The Life and Opinions of Tristram Shandy, Gentleman*. London: Penguin Classics.
Stevenson, Robert Louis (1901). *The Letters of Robert Louis Stevenson*, 2 vol. New York: Charles Scribner's Sons.
Zenith, Richard (2013). "Livro do Desassossego: o romance im/possível". Comunicação apresentada no Colóquio Internacional Fernando Pessoa, 28-30 novembro de 2013. Obtida de: https://www.casafernandopessoa.pt/application/files/7915/1698/4246/CFP_ACTAS_2013.pdf.

Atracagens

A vida como sonho.
Reler o onironauta Bernardo Soares à luz do "sonho lúcido" e do "yoga do sonho"

Paulo Borges

> Wir sind dem Aufwachen nah, wenn wir träumen, daß wir träumen.[1]
> Novalis

Introdução. A vida como sonho e ilusão

Um dos temas mais característicos da obra pessoana é a experiência da vida como uma ilusão ou sonho insubstancial, e assim um espaço de criação, *outração* e metamorfose, como se salienta particularmente no *Livro do Desassossego* de Bernardo Soares. O tema tem profundas raízes na tradição literária ocidental (Píndaro, Cervantes, Shakespeare, Calderón de la Barca), onde corre paralelo à sua rejeição pela tradição filosófica dominante (Platão, Descartes), que, contrastando com várias orientações da sua correspondente indiana (O'Flaherty 2003) ou das culturas indígenas (onde se fala do Tempo do Sonho, onde tudo se transforma em tudo, nada sendo impossível), procura assegurar a realidade e estabilidade sensível e/ou inteligível das coisas e a possibilidade de uma ontognosiologia fundada numa metafísica.

Há, todavia, uma linhagem dissidente na tradição filosófica ocidental (Schopenhauer, Nietzsche) na qual Pessoa se insere. Ao fazê-lo, inscreve-se contudo, mais significativamente e sem expressa consciência disso, numa tradição, a indo-tibetana, que explora a fundo as possibilidades de usar os sonhos para o conhecimento e a libertação espirituais, no mesmo lance em que dialoga implicitamente com uma das mais recentes descobertas neurocientíficas, a da possibilidade de se ter e cultivar sonhos lúcidos. Isto permite considerar a uma luz nova um dos temas mais salientes de toda a sua obra, abrindo uma perspetiva inédita nos estudos pessoanos. É este o nosso objetivo, na continuidade das tentativas de compreender Pessoa à luz de alguns temas e aspetos das tradições orientais, pelas quais se interessou, bem como no horizonte da fenomenologia dos estados diferenciados de consciência.

Os múltiplos níveis da consciência

Um antigo texto indiano, o *Brhadāranyaka Upanishad*, do séc. VII AEC,

---

[1] Estamos perto do acordar, quando sonhamos que sonhamos.

apresenta a primeira descrição da natureza e principais modalidades da consciência (*vijñāna*), vista como a "luz do si-mesmo" (*ātman*), como sendo as de vigília, sonho e sono profundo, sem sonhos (*Hindu Scriptures* 1992: 53). No sono com sonhos a "pessoa" (*purusa*) "destrói" e recria os "materiais" do mundo externo, sonhando "[num mundo iluminado] pelo seu próprio brilho, pela sua própria luz". Ela mesma, "iluminada pela sua própria luz", vive oniricamente num mundo onde não há realidades e experiências externas que não sejam por si criadas, "pois ele (o *purusa*) é um criador (*kartr*)" (1992: 82). Um texto posterior, *Māndūkya Upanishad*, precisa e completa esta descrição, apresentando os "quatro quartos" do "Si mesmo" (*ātman*), idêntico ao Todo (*Brahman*): 1) "o estado de vigília, consciente do que está fora", experiencia "o que é grosseiro, comum a todos os humanos"; 2) "o estado de sonho, consciente do que está dentro", experiencia "o que é subtil, composto de luz"; 3) o estado de "sono profundo", sem sonhos, onde nada se deseja, é uma "massa de sabedoria, composta de beatitude"; 4) o "quarto" (*turiya*) estado é afinal o próprio todo, o próprio "Si mesmo" (*ātman*), não consciente do interior, do exterior ou de ambos, nem sábio nem o seu oposto, "invisível" e "impalpável" (ou "incompreensível"), "desprovido de marca distintiva", "impensável", "indescritível", unicitário, "desprovido de dualidade (*advaita*)". É esse "que deve ser conhecido" (*Hindu Scriptures* 1992: 253-54).

Evan Thompson considera esta última experiência de consciência como a "pura consciência [*awareness*] não-dual", que não é na verdade um "estado" transitório como os outros, mas antes "a constante e subjacente fonte destes estados mutáveis", bem como um "estágio de realização meditativa", sendo assim a "consciência de fundo que pode testemunhar estes estados mutáveis sem erroneamente se identificar com eles como o si mesmo [*self*]". O "quarto" seria assim "a suprema vigília [*wakefulness*] que revela o verdadeiro si mesmo como a consciência testemunha por detrás do acordar, do sonhar e do sono profundo", experienciada como "verdadeira felicidade, serenidade e beatitude" (2015: 4-10). De notar que esta formulação teórica supõe, como se assume no pensamento indiano, uma prática e uma experiência a partir das quais se realiza a teoria, que não é assim uma mera especulação intelectual que antecipe ou dispense a sua verificação experiencial. A descrição dos quatro estados de consciência nos *Upanishades* supõe a sua experiência fenomenológica por viagens contemplativas nos seus domínios, que exercem a possibilidade da consciência pura, não-dual, transitar pela experiência da vigília, do sonho e do sono sem se perder ou, dito de modo mais rigoroso, contemplar o trânsito destes estados por si sem com eles se identificar. A este respeito, o filósofo indiano Mahadevan considerou que a principal diferença entre a filosofia ocidental e a oriental reside em a primeira desenvolver "a sua visão da realidade a partir de um único estado de consciência (o estado de vigília)", enquanto a segunda "colhe de todos os estados de consciência, incluindo os de sonho e de sono", sendo mais abrangente (Holecek 2016: 6).

A tradição budista indo-tibetana também desenvolveu um mapa dos níveis de consciência que é fundamental conhecer para se compreender a sua visão do sono como uma descida do plano mais superficial, o da comum consciência de vigília, estruturada pela dualidade aparente, sólida e substancial entre sujeito e objeto, para os níveis mais profundos do sonho e do sono sem sonhos, tornados inconscientes para a mesma consciência de vigília. Numa adaptação do modelo dos oito níveis de consciência relativa da escola *Yogācāra*, Andrew Holecek considera que as cinco consciências sensoriais e a consciência mental constituem a *psyche*, que o autor vê como a dimensão mais imediatamente visível do *ego*, a dimensão mais exterior da consciência, que flutua à superfície do ser profundo dele inconsciente e como que a dormir e a sonhar. Isto na medida em que crê na realidade sólida e estável dos objetos externos e internos – coisas do mundo, pensamentos e emoções – por não ver que é ela mesma que os reifica, convertendo fenómenos impermanentes, interdependentes e múltiplos em supostas entidades permanentes, independentes e singulares. A *psyche* caracteriza-se por se agarrar constantemente aos objetos que cria e a si mesma como se fossem a única realidade, o que nesta perspetiva se traduz num primordial "roubo de identidade", pelo qual a consciência se retira dos níveis mais profundos de si e do ser, se diminui e se fixa à superfície, absolutizando esse nível extremamente relativo e limitado de perceção/ construção da realidade como se fosse o único. Pode-se assim dizer que a comum consciência de vigília tanto mais dorme e sonha quanto mais julga estar desperta.

Neste modelo há todavia um nível mais profundo e subtil de ser e de consciência, do qual a *psyche* emana e que Holecek designa unitariamente como o "substrato", embora na verdade corresponda aos sétimo e oitavo níveis de consciência da escola *Yogācāra*, designados nesta tradição como a "consciência velada" ou "maculada" (pela apreensão constante de um "eu" em toda a experiência sensorial e mental, pelo autocentramento da perceção e pelas emoções de apego, aversão e indiferença resultantes) e a "consciência-base universal" (*ālayavijñāna*) (T. Rinpoche 2007: 34-42). Esta é o suporte contínuo e subliminal de todos os demais níveis de consciência, no qual se inscrevem ou armazenam os seus atos e experiências – mentais, verbais e físicos - sob a forma de impregnações e tendências latentes. São estas que, caso não sejam purificadas pela prática espiritual, se vão continuamente manifestando e condicionando de modo positivo ou negativo a experiência dualista e relativa da vida, no plano dos sete níveis de consciência, segundo o que se designa como a lei da causalidade kármica (2007: 34-42), pela qual todas as ações mentais, verbais e físicas têm um efeito sobre o agente correspondente à sua intenção. Segundo Holecek, "o substrato é o mais profundo ou inconsciente aspecto do ego", de que a *psyche* é a dimensão mais "superficial ou consciente" (2016: 115), sendo mais profundo do que o "inconsciente relativo" ou psicológico acedido pela psicanálise (2016: 117-18, 19-20). O "substrato" é o "muro" que ficticiamente separa da consciência primordial, na tradição budista tibetana designada como "mente de clara luz" e idêntica à própria natureza de Buda, a natureza primordial de todos os seres e fenómenos. O "substrato" é a dimensão mais subtil da mente e a mais próxima da sua natureza profunda, mas é ao mesmo tempo a raiz de toda a dualidade entre eu e outro, sujeito e objeto, sendo o "berço do samsara", ou seja, da perceção confusa e insatisfatória da realidade, mais difícil de reconhecer porque mais inconsciente. De todos os níveis de consciência, o "substrato" é o que tem maior "largura de banda", desde os níveis mais superficiais ou superiores do material psicológico recalcado até aos mais fundos, onde se tange a "mente de clara luz", a natureza absoluta da consciência e o verdadeiro fundo sem fundo de tudo (Holecek 2016: 117-19).

Buda significa *Desperto* e nesta perspetiva o que tornou Siddhartha Gautama um Buda foi o definitivo despertar da *psyche* e do "substrato" para a "mente de clara luz", ou seja, para o ser-consciência primordial, cuja luminosidade expressa a capacidade de ver diretamente a natureza tal qual de tudo, sem condicionamentos conceptuais e emocionais. Segundo a tradição tibetana, sempre que se adormece, tal como na morte, a mente regressa do estado comum de vigília à "mente de clara luz", só que, não havendo treino meditativo, cai na inconsciência, pois o modo de perceção conceptual e dualista não pode senão dissolver-se na consciência não-dual e não-conceptual, cuja natureza é ser vazia e luminosa, ou seja, um espaço ilimitado, insubstancial e simultaneamente cognitivo. Este é o verdadeiro estado natural da consciência, sem autocentramento, sendo todos os demais diversamente alterados ou modificados pela identificação com o ego. Na verdade não é um "estado" acima dos outros, mas a verdadeira natureza da consciência, que transcende todos os estados, tal como o espaço, o tempo e as categorias de *saṃsāra* e *nirvāṇa*, sendo uma esfera transpessoal e universal da consciência, a natureza de Buda ou natureza intemporalmente Desperta "comum a todos os seres" (Holecek 2016: 119-21). Desperta do sono e sonho da identificação com o ego, geradora de sofrimento e confusão (Kelly 2015: 24-25).

Do sonho lúcido ao yoga do sonho
A multidimensionalidade do ser e da consciência abre a possibilidade de se transitar entre os seus vários níveis de modo intencional e consciente, incluindo no sonho e no sono, como é o caso das experiências onironautas e hipnonautas, que hoje começam a ser reconhecidas no Ocidente, com destaque para o "sonho lúcido", sendo particularmente desenvolvidas e aprofundadas pela tradição tibetana, *Bön* pré-budista e budista (N. N. Rinpoche 1993; Padmasambhava 1998b: 141-68; T. W. Rinpoche 1998; D. P. Rinpoche 2009: 91-124; Wallace 2012).

"Sonho lúcido" é um termo sugerido por Marquis d'Hervey de Saint-Denis e cunhado pelo psiquiatra Frederik van Eeden, cuja evidência é reconhecida pela comunidade neurocientífica a partir do trabalho de Keith Hearne e Stephen LaBerge (LaBerge 1985, 2009; LaBerge e Rheingold, 1990, 1994). O sonho lúcido acontece quando se toma consciência de se estar a sonhar, sem acordar do sonho, e se continua a sonhar conscientemente podendo-se transformar o sonho em quase tudo o que se quiser. Como diz Andrew Holecek, numa imagem que evoca o "drama em gente" (Pessoa 1986c: 1425) e as "Ficções do Interlúdio" (1986a: 710-13) da experiência heteronímica de Fernando Pessoa, que designámos como o "teatro da vacuidade" (Borges 2011: 15-43): "A tua mente torna-se o teatro e tu és o produtor, diretor, escritor e ator principal" (Holecek 2016: 1). Os onironautas, desde que sonham conscientemente, passam a controlar aquilo que antes os arrastava, por lhe conferirem a mesma realidade que à perceção do mundo em estado de vigília. Vendo o sonho como um sonho, podem dirigi-lo a seu bel-prazer, sem que ninguém os veja, o que permite viver a situação que Platão descreve no mito do anel de Giges (1982: 901-02). Um "sonho hiperlúcido" é aquele no qual à "plena compreensão da natureza onírica da nossa experiência no sonho" se junta o reconhecimento de que "mesmo o sentimento de si no sonho está a ser sonhado" (Holecek 2016: 12). Aqui se abre o horizonte mais vasto da possibilidade de se usar o sonho lúcido como via de autoconhecimento profundo e de libertação espiritual, como nos yogas tibetanos. Na antecâmara desta possibilidade, a prática e o cultivo do sonho lúcido tem, mediante técnicas de indução orientais e ocidentais (Holecek 2016: 39-75), e para além do aspeto lúdico e de divertimento pessoal, múltiplos benefícios em termos terapêuticos, de desenvolvimento psicofisiológico e criativo (13-15). Se o sonho lúcido visa uma reconciliação e integração psicológica das dimensões inconscientes de si, já o yoga do sonho o usa como via para atravessar as várias dimensões da mente inconsciente em direção ao reconhecimento da natureza primordial e incondicionada da consciência, ou seja, a "mente de clara luz" (Holecek 2016: 179), sendo isso que na linguagem *Bön* e budista se chama iluminação, libertação ou Despertar. Despertar da mente adormecida e sonhadora, seja no sono, no sonho ou na vigília, para a consciência sempre desperta que é o seu natural e intemporal fundo sem fundo (T. W. Rinpoche 1998: 79-140; Wallace 2012). A esta luz se pode compreender que na tradição tibetana, *Bön* e budista, os sonhos sejam simultaneamente considerados tão reais e tão irreais como a perceção no estado de vigília, vistos ambos à luz do Despertar que igualmente os transcende, ao transcender toda a perceção dominada pela ilusão de haver sujeito e objeto como realidades distintas e intrinsecamente existentes (T. W. Rinpoche 1998: 23-24).

Podem-se considerar diversas fases, estágios ou possibilidades na experiência onironauta e apresentamos aqui o esquema de Holecek, que também nos ajuda a compreender alguns aspetos centrais da experiência pessoana. Todos estes fenómenos mostram que as vivências e imagens oníricas não existem senão na mente, sendo tal como ela insubstanciais e desprovidas de existência intrínseca, sólida, permanente e independente. Ou seja, vacuidade (*śūnyatā*, em sânscrito, *tongpanyid*, em tibetano), algo que se manifesta e experiencia, mas que não possui qualquer entidade própria. Eis a lista, onde o autor considera as possibilidades cada vez mais profundas que se estendem do sonho lúcido ao yoga do sonho tibetano: 1) assim que surge a consciência de se estar a sonhar, descobrir que se pode voar imediatamente para onde se quiser; 2) poder-se atravessar com as mãos ou o corpo coisas e paredes ou a própria terra, pois os fenómenos já não se regem pela lei da impenetrabilidade física dos corpos; 3) mudar as coisas, transformando-as noutras diferentes, fazendo-as aparecer ou desaparecer, gerando de muitas uma e de uma muitas ou alterando o seu tamanho; isto aplica-se igualmente a estados mentais e emocionais; 4) criar situações assustadoras para reconhecer que são ilusórias e libertar-se do medo; 5) transformar-se a si e a outras personagens oníricas em divindades ou imagens sagradas, com formas insubstanciais e desprovidas de existência intrínseca, o que é uma prática do *Vajrayāna* tibetano – *kyerim* ou "estágio de geração" – que recorre à visualização ou imaginação criadora no estado de vigília e visa gerar a visão pura das coisas como verdadeiramente são, livres dos juízos e conceitos que condicionam a perceção comum e limitada da realidade. A par desta possibilidade, pode-se transformar o corpo na forma que se quiser e imaginar-se, ou seja, fazer-se aparecer como outro ser qualquer, o que faz da experiência do sonho lúcido um poderoso revelador de que a chamada *pessoa*, com a *personalidade* que imagina ser a sua, é na verdade apenas uma *persona*, ou seja, uma *máscara*, entre as muitas possíveis que pode assumir a consciência informe, vazia e luminosa que a tradição tibetana designa como "mente de clara luz". Em termos espirituais, esta experiência é um poderoso fator de libertação da ficção do *ego*, reconhecendo que em vez de um eu supostamente independente, permanente e singular há a possibilidade de representar e dissolver personagens múltiplas, como um "bom ator" desempenhando vários papéis "no palco da vida", com uma identidade fluida e metamórfica e não fixa e uniforme; descobrindo que não se é nada de determinado, pode-se imaginar e devir tudo, o que é um marco fundador da experiência heteronímica pessoana, convergindo com o que na tradição tibetana surge como a omnipotencialidade criadora do vazio: "Posso imaginar-me tudo, porque não sou nada. Se fosse alguma coisa, não poderia imaginar" (Pessoa 1998: 185; Borges 2017: 29-44); "Não sou nada./ Nunca serei nada./ Não posso querer ser nada./ À parte isso tenho em mim todos os sonhos do mundo" (Álvaro de Campos, in Pessoa 1986: 1425); 6) entrar no corpo e no ser de outra personagem onírica, o que num contexto ético-espiritual desinflaciona o ego e favorece a empatia e a compaixão; 7) criar um corpo onírico especial, que se pode projetar para onde se quiser – no caso da espiritualidade tibetana, o objetivo é viajar para as dimensões subtis designadas como Campos de Buda e receber aí ensinamentos dos seres despertos – e que pode observar seres com um corpo físico, permanecendo invisível para eles; 8) meditar no sonho lúcido e libertar-se da visão dualista e substancialista do real, vendo todas as formas oníricas como manifestações do espaço vazio e luminoso da "mente de clara luz" que é a natureza profunda de todo o estado de consciência; 9) repousar nessa "mente de clara luz", transcendendo todos os oito níveis de consciência condicionada, o que no contexto do yoga do sonho equivale a passar à experiência informe do yoga do sono, que assim devém igualmente lúcido; a partir daí pode-se voltar a gerar as formas oníricas que se desejar (Holecek 2016: 178-201).

Estas várias possibilidades da experiência onírica lúcida estendem-se daquilo que é mais acessível à mente humana, mesmo na ausência de um treino meditativo formal, até ao que, sobretudo a partir do nível 5, exige um treino metódico, ao qual se dedicam praticantes avançados de meditação, visando torná-la uma experiência constante de repouso na consciência primordial, nem sequer interrompida pelo sonho e pelo sono, o que se designa como Despertar nas tradições Bön e budista tibetanas. Trata-se de um Despertar do sono e dos sonhos ou da inconsciência e das ficções da mente dualista e conceptual, à luz do qual os fenómenos por ela percecionados são vistos, não como reais, sólidos e substanciais, mas antes, no budismo, segundo as "oito metáforas da ilusão": 1) como um sonho; 2) como uma ilusão mágica; 3) como uma ilusão de ótica; 4) como uma miragem; 5) como o reflexo da lua na água; 6) como um eco; 7) como uma cidade aérea de *gandharvas* (seres celestes da mitologia hindu e budista); 8) como um fantasma ou aparição (Cornu 2001: 246; N. N. Rinpoche 1993: 51).

Deve aqui sublinhar-se, contudo, que se trata de metáforas, onde o "como" é fundamental. Na verdade, e ao contrário do que frequentemente se pensa, nos textos budistas não se diz que a realidade ou a vida sejam literal e intrinsecamente um sonho ou uma ilusão, como acontece em Calderón de la Barca e nos autores ocidentais referidos, mas antes que *aparecem como um sonho ou uma ilusão* na medida em que são percecionadas segundo a dualidade conceptual e reificadas como algo sólido e substancial, ou seja, *apreendidas de modo realista e, por isso mesmo, onírico e ilusório*. Quanto mais um fenómeno é visto como objetivamente real, mais ilusório devém. Quanto mais, pelo contrário, é visto como semelhante a um sonho ou ilusão, mais se desvela a sua verdadeira realidade. O sonho e a ilusão têm assim um estatuto gnosiológico e fenomenológico e não ontológico. Reconhecer a realidade assim percecionada como um sonho ou uma ilusão, ou dizer que nada é senão vacuidade, funciona como um antídoto para dissipar a enraizada crença na sua permanência, independência, solidez e substancialidade, a ignorância que gera o apego e a aversão aos seres, coisas e experiências apreendidos como reais e que é a raiz de todo o sofrimento samsárico.

Todavia, como advertem os mestres budistas, é necessário não se apegar ao antídoto e não o reificar, fazendo por sua vez do sonho, da ilusão ou da vacuidade algo intrinsecamente real, o que seria converter o remédio numa nova e mais potente e letal espécie de veneno. Para que isso não aconteça é fundamental abandonar o antídoto, após o haver usado com sucesso, e compreender a vacuidade da vacuidade ou a ilusão da ilusão, ou seja, a sua não existência intrínseca. É o que indica Nāgārjuna, por exemplo, ao considerar a "vacuidade" como uma "designação metafórica", dizendo que, se for "mal compreendida, perde o homem de inteligência curta, como uma serpente mal agarrada ou uma fórmula mágica mal aplicada" (2002: 311, 309). Caso isso aconteça, passa-se do extremo do essencialismo para o do niilismo (Holecek 2016:

205, 208-209), o que parece ser a tendência bipolar recorrente no pensamento ocidental e que a via do meio budista pretende transcender, ao não se fixar em nenhuma definição conceptual da natureza última das coisas, que se experiencia como inefável na medida em que não se reduz a nenhuma das quatro possibilidades de predicação ontológica: ser, não ser, ser e não ser, nem ser nem não ser (Nāgārjuna 2002: 233).

Esclarecido o estatuto do mundo da perceção convencional como sonho ou ilusão, e como importante introdução ao estudo e comentário desta questão nos textos do *Livro do Desassossego*, note-se que entre as práticas de indução do sonho lúcido e do yoga do sonho avultam três exercícios: 1) o cultivo do hábito de questionar se a realidade que se está a viver é um sonho; 2) o cultivo, em particular ao adormecer, da aspiração a reconhecer durante o sono os sonhos como sonhos; 3) a prática do corpo, fala e mente ilusórios, pela qual o praticante se exerce em constantemente considerar a si mesmo e a todas as formas e fenómenos visuais, auditivos e mentais do mundo como um sonho, ao ponto de os sentir realmente como tal (Holecek 2016: 67, 69-71, 147-74; Holecek 2020). Contrariando a tendência da mente para "agarrar" os fenómenos e objetivá-los como "inerentemente reais" (*dzinpa*, em tibetano), o que é visto como experienciar a vida "a partir de uma perspetiva de sobrevivência essencialmente baseada no medo", o treino budista vê-a em alternativa como "um desfile de estranhos e misteriosos eventos", onde com o sentimento de separação entre a mente e o que experiencia desaparece o de limitação, dando lugar a uma sensação de "maravilha e espanto" (M. Rinpoche e Swanson 2009: 81, 83).

Como veremos, Fernando Pessoa, com destaque para o semi-heterónimo Bernardo Soares, foi um exímio praticante da arte de ver a si e a tudo como um sonho, de um modo original.

Imaginar-se tudo por não se ser nada ou não ser nada e ter em si todos os sonhos do mundo

Superabundam no *Livro do Desassossego* confissões e declarações que estabelecem um íntimo e implícito diálogo, convergente e divergente, com a experiência do sonho lúcido e as tradições do yoga do sonho. Num fragmento, Bernardo Soares assume que o que consideramos "vida" é na verdade "a morte" e "o sono da vida real": "Estamos dormindo, e esta vida é um sonho, não num sentido metafórico ou poético, mas num sentido verdadeiro" (note-se já a diferença fundamental em relação à visão budista, na qual vimos que a vida é como um sonho ou uma ilusão em sentido explicitamente metafórico). A vida humana, na sua dimensão material, moral e intelectual, é um sonho contínuo: "Povoamos sonhos, somos sombras errando através de florestas impossíveis, em que as árvores são casas, costumes, ideias, ideais, filosofias" (Pessoa 1998: 189). Em conformidade, o autor sente-se uma "interpenetração" de "vida" e "sonho" (274), duvidando se existe fora de "um sonho de outrem" num mundo que pode não ser senão "uma série entreinserta de sonhos e romances" (275, 459). Seja como for, "viver a vida em sonho" é ainda "viver" e "querer viver", "substituindo a vida real pela vida irreal" (436), pois "o sonho está dentro da vida". Vivê-lo é viver, sonhá-lo apenas é morrer, mas tudo isto "está dentro da vida" (438, 441). O sonho é muitas vezes um limbo de indeterminação ontológica entre si e os outros, "entre o sono e a vigília" (452-55).

Bernardo Soares vê "a realidade como uma forma da ilusão, e a ilusão como uma forma da realidade" (Pessoa 1998: 118), mas por vezes distingue entre "ilusão" e "sonho", vendo este como "a ilusão de quem não pode ter ilusões" (289), declarando que "saber não ter ilusões é absolutamente necessário para se poder ter sonhos" (304). Neste contexto, isto parece referir a perda das ilusões conceptuais e categoriais que definem, separam e aprisionam as coisas em domínios demarcados pela identidade e pela diferença, nessa evasão da perceção convencional do real que designa como "abstenção sonhadora", pela qual tudo se interpenetra, "funde e confunde" (304), como que no regresso ao Tempo do Sonho indígena paralelo ao mundo convencionado como real e no qual tudo é ainda e sempre possível. Para o sonhador Soares não há distinção "entre a realidade que existe e o sonho, que é a realidade que não existe", ao invés dos "classificadores de coisas", os "homens de ciência" que ignoram a impossibilidade de classificar a infinidade do classificável, tal como "a existência de classificáveis incógnitos, coisas da alma e da consciência que estão nos interstícios do conhecimento". Não havendo problema "senão o da realidade" e sendo este "insolúvel e vivo", não se pode diferenciar uma "árvore" e um "sonho", na medida em que ambos se experienciam. Se "o imaginário vive quando se imagina", não são irreais as "maravilhas fluidas da imaginação" e pode-se "viver imaginando sem desvantagem da inteligência" (341-42). De facto, "as figuras imaginárias têm mais relevo e verdade que as reais" e Soares confessa: "O meu mundo imaginário foi sempre o único mundo verdadeiro para mim" (371).

Com efeito, mais do que o projeto ou o treino que também veremos ser, sonhar é a natureza mais original de Soares: "Em mim o que há de primordial é o hábito e o jeito de sonhar" (Pessoa 1998: 485). "Vida devotada ao sonho", "alma educada só em sonhar", vê-se como "um sonhador exclusivamente", assim dotado de "uma extraordinária nitidez de visão interior" que lhe confere o pleno conhecimento da sua vida íntima e, nela, de toda a humanidade (486). Fundado na já referida constatação de se poder auto-imaginar tudo, por não ser nada (185), o autor assume nunca haver feito outra coisa "senão sonhar" e não haver jamais pretendido "ser senão um sonhador". Sem outra preocupação que a da sua "vida interior", vive a "mania de criar um mundo falso" (do ponto de vista dos outros) que intimamente o povoa de "amigos [...] com vidas próprias, reais, definidas e imperfeitas" (120-21, 378). O "sonhador" supera o "homem activo" não porque o sonho supere a realidade, mas por sonhar ser "muito mais prático que viver", permitindo extrair da vida "um prazer muito mais vasto" e "variado": "Sendo a vida essencialmente um estado mental", "o sonhador é que é o homem de acção" (120; 467). O sonho, enquanto poder de transfigurar a percepção do real, é conatural à "alma", cuja natureza é assim psicotrópica: "O sonho é a pior das cocaínas, porque é a mais natural de todas" (186). Soares fala do seu "destino natural" de "objectivista dos sonhos" (465).

Muito significativo para este estudo, por atestar a prática, mas no estado de vigília, de possibilidades dos estágios 5 e 6 do yoga do sonho segundo a lista de Holecek, Bernardo Soares não só sonha criando em si "várias personalidades" (Pessoa 1998: 283), o que o torna "a cena viva onde passam vários actores representando várias peças" (284; 486) – numa "pulverização da personalidade" que o faz sentir haver substituído os seus sonhos a si próprio (442) –, como sonha entrando simultaneamente na vida de "várias criaturas" e vivendo-as por fora e por dentro:

> [...] ao passar diante de casas, de vilas, de chalés, vou vivendo em mim todas as vidas das criaturas que ali estão. Vivo todas aquelas vidas domésticas ao mesmo tempo. Sou o pai, a mãe, os filhos, os primos, a criada e o primo da criada, ao mesmo tempo e tudo junto, pela arte especial que tenho de sentir ao mesmo (tempo) várias sensações diversas, de viver ao mesmo tempo – e ao mesmo tempo por fora, vendo-as, e por dentro sentindo-mas – as vidas de várias criaturas. (Pessoa 1998: 283)

Soares logra "sonhar o inconcebível visibilizando-o", identificando-se não só com seres animados, mas também com entidades inanimadas:

> Sim, sonhar que sou por exemplo, simultaneamente, separadamente, inconfusamente, o homem e a mulher dum passeio que um homem e uma mulher dão à beira-rio. Ver-me,

> ao mesmo tempo, com igual nitidez, do mesmo modo, sem mistura, sendo as duas coisas com igual integração nelas, um navio consciente num mar do sul e uma página impressa dum livro antigo. (172-73)

Confessa de tal modo antepor "o sonho à vida" que faz dos outros o seu sonho, mesmo ao conversar com eles:

> Numa grande dispersão unificada, ubiquito-me neles e eu crio e sou, a cada momento da conversa, uma multidão de seres, conscientes e inconscientes, analisados e analíticos, que se reúnem em leque aberto. (288-89)

O maior sonho, que aqui todavia confessa ainda não realizar, é o de "ser eu Deus", sendo tudo, no "panteísmo real" de criar dentro de si um "povo-eu" em relação ao qual fosse simultaneamente transcendente e imanente (Pessoa 1998: 172). É que devanear "sobre o longínquo e o estranho" supera sonhar "o provável, o legítimo e o próximo", sendo a esta luz o sono superior à vigília: "Durmo quando sonho o que não há; vou despertar quando sonho o que pode haver" (159-60). Na verdade, confessa-se encantado com o "sonho puro", sem relação ou contacto com a realidade, enquanto o "sonho imperfeito", enraizado na vida, o desgostaria (466).

Não obstante, um dos aspectos ou exercícios da arte de sonhar é o de, sentindo uma "nítida indiferença" pelo que haja de "real" em cada "coisa", "objeto ou acontecimento", deixar isso "morto no Mundo Exterior" e "abstrair" dele o que "pode ter de sonhável" (Pessoa 1998: 379), iniciando assim um processo de irrealização do real e de realização do irreal próprio de "quem faz do sonho a vida" e que se descreve com minúcia como o processo íntimo da arte literária (433-36). Já num outro sentido, fazendo das coisas a matéria para os seus sonhos, o sonhador vê nelas apenas o que é mais real ou "importante", deixando o resto, o "pesado tributo" que os objetos pagam à matéria para existirem no espaço, situação inversa à de não haver "no espaço realidade para certos fenómenos que no sonho são palpavelmente reais". Ver a vida "em sonho" ou "imaterialmente" é assim libertá-la "do pesado, do útil e do circunscrito" (487). O que faz à vida, o sonhador faz a si mesmo, sonhando-se a si próprio e de si escolhendo "o que é sonhável", compondo-se e recompondo-se "de todas as maneiras" até à transfiguração almejada, no que designa como "os meus íntimos processos de ilusão de mim". Anuncia assim lograr a "mais absoluta" "objectividade", não fugindo à vida, mas mudando de vida ao encontrar nos sonhos a mesma objetividade antes conferida àquela (487-88).

Bernardo Soares teoriza aliás a "arte de sonhar" dedicando um conjunto de fragmentos à "Maneira de Bem Sonhar" (Pessoa 1998: 439-44), onde avulta um desprendimento da realidade e da vida objetivas que permita libertar-se delas, sem, contudo, perder todo o interesse pela vida. No mais desenvolvido destes textos, sobre a "Maneira de bem sonhar nos metafísicos", descrevem-se "várias maneiras de sonhar" (442), sendo uma delas passiva, onde o único esforço requerido é o da sua ausência. Aqui "a arte de sonhar não é a arte de orientar os sonhos" (439-40), o que contrasta com algumas das passagens anteriores e alguns aspetos das práticas do sonho lúcido e do yoga do sonho. Considera no entanto "inferior", "monótono" e cansativo esse método, distinguindo-o do "sonho nítido e *dirigido*", o qual por sua vez vê limitado por um "esforço" artificial. O que considera próprio de si como "artista supremo" é o de se cingir apenas ao "esforço de querer que o sonho seja *tal*" e este desenrolar-se diante de si de acordo com o seu desejo, sem que haja a necessidade de previamente conceber todos os pormenores que o sonho espontânea e imprevistamente vai revelando, mostrando ao sonhador o desconhecido "excesso de imaginação" que havia em si, sem qualquer esforço ulterior da sua parte (442-43; 476; 488).

No mesmo texto distingue vários passos ou graus do sonho ativo: 1) o primeiro é "entregar-se totalmente à leitura" e "viver absolutamente com as personagens de um romance", ao ponto de isso retirar importância à própria vida familiar; 2) o segundo é quando os eventos do romance são de tal modo vividos que geram sensações físicas; 3) o terceiro é quando toda sensação se torna mental, o que indica ser chegado o momento de "passar para o grau supremo do sonho". Soares apresenta outras versões do segundo e terceiro graus, dizendo deste que é quando se imaginam e criam em si vários criadores, escrevendo todos de modo original e diverso (o que assume ter particularmente conseguido, numa referência indireta à heteronímia). O supremo grau do sonho é todavia quando se vivem todas as personagens criadas simultaneamente: "somos todas essas almas conjunta e interactivamente". Este elevadíssimo "grau de despersonalização" é o maior "triunfo": "Este é o único ascetismo final. Não há nele fé, nem um Deus. Deus sou eu" (Pessoa 1998: 443-44). Esta declaração mostra que Soares afinal viveu momentos de realização daquilo que atrás dizia ser o seu maior sonho, ainda por realizar (172), e que este é o sonho de ser Deus como criador absoluto. Esta experiência resulta ainda do facto de em si o "devaneio ininterrupto" haver substituído a "atenção", sobrepondo outros sonhos às coisas já vistas em sonho e interseccionando "a realidade já despida de matéria com um imaterial absoluto". Daí a "habilidade" de "seguir várias ideias ao mesmo tempo", de cruzar observações e sonhos diversos, tudo confluindo no sentir-se "como alguém que visse passar na rua muita gente e simultaneamente sentisse de dentro as almas de todos", abarcando "numa unidade de sensação" interna toda a externa diversidade do mundo (488).

No entanto, esta centralidade e exaltação do sonho na experiência de Bernardo Soares não deixa também de conduzir a uma certa relativização do mesmo, pelos mesmos motivos, aliás, da sua hipervalorização. Na medida em que o sonho tende para se separar do criador e ganhar realidade, deve ser considerado com altivez e distanciamento (Pessoa 1998: 205-06, 380), a mesma que o autor sente em relação ao "escrever", enquanto "objectivar sonhos" e "criar um mundo exterior", e ao "publicar", enquanto dar esse mundo aos outros (215). O pessimismo de Soares em relação à ação, como algo sempre incompleto e imperfeito onde o sujeito se exila, estende-se ao ato poético e à realização do sonho, que vê como implicando sempre traí-lo e "esquecê-lo" (302). A lucidez onírica de ver como real cada coisa sonhada castiga o sonhador com a perda de todo o seu valor como sonhada (377). Isto também tem o seu contrário, embora muito pontual, como quando Soares afirma que "o que há de mais doloroso no sonho é não existir", pois, "realmente, não se pode sonhar" (38). Por outro lado, além do risco de haver mais apego ao sonhar, ao viver-se para ele no contínuo desmanchar e recompor o universo, o sonho não escapa também ao tédio com que se olha para o mundo (370). Se o excesso do sonhar conduz a "dar realidade ao sonho", isso leva a sofrer "da realidade de sonhar tanto como da realidade da vida", assim como se sofre do "irreal do sonho" tal como se sofre com "sentir a vida irreal" (467-68).

Conclusão: Bernardo Soares, um semi-yogi do sonho?
Como balanço final, parece evidente que a experiência onironauta de Bernardo Soares, em toda a diversidade da sua fenomenologia e teorização, se cruza abundante e significativamente, em simultânea convergência e divergência, com alguns aspetos das práticas do sonho lúcido e do yoga do sonho, sem manifestar ter disso consciência e mostrando uma forte singularidade. Se por um lado se aproxima das tradições do yoga do sonho ao considerar a realidade e a vida, mesmo ou sobretudo no estado de vigília, como um sono, um sonho e uma ilusão, já por outro delas se afasta ao não parecer admitir um despertar absoluto e irreversível. Isto prende-se com o não considerar, como o faz Pessoa num

texto filosófico, que, se "tudo é ilusão" enquanto "criação", então "a própria ilusão é uma ilusão", havendo todavia algo que, por não ser criado, "não pode ser ilusão": "a *consciência*" (Pessoa 1993: 446; Borges 2018: 143-44). Assim sendo, a sistemática desconstrução da realidade da perceção convencional do mundo, bem como de todas as formas de realismo substancial, materialista ou idealista, pode desembocar no niilismo, embora algumas das formulações soarianas se aproximem de um vazio ou nada imaginário, uma não-entidade que se manifesta onírico-ilusoriamente (ludicamente) no jogo sempre cambiante das formas do mundo (Breton 1976: 139-44; Borges 2008), o que converge com a visão das tradições tibetanas, mas apenas até à diferença irredutível de não se admitir nem aspirar ao que nestas é central: o Despertar de toda a ilusória configuração e determinação de si e do mundo.

Como temos apontado noutros estudos sobre a obra pessoana, nela tange-se a experiência místico-contemplativa de não se ser nada nem ninguém (Pessoa 1998: 257), mas esta cede sempre à exploração poética das ilimitadas possibilidades de reinvenção de si e do mundo que aí se abrem, ainda que para permanente insatisfação do sujeito, como aliás vimos acontecer em relação ao próprio sonhar. Isto contrasta com as referidas tradições tibetanas, onde o Despertar da consciência põe fim ao inconsciente e sofredor baile de máscaras do existir e, se não deixa de abrir para uma heteronímia criadora, em que a vacuidade se manifesta em múltiplas formas de Budas e bodhisattvas, é movido por uma compaixão espontânea que acode às necessidades dos seres em sofrimento para lhes indicar a via da libertação. Isto nunca acontece no onironauta Soares, cuja vida-viagem onírica é apenas movida por uma compulsão interna, afim ao vício de escrever (169; 230), que o arrasta insatisfatoriamente, numa experiência confessada em termos que não deixam de evocar a transmigração samsárica indo-tibetana (190), mas na qual todas as formas de aparente alteridade são subsumidas como meras figuras oníricas de um ego maximizado e divinizado, que assim aparentemente se esquece de ele mesmo não ser senão um sonho de ninguém: "Deus sou eu" (444).

Seja como for, se em termos de visão e fins últimos há uma essencial divergência, a começar por em Pessoa/ Soares não haver um fim último, já no domínio da experiência de si, da vida e do real como um sonho insubstancial há uma forte convergência, com a já assinalada diferença de nas tradições tibetanas este ser metafórico e em Soares ser literal. Com efeito, em Soares e nas práticas do sonho lúcido e do yoga do sonho os aparentes limites da perceção convencional do mundo desfazem-se em limiares de uma experiência onde as formas dos seres e das coisas se revelam indeterminadas e indetermináveis, sempre sujeitas à metamorfose em interdependência com a mutação do olhar que sobre elas incide, numa irrealização do real aparente que acompanha a realização do irreal num processo nunca acabado e sempre em aberto.

O que mais avulta, contudo, é que, sem que Soares aparente ter consciência disso, a sua experiência prática da contínua possibilidade de desconstrução e reconstrução onírica de si e das formas do mundo é o que nas milenares tradições do *Vajrayāna* indo-tibetano é minuciosa e desenvolvidamente formulado e praticado em exercícios espirituais meditativos, quer na vigília, quer no yoga do sonho, enquanto treino do sonho lúcido com o objetivo do Despertar. Assumindo a não-dualidade entre mente e realidade, as referidas tradições veiculam detalhados exercícios de dissolução de todas as formas de si e da realidade aparente em vacuidade, para a partir daí se gerar, por um processo de visualização ou imaginação criadora, uma reconfiguração de si e do mundo na forma de imagens simbólicas e sagradas, mas insubstanciais, que por sua vez são de novo dissolvidas em vacuidade, para se evitar os extremos do apego ao vazio e à forma (Padmasambhava 1995, 1998a). Estas práticas visam: 1) experienciar a não-separação entre mente e realidade e reintegrar o estado natural e primordial do ser e da consciência; 2) libertar da identificação com a percepção convencional de si e do mundo, adquirida com o nascimento e a educação; 3) antecipar a sua dissolução no momento da morte, permitindo vivê-la como via para o Despertar, caso este não aconteça, como é desejável, durante a própria vida; 4) experienciar lúcida e libertadoramente o sono e o sonho, onde a possibilidade de transformação profunda é mais fácil e rápida por se possuir apenas um corpo mental e energético, temporariamente livre do seu condicionamento pelo corpo físico; 5) desenvolver o potencial de assumir outras formas subtis de manifestação além do corpo físico denso, livres do seu condicionamento espácio-temporal.

Além do incomparavelmente maior grau de detalhe e sistematicidade das meditações tibetanas com visualização, e de surgirem inseridas num corpo orgânico de ensinamentos e práticas tradicionais simultaneamente filosófico, ético e contemplativo, o que as distingue da experiência de Soares é abrangerem tanto o estado de vigília como os do sonho e do sono sem sonhos, enquanto no onironauta português a viagem onírica se resume ao estado de vigília. À luz das tradições tibetanas, o que Bernardo Soares sem saber experiencia, pratica e teoriza é algo com aspetos muito semelhantes ao que já referimos como o exercício do corpo, fala e mente ilusórios, um poderoso indutor do sonho lúcido e do yoga do sonho no qual o adepto, no estado de vigília, se treina em constantemente ver a si e a todas as formas e fenómenos visuais, auditivos e mentais do mundo como um sonho insubstancial, ao ponto de os sentir vivamente como tal e de esta experiência ressurgir naturalmente no momento do sonho, tornando-o lúcido e abrindo as portas do yoga do sonho (Holecek 2016: 147-74; 2020). É por este motivo que podemos considerar Bernardo Soares como um semi-yogi do sonho, dado o seu onirismo consciente e ativo parecer cingir-se ao estado de vigília e não visar o pleno Despertar.

Esperamos por esta via continuar a contribuir para abrir novas perspetivas hermenêuticas nos estudos pessoanos, que explorem as portas entreabertas pelos pioneiros vislumbres de Pessoa, neste caso em estreita afinidade com a obra de Pascoaes e com o ilusionismo/ onirismo do "transcendentalismo panteísta" que desde 1912 já havia teorizado na nova poesia portuguesa (Fernando Pessoa 1986b: 1189), bem como com temas perenes do pensamento ocidental e oriental, hoje também reatualizados na investigação neurocientífica de vanguarda. Insistimos que um dos horizontes maiores que se abrem aos estudos pessoanos, filosóficos e literários, é o de reler e repensar Pessoa à luz da fenomenologia dos estados diferenciados de consciência e do seu diálogo implícito com as tradições contemplativas da humanidade.

Referências bibliográficas
Borges, Paulo (2008). *O jogo do mundo. Ensaios sobre Teixeira de Pascoaes e Fernando Pessoa.* Lisboa: Portugália Editora.
Borges, Paulo (2011). *O teatro da vacuidade ou a impossibilidade de ser eu. Estudos e ensaios pessoanos.* Lisboa: Verbo.
Borges, Paulo (2017). *Do vazio ao cais absoluto ou Fernando Pessoa entre Oriente e Ocidente.* Lisboa: Âncora Editora.
Breton, Stanislas (1976). *Être, monde, imaginaire.* Paris: Éditions du Seuil.
Cornu, Philippe (2001). *Dictionnaire encyclopédique du Bouddhisme.* Paris: Éditions du Seuil.
Dzogchen Ponlop Rinpoche (2009), *L'esprit par-delà la mort. Préparatifs pour le grande voyage,* tradução de Esther Rochon. Montréal: Le Jour.
Hindu Scriptures (1992), traduzidas e editadas por Robert Charles Zaehner. S. l.: Everyman's Library.
Holecek, Andrew (2016). *Dream Yoga. Illuminating your Life through Lucid Dreaming and the Tibetan Yogas of Sleep,* prefácio de Stephen LaBerge. Boulder: Sounds True.
Holecek, Andrew (2020). *Dreams of Light. The Profound Daytime*

Practice of Lucid Dreaming. Boulder: Sounds True.
Kelly, Loch (2015). *Shift Into Freedom. The Science and Practice of Open-Hearted Awareness*. Boulder: Sounds True.
LaBerge, Stephen (1985). *Lucid Dreaming. The Power of Being Awake and Aware in your Dreams*, J. P. Tarcher.
LaBerge, Stephen; Rheingold, Howard (1990; 1994). *Exploring the World of Lucid Dreaming*. Ballantine Books.
LaBerge, Stephen (2009). *Lucid Dreaming. A Concise Guide to Awakening in your Dreams and in your Life*. Boulder: Sounds True.
Nāgārjuna (2002). *Stances du milieu par excellence*, traduzido do original sânscrito, apresentado e anotado por Guy Bougault. Paris: Gallimard.
Namkhai Norbu Rinpoche (1993). *Le Yoga du rêve*, edição e introdução por Michel Katz, tradução de Gisèle Gaudebert. Paris: Éditions Accarias L'Originel.
O'Flaherty, Wendy Doniger (2003). *Sonhos, ilusão e outras realidades*, prefácio de J. C. Gomes da Silva, tradução de Manuel João Magalhães. Lisboa: Assírio & Alvim.
Padmasambhava, *The Light of Wisdom*, I, com o comentário de Jamgon Kongtrul, Boston: Shambhala, 1995.
Padmasambhava (1998a). *The Light of Wisdom*, II, com o comentário de Jamgon Kongtrul. Boudhanath: Rangjung Yeshe Publications.
Padmasambhava (1998b). *Natural Liberation. Padmasambhava's Teachings on the Six Bardos*, comentário por Gyatrul Rinpoche, traduzido por B. Alan Wallace. Boston: Wisdom Publications.
Pessoa, Fernando (1986a). *Obras*, I, introduções, organização, biobibliografia e notas de António Quadros e Dalila Pereira da Costa. Porto: Lello & Irmão Editores.
Pessoa, Fernando (1986b). *Obras*, II, organização, introduções e notas de António Quadros. Porto: Lello & Irmão Editores.
Pessoa, Fernando (1986c). *Obras*, III, organização, introduções e notas de António Quadros. Porto: Lello & Irmão Editores.
Pessoa, Fernando (1993). *Textos filosóficos*, I, estabelecidos e prefaciados por António de Pina Coelho. Lisboa: Edições Ática.
Pessoa, Fernando (1998). *Livro do Desassossego: composto por Bernardo Soares, ajudante de guarda-livros na cidade de Lisboa*, edição de Richard Zenith. Lisboa: Assírio & Alvim.
Platão (1982). *Oeuvres complètes*, I, nova tradução e notas de Léon Robin. Paris: PUF.
Rinpoche, Mingyur; Swanson, Eric (2009). *The Joy of Living. Unlocking the Secret and Science of Happiness*. London: Bantam Books.

Rinpoche, Tenzin Wangyal (1998). *The Tibetan Yogas of Dream and Sleep*, editado por Mark Dahlby. Ítaca: Snow Lion.

Thompson, Evan (2015). *Waking, Dreaming, Being. Self and Consciousness in Neuroscience, Meditation, and Philosophy*. New York: Columbia University Press.

Thrangou, Rinpoche (2007). *Le traité des 5 sagesses et des 8 consciences*, tradução de Tashi Tcheudreun. Saint-Cannat: Éditions Claire Lumière.

Wallace, B. Alan (2012). *Dreaming Yourself Awake. Lucid Dreaming and Tibetan Dream Yoga for Insight and Transformation*, editado por Brian Hodel. Boston: Shambhala.

O desassossego e o pensamento poético-filosófico de Fernando Pessoa

Gisele Batista Candido

Para Márcio Suzuki,
grande mestre e amigo.

Conhecido por seus oximoros dialéticos, Fernando Pessoa, por meio de seu mestre Caeiro, se refere às diferenças e semelhanças entre o filósofo e o poeta nos seguintes termos: "Não nos espantemos, que uma cousa é o poeta e outra o filósofo ainda que sejam a mesma" (Pessoa 1994: 41). Talvez essa espirituosa proposição – que concessivamente distingue uma disposição da outra para imediatamente, contrariando a lógica dedutiva, concluir que elas são análogas – soe menos paradoxal e mais conciliadora se considerarmos a forma como as experiências filosóficas e poéticas são cultivadas e articuladas nos escritos desse autor. Tal é a proposta do presente ensaio, que pretende refletir sobre a originalidade do pensamento poético-filosófico pessoano a partir da noção de desassossego.

Embora Fernando Pessoa tenha admitido que "era um poeta inspirado pela filosofia" (2006a: 19), a multiplicidade de perspectivas presentes em sua obra – que conta com a presença de três heterônimos, de um semi-heterônimo, do próprio Pessoa ortônimo, de várias personagens e de outras figuras (cf. Pizarro e Ferrari, 2017: 14) – não nos permite afirmar que ele tenha assumido alguma compreensão unívoca sobre o que é a filosofia; defini-la tampouco foi uma de suas preocupações centrais. Ao considerar as distintas relações que suas personalidades e heterônimos mantêm com a filosofia, é possível, contudo, reconhecer alguns traços predominantes e constantes que refletem a afinidade de sua obra com a filosofia, a saber: a reflexão crítica sobre os limites do conhecimento; a noção de Destino (grafado quase sempre por Pessoa com a inicial em maiúscula), um horizonte irredutível, inacabado e misterioso de toda existência; a exploração dos limites da subjetividade, da alteridade e da existência através da pluralidade heteronímica; a interpelação do devir através da arte; e a experiência do desassossego, condição elementar do homem, impulso e reflexo de uma espécie de dialética sem síntese entre o *Destino* e a pluralidade da existência.

Sabemos que o projeto de *Fausto, tragédia subjectiva* antecede a maturação dos três principais heterônimos e de Bernardo Soares na obra de Pessoa,[1] e que, de certa forma, a abertura de horizonte através da consciência do Mistério estabelecida nesse escrito serve de preâmbulo para a heteronímia, porque fomenta uma conduta onde a urgência criativa se colocará como alternativa diante da impossibilidade de se estabelecer um fundamento que consolide qualquer especulação.

Em linhas gerais, esse escrito representa "a luta entre a Inteligência e a Vida, em que a Inteligência é sempre vencida" (Pessoa 1991: 190). Nesse movimento, Fausto compreende a existência enquanto experiência-limite de tudo aquilo que há:

> Mais que a existência/ É um mistério o existir, o ser, o haver/ Um ser, uma existência, um existir –/ Um qualquer, que não este, por ser este –/ Este é o problema que perturba mais./ O que é existir – não nós ou o mundo –/ Mas existir em si? (Pessoa 1991: 56)

Todavia, é incapaz de compreendê-la: "A Consciência de existir, tormento/ Primeiro e último do raciocínio/ Que, porém, filho dela, a não atinge./ A Consciência de existir me esmaga/ Com todo o seu mistério e a sua força/ De compreendida incompreensão profunda" (Pessoa 1991: 53). Diante dessa impossibilidade, sendo levado a refletir sobre as limitações do conhecimento, Fausto demora-se então numa espécie de "redução fenomenológica" da consciência,[2] em que, passando a examinar

---

[1] O projeto de *Fausto* antecede o nascimento dos heterônimos e boa parte da obra de Pessoa (o poema mais antigo, datado, que o compõe é de 1908), no entanto, o poeta continuou a escrevê-lo ao longo de sua vida (o fragmento que apresenta a data mais tardia é de 1933). Os escritos relativos ao *Fausto* de Pessoa contam com distintas edições, todas póstumas. Diferentes entre si, essas edições apresentam não apenas ordenações variadas para os escritos, mas também fazem diferentes seleções do conjunto de fragmentos envolvidos nesse projeto pessoal. Optamos aqui pela edição organizada por Teresa Sobral Cunha, intitulada *Fausto, tragédia subjectiva*.

[2] O furor especulativo de Fausto o conduzirá a uma experiência radical da consciência, ao tentar coincidi-la consigo mesmo. Análoga à redução transcendental de Husserl (1859-1938), também Fausto se depara com o vazio derivado dessa experiência radical do pensar que se dobra sobre si: "Hoje nenhuma imagem, nenhum vulto/ Evoco em mim... Só um deserto aonde/ Não a cor de um areal, nem um ar morto/ Posso sonhar... Mas tendo só a idéia,/ Tendo da cor o pensamento apenas,/ Vazio, oco, sem calor nem frio,/ Sem posição, nem direcção [...]/ Só o vazio lugar do pensamento" (Pessoa 1991: 10). Nesse sentido, Carlos Felipe Moisés escreve sobre tal experiência cultivada na obra pessoana: "[Ele] conduz o pensamento à suprema rarefação de seu objeto, projetando-o na atmosfera da 'reflexão transcendental', de que fala Husserl, em que o pensamento se converte em objeto de si mesmo, para aí encontrar o que aí sempre esteve: a originária patência do nada" (1999: 71). Gilberto Kujawski também escreve sobre

seus fenômenos, reconhece que o conhecimento é incapaz de compreender até mesmo aquilo que o sustenta. Concluindo, afinal, que o alcance do conhecimento é sempre limitado, devido à natureza de sua própria incognoscibilidade, ele se lança na experiência do pensamento profundo, prefigurada nos seguintes termos: "Quanto mais fundamente penso, sim,/ Mais fundamente me sinto ignorar,/ Mais fundamente sinto alguma coisa/ Além do que profundamente penso./ E é isto que dizer me faz: eu penso/ Profundamente" (Pessoa 1991: 69).

À medida que o conhecimento passa a ser problematizado em vista de seu falhanço, *Fausto* marca o início de uma relação crítica com a razão, que será desenvolvida através do desassossego em toda a obra de Pessoa. Ainda que pouco se refira diretamente a esse termo no escrito em questão, o desassossego em Fausto exprime-se através de um exercício do pensamento profundo. Subtraída a possibilidade do pensamento se estabelecer através do conhecimento, esse pensamento profundo é caracterizado sobretudo por sua conduta de imersão em infinita inconclusão. Conforme José Gil:

> todas as categorias do pensamento são desestabilizadas, tornadas inconsistentes e instáveis pelo movimento incessante do desassossego [...] a insatisfação do desassossego desvela a impossibilidade de pensar um fundamento último da existência, porque, quando se julga chegar a um último termo, ele faz-nos descobrir um outro, mais longe, e tão pensável e, portanto, tão injustificável como o primeiro. Nem Deus, nem os deuses, nem ser nem não ser, nem a existência, nem a morte são pontos de apoio últimos do espírito que, animado pelo movimento da vida, do desassossego, faz rebentar todas as categorias. O desassossego abre para o "Mistério", mistério da vida, incompreensível, impensável, apenas exprimível pela arte. (Gil 1994: 31, 29)

Assim, esse pensamento conduzirá Fausto à experiência abissal e limite do Mistério, que, incognoscível, será vivenciada por uma espécie de visão. Aludido também nas metáforas poéticas do abismo, do nada, do destino, da morte, da noite e do caos, aquém e além de tudo, o Mistério não comporta sentidos conclusivos, estruturas ou fundamentos, pois ele consiste numa negatividade cujo devir é capaz de subtrair toda a solidez das conclusões e até mesmo da própria existência, como uma espécie de

---

tal coincidência: "Vê-se, pois, como Fernando Pessoa, em sua febre de lucidez, andava próximo da consciência pura fenomenológica, pela mesma época em que a fenomenologia começa a ganhar terreno por obra de Husserl" (1967: 53).

potência do nada, que todavia tudo sustenta. Nesse limite, as reflexões de Fausto serão sempre insuficientes, e antes de estas lhe fornecerem alguma solidez, seu pensamento profundo só o suspende cada vez mais. Logo, se através da reflexão sobre os limites do conhecimento Fausto alcança e se situa em um estado de suspensão de juízo, a licença poética permite-lhe ir mais além e falar de uma estância que evade essa suspensão e alimenta uma imersão. Trata-se da visão enquanto encontro com o Mistério, um vislumbrar do indefinido. É significativo que tal experiência-limite seja marcada não mais pela reflexão, mas por uma espécie de visão: "Vi-o esse mistério – claramente/ Na sua infinidade e concisão!/ E desde então nunca mais livre fui/ Mas no horror vivo e (...)/ Recordando em cada momento essa visão" (Pessoa 1991: 172).

Através de toda obra pessoana é possível acompanhar uma constante perquirição sobre a relação entre a visão e a razão, entre o sensível e o inteligível, vida e pensamento. Enquanto a razão, nesse ínterim, representa o ensejo pelo conhecimento ou uma autonomia do pensamento humano em relação ao mundo sensível, a visão surge como alternativa de compreensão em que o sujeito é constantemente deslocado de uma pretensa autonomia da consciência, visto que é arrebatado pelo que lhe é imposto por seus sentidos:[3] ele é aquele que é induzido à compreensão e não aquele que a induz ou a conduz. Assim, na obra de Pessoa, a razão deixa de ocupar um lugar régio na sustentação e estruturação da compreensão e passa a ser utilizada sobretudo como uma função crítico-criativa, na medida em que, por meio de uma autocrítica, ela subtrai constantemente seus próprios limites, suscitando ainda mais a condição inacabada, a abertura fomentada por um horizonte marcado pelo Mistério.

Nesse contexto, Caeiro surgirá como o mestre, aquele que inaugura os caminhos ou as possibilidades de se lidar com o Destino de forma criativa, mas que também denota desassossego. Enquanto o abismo aberto pelo Mistério e a instabilidade do Destino causava horror a um Fausto exasperado pela razão e um desassossego desesperador, uma sensação vertiginosa de vazio, reflexo da ausência de fundamentos ou sentidos últimos, nos escritos de Caeiro, o heterônimo cuja obra consiste sobretudo em um elogio à visão em detrimento da razão, o Mistério será um produto do pensamento e a contingência do Destino será experimentada quase com sossego, um desassossego calmo, pois essa disposição, ao contrário de refletir o vazio da ausência de sentidos últimos, na

---

[3] Sobre essa relação entre a sensação à coisa sentida, Pessoa escreve "sentir directamente é submeter-se – submeter-se à acção da cousa sentida" (Pessoa 2006a: 364).

carência de um fundamento decisivo e, portanto, estanque, sustenta antes uma conduta sensível à pluralidade. Para Caeiro, o conhecimento age generalizando a pluralidade da existência, visto como ele reúne os perfis percetivos em busca de um sentido e assim projeta nossa subjetividade na existência, enquanto que, por sua vez, a visão é acentuadamente sensível à singularidade da pluralidade da existência: "Olho e as coisas existem./ Penso e existo só eu" (Pessoa 2005: 107). Para Caeiro não será mais a razão fonte de compreensão: ela apenas opera organizando, sistematizando, estruturando o mundo. "Porque pensar é não compreender" (19), não será, portanto, para a razão que devemos nos voltar se queremos de fato fruir e compreender o mundo, e sim para a visão, que nos mostra o mundo tal como ele é: como ele é. De certo modo, para ele, compreender sugere estar sensível à riqueza e diferença do mundo, enquanto conhecer demonstra apenas uma generalização abstrata dessa riqueza, que deve ser considerada apenas enquanto tal e não em detrimento da própria riqueza. "Porque conhecer é como nunca ter visto pela primeira vez,/ e nunca ter visto pela primeira vez é só ter ouvido contar" (131).

Dessa forma, é possível acompanhar através da obra de Caeiro o desenvolvimento do que Renaud Barbaras chamará de uma *não-filosofia* (cf. 2011: 217). Trata-se de um acesso ontológico à existência, estabelecido através de uma depuração da sensibilidade, que será cotejada constantemente à crítica das categorias abstratas da metafísica. Com efeito, lemos em Caeiro: "Não basta abrir a janela/ Para ver os campos e o rio/ Não é bastante não ser cego/ Para ver as árvores e as flores/ É preciso também não ter filosofia nenhuma./ Com filosofia não há árvores: há ideias apenas" (Pessoa 2005: 157). Para poder considerar a existência em termos da sensibilidade, Pessoa, através de Caeiro, estabelece uma relação com o mundo marcada pela recusa de uma interioridade autônoma e abstrata, deslocando a subjetividade para uma contiguidade com a existência exterior: "Vivemos antes de filosofar, existimos antes de o sabermos,/ E o primeiro fato merece ao menos a precedência e o culto./ Sim, antes de sermos interior somos exterior./ Por isso somos exterior essencialmente" (120). Atento, portanto, a que não haja a cisão dicotômica entre sujeito e objeto, Caeiro é capaz de anular ou, ao menos, de se esquivar da anexação generalista do mundo empreendida pela razão enquanto sujeito do conhecimento. Sem ignorar a vigência do Destino e sua perene indefinição, as experiências propostas em Caeiro parecem contornar as aporias desenvolvidas pela consciência de Fausto. Se não é possível chegar a qualquer conclusão sólida sobre o sentido de nossa existência, resta-nos, atentos à sua pluralidade, compreender nossa presença no mundo enquanto uma espécie de expressão existencial.

Já Ricardo Reis é capaz de reconhecer as agruras de Fausto, mas através da calma aprendida com seu mestre, "como aplicado discípulo de Caeiro, [ele] não indaga nem procura desvendar o mistério, mas simplesmente aceita como natural a inevitabilidade do nada e do incognoscível" (Moisés 1999: 66). A calma de Reis, no entanto, parece ter um fundo desesperador, a consciência do Mistério e do Destino sempre o assombra. Proclamando-se adepto do estoicismo e do epicurismo, de um desassossego resignado, além do sentimento de inadequação (uma vez que Reis, um neoclassicista de índole monárquica, sente-se exilado no mundo moderno), a consciência do Destino e do Mistério marca sua poesia, que frequentemente tematiza seu devir através do encontro com a misteriosa morte:

> Que me pode o Destino conceder/ Melhor que o lapso gradual da vida/ Entre ignorâncias destas?/ Pomos dúvidas onde há rosas. Damos/ Metade do sentido ao entendimento/ E ignoramos, pensantes./ Estranha a nós a natureza externa/ Campos espalha, flores ergue, frutos/ Redonda, e a morte chega./ Terei razão, se a alguém razão é dada,/ Quando me a morte conturbar a mente/ E já não veja mais/ Que à razão de saber porque vivemos/ Nós nem a achamos nem achar se deve,/ Imprópicia e profunda./ Sábio deveras o que não procura,/ Que encontra o abismo em todas coisas/ E a dúvida em si-mesmo. (Pessoa 2000: 103)

Notamos neste poema que Reis, assim como Fausto, reconhece o Mistério no horizonte de tudo, a carência de sentidos conclusivos capazes de proscrever a situação contingente da existência. Contudo, diante da crise que essa situação pode gerar, ele opta por uma conduta que tenta ser de entrega ao Destino. Uma obsessão pela forma rigorosa marca suas odes, que refletem paradoxalmente sobre a contingência da existência, a passagem dos deuses e o encontro com a morte, evidenciando nesse contexto uma dimensão moral do desassossego. Descrente da utilidade da ação, conquanto não é lhe dado o poder de resistir ao Destino, cabe apenas aceitar seu fado resignadamente:

> Como acima dos deuses o Destino/ É calmo e inexorável,/ Acima de nós-mesmos construamos/ Um fado voluntário/ Que quando nos oprima nós sejamos/ Esse que nos oprime,/ E quando entremos pela noite dentro/ Por nosso pé entremos. (48)

Se Fausto, Caeiro e Reis, ainda que reconheçam os ditames do Destino, pouco se referem nomeadamente ao desassossego, Campos será o heterônimo onde a presença deste se torna patente.

Entrevendo as limitações do conhecimento diante da existência, como discípulo e admirador de Caeiro, Álvaro de Campos frequentemente também se recusa a reduzir a existência à consciência dela. Todavia, sem abdicar da interioridade, ele aborda o pensamento não apenas como uma formulação abstrata do sensível, mas como uma espécie de sensação. Ou seja, o pensamento em Campos se torna objeto para o próprio pensamento, sendo que a relação imediata, alcançada pela depuração apreendida com Caeiro, que denuncia os prejuízos da consciência quando ela pretende substituir as sensações e a existência por suas projeções, será elevada ao próprio horizonte do pensamento.

Porém, essa perversão também fomentará seu desassossego, uma vez que ela constantemente o conduz, tal como em Fausto, à experiência do abismo, que será motivo de experimentação para Campos. Dessa forma, "Álvaro de Campos orienta-se no sentido da aceitação raivosa das múltiplas contradições que o dividem" (Nunes 1969: 223), unindo a experiência de entrega que contempla o sensível, respeitando sua diferença e multiplicidade, apreendida com Caeiro, à especulação interior e abissal fomentada em *Fausto*. Nesse ínterim, ciente de que não há mais certezas absolutas nem a esperança de encontrá-las, Campos reflete a incongruência daquele que não mede sua existência pela coerência estabelecida do homem cultivado, pois, sem a familiaridade projetada pelo conhecimento que opera generalizando a existência, ele será sempre "estrangeiro aqui como em toda parte" (Pessoa 2002: 175).

Embora o desassossego tenha essa dimensão negativa, reflexo da ausência de sentidos conclusivos, em Campos ele também terá uma dimensão, por assim dizer, positiva, pois não oferece nenhum limite e instiga a criação, sendo que, em seu *Ultimatum*, a criação é possível sobretudo em um horizonte livre de verdades estanques:

> a abolição total da verdade, como conceito filosófico, mesmo relativo ou subjetivo. [...] O maior filósofo será aquele artista do pensamento, ou antes da "arte abstrata" (nome futuro da filosofia), que mais teorias coordenadas, não relacionadas entre si, tiver sobre a "Existência". (Pessoa 1990a: 193)

Logo, criando multiplicidades através de um jogo entre imaginação e razão, e experimentando a pluralidade efêmera de toda existência com suas contingências, paradoxos, sonhos e ilusões, que afinal são para ele sensações abstratas e portanto parte da existência, ele se estilhaça na dispersão. Lançando-se ao desassossego de existir em um mundo com "o Destino a conduzir a carroça de tudo pela estrada de nada" (Pessoa 2002: 289), ele quer:

> Sentir tudo de todas as maneiras,/ Ter todas as opiniões,/ Ser sincero contradizendo-se a cada minuto,/ Desagradar a si-próprio pela plena liberdade de espírito/ [...] Viver tudo de todos os lados,/ Ser a mesma coisa de todos os modos possíveis ao mesmo tempo. (Pessoa 2002: 175)

Segundo Carlos Felipe Moisés, Álvaro de Campos representaria "a consciência múltipla e desagregada do homem contemporâneo, dilacerado por desgastante conflito com o mundo desumanizado e em crise, e isso há de ser aferido nos seus versos" (1999: 181). Com efeito, além de experimentar o "desassossego no fundo de todos os cálices" (Pessoa 2002: 187), Campos o materializa na forma de seus versos. Neles temos o uso constante dos oxímoros e a expressão de experiências que, recusando a regulação lógica pelos princípios da não-contradição e do terceiro excluído, se anulam ou se contradizem para exprimir o inefável e sobre ele desdobrar então suas inquietantes asseverações:

> Há sem dúvida quem ame o infinito,/ Há sem dúvida quem deseje o impossível,/ Há sem dúvida quem não queira nada −/ Três tipos de idealistas, e eu nenhum deles:/ Porque eu amo infinitamente o finito,/ Porque eu desejo impossivelmente o possível,/ Porque quero tudo, ou um pouco mais, se puder ser,/ Ou até se não puder ser... (Pessoa 2002: 475)

É possível que Campos, junto com Bernardo Soares, anunciem a condição contemporânea, já que, sem contornar a crise da racionalidade, neles a intermitência do inacabado transformou-se não em uma moral visando o calmo viver diante da instabilidade do desassossego, como pretende o estoicismo de Reis, mas em uma vivência do próprio desassossego. Sem resistência, eles são aqueles que finalmente aceitam e exploram tal condição e, através de sua extrapolação, entregam-se a ela, expressando-a em seus escritos.

Com espírito muito análogo ao de Campos, Soares é também o emblema distinto da intermitente condição desassossegada. A começar pela natureza de sua existência, visto que ele não é nem um heterônimo, nem Pessoa ortônimo, nem somente uma das personalidades e figuras que compõe a obra pessoana, mas é também, de certa forma, uma união de todas essas condições: Bernardo Soares é um semi-heterônimo. A obra que conhecemos sob sua alcunha é composta por fragmentos, com diversas variantes, quase nunca coesos, numa dispersão caleidoscópica que aponta para sentidos diversos e sempre em mutação, muitas vezes até contraditórios e enigmáticos em sua ambiguidade inacabada. Aliás, a própria autoria de alguns desses fragmentos é posta em dúvida não somente por quem teve como missão sua edição, que são várias e consideravelmente distintas, mas também pelo próprio Pessoa, que muitas vezes duvidaria se um fragmento dizia respeito à expressão de Soares, à dele mesmo, à de outros que compõem o conjunto de sua obra ou mesmo à de tantos que ainda poderiam compô-la. Não fosse apenas esse imbróglio, o *Livro do Desassossego* está também inacabado, não só em virtude da dimensão de dispersão fragmentária ou de sua inconclusão enquanto projeto, mas também devido ao fato de que, de quando em quando, surgem novos fragmentos que são repatriados à sua composição.[4] Tal é a condição caótica da obra de Soares, que bem poderia servir de intróito para tudo o que ali é abordado.

No interior dessa obra aberta e inacabada, como todos os outros heterônimos, Soares também distingue a "regência férrea de um Destino abstracto, superior à justiça e à bondade, alheio ao bem e ao mal" (Pessoa 1999: 189). E, reconhecendo, ao seu modo, o fundo incognoscível que sustenta a razão ("A razão é a fé no que se pode compreender sem fé; mas é uma fé ainda, porque compreender envolve pressupor que há qualquer coisa compreensível" [188]), ele exprime em seus escritos toda sorte de experiências, onde os auspícios da razão cumprem menos sua função de dar coerência à tessitura dessas experiências e mais um papel de mote para a crítica e a especulação sobre o desassossego. Entretanto, além de textos críticos e especulativos, há a sua prosa mais poética, em que encontramos experiências pré-objetivas, vivências que confundem e fundem as categorias de sujeito e objeto, interioridade e exterioridade, numa espécie de quiasma que articula aquilo que Soares sente com aquilo que é sentido:

---

[4] Conforme Richard Zenith, "o que temos nestas páginas é o gênio de Pessoa no seu auge. [...] A falta de um centro, a relativização de tudo (inclusive da própria noção de relativo), o mundo todo reduzido a fragmentos que não fazem um verdadeiro todo, apenas texto sobre texto sobre texto sem nenhum significado e quase sem nexo – todo este sonho ou pesadelo pós-modernista não foi, para Pessoa, um grandioso discurso. Foi a sua íntima experiência e tênue realidade. E este livro-caos de desassossego foi o seu testemunho, lucidíssimo" (1999: 13).

> Em cada pingo de chuva a minha vida falhada chora na natureza. Há qualquer coisa do meu desassossego na gota a gota, na bátega a bátega com que a tristeza do dia se destorna inutilmente por sobre a terra. Chove tanto, tanto. A minha alma é húmida de ouvi-lo. Tanto... A minha carne é líquida e aquosa em torno à minha sensação dela. (158)

Com efeito, reconhecendo a intermitência de sua condição pautada pela vigência do Destino, alheio às formulações habituais, ele frequentemente experimenta a dissolução das dicotomias do tipo sujeito e objeto, configurando sua existência através da relação inacabada entre abismos: "Nós nunca nos realizamos. Somos dois abismos – um poço fitando o céu" (54).

Ainda que esse sobrevoo sobre parte da obra de Pessoa tenha evidenciado mais as afinidades internas e menos suas diferenças, contradições e blagues, a nota de José Augusto Seabra gera relativo consenso entre estudiosos da obra de Pessoa:

> estamos, com efeito, perante uma obra proteiforme, não apenas enquanto criação de uma pluralidade de linguagens, mas pelo seu apelo a uma pluralidade de leituras, tanto dos textos poéticos como dos textos críticos que os prolongam e repercutem. (1991: 17)

A partir disso, muitos de seus críticos apontam para a impossibilidade de se estabelecer uma unidade para suas experiências. Assim, diante dessa característica da obra pessoana, nos deparamos com a seguinte problemática: como revelar uma conexão contundente para o pensamento envolvido em tais escritos respeitando suas discrepâncias e instabilidade? Cultivando essa peculiaridade, é possível articular o jogo entre desassossego e pluralidade, a fim de situar o desassossego como elemento-chave e, por conseguinte, estabelecer um sentido que abranja as experiências expressas na obra de Pessoa, considerando sua multiplicidade.

Além de ser tematizado por Pessoa ortônimo, por boa parte de seus heterônimos, e marcar o ponto culminante de suas investigações, o desassossego é antes o elemento que move o autor e a heteronímia, impulsionando suas especulações e a criação. É certo que o desassossego também surge como o reflexo da presença do inexorável Destino, mas é preciso entrevê-lo ainda como impulso que conduz a essa experiência. Preexistindo até mesmo à noção do Mistério, o desassossego revela-se na incipiente contingência que impulsiona o homem em sua existência e especulações, como o movimento, sempre inacabado e insatisfeito que, indefinido, não determina qualquer direção. Lemos no comentário de José Gil:

> O desassossego está para aquém do pensamento – num satanismo antes de Satã, antes de um nome, antes de uma ideia. Mas abre para além das antinomias, das ideias, dos deuses, do ser e do nada. [...] Enquanto movimento de vida, o desassossego não possui direção, mas toma todas as direções possíveis, sem outra finalidade senão ele próprio, na sua livre "expressão", como diz Pessoa. Se o pensamento nele se enxerta, se tenta imprimir-lhe um vector determinado, surgem outros vectores contrários que impedem o primeiro de se fixar. Assim, paradoxalmente o pensamento exacerba o próprio desassossego. [...] [Portanto], segundo as estratégias desenvolvidas para ajustar o pensamento à vida, o desassossego toma destinos diferentes: trágico em Campos e Soares, estóico em Reis, melancólico em Pessoa ortónimo, sereno em Caeiro. (1994: 29-32)

Logo, se Pessoa, através da incidência do desassossego, admite a impossibilidade do conhecimento conclusivo e estabelece a suspensão como conduta, por outro lado, tal suspensão não se reduz à constante negação, mas aponta para uma existência pautada pela profundidade e pluralidade que lhe permite tomar qualquer direção. Disso também decorre o nascimento da heteronímia, cujo texto de sua gênese e justificação é arrematado pela palavra de ordem: "Sê plural como o universo!" (Pessoa 1990a: 41).

Analisando a heteronímia como um desdobramento do desassossego, percebemos que, não contente em colocar em questão toda a estrutura do mundo e da existência, a incidência do desassossego também colocará em questão o sujeito dessa existência e sua relação com mundo, fazendo com que a primeira característica da presença da heteronímia em Pessoa instaure uma espécie de dessubjetivação (Agamben 2008: 121), seguida da polissemia heteronímica, onde o Eu passa por constantes deslocamentos, até que seja impossível determinar uma cisão entre suas experiências e aquilo que é experimentado através do outro. Assim, a heteronímia promove uma descentralização do sujeito da experiência, o qual passa a se apreender através da diferença, uma vez que vê aflorar em si um outro que será a condição para sua própria experiência. É possível entendê-la como uma maneira de se conhecer sendo outro, ou de "desconhecer-se conscientemente" (Pessoa 1999: 165), já que a descentralização do eu em prol do desdobramento do outro o coloca diante de experiências inesperadas e faz com que ele conheça em si aquilo que não era prontamente ele. O escrito de 1915, frequentemente citado, pode ser lido a essa luz:

> Não sei quem sou, que alma tenho. Quando falo com sinceridade não sei com que sinceridade falo. Sou variamente outro do que um eu que não sei se existe (se é esses outros). Sinto crenças que não tenho. Enlevam-me ânsias que repudio. A minha perpétua atenção sobre mim perpetuamente me aponta traições de alma a um caráter que talvez eu não tenha, nem ela julga que eu tenho. (Pessoa 1990a: 41)

Colocando muitas vezes a existência egocêntrica em dúvida, como se o eu fosse apenas palco para o desdobrar da existência do mundo e de outros, o poeta português continua:

> Sinto-me viver vidas alheias, em mim, incompletamente, como se o meu ser participasse de todos os homens, incompletamente de cada [?], por uma suma de não-eus sintetizados num eu postiço. (Pessoa, 1990a: 41)

Enfim, na obra de Pessoa, o desassossego aparece como elemento crucial, à medida que inviabiliza a permanência e instiga o desdobramento criativo da heteronímia.[5] Assim, as experiências criativas de seus escritos comportam constantemente uma espécie de jogo entre o desassossego e a pluralidade, em que um sustenta e suspende o outro, de modo que o primeiro age enquanto falta, e o segundo enquanto excesso. É o encontro entre uma falta que não se deixa preencher e um excesso que não pode deixar de transbordar. Tal desconcertante situação exprime a tensão crucial da obra de Pessoa, onde além do seu caráter de suspensão, o sentido e a originalidade do desassossego pessoano parecem estar em sua constante e infinita capacidade de alargar o horizonte de suas experiências.

Nesse horizonte, embora seja difícil articular uma unidade de sentido unívoca para sua obra, nem por isso é impossível pensar em um ponto de convergência: o conjunto de todos seus escritos, de todos os recursos

---

[5] Em *Cansaço, tédio, desassossego*, José Gil (2013: 113) nos mostra como a relação entre o tédio e o desassossego na obra pessoana também viabiliza a dinâmica do fenômeno heteronímico.

poéticos, de todas as temáticas abordadas, enfim, tudo com o que tivemos contato até então em sua obra, parece convergir para um pensamento de abertura em constante suspensão, dispersão e criação, no ensaio de tecer uma original experiência que reflita a promiscuidade entre tudo e nada, com o intuito de exprimir o infinito em seu devir,[6] através de uma tensão entre o desassossego e a pluralidade.

À medida que conseguimos identificar a incidência do desassossego no encontro com o Destino, no horizonte do Mistério e na gênese da heteronímia, cientes de que para o poeta "a substância é consubstancial com a forma" (Pessoa 1990b: 371), é possível acompanhar também sua presença na forma da obra de Pessoa. Isso não só no seu aspecto fragmentário, inacabado e disperso, mas também à medida que a flexibilidade e a incidência do desassossego, que enfatiza a ausência de qualquer sentido definitivo, instiga Pessoa a criar formas que evadem e subvertem as normas da linguagem, a fim de exprimir os extravasamentos peculiares de suas experiências filosóficas. A tessitura de seu pensamento foi possível apenas nesse horizonte criativo da arte, pois foi aí que ele criou suas próprias condições, como se a escrita poético-literária lhe conferisse um arcabouço original, permitindo manifestar experiências que a filosofia normalmente encontraria dificuldades em exprimir.

Conforme Alain Badiou, "a linha de pensamento singular desenvolvida por Fernando Pessoa é tal que nenhuma das figuras estabelecidas da modernidade filosófica está apta a sustentar sua tensão" (2002: 54). Se, em seu texto "Uma tarefa filosófica: ser contemporâneo de Pessoa", Badiou está certo e o pensamento-poema de Pessoa abre um campo pouco explorado que ajuda a inaugurar uma contemporaneidade que as categorias tradicionais da filosofia já não são mais capazes de suportar, é compreensível que essa novidade só seja possível através de um liame entre o poético e o filosófico. Nesse sentido, Immanuel Kant sugere uma relação entre poesia e filosofia que talvez nos ajude a compreender a

---

[6] A ideia de que o mote da obra pessoana tem uma relação com o infinito/ absoluto, não é uma novidade entre seus comentadores, que entreveem essa ligação cada qual à sua maneira. Benedito Nunes (1969: 239) diz que Pessoa debateu-se com a ideia de Absoluto, sem conseguir crer ou deixar de crer nela. Enquanto Carlos Felipe Moisés (1999: 177) escreve que o fenômeno da heteronímia pode ser visto como uma espécie de *conjunto de sistemas mutável e incessantemente renovado* em busca de abarcar o Ser em sua totalidade. Por sua vez, Carla Gago (2007: 232-33), ao insistir na relação entre o caráter fragmentário da obra de Pessoa, dirá que, tal como os românticos, ele estava mais preocupado em compreender o sistema do infinito/ absoluto, que o absoluto de forma sistemática.

condição de Pessoa, porquanto este inaugura uma forma de pensar que demanda a tessitura de recursos próprios que são possíveis graças a essa fusão entre poesia e filosofia. Conforme o filósofo alemão:

> os primeiros filósofos foram poetas. É que foi preciso tempo até descobrir palavras para os conceitos abstratos; por isso, no início, os pensamentos supra-sensíveis eram representados sob imagens sensíveis [...] Em virtude da pobreza da linguagem naquela época só se podia filosofar em poesia. (Kant *apud* Suzuki 1998: 55)

Com efeito, embora a problematização das experiências na obra pessoana seja de fundo filosófico, é no horizonte criativo da arte em que ela se desenvolve. Tal recurso permite que Pessoa não apenas extrapole alguns domínios habituais da filosofia, mas também coloque a possibilidade dessa extrapolação e seu fruto como problema para a própria filosofia, problema que por sua vez poderá ser novamente retomado por sua obra, "como um quarto com inúmeros espelhos fantásticos que torcem para reflexões falsas uma única anterior realidade que não está em nenhuma e está em todas" (Pessoa 1990a: 41). Ou seja, uma vez que a problematização filosófica já não é limitada pelas categorias e compromissos tradicionais da filosofia, mas desenvolvida no horizonte criativo da arte, as experiências proporcionadas pela filosofia são como que colocadas em prática;[7] com isso, de certa forma, a filosofia não tem mais que ir ao encontro do mundo, mas, a partir da arte, o mundo pode ir ao encontro da filosofia. O pensamento poético-filosófico de Pessoa como que materializa sua "pedra de toque", possibilitando-se assim uma contínua extrapolação de si mesmo, já que ele pode se debruçar sobre seu próprio fenômeno.

Diante dessa possibilidade, sem dever sua intensidade a um poder de persuasão que tenha nascido da contundência de argumentos, de um encadeamento lógico, de uma possível identidade com a verdade ou de uma verificabilidade empírica de suas colocações, é comum acompanhar Pessoa afirmando algo, no horizonte de um exercício crítico ou não, mas pouco depois ver aquilo que foi firmado ser deturpado ou novamente criticado e, de repente, o próprio criticar ser desmantelado por uma afirmação aparentemente inconsequente. Engana-se, porém, quem aferir disso que as experiências suscitadas por sua obra nascem de um ato

---

[7] Segundo Benedito Nunes, "a tese de Fernando Pessoa vai redundar na subordinação da filosofia como metafísica aos propósitos da arte" (1969: 260).

improfícuo, e que efêmeras se desfazem com a mesma leviandade. O que Pessoa visa com essas subversões é uma ocasião para desenvolver as experiências filosóficas e poéticas de uma vivência plural e desassossegada.

Referências bibliográficas

Agamben, Giorgio (2008). *O que resta de Auschwitz*. São Paulo: Boitempo Editorial.

Badiou, Alain (2002). *Pequeno manual de inestética*. São Paulo: Estação Liberdade.

Barbaras, Renaud (2011). "Fenomenologia e Literatura: a não filosofia de Fernando Pessoa", *Investigações fenomenológicas – Em direção a uma fenomenologia da vida*. Curitiba: Editora UFPR.

Gago, Carla (2007). "Interstícios – o fragmento em Fernando Pessoa", *A arca de Pessoa*, org. Steffen Dix, Jerónimo Pizarro. Lisboa: Imprensa de Ciência Sociais.

Gil, José (1994). *O Espaço Interior*. Lisboa: Editora Presença.

Gil, José (2013). *Cansaço, tédio, desassossego*. Lisboa: Relógio d'Água.

Kujawski, Gilberto (1967). *Fernando Pessoa e o Outro*. São Paulo: Imprensa Oficial.

Moisés, Carlos Felipe (1999). *O poema e as máscaras – Introdução à poesia de Fernando Pessoa*. Florianópolis: Letras Contemporâneas.

Nunes, Benedito (1969). *O dorso do tigre*. São Paulo: Editora Perspectiva.

Pessoa, Fernando (1990a). *Alguma prosa*, 5ª ed. Rio de Janeiro: Nova Fronteira

Pessoa, Fernando (1990b). *Pessoa por conhecer – Textos para um novo mapa*, edição de Teresa Rita Lopes. Lisboa: Estampa.

Pessoa, Fernando (1991). *Fausto – Tragédia subjetiva*. Rio de Janeiro: Nova Fronteira.

Pessoa, Fernando (1994). *Poemas completos de Alberto* Caeiro, prefácio de Ricardo Reis, posfácio de Álvaro de Campos. Lisboa: Editorial Presença.

Pessoa, Fernando (1999). *Livro do Desassossego*, 2ª ed, organização e introdução por Richard Zenith. São Paulo: Companhia das Letras.

Pessoa, Fernando (2000). *Ricardo Reis – Poesia completa*. São Paulo: Companhia das Letras.

Pessoa, Fernando (2002). *Álvaro de Campos – Poesia completa*. São Paulo: Companhia das Letras.

Pessoa, Fernando (2005). *Alberto Caeiro – Poesia completa*. São Paulo: Companhia das Letras.

Pessoa, Fernando (2006a). *Escritos autobiográficos, automáticos e de reflexão pessoal*. São Paulo: A Girafa.

Pessoa, Fernando (2006b). *Textos filosóficos*, 2 vols., textos estabelecidos e prefaciados por Antônio de Pina Coelho. Lisboa: Nova Ática.

Pizarro, Jerónimo; Ferrari, Patricio (2017). "Apresentação", *136 Pessoas de Pessoa*. Rio de Janeiro: Tinta-da-China.

Seabra, José Augusto. *Fernando Pessoa ou o poetodrama*, 2ª ed. São Paulo: Editora Perspectiva.

Suzuki, Márcio (1998). *O gênio romântico*. São Paulo: Iluminuras.

Zenith, Richard (1999). "Introdução", *Livro do Desassossego*, 2ª ed. São Paulo: Companhia das Letras.

Fernando Pessoa leitor de Pascal e Novalis: estética do sonho e criação heteronímica

Nuno Ribeiro

A relação entre os pensamentos de Fernando Pessoa, Blaise Pascal e Novalis apresenta inúmeros elementos que nos permitem compreender a relação entre a constituição de uma estética do sonho e a génese da criação heteronímica pessoana. Com efeito, ao longo da obra do poeta e pensador português encontramos múltiplos vestígios da leitura que Pessoa fez de Pascal e de Novalis. A importância do pensamento pascaliano e da obra do autor romântico alemão encontra-se, desde logo, patente nos livros presentes na Biblioteca Particular de Fernando Pessoa. Um importante indício a esse respeito corresponde ao livro *Pensamentos* [*Pensées*] de Pascal (CFP, 1-116),[1] presente na biblioteca pessoana numa edição em francês, de 1905, publicada pela editora Flammarion, que apresenta inúmeros vestígios de leitura por parte de Pessoa. A leitura que Pessoa fez dos *Pensamentos* de Pascal configura-se como um elemento determinante para a tematização pessoana da questão do sonho, como se pode depreender da leitura do seguinte fragmento dos *Pensamentos* pascalianos (Laf. 803/ Br. 386):[2]

> Se todas as noites sonhássemos com a mesma coisa, ela nos afetaria tanto quanto os objetos que vemos todos os dias. E se um artesão estivesse seguro de que sonharia todas as noites durante doze horas que era rei, creio que seria quase tão feliz quanto um rei que sonhasse todas as noites durante doze horas que era artesão.
> Se sonhássemos todas as noites que estamos sendo perseguidos por inimigos, e agitados por esses penosos fantasmas, e se se passasse todos os dias por diversas ocupações como quando se faz uma viagem, sofrer-se-ia quase tanto quanto se isso fosse de verdade e se ficaria tão apreensivo com o dormir como se fica com o despertar, quando se teme entrar de fato em tais infelicidades. E na verdade faria mais ou menos os mesmos

---

[1] A sigla "CFP" corresponde à indicação "Casa Fernando Pessoa" onde atualmente se encontra a Biblioteca Particular de Pessoa. A numeração – após a sigla "CFP" – corresponde ao número de catalogação do livro presente na Biblioteca Particular de Pessoa.
[2] "Laf." refere-se à edição dos *Pensamentos* de Pascal realizada por Louis Lafuma e "Br." indica a edição de Brunschvicg.

males que a realidade.
Mas, como os sonhos são todos diferentes e um mesmo sonho se diversifica, o que neles se vê afeta bem menos do que aquilo que se vê estando acordado, por causa da continuidade que não é entretanto tão contínua e igual que também não mude, mas menos bruscamente, se não for raramente, como quando se viaja, e então se diz: parece que estou sonhando; pois a vida é um sonho um pouco menos inconstante. (Pascal 2005: 317-18)

Neste trecho, Pascal problematiza a distinção entre sonho e vida real. De acordo com Pascal, aquilo que permite diferenciar o sonho e a vida reside na questão da constância. Um dado importante presente na análise pascaliana do sonho corresponde à afirmação de que, se pudéssemos sonhar algo de um modo constante, seríamos afectados pelo sonho da mesma forma que somos afectados pela vigília. Pascal afirma, nesse sentido, que "se um artesão estivesse seguro de que sonharia todas as noites durante doze horas que era rei, creio que seria quase tão feliz quanto um rei que sonhasse todas as noites durante doze horas que era artesão" (2005: 317). Esta afirmação estabelece a relação entre o sonho e o processo de *outrar-se*, apresentando-se, dessa forma, como um elemento relevante para compreensão das conexões entre a constituição da estética do sonho e a criação heteronímica na obra de Pessoa, conforme se pode constatar pelo confronto entre o fragmento de Pascal acima citado e o seguinte documento sobre a génese da heteronímia, em que Fernando Pessoa apresenta inúmeros aspectos que viria a desenvolver na carta de 13 de janeiro de 1935 sobre a constituição dos heterónimos e tematiza a relação entre o sonho e o processo de despersonalização heteronímica:

> Tive sempre, desde criança, a necessidade de aumentar o mundo com personalidades fictícias, sonhos meus rigorosamente construídos, visionados com clareza fotográfica, compreendidos por dentro das suas almas. Não tinha eu mais que cinco anos, e, criança isolada e não desejando senão assim estar, já me acompanhavam algumas figuras de meu sonho – um capitão Thibeaut, um Chevalier de Pas – e outros que já me esqueceram, e cujo esquecimento, como a imperfeita lembrança daqueles, é uma das grandes saudades da minha vida.
> Isto parece simplesmente aquela imaginação infantil que se entretém com a atribuição de vida a bonecos ou bonecas. Era porém mais: eu não precisava de bonecas para conceber

intensamente essas figuras. Claras e visíveis no meu sonho constante, realidades exactamente humanas para mim, qualquer boneco, por irreal, as estragaria. Eram gente.

Além disto, esta tendência não passou com a infância, desenvolveu-se na adolescência, radicou-se com o crescimento dela, tornou-se finalmente a forma natural do meu espírito. Hoje já não tenho personalidade: quanto em mim haja de humano, eu o dividi entre os autores vários de cuja obra tenho sido o executor. Sou hoje o ponto de reunião de uma pequena humanidade só minha. (Pessoa 1966: 101-02)

Retornando a Pascal, o fragmento dos *Pensamentos* acima citado termina com a afirmação de que "a vida é um sonho um pouco menos inconstante" (Pascal 2005: 318). A expressão "um pouco" aproxima a realidade do sonho à realidade da vida, o que significa que uma vida completamente inconstante talvez pudesse equiparar-se a um sonho. No projeto do *Livro do Desassossego*, encontramos a tematização da questão da relação entre o sonho e a realidade, como se pode verificar no seguinte trecho:

> Estou quasi convencido de que nunca estou disperto. Não sei se não sonho quando vivo, se não vivo quando sonho, ou se o sonho e a vida não são em mim coisas mixtas, interseccionadas, de que meu ser consciente se forme por interpenetração.
> Ás vezes, em plena vida activa, em que, evidentemente, estou tam claro de mim como todos os outros, vem até á minha supposição uma sensação extranha de duvida; não sei se existo, sinto possivel o ser um sonho de outrem, affigura-se-me, quase carnalmente, que poderei ser personagem de uma novella, movendo-me, nas ondas longas de um estylo, na verdade feita de uma grande narrativa. (Pessoa 2010: 350)

Num outro fragmento do *Livro do Desassossego* lemos ainda a respeito da relação entre a criação de uma pluralidade de personalidades e a questão do sonho:

> Criei em mim varias personalidades. Crio personalidades constantemente. Cada sonho meu é immediatamente, logo ao apparecer sonhado, encarnado n'uma outra pessoa, que passa a sonhal-o, e eu não. (Pessoa 2010: 160)

É precisamente este ambiente de difícil distinção entre o sonho e a realidade que encontramos num fragmento do *Livro do Desassossego* em que Pessoa refere, entre outros, o nome de Pascal:

> Viver a vida em sonho e falso é sempre viver a vida. Abdicar é agir. Sonhar é confessar a necessidade de viver, substituindo a vida real pela vida irreal, e assim é uma compensação da inalienabilidade do querer-viver.
> Que é tudo isto enfim se não a busca da felicidade? E busca qualquér qualquér outra cousa?
> O devaneio continuo, a analyse ininterrupta deram-me alguma cousa *essencialmente* diff[eren]te do que a vida me daria?
> Com separar-me dos homens não me encontrei, nem ▢³
>
> Este livro é um só estado de alma, analysado de todos os lados, percorrido em todas as direcções.
>
> Alguma cousa nova, ao menos, esta attitude me trouxe? Nem essa consolação se approxima de mim. Estava tudo já em Heraclito e no Ecclesiastes. *A vida é um brinquedo de creança na areia... vaidade e ▢ de espirito..?* E eu Job pobre, n'uma só phrase, *A m[inha] alma está cançada da minha vida.*
> Em Pascal: ▢
> Em Vigny: Em ti ▢
> Em Amiel, tão completamente em Amiel: ▢
> ... (certas frases)...
> Em Verlaine, nos symbolistas, ▢
> Tanto doente como eu... Nem o privilegio de uma pequena originalidade de doença... Faço o que tantos antes de mim fizeram... Soffro o que já é tão velho soffrer... Para que mesmo pensar estas cousas, se já tantos as pensaram e as soffreram?...
> (Pessoa 2010: 58-59)

A mera referência a Pascal, num texto de natureza inacabada e incompleta, é indicativa da influência determinante, ainda que não exclusiva, da tematização do sonho em Pascal para a constituição de uma estética.

É possível encontrar igualmente ao longo da obra do poeta e pensador português vestígios da importância de Novalis para a génese de uma estética pessoana do sonho. Um indício da leitura pessoana de Novalis

---

[3] O símbolo "▢" indica um espaço em branco nos documentos transcritos do espólio de Fernando Pessoa.

encontra-se, desde logo, presente num texto publicado por Pessoa em vida. Esse texto é "O Provincianismo Português", publicado a 12 de Agosto de 1928, no jornal *O Notícias Ilustrado*. No final de "O Provincianismo Português" lemos a seguinte evocção: "Estamos perto de acordar, disse Novalis, quando sonhamos que sonhamos" (Pessoa 2000: 373). Pessoa parece referir-se a um fragmento que se encontra sublinhado por Pessoa numa tradução francesa de escritos de Novalis – feita pelo dramaturgo francês Maurice Maeterlinck – presente na sua Biblioteca Particular e que reúne *Os Discípulos em Saïs* (*Les Disciples à Saïs*) seguidos de uma selecção de *Os Fragmentos* (*Les Fragments*) (CFP, 8 - 388). Com efeito, lemos na tradução de Novalis presente na Biblioteca de Fernando Pessoa:

*

* *

<u>Nous sommes prés du réveil quand nous rêvons que nous rêvons.</u>[4] (CFP, 8-388: 77)[5]

De entre os textos contidos na tradução francesa de Novalis feita por Maurice Maeterlinck, a secção de *Os Fragmentos* viria a ser a parte mais ecoada na produção literária de Pessoa. Com efeito, um facto que surpreende o leitor da tradução francesa dos textos de Novalis presente da Biblioteca Particular de Pessoa é a circunstância de apenas *Os Fragmentos* apresentarem sublinhados e comentários de leitura. Nem a introdução de Maeterlinck nem *Os Discípulos em Saïs* apresentam quaisquer sublinhados ou notas, o que contrasta com a superabundância de indicações de leitura presentes no texto de *Os Fragmentos*. A leitura detalhada e ativa de *Os Fragmentos* indica a possível importância desta obra como ponto de partida e reflexão para a construção de algumas das questões presentes ao longo dos textos de teoria heteronímica de Fernando Pessoa. Um exemplo disso é o seguinte fragmento de Novalis, igualmente marcado por Pessoa:

---

[4] Para a transcrição dos vestígios de leitura presentes na Biblioteca Particular de Fernando Pessoa utilizamos os seguintes símbolos:
<u>XXXXXX</u> - trecho sublinhado
[←|]|XXXXXX|- trecho marcado com um traço vertical à esquerda
[→|]|XXXXXX|- trecho marcado com um traço vertical à direita
[→)]|XXXXXX|- trecho marcado com um traço curvo à esquerda
[←(]|XXXXXX|- trecho marcado com um traço curvo à direita
[5] Os fac-similes dos livros de Fernando Pessoa foram consultados na Biblioteca digital de Fernando Pessoa, da Casa Fernando Pessoa (CFP) disponíveis em: http://casafernandopessoa.cm-lisboa.pt/bdigital/index/index.htm.

> [→)]|Le pouvoir d'éveiller véritablement en soi une individualité étrangère – (et non de tromper simplement par une imitation superficielle) est encore entièrement inconnu et repose sur une très étonnante pénétration et mimique spirituelle. L'artiste devient tout ce qu'il voit et tout ce qu'il veut être.| (CFP, 8-388: 183)

Com efeito, "o poder de despertar verdadeiramente em si uma individualidade estranha" de que nos fala Novalis é uma das condições da produção heteronímica. A teoria da despersonalização e do sentir por meio de uma outra personalidade desenvolvidos nos textos relativos à criação dos heterónimos viriam a reflectir algumas das considerações lidas e sublinhadas por Pessoa na tradução francesa de *Os Fragmentos* de Novalis. Um exemplo claro disso é o texto "Aspectos", um dos escritos fundamentais de Pessoa relativos à heteronímia. Este texto, cujos fragmentos terão sido redigidos por volta de 1918 e, por conseguinte, em data posterior à leitura de *Os Fragmentos* de Novalis – que terá ocorrido entre 1914 e 1916[6] –, foi concebido por Pessoa como um prefácio para a publicação da obra de algumas das suas personalidades literárias. Num trecho destinado ao texto "Aspectos" lemos:

> A obra complexa, cujo primeiro volume é este, é de substancia dramatica, embora de forma varia – aqui de trechos em prosa, em outros livros de poesia ou de philosophias.
> É, não sei se um privilegio se uma doença, a constituição mental, que a produz. O certo, porém, é que o author d'estas linhas – não sei bem se o author d'estes livros – nunca teve uma só personalidade, nem nunca pensou senão dramaticamente, isto é, numa pessoa, ou personalidade, supposta, que mais propriamente do

---

[6] Quem lê a afirmação final do fragmento de Novalis – segundo a qual *O artista devém tudo aquilo que vê e que quer ser* – não pode deixar de se lembrar da afirmação presente num trecho de um fragmento dactiloscrito do poema *A Passagem das Horas* de Álvaro de Campos, datado de 22 de Maio de 1916, onde lemos: "Eu quero ser sempre aquillo com quem sympathiso,/ Eu torno-me sempre, mais tarde ou mais cedo,/ Aquillo com quem sympathiso, seja uma pedra ou uma ansia,/ Seja uma flor ou uma idèa abstracta./ Seja uma multidão ou um modo de comprehender Deus" (Pessoa 2014: 135). Com efeito, tendo em conta que a tradução francesa de Novalis foi publicada em 1914 e que o trecho de *A Passagem das Horas* citado apresenta a data de 22 de maio de 1916, pode concluir-se que a leitura do livro de Novalis presente na Biblioteca de Pessoa deverá situar-se entre 1914 e o início de 1916.

que elle proprio pudesse ter esses sentimentos.

Ha autores que escrevem dramas e novellas; e nesses dramas e nessas novellas attribuem sentimentos e idéas ás figuras, que as povoam, que muitas vezes se indignam que sejam tomados por sentimentos seus, ou idéas suas. Aqui a substancia é a mesma, embora a fórma seja diversa.

A cada personalidade mais demorada, que o author d'estes livros, conseguiu viver dentro de si, elle deu uma indole expressiva, e fez d'essa personalidade um author, com um livro, ou livros, com as idéas, as emoções, e a arte dos quaes, elle, o author real (ou porventura apparente, porque não sabemos o que seja a realidade), nada tem, salvo o ter sido, no escrevel-as, o médium de figuras que elle-proprio creou. (Pessoa 2010: 449).

Com efeito, as considerações realizadas neste trecho destinado ao texto "Aspectos" são animadas pelo espírito do supracitado fragmento de Novalis relativo ao *poder de despertar verdadeiramente em si uma individualidade estranha*. De acordo com os elementos presentes neste trecho, a fabricação da heteronímia pressupõe um processo de despersonalização dramática.[7] Este processo de despersonalização dramática corresponde à criação daquilo que Pessoa, na "Tábua bibliográfica" publicada em 1928 na revista *Presença*, denomina de "drama em gente".[8] A constituição de um processo de despersonalização

---

[7] A importância da noção de "despersonalização" para a constituição da heteronímia aparece explicitamente no seguinte trecho da carta de Fernando Pessoa, sobre a *génese da heteronímia*, dirigida a Adolfo Casais Monteiro com a data de 13 de janeiro de 1935: "Seja como for, a origem mental dos meus heterónimos está na minha tendência orgânica e constante para a despersonalização e para a simulação" (Pessoa 1999: 340). Essa carta, que explora muitas das questões desenvolvidas no texto "Aspectos", constitui-se igualmente como um dos escritos pessoanos fundamentais para a compreensão do processo de *despersonalização dramática* desenvolvido ao longo dos textos teóricos de Fernando Pessoa.

[8] Com efeito, lemos na "Tábua bibliográfica" de Pessoa as seguintes considerações relativas à constituição do "drama em gente": "As obras heterónymas de Fernando Pessoa são feitas por, até agora, trez nomes de gente – Alberto Caeiro, Ricardo Reis, Alvaro de Campos. Estas individualidades devem ser consideradas como distinctas da do auctor dellas. Fórma cada uma uma espécie de drama; e todas ellas juntas formam outro drama. [...] As obras destes trez poetas formam, como se disse, um conjuncto dramático; e está devidamente estudada a entreacção intellectual das personalidades, assim como as suas próprias relações pessoaes. Tudo isto constará de biographias a fazer, acompanhadas, quando se publiquem, de horoscopos e, talvez, de photographias. É um drama em gente, em vez de em actos" (Pessoa 1928: 10).

dramática, implícito no drama em gente, implica a criação de uma nova concepção de espaço literário que mantenha a *substância do drama* mas que altere a *forma* da peça dramática. De acordo com "Ensaio sobre o Drama", o que caracteriza especificamente a forma de uma peça dramática é o facto de as personagens, a interacção entre as diversas personagens e a fábula através da qual essa interacção ocorre, se encontrarem unificadas num único texto, isto é, num todo orgânico:

> O Drama, como todo objectivo, compõe-se organicamente de três partes – das pessoas ou caracteres; da entreacção dessas pessoas; e da acção ou fábula, por meio e através da qual essa entreacção se realiza, essas pessoas se manifestam. (Pessoa 1986: 106)

A criação de um espaço literário que mantenha a substância do drama, mas que altere a forma da peça dramática pressupõe que as diversas personalidades deixem de estar unificadas no todo orgânico objetivo que compõe a forma do drama e que cada uma dessas personalidades se torne ela mesma um autor com uma biografia, visão do mundo, modo de sentir, obra e estilo inteiramente autónomos. Assim, a criação da heteronímia pressupõe a existência de um espaço literário que mantenha a substância do drama, mas em que as diversas personalidades que interagem umas com as outras deixem de se confinar à estrutura de uma peça dramática unificada pelo todo orgânico. É neste ponto que se manifesta o reflexo da leitura pessoana de Novalis. A criação de uma personalidade heteronímica, isto é, de uma personalidade com uma biografia, visão do mundo, modo de sentir, obra e estilo inteiramente autónomos tem como condição prévia *o poder de despertar verdadeiramente em si uma individualidade estranha*, de que nos fala Novalis. Lemos nesse sentido a seguinte passagem de um trecho destinado ao texto "Aspectos":

> O author humano d'estes livros não conhece em si-proprio personalidade nenhuma. Quando acaso sente uma personalidade emergir dentro de si, cedo vê que é um ente differente do que elle é, embora parecido; filho mental, talvez, e com qualidades herdadas, mas differenças de ser outrem. (Pessoa 2010: 450)

No entanto, a tradução francesa dos textos de Novalis presente na Biblioteca Particular de Pessoa apresenta-nos outros indícios que nos permitem estabelecer a ligação entre *Os Fragmentos* do autor alemão e a questão da heteronímia em Fernando Pessoa. De entre os diversos fragmentos de Novalis sublinhados por Pessoa encontramos o seguinte texto:

> Une idée est d'autant plus solide, plus individuelle et plus excitante <u>qu'un plus grand nombre de pensées, de mondes et d'états d'âme s'entrecroisent et se touchent en elle</u>. (CFP, 8-388: 117)

Este trecho apresenta elementos fundamentais para a compreensão da construção do "drama em gente" (Pessoa 1928: 10) pessoano. A criação da pluralidade de personalidades que compõem o "drama em gente" tem precisamente como pressuposto o entrecruzar de uma multiplicidade de estados de alma, de mundos e de pensamentos personificados através de um conjunto de personalidades com biografias e obras inteiramente autónomas. A criação de uma pluralidade de personalidades heteronímicas na obra de Fernando Pessoa encontra também importantes pontos de contacto com a caracterização que Novalis apresenta da noção de génio como pluralidade interior, conforme se pode ler no seguinte trecho de um fragmento desse autor romântico alemão: "Talvez o génio não seja mais do que o resultado de um tal plural interior" (Novalis 2000: 123). A respeito da relação entre o pensamento de Fernando Pessoa e a noção de génio como pluralidade interior, diz-nos Cláudia Souza num texto sobre "Fernando Pessoa e o Génio Romântico" publicado no livro *Fernando Pessoa em Diálogo*, que "[a]s duas questões estão relacionadas, pois é através da coletividade interior (característica do gênio romântico) que Pessoa desenvolve o gênio do gênio, ou seja, os outros eus que são capazes de dobrar-se sobre eles mesmos [...]" (Souza 2017: 13).

A inequívoca afinidade entre os fragmentos de Novalis e uma variedade de textos pessoanos de reflexão heteronímica não se esgota aqui. Ainda a respeito da questão da pluralidade interior, diz-nos Novalis: "o *pluralismo* é a nossa essência mais íntima" (Novalis 2000: 121). Noutro fragmento do autor alemão lemos também: "O mundo é o resultado de um acordo infinito e a nossa própria pluralidade interior é o fundamento da nossa concepção do mundo" (Novalis 2000: 133). Num texto de Fernando Pessoa encontramos a seguinte afirmação acerca da pluralidade interior:

> Sinto-me múltiplo.
> Sou como um quarto com inúmeros espelhos fantásticos que torcem para reflexões falsas uma única anterior realidade que

não está em nenhum e está em todos.
Como o panteísta se sente onda e astro e flor, eu sinto-me vários seres. Sinto-me viver vidas alheias, em mim, incompletamente, como se o meu ser participasse de todos os homens, incompletamente de cada, individuado por uma suma de não-eus sintetizados num eu postiço. (Pessoa 2012: 149-50)

Assim, os múltiplos vestígios da leitura que Pessoa fez de Pascal e de Novalis analisados ao longo deste texto permitem-nos compreender a importância do pensamento pascaliano e da obra autor romântico alemão para a elucidação da relação entre o desenvolvimento de uma estética do sonho e a criação heteronímica pessoana, o que se torna claro pela comparação entre as marcas de leitura deixadas nas obras de Pascal e Novalis presentes na Biblioteca Particular de Fernando Pessoa e os textos do poeta e pensador português. Tanto os *Pensamentos* de Pascal quanto *Os Fragmentos* de Novalis fornecem elementos relativos à tematização da relação entre a questão do sonho e o problema da despersonalização que estão na base de importantes considerações sobre o desdobramento heteronímico presentes nos escritos de Fernando Pessoa. Todos estes elementos permitem-nos afirmar a importância dos pensamentos de Pascal e de Novalis para a compreensão da génese de dispositivos literários do poeta e pensador português.

Referências bibliográficas
Novalis (1914). *Les disciples à Saïs et Les fragments*, traduits de l'allemand et précédés d'une introduction par Maurice Maeterlinck. Paris/ Bruxelles: Paul Lacomblez. (CFP, 8-388)
Novalis (2000). *Fragmentos de Novalis*, selecção e tradução de Rui Chafes. Lisboa: Assírio & Alvim.
Pascal, Blaise (1905). *Pensées*. Paris: Ernest Flammarion. (CFP, 1-116)
Pascal, Blaise (2005). *Pensamentos*, tradução de Mário Laranjeira. São Paulo: Editora Martins Fontes.
Pessoa, Fernando (1928). "Tábua Bibliográfica", *Presença*, 17, 10.
Pessoa, Fernando (1966). *Páginas íntimas e de auto-interpretação*, textos estabelecidos e prefaciados por Georg Rudolf Lind e Jacinto do Prado Coelho. Lisboa: Ática.
Pessoa, Fernando (1986). *Obra poética e em prosa*, Vol. II, introduções, organização, bibliografia e notas de António Quadros. Porto: Lello & Irmãos.
Pessoa, Fernando (1999). *Correspondência 1923-1935*, edição de Manuela Parreira da Silva. Lisboa: Assírio & Alvim.

Pessoa, Fernando (2000). *Crítica – Ensaios, artigos e entrevistas*, edição de Fernando Cabral Martins. Lisboa: Assírio & Alvim.

Pessoa, Fernando (2010). *Livro do Desasocego*, Vol. I, edição de Jerónimo Pizarro. Lisboa: INCM.

Pessoa, Fernando (2012). *Teoria da heteronímia*, edição de Fernando Cabral Martins e Richard Zenith. Lisboa: Assírio & Alvim.

Pessoa, Fernando (2014). *Obra completa de Álvaro de Campos*, edição de Jerónimo Pizarro e Antonio Cardiello. Lisboa: Tinta-da-China.

Souza, Cláudia (2017). *Fernando Pessoa em diálogo*. Lisboa: Apenas Livros.

Tripulantes

As *personae* de Pessoa:
a árvore genealógica britânica dos heterónimos

Mariana Gray de Castro

As mais célebres *personae*, ou máscaras literárias, de Fernando Pessoa são os heterónimos: os "poetas" Alberto Caeiro, Álvaro de Campos, Ricardo Reis e, ainda, o semi-heterónimo Bernardo Soares, autor fictício do *Livro do Desassossego* (1982). A heteronímia pessoana já gerou mais de mil estudos, e continua a ser objeto de fascínio e especulação.

As *personae* de Pessoa têm inúmeras fontes, filosóficas e literárias. Sobretudo, fazem parte de uma influente família de literatura britânica, e estudar o seu lugar nessa família tem sido o meu trabalho de longa data. Este ensaio revisita algumas das minhas descobertas mais marcantes, e propõe novas análises da influência que esta família teve na heteronímia pessoana. Visa traçar os principais ramos da árvore genealógica britânica dos heterónimos pessoanos – modelos como Oscar Wilde e John Keats, e espelhos como Ezra Pound, T. S. Eliot e James Joyce – antes de propor que a maior influência literária nos heterónimos – o seu verdadeiro pai – foi William Shakespeare.

A ideia de que há sempre uma distância dramática entre um autor e as personagens por ele criadas é antiga: Leo Spitzer afirma que na Idade Média já havia uma distinção, geralmente aceite, entre aquilo a que chama o "eu poético" e o "eu empírico" (Elliot 1982: 5). Assim, leitores de *A Divina comédia* (1320) teriam compreendido, sem grande dificuldade, que Dante quis representar a alma humana, em vez de acreditarem que o próprio poeta havia, deveras e realmente, viajado através do inferno e purgatório até chegar ao paraíso. Um dos primeiros romances modernos em inglês, *The Life and Opinions of Tristram Shandy, Gentleman* (1759-67) de Laurence Sterne, torna óbvia a distância dramática entre o autor e o protagonista.[1] Máscaras pseudónimas e alter-egos literários são comuns na ficção do século XIX, e até mesmo na filosofia: Søren Kierkegaard, nas suas meditações sobre a natureza da identidade, atribui diferentes escritos a diferentes autores. Na literatura, Oscar Wilde e John Keats, em especial, desenvolveram teorias estéticas sobre a adoção de máscaras, que mais tarde serviriam como modelo para as ideias teóricas e práticas criativas de Pessoa e outros modernistas.

---

[1] A lista de candidatos a primeiro romance moderno em inglês também inclui *Robinson Crusoe* (1719) e *Moll Flanders* (1722), de Daniel Defoe, e *Pamela* (1740), de Samuel Richardson.

A reputação de Wilde enquanto crítico é devida aos quatro ensaios sobre estética na antologia *Intentions* (1891): "The Truth of Masks", "Pen, Pencil and Poison", "The Decay of Lying", e "The Critic as Artist". Nestes ensaios, Wilde defende a autonomia da arte, separando-a da moralidade. Desdenha o sincero a favor da mentira artística, a subjetividade, a multiplicidade de personalidade, e a adoção de máscaras. Escreve em "Pen, Pencil and Poison": "all Art [is] to a certain degree a mode of acting" (Wilde 1909: 153-54).

Tais ideias eram "presciently, even shockingly, modern" (Danson 1997: 81). Influenciariam escritores modernistas tão diversos quanto Pessoa, W. B. Yeats, T. S. Eliot e James Joyce, todos os quais as desenvolveriam e aprofundariam na sua obra criativa e teoria estética. Como reconheceu Pessoa, o legado de Wilde aos modernistas não pode ser subestimado: "He interpreted by theory all that modern art is" (Pessoa 2001a: 221).

Pessoa conhecia os ensaios de *Intentions*, mesmo que hoje não exista um exemplar na sua biblioteca; interessou-se, sobretudo, por "The Decay of Lying", que refere em dois manuscritos inéditos (cf. Castro: 2006). Em "The Decay of Lying", Wilde coloca a arte acima da própria vida, rejeitando a realidade em prol da mentira. "What I am pleading for", argumenta Wilde, "is Lying in art". Termina com uma súplica: "What we have to do [...] is to revive this old art of Lying" (Wilde 1948: 971, 990). Pessoa, que em carta ao crítico João Gaspar Simões afirma que "Artisticamente [...] não [sei] senão mentir", esteve à frente deste renascimento (Pessoa 1957: 77).

Wilde afirma ainda: "what is interesting about people in good society [...] is the mask that each one of them wears, not the reality behind the mask" (Wilde 1948: 979). Esta ideia é perfeitamente aplicável a Pessoa, que durante muitas décadas atraiu pouco interesse biográfico. Além disso, André Gide relata que Wilde certa vez lhe confidenciou: "En art, voyez-vous, il n'y a pas de *première* personne", juízo que Pessoa sublinhou no seu exemplar das memórias de Gide (Gide 1910: 46). A ideia tem um paralelo notável na insistência dos modernistas na impersonalidade – ou, para empregar o termo preferido de Pessoa, na despersonalização –, o desaparecimento do autor atrás ou além das suas várias *personae*.

John Keats, como Wilde, também acreditava que os maiores artistas eram Proteus despersonalizados, mais vivos e interessantes nas suas máscaras que nas suas vidas cotidianas. O poeta ideal de Keats é um "chameleon poet", que estará "continually in for and filling [sic] some other Body", com o resultado de ficar com "none, no Identity".[2] Pessoa desenhou uma linha na margem ao lado destas palavras na mais célebre carta de Keats, numa biografia existente na sua biblioteca (Keats 1958: 386-87).

Richard Woodhouse, o destinatário da carta de Keats sobre o "poeta camaleão", fez as seguintes notas sobre a sua interpretação do sentido do seu amigo:

> The highest order of Poet will have so high an imagination that he will be able to throw his own soul into any object he sees or imagines, so as to see, feel, be sensible of or express – & he will speak out of that object so that his own self with the Exception of the Mechanical part be "annihilated" – and it is of the excess of this power that I suppose Keats to speak, when he says he has no identity. (*apud* Motion 1997: 228)

Woodhouse relata que, por vezes, depois de Keats ter escrito alguma ideia ou frase, "it struck him with astonishment and seemed rather the production of another person than his own... It seemed to come by chance or magic – to be as it were something given to him" (*apud* Abrams 1971: 214).

Pessoa escreve quase o mesmo na sua célebre carta a Casais Monteiro sobre a génese dos heterónimos, quando afirma que recebera os poemas dos heterónimos em vez de os criar:

> em tudo isto me parece que fui eu, criador de tudo, o menos que ali houve. Parece que tudo se passou independentemente de mim. E parece que assim ainda se passa. [...] Eu *vejo* diante de mim, no espaço incolor mas real do sonho, as caras, os gestos de Caeiro, Ricardo Reis e Álvaro de Campos. (Pessoa 1999: 342)

T. S. Eliot, James Joyce e Fernando Pessoa são os irmãos póstumos do poeta-camaleão de Keats, bem como da separação que Wilde fez da vida e da arte. Ao assimilar e desenvolver os ideais estéticos de Wilde e Keats, levaram a adoção de máscaras a outro nível. Neste contexto, Ezra Pound, Eliot e Joyce são os maiores espelhos dos heterónimos.

Pound foi um dos primeiros, e um dos mais extremados, defensores do uso de *personae*, a sua palavra de eleição para o conceito de máscaras

---

[2] A passagem é, por vezes, reproduzida como "continually in for, and filling", "continually in, for, and filling", ou "continually informing and filling".

poéticas, sendo inclusive o título de sua antologia poética de 1909. Os seus poemas podem ser altamente satíricos, até mesmo sarcásticos, sobre os seus autores, reais ou imaginários. Em *Hugh Selwyn Mauberley* (1920), dois alter-egos analisam os doze primeiros anos da carreira do narrador e referem-se a ele, na terceira pessoa, como um poeta fracassado. Um destes poetas é "E. P.", uma versão do jovem Pound; o segundo é Hugh Mauberley, cujo estilo é mais obviamente diferente do de seu autor.[3]

A poesia de Eliot é inerentemente dramática, e não é de menor importância que ele se tenha voltado, mais tarde, para o teatro. "The Love Song of J. Alfred Prufrock" é um monólogo dramático, "Portrait of a Lady" é um diálogo, e um título provisório para uma secção de *The Waste Land* (1922) era "He Do the Police in Different Voices", frase que roubou de *Our Mutual Friend* (1864-65), de Dickens, quando o órfão Sloppy entretém os seus companheiros com uma leitura dramática das notícias criminais (Eliot 1971: 2-18).[4] V. S. Pritchett descreve Eliot como "a company of actors inside one suit" (Ackroyd 1993: 118).

O protagonista favorito de Joyce, Stephen Dedalus, aparece em vários dos seus escritos e é, como Bernardo Soares, uma versão limitada do seu criador. Joyce atribui vários textos em prosa, e até cartas pessoais, a Stephen; um dos seus primeiros contos, "Eveline", foi publicado com o seu nome, e a célebre carta descrevendo a intenção de *Dubliners* (1914), "to betray the soul of that hemiplegia or paralysis which many consider a city", é assinada "S. D." (Joyce 1957: I, 55). Carl Gustav Jung foi um de muitos leitores que admirou a inquietante capacidade de Joyce em imaginar-se na pele de uma mulher, escrevendo sobre o monólogo final de *Ulysses* (1922): "I suppose the devil's grandmother knows so much about the real psychology of a woman. I didn't" (Deming 1928-1941: II, 583).

Na sua adoção e promoção de máscaras literárias, Pessoa e os seus irmãos modernistas, como Pound, Eliot e Joyce, bem como os seus pais literários, como Wilde e Keats, descendem todos de um único antepassado comum: William Shakespeare, criador das máscaras

---

[3] Esta leitura é proposta por Kenner (1951: 146-82). A principal interpretação alternativa, apoiada por algumas observações do próprio Pound sobre os poemas, bem como provas textuais, veria a primeira secção como sendo "de Mauberley", e, portanto, na sua voz em vez de na de Pound. Embora esta leitura seja persuasiva no que se refere à primeira secção, esta voz não parece consistente com o indivíduo descrito na segunda parte.

[4] Parte I de "He Do the Police in Different Voices" incluiria o que foi publicado sob o título "The Burial of the Dead"; Parte II, "A Game of Chess" até "What the Thunder Said".

dramáticas mais luminosas de todos os tempos.

O "poeta camaleão" de Keats nasceu das meditações de Keats sobre Shakespeare, que encarna, para ele (e tantos outros escritores) o poeta ideal. Estas reflexões tiveram um impacto palpável na crítica shakespeariana de outros poetas e críticos românticos britânicos, como Samuel Taylor Coleridge e William Hazlitt.

Coleridge, em carta de 1802, descrevera a inigualável capacidade de Shakespeare em imaginar-se na pele de outros:

> It is easy to clothe Imaginary Beings with our own Thoughts and Feelings; but to send ourselves out of ourselves, to *think* ourselves in to the Thoughts and Feelings of Beings in circumstances wholly and strangely different from our own [...] who has achieved it? Perhaps only Shakespeare. (Coleridge 1971: 810)

Hazlitt, no ensaio "Sobre Shakespeare e Milton" (1818), comparara este talento ao do ventríloquo:

> Each of his characters is as much itself, and as absolutely independent of the rest, as well as of the author, as if they were living persons, not fictions of the mind. The poet may be said, for the time, to identify himself with the character he wishes to represent, and to pass from one to another, like the same soul successively animating different bodies. By an art like that of the ventriloquist, he throws his imagination out of himself, and makes every word appear to proceed from the mouth of the person in whose name it is given [...]. His characters are real beings of flesh and blood; they speak like men, not like authors. One might suppose that he had stood by at the time, and overheard what passed. (Hazlitt 1818: 57)

Pessoa também elogia a facilidade de Shakespeare em criar e habitar diversas máscaras, as almas das personagens que põe em palco. Num texto, elogia Shakespeare como "o maior intuitivo da alma humana" (Pessoa 1992: 198).

Este sentimento é reminiscente da tese posterior do crítico norte-americano Harold Bloom, no seu livro *Shakespeare: The Invention of the Human* (1998). Bloom é tão inequívoco quanto Pessoa na sua avaliação de onde reside a superioridade de Shakespeare: "in a diversity of persons. No one, before or since Shakespeare, made so many separate selves"

(Bloom 1998: 1). O seu prefácio e introdução estão repletos de comentários neste sentido: Shakespeare "went beyond all precedents (even Chaucer) and invented the human as we continue to know it"; "Shakespeare has taught us to understand human nature"; "No world author rivals Shakespeare in the apparent creation of personality" (Bloom 1998: xx, 2, xix). Bloom defende que as personagens de Shakespeare transbordam os limites da representação, tornando-se criações independentes do seu autor, autónomas, "larger and more detailed than any closest friends or lovers seem to be" (Bloom 1998: xviii). Não admira que Pessoa, a cujos heterónimos esta frase também poderia ser aplicada, se entusiasmasse pela mesma qualidade, fazendo com que Bernardo Soares declarasse, em termos incrivelmente parecidos: "Tenho reparado, muitas vezes, que certas personagens [...] tomam para nós um relevo que nunca poderiam alcançar os que são nossos conhecidos e amigos" (Pessoa 2001b: 275).

Keats visou a despersonalização de Shakespeare num contexto dramático, não menos porque o seu poeta ideal, Shakespeare, era dramaturgo, escrevendo que "[the poetical character] is not itself – it has no self [...] it has no character [...]. It has as much delight in conceiving an Iago as an Imogen" (Keats 1958: 386). Mais tarde, Joyce, em *A Portrait of the Artist as a Young Man* (1916), faria com que Stephen Dedalus teorizasse que, no movimento do lírico para o épico para o dramático, a personalidade do poeta, "at first a cry or a cadence or a mood and then a fluid and lambent narrative, finally refines itself out of existence, impersonalises itself, so to speak" (Joyce 1992: 233). Pessoa também explicaria, em "Os graus da poesia lírica", que a progressão ascendente da poesia, da lírica à dramática, é caracterizada por crescentes graus de despersonalização; numa versão diferente do mesmo texto, cita Shakespeare como o expoente máximo da poesia dramática precisamente devido ao seu "espantoso grau de despersonalização":

> O quarto grau da poesia lírica é aquele, muito mais raro, em que o poeta, mais intelectual ainda mas igualmente imaginativo, entra em plena despersonalização. Não só sente, mas vive, os estados de alma que não tem directamente. (Pessoa 1966: 67)

Os modernistas vieram a considerar a despersonalização – não somente no teatro mas também transposta à prosa e à poesia – como uma das marcas do génio artístico: o ensaio seminal de Eliot, "Tradition and the Individual Talent" (1919), defende que grande parte do trabalho de um poeta é "a continual self-sacrifice, a continual extinction of personality"

(Eliot 1975: 40). Eliot torna-se tão elusivo nos seus poemas que Hugh Kenner intitulou a sua biografia de Eliot *The Invisible Poet* (1959).

Joyce, por seu lado, postulou que o autor ideal seria "like the God of creation, [...] within or behind or beyond or above his handiwork, refined out of existence, indifferent, paring his fingernails" (Joyce 1992: 219). A sua evolução artística, rumo à invisibilidade divina que considera, como Pessoa, ser a marca registada do génio literário, pode ser mapeada cronologicamente através da sua obra: como afirma Stuart Gilbert, com a autorização de Joyce, a sua carreira é um movimento contínuo de afastamento das restrições da autobiografia em direção a uma mais ampla e despersonalizada liberdade artística (Deming 1928-1941: II, 538). Os seus escritos revelam uma diminuição de incidentes autobiográficos e personagens que Joyce conhecia, e um afastamento da narração na primeira pessoa em direção a uma polifonia de vozes dramáticas. Em *Ulysses*, não existe nenhuma voz autoral consistente no emaranhado de vozes concorrentes; em *Finnegans Wake* (1936), o autor refinou-se para fora da sua obra por inteiro.

As meditações ontológicas de Pessoa sobre a natureza da sua existência – ou, mais geralmente, da sua não-existência – chegam ao seu ápice quando o heterónimo Álvaro de Campos, a sua máscara mais modernista, nos informa: "Fernando Pessoa [...] não existe, propriamente falando" (Pessoa 1997: 75). Jorge de Sena chamou Pessoa "The Man Who Never Was" num ensaio de 1982, epíteto que se revelou duradouro (Sena 1982: 31).

Voltando a Shakespeare, o seu suposto anonimato levaria alguns leitores a questionar se de facto ele teria escrito as obras a ele atribuídas, uma teoria de conspiração literária que fascinou o próprio Pessoa (cf. Castro 2009). Para além de considerar Shakespeare o poeta mais impessoal de sempre, Pessoa também o considerava o mais insincero, e neste contexto usou-o como modelo para o seu próprio fingimento artístico.

A ideia de que o drama é necessariamente insincero é antiga: inúmeros escritores, de Platão a Bacon a Philip Sidney, escreveram sobre isso. Um contemporâneo de Shakespeare condenou o teatro renascentista precisamente por causa das "mentiras" que lhe eram inerentes:

> In stage plays for a boy to put on the attire, the passions of a woman; for a mean person to take upon him the title of a prince with counterfeit port and train, is by outward signs to show themselves otherwise than they are, and so within the compass of a lie. (Gosson 1582)

O autor destas palavras denunciou as peças da época pela sua insinceridade, pois considerou que mentir "is, according to Aristotle, of itself nought and to be fled" (Gosson 1582). O crítico shakespeariano contemporâneo Jonathan Bate afirma que Shakespeare, pelo contrário, adorava o fingimento dramático:

> The genius of *King Lear* is that it was written by a man who was totally unlike his creation. The poetry of a teenager in love is sincere: that is what makes it bad. The key to dramatic art is Insincerity, i.e. that the author should only pretend keenly to feel what he expresses. That way, he can pretend equally keenly to feel the opposite things which he also expresses. He can infect the spectator with the feeling of what it is like to be Goneril as well as that of what it is like to be Lear. (Bate 1997: 150)

Pessoa teria concordado inteiramente com esta avaliação. Escreve, no seu "Essay on Intuition": "Falstaff is Shakespeare as truly as Perdita, Iago, Othello, Desdemona are Shakespeare" (Pessoa 1990: 238).[5] Em outro texto há uma formulação parecida, com um floreio aforístico ao estilo de Wilde:

> Sincerity is the one great artistic crime. Insincerity is the second greatest. The great artist should never have a really fundamental and sincere opinion about life. But that should give him the capacity to feel sincere, nay to be absolutely sincere about anything for a certain length of time – that length of time, say, which is necessary for a poem to be conceived and written. (Pessoa 2009: 158)

Em outras palavras, como Pessoa o diria no poema "Autopsicografia", o poeta dramático deve fingir o que deveras sente. George Monteiro, Paul Muldoon e Oscar Pimentel todos defendem que a ideia central deste poema é devedora da peça shakespeariana *As You Like It*, na qual o sábio tolo Touchstone declara que "the truest poetry is the most feigning" (Monteiro 2008, Muldoon 2008 e Pimentel 1968).

É por isso que Pessoa evoca Shakespeare, com segurança e vezes sem conta, como o modelo supremo da heteronímia:

---

[5] Parece-me que deveria ser "Perdita", heroína de *A Winter's Tale* e não "Pudita", como vem a transcrição neste livro. Ver manuscrito 14(6)-30 no espólio de Pessoa (Biblioteca Nacional de Portugal).

Por qualquer motivo temperamental que me não proponho analisar, nem importa que analise, construí dentro de mim várias personagens distintas entre si e de mim, personagens essas a que atribuí poemas vários que não são como eu, nos meus sentimentos e ideias, os escreveria. [...] Negar-me o direito de fazer isto seria o mesmo que negar a Shakespeare o direito de dar expressão à alma de Lady Macbeth, com o fundamento de que ele, poeta, nem era mulher, nem, que se saiba, histero-epiléptico, ou de lhe atribuir uma tendência alucinatória e uma ambição que não recua perante o crime. Se assim é das personagens fictícias de um drama, é igualmente lícito das personagens fictícias sem drama, pois que é lícito porque elas são fictícias e não porque estão num drama.

Parece escusado explicar uma coisa de si tão simples e intuitivamente compreensível. Sucede, porém, que a estupidez humana é grande, e a bondade humana não é notável. (Pessoa 1966: 106)

Como Pessoa revela neste texto, os recantos mais sombrios do universo heteronímico, a despersonalização e o fingimento, podem ser iluminados pela arte de Shakespeare

As *personae* de Pessoa, por mais inovadoras e únicas que sejam, tornam-se ainda mais fascinantes quando percebemos que elas fazem parte de uma das famílias mais influentes da literatura mundial. Há muitas fontes de onde Pessoa foi beber para criar e desenvolver a heteronímia, mas uma das nutritivas constitui a obra criativa e teórica dos seus mestres, modelos, e irmãos britânicos.

Assim podemos traçar os grandes ramos da árvore genealógica britânica dos heterónimos: os irmãos modernistas de Pessoa são Pound, Eliot e Joyce; todos, incluindo o próprio Pessoa, descendem da geração que lhes serviu de modelo, liderada por Wilde e Keats. No topo está, solitário, Shakespeare, o pai coletivo de todos. É por isso que, no contexto das influências literárias dos heterónimos, uma abordagem "shakespeariana" à heteronímia será, sempre, a mais luminosa.

Referências bibliográficas

Abrams, Meyer Howard (1971). *The Mirror and the Lamp: Romantic Theory and the Critical Tradition*. Oxford: Oxford University Press.
Ackroyd, Peter (1993). *T. S. Eliot: A Life*. London: Penguin.
Bate, Jonathan (1997). *The Genius of Shakespeare*. London: Macmillan.
Bloom, Harold (1998). *Shakespeare: The Invention of the Human*. New

York: Riverhead Books.
Castro, Mariana Gray de (2006). "Oscar Wilde, Fernando Pessoa, and the Art of Lying", *Portuguese Studies*, 22.
Castro, Mariana Gray de (2009). "Fernando Pessoa and the Shakespeare Problem", *Journal of Romance Studies*, 9:2.
Coleridge, Samuel Taylor (1971). "Carta a William Smedley" (julho de 1802), *Collected Letters of Samuel Taylor Coleridge*, 6 vols., II (1801-1806), Griggs, Earl Leslie (ed.). Oxford: Clarendon.
Colvin, Sidney (1899). *Keats*, John Morley (ed.) London: Macmillan.
Danson, Lawrence (1997). "Wilde as Critic and Theorist", *The Cambridge Companion to Oscar Wilde*. Cambridge: Cambridge University Press.
Deming, Robert H. (1928-1941). *James Joyce: The Critical Heritage*, 3 vols. New York: Barnes & Noble.
Eliot. T. S. (1971). *The Waste Land: A Facsimile*, Valerie Eliot (ed.). London: Faber & Faber.
Eliot, T. S. (1975). *Selected Prose of T.S. Eliot*, Framk Kermode (ed.). London: Faber & Faber.
Elliot, Robert C. (1982). *The Literary Persona*. Chicago/London: The University of Chicago Press.
Gide, André (1910). *Oscar Wilde: In Memoriam (Souvenirs), le De Profundis*. Paris: Mercure de France.
Gosson, Stephen (1582). *Plays confuted in Five Actions*. Manuscrito sig. E5r. British Library, London.
Hazlitt, William (1818). "On Shakespeare and Milton", *Lectures on the English Poets*. London: Taylor & Hessey.
Joyce, James (1957). *Letters of James Joyce*, 3 vols., Stuart Gilbert and Richard Ellmann (eds.). London: Viking.
Joyce, James (1992). *A Portrait of the Artist as a Young Man*, Seamus Deane (ed.). London: Penguin.
Keats, John (1958). *Letters of John Keats 1814-1821*, vol I. Cambridge, MA: Harvard University Press.
Kenner, Hugh (1951). *Ezra Pound*. London: Faber & Faber.
Kerrigan, William W. (2001). "The Case for Bardolatry: Harold Bloom Rescues Shakespeare from the Critics". *Harold Bloom's Shakespeare*, Christy Desmet and Robert Sawyer (eds.). New York: Palgrave.
Monteiro, George (2008). "Shakespeare, the 'Missing All'", *Portuguese Studies*, 24:4.
Motion, Andrew (1997). *Keats*. London: Faber & Faber.
Muldoon, Paul (2002). "In the Hall of Mirrors: 'Autopsychography' by Fernando Pessoa", *New England Review*, 23.
Pessoa, Fernando (1957). *Cartas de Fernando Pessoa a João Gaspar*

Simões. Lisboa: INCM.
Pessoa, Fernando (1966). *Páginas de estética e de teoria e crítica literárias*, Georg Lind e Jacinto Prado Coelho (eds.). Lisboa: Ática.
Pessoa, Fernando (1990). *Pessoa por conhecer II: textos para um novo mapa*, Teresa Rita Lopes (ed.). Lisboa: Estampa.
Pessoa, Fernando (1992). "Fernando Pessoa: um texto inédito", *Colóquio-Letras* 125-126, Gianluca Miraglia (ed.). Lisboa.
Pessoa, Fernando (1997). *Notas para a recordacão do meu Mestre Caeiro*, Teresa Rita Lopes (ed.). Lisboa: Estampa.
Pessoa, Fernando (1999). *Correspondência 1923-1935*, Manuela Parreira da Silva (ed.). Lisboa: Assírio & Alvim.
Pessoa, Fernando (2001a). *Livro do Desassossego*, Richard Zenith (ed.). Lisboa: Assírio & Alvim.
Pessoa, Fernando (2001b). *The Selected Prose of Fernando Pessoa*, Richard Zenith (ed.). New York: Grove Press.
Pessoa, Fernando (2009). *Sensacionismo e outros ismos*, Jerónimo Pizarro (ed.). Lisboa: INCM.
Pimentel, Oscar (1968). "Experiência em Pessoa", *A lâmpada e o passado*. São Paulo: Conselho Estadual de Cultura, Comissão de Literatura.
Sena, Jorge de (1982). *The Man Who Never Was: Essays on Fernando Pessoa*, George Monteiro (ed.). Rhode Island: Gávea-Brown.
Wilde, Oscar (1909). *Lord Arthur Savile's Crime and Other Prose Pieces*. Leipzig: Bernhard Tauchnitz.
Wilde, Oscar (1948). *Collected Works*. Glasgow: Collins.

Que tipo de Pessoas somos nós? Search me

Maria Manuel Lisboa

O que é verdadeiro? O que mais será –
A mentira que há na realidade
Ou a mentira que em sonhos está?
Alexander Search

"God's work – how great his power!" said he
As we gazed out upon the sea
Beating the beach tumultuously
Round the land-head.
The vessel then strikes with a crash,
Over her deck the waters rash
Make horror deep in rent and gash.
"God's work", I said.
Alexander Search, "God's Work"

Since this partial answer to his prayer, Hannibal Lecter had not been bothered by any considerations of a deity, other than to recognize how his own modest predations paled beside those of God, who is in irony matchless, and in wanton malice beyond measure.
Thomas Harris, *Hannibal*

Em 1907, um jovem Fernando Pessoa arvorando o heterónimo Alexander Search, rascunhou em inglês o seguinte garatujo:

Bond entered into by Alexander Search, of Hell, Nowhere, with Jacob Satan, master, though not king, of the same place:

1. Never to fall off or shrink from the purpose of doing good to mankind.
2. Never to write things, sensual or otherwise evil, which may be to the detriment and harm of those that read.
3. Never to forget, when attacking religion in the name of truth, that religion can ill be substituted and that poor man is weeping in the dark.
4. Never to forget men's suffering and men's ill. (Pessoa 1966: 10)

Seria perdoável ao leitor com a vantagem de quem sabe hoje o que não sabia ontem menosprezar os devaneios de um adolescente. Seja como for, mesmo em fragmentos escritos aos dezanove anos, idade com que Pessoa/ Search escreveu os poemas assinalados acima em epígrafe, eram já detetáveis dois elementos do futuro pensador, aparentes também na juvenília que foi "A Very Original Dinner" (Search 1907):[1] primeiro, o respeito por práticas científicas manifestado por Pessoa/ Search, e a mobilização dos inesperados *fellow travellers* da Fantasia e do insólito (o *Unheimliche à la* Freud) como companheiros de jornada em busca do bom-senso empírico; e segundo, um evidente ceticismo relativamente a qualquer preito metafísico.

Esse ceticismo, está bem de ver, parecia ser de início contradito pelo voto, no pacto satânico acima citado, de jamais recusar à humanidade o conforto da religião. Fosse como fosse, o paternalismo supostamente divino implícito nesta negociata entre um *Deus ex machina* no mínimo excêntrico e um antropomórfico – e "não-real" – Jacó Satanaz (Jacob Satan), oferecia nada de nada a uma humanidade aqui reduzida ao estatuto de audiência não-participante num espetáculo para o qual nem sequer fora convidada.

O heterónimo Alexander Search foi inventado em 1899 quando Pessoa ainda vivia na África do Sul. Um apontamento biográfico notifica 13 de junho de 1988 em Lisboa como a data e local de nascimento, fazendo Search irmão-gémeo do próprio Pessoa.[2] Alexander Search foi o autor de versos tanto em inglês como em português, escritos entre 1903 e 1910, cartas dirigidas a si próprio, e alguns contos em inglês, incluindo "A Very Original Dinner". Data de 1903 o seguinte fragmento, também em inglês: "Who am I?" (Pessoa 1997). Boa pergunta. Em inglês, o remoque do típico teenager que Pessoa então era seria "Search me".

Muito do que Search escreveu, fosse poesia, contos ou ensaios filosóficos, tem as caraterísticas clássicas dos devaneios do adolescente que de resto ele/ Pessoa era. Não surpreende, por conseguinte, que neles se encontrem poucas indicações do fenómeno/ dos fenómenos que se preparavam num futuro relativamente próximo. Ou será que sim? "Um jantar muito original" é narrativa cheia dos defeitos que se esperariam de

---

[1] Para fins das citações neste texto será utilizada a tradução do conto para português por Maria Leonor Machado de Sousa da versão original redigida em inglês: "Um jantar muito original" [1988] (2008).

[2] Para quem acredite nessas coisas, e Pessoa acreditava, é delicioso verificar que o seu signo do Zodíaco era Gémeos, um dos signos mais mutáveis, associados ao elemento do ar, e a processos de mudança e transição.

um autor tão jovem, incluindo a tentativa de criar um *dénouement* imprevisto que é porém profundamente previsível. O conto oferece, porém, aspetos interessantes, incluindo, propomos agora, preocupações pertinentes à fase de profunda turbulência no Portugal do início do século XX.

Fernando Pessoa nasceu em 1988. Com cinco anos morreu-lhe o pai, e no ano seguinte o irmão mais novo. Um ano mais tarde a mãe, casou em segundas núpcias. O segundo marido foi nomeado Cônsul em Durban, na África do Sul, onde a família se instalou, e onde nasceram mais cinco filhos. Pessoa cresceu bilingue, mas em 1905 regressou a Portugal, onde após uma tentativa fracassada de ingressar no corpo diplomático, outra de frequentar um curso universitário, e uma aventura efémera como fundador de uma editora literária (Empresa Ibis), passou a trabalhar como tradutor comercial na sede lisboeta de uma firma londrina.

Em 1912 participou pela primeira vez num debate literário com a publicação de um ensaio sobre o tema de um super-Camões:

> Deve estar para muito breve o inevitável aparecimento do poeta ou poeta supremos, desta corrente, [...] um supra-Camões na nossa terra. (Pessoa 1980: 15)

> E a nossa grande Raça partirá em busca de uma Índia Nova, que não existe no espaço, em naus que são construídas "daquilo de que os sonhos são feitos". E o seu verdadeiro e supremo destino, de que a obra dos navegadores foi o obscuro e carnal ante-arremedo, realizar-se-á divinamente. (Pessoa 1980: 45)

Seguiu-se, em 1915, a aventura, em parceria com Mário de Sá Carneiro e Almada Negreiros, de *Orpheu*, que porém apenas produziu dois volumes, os quais incluíram alguma poesia de Fernando Pessoa ele-mesmo e de Álvaro de Campos.

A última década do século XIX e a primeira do século XX foram periodos de profunda instabilidade política em Portugal. Ao malogrado Projeto do Mapa Cor de Rosa e ao consequente Ultimato por parte do "mais antigo aliado" (o Reino Unido: amigos, amigos, negócios à parte...), e à humilhação do país no palco internacional, seguiu-se, por causa e efeito mais ou menos diretos, o assassinato do rei e do herdeiro ao trono em 1908, a abolição da monarquia e a implantação da república em 1910.

A Primeira República abrange um período de extrema agitação, culminando no golpe de estado de 28 de maio de 1926. Ao período da Ditadura Nacional seguiu-se a criação de um estado corporativista que formaria a base do Estado Novo em 1933, liderado por António de Oliveira Salazar.

Os dezasseis anos que anteciparam o Estado Novo foram uma fase de anarquia, corrupção, motins e perseguição política e religiosa, sob o mandato de nove presidentes e quarenta e quatro ministérios regulados por uma nova constituição que, a partir de 1911, promoveu abrangentes direitos civis e, sob a liderança do Ministro da Justiça, Afonso Costa, revogou os poderes da Igreja Católica. Conflitos partidários em torno da intervenção de Portugal na primeira guerra mundial resultaram na curta ditadura de Sidónio Pais (dezembro de 1917 a dezembro de 1918). Sidónio foi assassinado em 1918, mas a ideologia Sidonista, influenciada por movimentos fascistas e totalitários ascendentes no resto da Europa, veio a constituir a base ideológica do futuro Estado Novo.

O vácuo político que resultou do assassinato de Sidónio Pais resultara numa guerra civil de curta duração, seguida de uma instabilidade social que levou à relativa popularidade da revolução de 28 de maio de 1926, liderada pelo General Gomes da Costa. Esta pôs fim à Primeira República, estabelecendo mecanismos governamentais de teor conservador e proto-fascista. Em 1928 Óscar Carmona, o novo Presidente da República nomeou Salazar Ministro das Finanças, e em 1933 Primeiro Ministro (Presidente do Conselho de Ministros), com poderes ditatoriais.

Pessoa e um mundo cão: quando uma única verdade é permitida
Dita o bom senso que a tentativa de identificar as tendências políticas de Fernando Pessoa deveria ficar desde sempre condenada a um flagrante fracasso. Como não, se se trata aqui de um bicho esquivo e arredio, para quem a ideia de identidade, muito menos de verdades únicas nunca fez sentido? É certo que a documentação do seu pensamento político é abundante e ocupou espaço considerável na famosa arca. É também verdade que mesmo pondo de parte as diferentes vozes heteronímicas, o animal ideológico que foi Fernando Pessoa ele-mesmo (e será que essa/ esse pessoa/ Pessoa jamais existiu?) é escorregadio e tão contraditório como aquele fogo-fátuo que em "Nevoeiro", o último poema de *Mensagem*, refuta qualquer tentativa de entendimento do volume enquanto obra de nostalgia sebastiânica e neoimperialista. Ao fugir à "verdade que morreu D. Sebastião", Portugal autocondenava-se àquele estado "sem lei, nem rei, nem paz nem guerra" que definiu a nação durante a vida de Pessoa, nascido quando o Projeto do Mapa Cor-de-rosa se desintegrava, e morto quando o erro do sonho imperial ameaçava ser

repetido pela terceira vez. A primeira fora "a Índia perdida" (Torga 1992: 148), a segunda o Brasil, e a terceira o sonho/ pesadelo Africano, em vias de ser reativado por Salazar nos dois últimos anos da vida de Pessoa, com o resultado que hoje se sabe (mortíferas guerras coloniais), e que este antecipou:

> No plaino abandonado
> Que a morna brisa aquece,
> De balas trespassado
> – Duas, de lado a lado –,
> Jaz morto, e arrefece.
> [...]
> Lá longe, em casa, há a prece:
> "Que volte cedo, e bem!"
> (*Malhas que o Império tece*).
> Jaz morto, e apodrece,
> O menino da sua mãe. (Pessoa 1995: 217, itálicos nossos)

A tentativa de classificar Pessoa (qual deles?) enquanto partidário seja do que for é um jogo de cabra-cega sem conclusão. Até certo ponto. Seria talvez possível supor alguma admiração pelo proto-fascista Sidónio Pais (Pessoa 1979), mas o desprezo por Salazar ficou amplamente documentado:

> António de Oliveira Salazar
> Três nomes em sequência regular...
> António é António.
> Oliveira é uma árvore.
> Salazar é só apelido.
> O que não faz sentido
> É o sentido que tudo isto tem.
> Este senhor Salazar
> É feito de sal e azar.
> Se um dia chove,
> Água dissolve
> O sal,
> E sob o céu
> Fica só azar, é natural.
> Oh, c'os diabos!
> Parece que já choveu...
> [...]

> Coitadinho
> Do tiraninho![3] (Pessoa 1979: 349)

> Para governar como chefe um país, falta-lhe, além das próprias qualidades que fazem (directamente) um chefe, a qualidade primordial: a imaginação. [...] Mas a frase de Salazar, mesmo com esta origem sordidamente instintiva, é ainda mais infeliz do que parece. O Ditador dirigia-se a escritores e poetas; era a eles que intimava a não sonharem. Ou ele quer que os escritores portugueses escrevam sempre sem pensar, ou quer que nas suas obras não figure nada que não seja sonho. Só se farão, assim, em Portugal poemas ou romances sobre as coisas mais materiais da vida. [...] Em Salazar é sempre o materialista, sempre o contabilistazinho. Não se deve sonhar porque o sonho não é remunerável. Não se deve sonhar porque há o risco de cometer um erro quando se sonha durante uma operação aritmética. (Pessoa 2015: 321-22)

> *Um cadáver emotivo*, artificialmente galvanizado por uma propaganda... (Pessoa 2015: 180)

O regresso de D. Sebastião
António Sérgio compreendeu como ninguém a força de uma nostalgia sebastiânica que definia (e porventura ainda define) Portugal:[4]

> Em resumo, a hipótese que vos proponho é a seguinte: o messianismo português (de que o sebastianismo é uma fase) originou-se, não de uma psicologia de *raça* (segundo se afirma unanimemente desde Teófilo e Oliveira Martins) mas [sim] de *condições sociais* semelhantes às dos Judeus, reforçadas pelas ideias do messianismo dos Judeus [...]. A catástrofe de Álcacer Quibir e o desaparecimento do monarca; depois, a pregação dos religiosos e [...] até hoje, o facto de as circunstâncias nacionais

---

[3] No ano da sua morte Pessoa escreveu uma série de textos de cariz político acerca de Salazar e do Estado Novo que foram censurados. Escreveu também contra a intervenção da Igreja Católica e uma carta ao Presidente, Óscar Carmona contra o Ministro da Justiça, Manuel Rodrigues.
[4] Em 2007, trinta e três anos da revolução do 25 de Abril, a RTP (Rádio-Televisão Portuguesa) conduziu um voto público acerca de qual for o maior português de sempre. Salazar foi vencedor._https://www.publico.pt/2007/03/26/ portugal/noticia/salazar-eleito-o-maior-portugues-de-sempre-em-programa-da-rtp-1289 390

não satisfazerem o patriotismo – explicam que dure o antigo sonho na alma de gente pouco afeita à iniciativa e ao *self-government* [...]. (1976: 249)

Em 1934, um ano antes da sua morte, Pessoa entrou num concurso sobre o tópico de nacionalismo organizado por António Ferro, recém-nomeado por Salazar Secretário de Estado da Propaganda. O volume, *Mensagem*, uma compilação de poemas escritos ao longo de um periodo de vinte anos, foi imediatamente adotado pelo Estado Novo como um dos textos de apoio cultural ao regime. Ferro, previamente membro de *Orpheu* e das atividades do movimento do Primeiro Modernismo, não carecia nem de inteligência nem de subtileza, mas sabia que isso não era o caso com a maioria dos potenciais leitores, incluindo políticos e professores que, alheios a nuances nem sequer muito obscuras a quem leia com olhos de ver, passaram a recitar os versos eufónicos de Pessoa a meninos e meninas dispersos por escolas e liceus através do império. É parte fundamental da imagem de Salazar que Ferro pretendia apresentar a um povo exausto por décadas ou até séculos de tumulto nacional, a de um novo D. Sebastião cujo projeto de um novo império em África remataria a tarefa que o Encoberto deixara por alinhavar.

A admiração de Ferro por Salazar era sincera: um exemplo perfeito da reação que Maria Antonietta Macciocchi, na sua análise dos líderes fascistas da Europa nos anos trinta, denominou o fascínio exercido por "Papas potentes" (Macciocchi, 1979). A idolatria de Ferro não era simulada, mas a fórmula utilizada para apresentar como um novo D. Sebastião o homem que controlava as finanças de uma nação posta a saque pela instabilidade política vigente foi profundamente calculista:

> Na Amadora, em 6 de Junho de 1926. O entusiasmo e a alegria das horas vitoriosas. No campo da aviação nunca teve tantas asas, tantas esperanças... [...] como se Portugal fosse um menino acabado de nascer. [...] Nos altos e baixos da situação, na montanha russa dos primeiros anos da Ditadura, ouvia-se, de quando em quando, este grito de esperança [...]: "Se o dr. Oliveira Salazar viesse... Se alguém o fosse buscar..." Mas nada. O silêncio [...]. E dir-se-ia que o perfil do dr. Oliveira Salazar se perdera na bruma como o Desejado [...] (Ferro 1933: 3-4)

Além de apparatchik do regime, Ferro era um amante e produtor de literatura, e o entusiasmo por um líder carismático e pela promessa de reconstrução da pátria por meio de uma nova aventura africana não o impediriam de entender as dúvidas relativas a um terceiro império implícitas no único volume de poesia que Pessoa publicou em vida. Mas se para bom entendedor meia palavra basta, quem sabe fazer ouvidos de mercador só ouve o que lhe convém. Os artefactos culturais podem impor dificuldades às autocracias, mas uma ditadura esclarecida (ou pelo menos astuciosa) lida com impertinências não por via da censura mas antes pelo apadrinhamento daquilo que, de outro modo, a desafiaria. Não é provável que Ferro, em vias de apresentar Salazar à nação como um novo D. Sebastião, não entendesse o perigo de um poema que afirmava que todos os impérios decaem e todos os monarcas, desejados ou não, cedo ou tarde desaparecem.

> Grécia, Roma, Cristandade, Europa – os quatro se vão
> Para onde vai toda idade.
> Quem vem viver a verdade
> Que morreu D. Sebastião? (Pessoa 1972: 82)

Ideia escandalosa que poderia ser ou suprimida ou premiada. Ferro escolheu a segunda opção, e manipulou as regras do concurso, assegurando a Pessoa o prémio numa categoria inventada especialmente para ele. E sendo assim, nada restava a este além de agradecer, calar e morrer:

> Publiquei em Outubro passado, pus à venda, propositadamente, em 1 de Dezembro um livro de poemas, formando realmente um só poema, intitulado *Mensagem*. Foi esse livro premiado, em condições especiais e para mim muito honrosas, pelo Secretariado da Propaganda Nacional. (Pessoa 1996: 433)

Pessoa aceitou o prémio (cinco contos de réis não eram de desprezar, e a sua correspondência prova que ele vivia perpetuamente em dificuldades monetárias) mas não foi recebê-lo em pessoa. E a terceira parte de *Mensagem* articula, para quem a leia com atenção, desespero e depois ceticismo relativos à aventura dos Descobrimentos e do Sebastianismo, outrora e então. Já na segunda parte, *Mar Português* (e mesmo na primeira, *Brasão*, como veremos adiante), a pergunta supostamente retórica acerca da aventura dos argonautas portugueses ("Valeu a pena? Tudo vale a pena se a alma não é pequena") tem resposta dois poemas adiante: "Senhor, a noite veio e a alma é vil". Ou seja, não valeu a pena, e o D. Sebastião século-vintista teria beneficiado em prestar atenção a Pessoas que (não) lhe queriam bem.

A terceira parte de *Mensagem* anuncia a morte do rei encoberto e antecipa, mesmo antes de ela ter sido inaugurada, o resultado calamitoso da empresa colonial que levaria o Estado Novo ao poder e mais tarde o destruiria. No ano da sua morte, dois anos após a ascensão ao poder de Salazar, Pessoa escreveu os testemunhos acima citados acerca do novo ditador. E tal como Camões, morto com quase exatamente a mesma idade que Pessoa, e, como ele, desesperado perante os erros de líderes míopes e equivocados, "morr[eu], mas morr[eu] com a pátria".[5]

In the beginning was the end

O fenómeno multifacetado que constituía o todo-Pessoa, pela sua mera existência (ou não-existência) afirmava a impossibilidade de um Eu individual, de uma voz unitária, de um ponto de vista único, de uma verdade inabalável. Em vez disso, o que fica é a confusão, a relatividade, e a pretendente-verdade difusa. Em 1935, quando Salazar ascendia ao poder, Pessoa morria lamentando uma pátria "[s]em rei nem lei, nem paz nem guerra" que "Define com perfil e ser/ Este fulgor baço da terra/ Que é Portugal a entristecer". (Pessoa 1972: 104). Retornando à questão das suas propensões políticas, diríamos sem hesitação que desta massa não se fazem situacionistas em ditaduras.

O filho é o pai do homem

E como entender, então, aquele Alexander Search inglês do qual o jovem Pessoa aos dezanove anos já se servia para partir a louça da casa portuguesa (com certeza). Em *Páginas Íntimas e de Auto-Interpretação* Pessoa afirma que:

> Para mim, nada é nem pode ser positivo; todas as coisas oscilam em torno de mim, e eu com elas, incerto para mim próprio. Tudo para mim é incoerência e mutação. Tudo é mistério, e tudo é prenhe de significado. Todas as coisas são "desconhecidas", símbolos do Desconhecido. O resultado é horror, mistério, um medo por demais inteligente. (Pessoa 1966: 17)

Algo não sem relevância quando pensamos no trabalho de um heterónimo que emergiu antes até que Pessoa ele-mesmo, (muito menos ele-outro) viesse a ser quem veio a ser.

"Um jantar muito original", um conto da autoria de Alexander Search, escrito em inglês em 1907, um ano antes do regicídio, quando a

---

[5] Palavras apócrifas de Camões no leito de morte.

monarquia atravessava uma fase de extrema impopularidade, é arrepiantemente profético relativamente ao surto de violência prestes a ser despoletado contra o status quo. O protagonista é Herr Prosit, e o trocadilho que joga com expressão alemã para "saúde" (brinde) verificar-se-á de profundo mau gosto. Herr Prosit é o presidente da Sociedade de Gastronomia de Berlim. O conto relata um jantar para o qual Prosit convida os seus parceiros gastrónomos, e no final do qual lhes revela terem eles ingerido carne humana, nomeadamente a de cinco jovens, membros de uma sociedade rival de Frankfurt, por ele mortos e cozinhados, com a ajuda de cinco criados negros de origem não divulgada. Os comensais enraivecidos atacam Prosit e matam-no, atirando-o pela janela da sala de banquetes.

Ao contrário da Sociedade da qual ele é Presidente, "formad[a] por elementos de classes elevadas e baixas *numa síntese curiosa*, comparável a uma transformação química" (Search 2008: 13, itálicos nossos), Prosit personifica o fracasso da dialética Hegeliana:

> O seu sentido de humor irreprimível esconde uma melancolia patológica; a sua fisionomia sorridente oculta um rosto habitualmente taciturno; e o seu *joie de vivre* quase incomodativo encobre a origem tenebrosa do filho de um epiléptico [que] tivera como antepassados, para já não mencionar muitos ultra-extravagantes, vários neuróticos inconfundíveis. Talvez ele próprio doente dos nervos. (Search 2008: 13)

A epilepsia é uma condição que tem como sua essência a antítese: o sintoma mais notório, as convulsões do *grand mal* traz-lhe um certo prestígio folclórico como sendo a doença de imperadores e dos que foram tocados pelos deuses. É também, porém, supostamente a doença que persegue os filhos de alcoólicos e sifilíticos.[6] O glamour da preferência divina anda par a par com supostas tendências para a delinquência, fealdade e demência. Padecentes históricos e míticos incluiram Heráclito, Ajax, Sócrates, Platão, Empédocles e as Sibilas. Entre eles contam-se também Aristóteles, Pitágora, Haníbal, Lenin e Calígula. Alexandre o Grande, Júlio César, São Paulo, Joana d'Arc e Napoleão provavelmente sofriam de epilepsia. Dostoievski e Machado de Assis comprovadamente sim. A lista é longa: companheiros ilustres todos eles, embora mais ou menos apetecíveis (a farra do *double entendre*, quando começa é irresistível).

---

[6] https://onlinelibrary.wiley.com/doi/full/10.1046/j.1528-157.44.s.6.2.x

Louco, revolucionário ou iluminado?
Um dos equívocos no passado associados à epilepsia era a loucura, mas as duas outras características acima assinaladas (neurose e megalomania) poderiam também explicar as acções de Herr Prosit. Seja como for, Prosit-o-homem (*saúde, santé*) representa – e aqui temos outro exemplo de uma anti-síntese em forma humana – a reversão (e perversão) da evolução da espécie, encarnada (os trocadilhos impõem-se, quer se queira quer não) num homem que sob a fachada de requintado cavalheiro de sociedade (um *gourmet*, um epícurista, um *bon viveur*) é afinal "o mais grosseiro de todos" (Search 2008: 13). Segundo o narrador, citando Edgar Allan Poe, Prosit representa "sentimentos que se reduzem a um só, o nome geral de *perversidade*" (Search 2008: 14, itálicos nossos). E uma das facetas notáveis da sociedade à qual ele preside é que, cultivando embora tudo quanto é apurado na vida elegante, embarga por regra intransponível a continuação (muito menos o aprimoramento Darwínico) da raça humana, sendo que só admite mulheres em eventos orgiásticos, nunca culturais, e as que são convidadas são cortesãs e prostitutas (ou seja, nunca mães de futuras gerações de filhos).

Recorrendo a um vocabulário que quase de certeza intencionalmente satiriza as certezas do século anterior relativamente à existência de uma verdade Positiva acessível pela prática do método empírico, Prosit é impulsivo, o seu comportamento de um modo geral carecendo de qualquer "relação com o mundo exterior" (Search 2008: 15). E a contradição que acima de todas as outras torna a sua ação final imprevisível é o facto de ter ele sido sempre um conciliador nato; ele próprio um homem cordial, o seu modo de ser fora sempre o de promover a harmonia:

> Note-se que, se o Presidente era ardente, impulsivo, no fundo grosseiro e rude, era todavia um homem que nunca se zangava. Nunca. Ninguém conseguia enfurecê-lo. Além disso, estava sempre disposto a agradar, sempre pronto a evitar uma discussão.
> [...] Creio que era sobretudo devido a isto que Prosit era tão apreciado. De facto, talvez levando em consideração que ele era grosseiro, brutal, impulsivo, mas nunca se portava com brutalidade por razões de fúria ou agressividade, nunca era impulsivo por zanga. (Search 2008: 15)

As aparências, porém, enganam, e mesmo a apresentação dos factos empiricamente verificáveis acerca dele levam ao fracasso da demanda pelo santo graal da síntese e da verdade Positiva:

> A minha análise da figura de Prosit, talvez excessiva em pormenores, é todavia deficiente; porque, creio, faltam-lhe ou ficaram sem relevo os elementos que permitem *uma síntese final*. Aventurei-me em domínios que ultrapassam a minha capacidade, que não iguala *a clareza do que desejo*. Por isso não direi mais. (Search 2008: 16, itálicos nossos)

No desenrolar do enredo, à medida que a analogia gastronómica se amplifica, a suposta purificação de categorias Kantiana dá lugar a uma nova tentativa de síntese, porém desde logo malograda:

> Capitão Greiwe discursava liricamente. Insistia na falta de imaginação (assim lhe chamava) que criasse iguarias modernas. Entusiasmou-se. Na arte da gastronomia, observou, eram sempre precisos novos pratos. Era estreita a sua maneira de ver, restringida à arte que conhecia.
> Argumentou de modo errado, deu a entender que só na gastronomia tinha valor dominante a novidade. E isto pode ter sido uma forma subtil de dizer que a única ciência é a única arte.
>
> "Abençoada arte", gritou o Capitão, – cujo conservantismo é uma revolução permanente! "Dela poderia dizer", continuou, "o que Schopenhauer diz do mundo, que se mantém pela sua própria destruição". (Search 2008: 16)

A referência a Schopenhauer feita pelo Capitão Greiwe (ou "Grei" – grupo, comunidade, nação) carece de detalhe, mas neste contexto refere-se porventura à premissa de que se a realidade é definida por sofrimento ("Nem rei nem lei, nem paz nem guerra", Pessoa 1972: 106) e desprovida de sentido, sendo que se a existência tende teleologicamente para a morte – sendo esta a anulação de toda a sensação, incluindo a da dor – e se, ademais, segundo a lógica epicurista, a felicidade consiste na minimização da dor – depreende-se então que a inevitabilidade da morte é desejável. Conscientemente ou não, Schopenhauer remete-nos de retorno à premissa epicurista que, tendo tido como ponto de partida a definição do bem-estar como definido pela maximização do prazer, progrediu para o entendimento de ser aquele dependente da minimização da dor. Ou, recorrendo a uma analogia baseada na definição mais conhecida do termo "Epicurismo", um jantar delicioso (e muito original) não leva à felicidade se o resultado for a indigestão ou o crime. Ao contrário do que propunha William Blake, a via do excesso não conduz inevitavelmente ao palácio da sabedoria.

O que se passa, então, nesta narrativa? O axioma de Zéneca porventura concede à condenação de qualquer excesso ratificação por parte da prática empírica e científica. Ou, contrariamente, leva à sua perda num turbilhão de (Fantástico) primitivismo selvático. O desafio feito por Prosit aos seus comparsas glutões exigia que estes adivinhassem (desvendassem a verdade) do que consistia o caráter "muito original" do jantar para o qual tinham sido convidados. Aqui, porém, a verdade leva não a uma nova tese, mas à morte, que é ponto final da anti-dialética.

O enredo sugere a possibilidade de estar o mistério associado aos cinco misteriosos criados negros, porventura trazidos à Europa por Prosit de uma das suas jornadas às "colónias" ("Prosit estivera, isso sabíamos – embora não me lembre por intermédio de quem – nas Colónias – em África, ou na Índia, ou noutro sítio" [Search 2008: 22]). Um dos ímpetos dos descobrimentos (não o único, nem sequer talvez o principal) foi a procura de novas verdades. Algumas, é certo, foram desvendadas: mas, como já ficou dito, no fim da dialética por vezes não existe nada:

> Ninguém sabe que coisa quer.
> Ninguém conhece que alma tem,
> Nem o que é mal nem o que é bem.
> (Que ânsia distante perto chora?)
> Tudo é incerto e derradeiro.
> Tudo é disperso, nada é inteiro. (Pessoa 1972: 106)

No decurso do jantar, Prosit precavem-se de revelar a Herr Kleist (o antropólogo do grupo) a etnia exata dos cinco criados, insistindo que, no decurso do jantar, eles se mantenham quanto possível nos recantos mal-iluminados da sala de banquetes. E o jogo de cabra-cega inclui outra artimanha: nomeadamente a sugestão, que ele não nega, de serem os cinco criados afinal os cinco jovens da rival Sociedade Gastronómica de Frankfurt, agora mascarados. Contribui para este equívoco o facto de se ter Prosit gabado do facto de irem os cinco jovens, não obstante a rivalidade entre as duas sociedades, "contribuir materialmente" para o jantar.

A história passa-se na Alemanha e em causa está a morte, mas o Idealismo, seja ele género Kant, Schopenhauer, Hegel ou outro, não participa nos eventos em questão. Não se trata aqui da busca do modelo dialético nem do avanço para a síntese. Em vez disso, nesta narrativa, uma tese (as delícias da *haute cuisine* saboreadas numa Alemanha que, ao virar do século XIX era largamente considerada como o ápice da civilização ocidental) e a sua antítese (a barbárie ou de canibais africanos ou de uma alta sociedade que, quando as suas premissas são atacadas, sucumbe à "Força bruta, meu caro" [Search 2008: 29]) não leva nem por sombras ao paraíso da síntese Hegeliana. Esta, na melhor das hipóteses, teria assumido a forma de uma simbiose cultural caprichada (negros e brancos unidos num banquete em que ninguém era nem patrão nem subalterno, mas antes agentes em parâmetros de igualdade). E a síntese seria a execução de um espetáculo de redenção moral concedida a crimes históricos no contexto de incursões europeias por mares nunca dantes navegados.

Num universo em que viagens em máquinas do tempo existissem, o jovem Alexander Search poderia porventura ter tomado café no Chiado com um Pessoa à beira da morte, e antecipado o espetro da barbárie que se preparava numa Alemanha cuja alta cultura iria, duas vezes no século XX, dar lugar a excessos aos quais nem os canibais mais consumados jamais poderiam aspirar. Não o fez porque as máquinas do tempo não existiam. Mas por outro lado, embora Hitler tivesse sido excecionalmente eficiente no seu programa de *limpeza*, não foi nem por sombras o primeiro. E Fernando *Nogueira* Pessoa, quase de certeza descendente de Judeus heteronimizados em Cristãos Novos, provavelmente previu a borrasca que se preparava. O que leva à pergunta: o que teria levado outro cristãonovo, António de *Oliveira* Salazar a navegar em direção contrária?[7]

Em "Um jantar muito original" a normalidade é invertida: praticantes

---

[7] Durante os séculos da Inquisição os Judeus forçados à conversão adotaram nomes ou de cidades (Coimbra, Castelo Banco, Évora, Lisboa) ou de plantas e árvores (Oliveira, Pereira, Nogueira). O Judaismo é transmitido pela via da matrilinearidade. Além de "Nogueira", a mãe de Pessoa tinha também o apelido de "Pinhero". Não se sabe se António *de Oliveira* Salazar sabia ou suspeitava ter ele próprio ascendência Judaica. A sua atitude para com os Judeus durante o período da Segunda Guerra Mundial foi ambígua: aos Judeus europeus em busca de refúgio que conseguiram entrar em Portugal durante o Holocausto foi permitida a transição para outros países. A parafernália da identidade nacional promovida pelo Estado Novo, porém, era uma imitação exata daquela da Alemanha Nazi: o mote "Deus, Pátria, Família" e a instituição da Mocidade Portuguesa reproduziam os *Kinder, Küche, Kirche* e a *Hitlerjugend* de Hitler. E as penas exercidas contra os diplomatas que proporcionaram salvo-conduto a Judeus em fuga da perseguição Nazi na Alemanha, Hungria e França (Carlos de Liz-Teixeira Branquinho, Alberto da Veiga Simões e Aristides de Sousa Mendes) foram severas.

indolentes, amadores das artes e das ciências, caem numa emboscada que os reduz à selvajaria do canibalismo e depois do homicídio, no decurso do qual se *encarniçam* como feras sobre a sua vítima. Em *Poderes do Horror* Julia Kristeva define o abjeto como sendo tudo o que existe em oposição à norma, à ortodoxia e à convenção. O abjeto marca a linha divisória entre o Eu e o Outro, e alicerça a barreira sem a qual o Eu não existe. O abjeto é o *locus* da desordem, e fomenta a instabilidade. A força exigida para manter a sua exclusão é comensurável com a fragilidade da ordem vigente e dá a medida força necessária para a eliminar:

> Há, na abjeção, uma dessas violentas e obscuras revoltas do ser contra aquilo que o ameaça e que lhe parece vir de um fora ou de um dentro exorbitante, jogado ao lado do possível, do tolerável, do pensável. Está lá, bem perto, mas inassimilável. Isso solicita, inquieta, fascina o desejo que, no entanto, não se deixa seduzir. Assustado, ele se desvia. Enojado, ele rejeita. Um absoluto o protege do opróbrio, com orgulho a ele se fia e o guarda. Mas, ao mesmo tempo, mesmo assim, esse elã, esse espasmo, esse salto é lançado em direção de um outro lugar tão tentador quanto condenado.
> [...] Fronteira sem dúvida, a abjeção é sobretudo ambiguidade. Porque, ao demarcar, ela não separa radicalmente o sujeito daquilo que o ameaça – pelo contrário, ela o reconhece em perigo perpétuo. (Kristeva 1980)[8]

O perigo referido é o de dissolução da diferença entre o Eu e o Outro. Em "Jantar", o caráter dos convivas é definido pelo seu requinte em matérias culinárias, e é rescindido quando o ato de antropofagia *involuntária* os leva à bestialidade *intencional* de uma matilha de animais ferozes:

> Todos os convidados, fora de si com uma fúria justa e descontrolada, precipitaram-se encarniçadamente para o canibal, para o louco autor desta façanha mais que horrível. (Search 2008: 32)

E quando a cisão entre o Eu e o Outro se dissipa, a norma entra na via da abjetificação:

---

[8] Kristeva, Julia, *Pouvoirs de l'horreur*. Trad. Allan D. S. Sena. Todas as citações em português derivam desta tradução digital. https://www.academia.edu/18298036/Poderes_do_Horror_de_Julia_Kristeva_Cap%C3%ADtulo_1

O próprio [limpo] (no sentido de incorporado e incorporável) se torna sujo, o procurado vira banido, a fascinação pelo opróbrio. É então que o tempo esquecido surge bruscamente e condensa em um relâmpago fulgurante uma operação que, caso fosse pensada, seria a reunião de dois termos opostos, mas que, devido a essa fulguração, descarrega-se como um trovão. O tempo da abjeção é duplo: tempo do esquecimento e do trovão, do infinito velado e do momento em que a revelação rebenta. (Kristeva 1980)

A autojustificação, quando articulada pelo narrador, é pouco convincente:

> Sou brando, sensível, detesto sangue. Ao pensar nisso agora, não consigo compreender como foi possível praticar um ato que, para a minha maneira de ser habitual, era de uma tão terrível crueldade, embora justo, pois, sobretudo pela paixão que o inspirou, foi um ato cruel, crudelíssimo. Que grandes devem ter sido então a minha fúria e a minha loucura! E que grandes as dos outros! (Search 2008: 32)

Quem, aqui, tem o direito de lançar a primeira pedra? Na bacanália que conclui esta bizarra história, a linha divisória entre bem e mal, civilização e primitivismo, justiça e injustiça desaparece. E por fim, tendo instigado o linchamento de Prosit, o "brando, sensível" narrador arremata a narrativa com uma demonstração magistral de incapacidade de autocrítica, quando conclui com complacência que "os quatro [criados] que foram apanhados foram bem e justamente castigados" (Search 2008: 33). Inegavelmente, o Outro agora sou eu.

Em Alexander Search, homens supostamente civilizados praticam canibalismo inconsciente, mas, a experiência, embora involuntária, quebra as barreiras que separam humanidade de bestialidade, levando-os a "encarniçarem-se" sobre Prosit. "Encarniçar" tem um significado duplo: primeiro, o de atacar; e segundo o de alimentar cães domésticos com carne com o objetivo embravecê-los. O melhor amigo do homem transforma-se num lobo feroz, e homens enraivecidos atacam-se uns aos outros. Por vezes, na selva darwiniana, a evolução das espécies marcha de melhor para pior; a verdade talvez seja Positiva mas o resultado nem sempre é; e a visão hegeliana da História não triunfa: em vez de progresso dialético, deparamos com destruição cíclica. A humanidade por vezes direciona-se para a pior versão de si; Comte, Hegel e Darwin verificam-se ser otimistas iludidos; e o mundo ideal (ou kantianamente

Ideal) em que a síntese é invariavelmente o aperfeiçoamento dos seus componentes prévios, revela-se uma fantasia (ou Fantasia, subgénero macabro).

Sigmund Freud deu a *Totem e taboo* o subtítulo de *Semelhanças entre as vidas mentais de selvagens e neuróticos* (Freud 2001). Nesse ensaio, que data de 1913, os filhos de uma tribo primitiva matam e devoram o pai, e o remorso que se segue desencadeia a formação do motor moral do superego. Freud entendia existirem analogias psíquicas entre os processos determinantes do comportamento de neuróticos e dos seus primitivos antepassados canibais. Pessoa, precoce como sempre, antecipou-se ao pai da psicanálise e foi mas longe: em "Jantar", os neuróticos *são* canibais. A burguesia e a alta sociedade, inconsciente e depois conscientemente – mas sem ciência (razão) ou consciência – regressam a uma selvajaria ancestral.

Search/ Pessoa, contemplando o espetáculo de um país que sofrera de um estado de neurose aguda desde a morte de D. Sebastião, sabia que a instabilidade mental de indivíduos pode ser um microcosmo daquela das nações. A questão de causa e efeito está ainda por decidir, mas a relação é inegável. Pessoa, que numa carta a Adolfo Casais Monteiro se autodiagnosticou como "histérico-neurasténico" (Pessoa 1986: 199), fez o mesmo em relação ao Portugal dos quatrocentos anos anteriores. E o anglófilo, que tanto ele como Search eram, sabia melhor que ninguém – e no caso de Search, mesmo antes do próprio Yeats – que "things fall apart, the centre cannot hold" (Yeats 1919: 311). Comei-vos uns aos outros.

Pascal (e antes dele Camões) arguiu que "segundo as leis da razão, nada apenas é o que é, tudo é composto de mudança. [...] Essa é a base mítica da autoridade. [...] A justiça [é imaginária], não é a essência da lei, que é inteiramente auto-determinada (Pascal 1965 [1669]: 17). Slavoj Žižek, três séculos e meio adiante, avisou que "no princípio da lei existe um componente de 'fora-da-lei,' um certo Real violento que coincide com o próprio ato de reconhecimento do novo reinado dessa lei: por fim, a verdade acerca dessa lei é ser ela um ato de usurpação" (2002: 204). Antes de qualquer lei social está a lei da selva, e esta afinal instiga aquela. O abjeto define a norma.

> No vale clareia uma fogueira.
> Uma dança sacode a terra inteira.
> E sombras disformes e descompostas
> Em clarões negros do vale vão
> Subitamente pelas encostas,
> Indo perder-se na escuridão.

> De quem é a dança que a noite aterra?
> São os Titãs, os filhos da Terra,
> Que dançam da morte do marinheiro
> Que quis cingir o materno vulto –
> Cingi-lo, dos homens, o primeiro –,
> Na praia ao longe por fim sepulto.
> [...]
> Violou a Terra. Mas eles não
> O sabem, e dançam na solidão;
> E sombras disformes e descompostas,
> Indo perder-se nos horizontes,
> Galgam do vale pelas encostas
> Dos mudos montes. (Pessoa 1972: 67)

Fernão de Magalhães procurou a prova empírica de ser a terra não plana mas redonda, mas não chegou ao fim. Missão não cumprida, o fundador da ciência da Geodísia, "ausente" dentro do caldeirão de um canibal, não "soube [ainda assim] cercar, a terra inteira com seu abraço" (Pessoa, "Fernão de Magalhães").[9] Por vezes (frequentemente?) a ciência empírica fracassa, e no fim do mundo afinal de contas há dragões. E canibais.

Na Parte I de *Mensagem*, no próprio momento em que os heróis iniciáticos são louvados em versos hagiográficos, o fim já é discernível no seu começo: em "Dona Tareja", a mãe de D. Afonso Henriques, primeiro rei de Portugal, recebe o prenúncio que "o homem que foi o teu menino, envelheceu" (Pessoa 1972: 28); "De pé, sobre os países conquistados", D. Afonso de Albuquerque "desce os olhos cansados"; (Pessoa 1972: 51) e "no fim do mar" numa enevoada antemanhã (mas anterior a quê?), o Mostrengo cuja derrota foi a metonímia do triunfo dos navegadores, agora procura em vão "aquele que está dormindo, e foi outrora Senhor do Mar" (Pessoa 1972: 103). No conturbado Portugal do início do século XX, o adolescente Alexander Search, um ano antes do assassinato do rei, já previa desastres amorfos. E o alcoolizado Pessoa nos dois últimos anos da sua vida, face à tragédia de um Estado Novo (novinho em folha), soube com "certeza bruta, meu caro" (Search 2008: 29) o aspeto que esses desastres apresentariam. No começo está o fim, na civilização a selvajaria, no sublime o abjeto. Os canibais venceram, os gourmets adotaram as normas da barbárie, e onde poderia ter regido a luz da razão, "ó Portugal, hoje és nevoeiro" (Pessoa 1972: 104).

---

[9] Embora relatos apócrifos tenham Magalhães devorado por canibais nas Filipinas, e essa versão é sugerida no poema de Pessoa, a versão mais provável é a de a morte ter sido causada por uma seta envenenada.

Referências bibliográficas

Alves das Neves, João (2009). *Fernando Pessoa, Salazar e o Estado Novo*. Santo André: Fabricando Idéias.

Bataille, Georges (1970). "L'Abjection et les Formes Misérables" in *Essais de Sociologie*. Paris: Gallimard, 217-21.

Camões. Luís Vaz de. *Os Lusíadas*, X, 154, 3. Any edition.

Dionísio, João (2008). "Before Alexander Search: A Report on a Notebook". *Portuguese Studies*, 24, 2, Pessoa: The Future of the "Arcas", 115-127.

Ferro, António (1933). *Salazar: o homem e a sua obra*. Lisboa: Imprensa Nacional de Publicidade.

Freud, Sigmund (1991) [1913]. *Totem and Taboo: Resemblances Between the Mental Lives of Savages and Neurotics*. London and New York: Ark Paperbacks.

Halley, Peter (1991). "Abstraction and Culture", *Tema Celeste International Art Magazine (First Part)*, Autumn, 32-33.

Kristeva, Julia (1980). *Pouvoirs de l'Horreur*. Paris: Gilles Lapouge.

Kristeva, Julia (1982). *Powers of Horror: An Essay on Abjection*. New York and Oxford: Columbia University Press.

Lourenço António Apolinário (ed.) (2008). *Contra Salazar: Fernando Pessoa*. Lisboa: Angelus Novus.

Macciocchi, Maria-Antonietta (1979). "Female Sexuality in Fascist Ideology" *Feminist Review*, 1, 67-81.

Newman, Barnett (1992). *Selected Writings and Interviews*. Oakland: University of California Press.

Pascal, Blaise (1995) [1669]. *Pensées*, trans. A. J. Krailsheimer. Harmondsworth: Penguin Classics.

Pessoa, Fernando (1966). *Páginas íntimas e de auto-interpretação*. Georg Rudolf Lind e Jacinto do Prado Coelho (eds.) Lisboa: Ática.

Pessoa, Fernando (1972). *Mensagem*. Lisboa: Ática, 10ª ed.

Pessoa, Fernando (1979). *Da República*. Rocheta, Maria Isabel e Mourão, Maria Paula (recolha de textos 1910-1935. Introdução e organização de Joel Serrão), Lisboa: Ática.

Pessoa, Fernando (1986). *Escritos íntimos, cartas e páginas autobiográficas* (introdução, organização e notas de António Quadros). Lisboa: Publ. Europa-América.

Pessoa, Fernando (1987). *Textos de intervenção social e cultural: a ficção dos heterónimos*. Lisboa: Publicações Europa-América.

Pessoa, Fernando (1989). *Textos de crítica e de intervenção*. Lisboa: Ática.

Pessoa, Fernando (1995) [1942], *Poesias* (nota explicativa de João

Gaspar Simões e Luiz de Montalvor). Lisboa: Ática.
Pessoa, Fernando (1996). *Páginas intimas e de auto-interpretação* (textos estabelecidos e prefaciados por Georg Rudolf Lind e Jacinto do Prado Coelho). Lisboa: Ática.
Pessoa, Fernando (Alexander Search) (1997). *Poemas ingleses*. Lisboa: INCM.
Pessoa, Fernando (2000) [1912], "A Nova Poesia Portuguesa no Seu Aspecto Psicológico" in *A Águia*, 12, II série.
Pessoa, Fernando (Alexander Search) (2008) [1988], "Um jantar muito original" seguido de "A Porta". Trad. Maria Leonor Machado de Sousa. Lisboa: Relógio d'Água.
Pessoa, Fernando (2015). *Sobre o fascismo, a ditadura militar e Salazar*, edição de José Barreto. Lisboa: Tinta-da-China.
Pessoa, Fernando (Alexander Search) (2017). "A Very Original Dinner", *Portuguese Literary and Cultural Studies*, 28, 252-63.
Sérgio, António (1976). "Interpretação Não Romântica do Sebastianismo" in *Ensaios*, vol. I. Lisboa: Livraria Sá da Costa Editora.
Torga, Miguel (1992). *Antologia poética* (3ª edição aumentada). Coimbra: Edições do Autor.
Yeats, W. B. (1990) [1919], "The Second Coming" in *W. B. Yeats: Collected Poems*. London: Picador.
Žižek, Slavoj (2002). *For They Know Not What They Do: Enjoyment as a Political Factor*. London: Verso.

O Barão de Teive e *A educação do estóico*

Kelvin Falcão Klein

O Barão de Teive
Álvaro Coelho de Athayde, décimo quarto Barão de Teive, foi traçado por Fernando Pessoa entre 1928 e 1929, em um caderno de capa preta. Teve uma infância marcada pela solidão, uma estreita ligação com a mãe, que morreu quando o Barão já era adulto, teve uma vida abastada em uma quinta nos arredores de Lisboa e viajou bastante ao exterior, principalmente Paris. Enfrentava sérias dificuldades em lidar sexualmente com mulheres. O Barão teve a perna esquerda amputada, pouco tempo antes de se suicidar, fato que ocorreu em 11 de julho de 1920. Filipa Freitas assim o resume: "Teive assume uma inadequação ao meio que o circunda, uma forçosa inadaptação à vida, quando a vida se caracteriza como acção. Teive não age. Não pode agir" (Freitas 2014: 49). Escreveu uma única obra, *A educação do estóico*, uma espécie de subtexto, de escritura que acontece como comentário a um discurso que já não mais existe, uma vez que o Barão declara: "Não me arrependo de ter queimado o esboço todo das minhas obras. Não tenho mais a legar ao mundo que isto" (Pessoa 2006: 32).

A primeira edição completa da obra atribuída a Teive só foi publicada em 2001, em Portugal, pela editora Assírio & Alvim. A edição brasileira é de 2006, pela editora A Girafa. Richard Zenith, responsável pelo estabelecimento do texto e pela organização dos trechos dispersos, afirma que alguns excertos da obra de Teive já haviam sido publicados como pertencentes ao *Livro do Desassossego*, e figuram também em prefácios de algumas edições de livros de Pessoa, como as de Maria Aliete Galhoz e Teresa Rita Lopes. Zenith, em seu prefácio à obra, afirma que os fragmentos de Teive "são de difícil leitura e de difícil arrumação, consistindo sobretudo em apontamentos e esboços destinados a um desenvolvimento posterior" (Pessoa 2006: 10). Ou seja, essa é uma parte da obra de Pessoa que permanece aberta, em potência, como que lançada ao futuro, sem resolução ou sentido fixo – oscilação que permeia tanto forma quanto conteúdo.

Teive foi concebido como uma figura do extremo e do limite, utilizada como teste de intensidade poética. Em um escrito auto-interpretativo, Pessoa afirma: "Transferi para Teive a especulação sobre a certeza, que os loucos têm mais que nós" (Pessoa 2006: 61). Contudo, já no início de suas notas, o Barão mostra que a única certeza que professa é aquela que remete ao "conhecimento íntimo da vacuidade de todos os esforços e da vaidade de todos os propósitos" (Pessoa 2006: 17). Teive especula ininterruptamente sobre a certeza da incerteza. Está no subtítulo de sua obra: *a impossibilidade de fazer arte superior*, o que remete sempre ao ato extremo do semi-heterônimo de queimar toda sua obra. Um ato extremo que, aos olhos de Pessoa, só poderia ser cometido por um louco. É importante observar o quão próximo Teive está de Pessoa: sabemos que o último só publicou, em vida e como livro, *Mensagem*, mas que escreveu compulsivamente, guardando seus manuscritos em uma arca. A arca está para Pessoa como o forno está para Teive: signos que relembram a *impossibilidade de fazer arte superior* e a *vaidade de todos os propósitos*. O silêncio acompanha de perto, portanto, todo o desenvolvimento da obra de Pessoa.

O posicionamento do Barão como figura extrema, como símbolo do excesso na poética de Pessoa, permite aproximá-lo do poeta francês Arthur Rimbaud, especialmente por conta do detalhe biográfico da perna amputada. Assim como o Barão de Teive, Rimbaud teve a perna amputada pouco antes de morrer, evento abrupto que encerra uma vida de deslocamento espiritual e geográfico (Friedrich 1991: 70). José Paulo Cavalcanti Filho em seu livro *Fernando Pessoa, uma quase autobiografia*, por exemplo, aproxima Pessoa e Rimbaud a partir de dois poemas: "O adormecido no vale", de Rimbaud, teria servido de molde para "O menino de sua mãe", de Pessoa (2011: 327). Não há ainda qualquer comprovação documental de que o traço biográfico do Barão de Teive – sua perna amputada – seja também construído por Pessoa tendo como molde Rimbaud. Contudo, é lícito apontar a proximidade dos dois poetas por conta desse esforço de Pessoa de fazer do Barão um teste de intensidade poética, uma figura exacerbada à moda de Rimbaud.

Bartleby e companhia
Para realizar a aproximação entre o Barão de Teive, Fernando Pessoa e Arthur Rimbaud pela via da recusa da obra é necessário fazer um desvio pela literatura contemporânea. O escritor espanhol Enrique Vila-Matas (nascido em 1948) resgata Pessoa e o reposiciona na cena literária contemporânea a partir justamente da figura do Barão de Teive, transformando-o em personagem. Na obra de Vila-Matas, o Barão faz parte de uma galeria muito eloquente na história da literatura: aquela que congrega o que Vila-Matas denomina, em seu romance *Bartleby y compañía*, "artistas do Não" (Vila-Matas 2004: 12). Nascido em Barcelona em 1948, Vila-Matas, desde sua estréia literária em 1985 com *Historia abreviada de la literatura portátil*, sempre exerceu uma ficção híbrida, tomando escritores e ideias críticas como motores de seus textos,

testando os limites dos gêneros e ampliando as possibilidades criativas do ato da leitura. Seus livros sempre remetem a outros livros, em uma trama intertextual que trabalha em uma sobreposição contínua de temporalidades. *Bartleby e companhia* é um romance composto de oitenta e seis pequenos capítulos, notas de leitura reunidas ao redor de um único tema: os escritores que abandonaram a literatura. O narrador, escritor frustrado, funcionário público em licença de saúde, aproveita o tempo livre para acumular histórias e comentários sobre escritores como Juan Rulfo, J. D. Salinger, Herman Melville, Julien Gracq, Giacomo Leopardi e, claro, o Barão de Teive. O desejo do narrador é o de escrever "notas de rodapé que comentarão um texto invisível, mas nem por isso inexistente" (Vila-Matas 2004: 11).

Rimbaud é um elemento central nessa reconstrução feita por Vila-Matas a partir da tradição literária pela via do jogo e da remontagem das referências. Rimbaud é um Bartleby pioneiro, tendo abandonado a literatura quando estava no auge de sua capacidade e fama para traficar armas na Abissínia (Borer 1985: 68). Em *Bartleby e companhia*, o narrador de Vila-Matas começa a ler o poema "Adieu", de Rimbaud, "no qual, de fato, parece que o poeta se despede da literatura" e da "falsa ilusão do cristianismo, das sucessivas etapas pelas quais, até esse momento, passara sua poesia, de suas tentativas iluministas, de sua ambição imensa" (Vila-Matas 2004: 103). Além disso, o narrador de Vila-Matas, na continuidade do trecho citado acima, aventa a possibilidade de que o abandono da literatura por parte de Rimbaud se dá precisamente por seu contato com outras línguas e outras visões de mundo, que soterram sua imaginação (sem que haja, necessariamente, prejuízo ou ganho nessa operação de soterramento – trata-se, apenas, de uma nova fase do pensamento poético). O silêncio como uma nova fase, não só do pensamento poético, mas do pensamento *per se*, é um ponto de vista defendido não só por Vila-Matas em *Bartleby e companhia*, mas certamente também por Fernando Pessoa e seu Barão de Teive.

O procedimento de Vila-Matas no romance aqui em questão é semelhante ao do Barão em sua *Educação do estóico*, só que ampliado. O Barão constrói um discurso que reflete sua impotência diante da vida e da literatura; o narrador de Vila-Matas dissemina sua angústia do vazio pessoal por um inventário de escritores e artistas. Literatura e vida são mescladas, em diversos níveis. As primeiras palavras de *Bartleby e companhia* são: "Nunca tive sorte com as mulheres, suporto com resignação uma penosa corcunda" (Vila-Matas 2004: 9); o Barão, por sua vez, além da perna amputada, declara que "as raparigas que não seduzi foram seduzidas por outros" (Pessoa 2006: 40). Nessas duas visões complementares, tanto o sexo quanto a escritura são caminhos que levam ao vazio, remetem antes à proliferação do caos do que à ordem. Isso fica evidente quando pensamos na forma com que se arma quer *A educação do estóico*, de Teive, quer *Bartleby e companhia*, de Vila-Matas, quer o *Livro do Desassossego*, de Bernardo Soares.

O *Livro do Desassossego*

A entrada deste terceiro personagem é possível por conta de um texto de Fernando Pessoa, destinado ao prefácio das *Ficções do Interlúdio*, que Zenith cita em seu comentário na edição do Barão de Teive. Escreve Pessoa no referido prefácio: "Bernardo Soares e o Barão de Teive – são ambos figuras minhamente alheias – escrevem com a mesma substância de estilo, a mesma gramática, e o mesmo tipo e forma de propriedade: é que escrevem com o estilo que, bom ou mau, é o meu" (Pessoa 2006: 89). Pessoa, Teive e Soares, portanto, confluem em um ponto, que aqui depreenderemos do texto do Barão: os três cultivam a consciência da impossibilidade de fazer arte superior. A partir daí, colocam em cena uma escritura que é sempre esboço, potência e devir, fugindo sempre dos pontos de vista fixos.

O *Livro do Desassossego* é na forma aquilo que mostra em seu conteúdo: fragmentos em permanente oscilação (como fica evidente a cada edição que surge: sempre aparecem rearranjos e novas disposições). Fernando Pessoa, em seus últimos anos, viu-se com páginas e páginas de um *Fausto* que foi só projeto, centenas de poemas inacabados, pedaços de peças de teatro, além de uma sucessão de planos, esquemas e listas que nunca se tornaram mais do que isso. É preciso retirar dessa condição heterogênea a conclusão de que a obra de Pessoa requer revisão constante, com a ampliação dos pontos de vistas e portas de entrada – como escreve Jerónimo Pizarro: "É tempo de reconhecer Pessoa como escritor trilingue e de encarar o inacabamento não como um obstáculo a ultrapassar, mas como uma realidade factual e iniludível" (Pizarro 2007: 252).

Vila-Matas dá um passo além, pois incorpora o caos, utilizando-o como meta-questionamento acerca da literatura, valendo-se da consciência da impossibilidade de fazer arte superior para determinar a totalidade como uma ferramenta obsoleta. Não à toa Pessoa está aí, representado pela figura do Barão de Teive: é também dele que Vila-Matas retira a noção de que "a essência de qualquer texto consiste precisamente em fugir de toda determinação essencial, de toda afirmação que o estabilize ou realize" (2004: 167). Seu livro é como um caderno de capa preta de Pessoa, publicado como está, em sua arbitrariedade de comentário a um texto invisível. Suas notas são erráticas como são as do *Livro do Desassossego*: a nota 33 fala do Barão, as duas notas anteriores falam, respectivamente, de J. D. Salinger e Jorge Luis Borges, as duas notas subseqüentes, de Hugo von Hofmannsthal e Paul Celan. Estas e todas as outras notas procuram testemunhar o silêncio e a negatividade do dizer, o balbucio da linguagem que aflora em toda sua indecidibilidade, reiterando aquilo que escreveu o Barão: "Tudo, quando penso ou sinto, inevitavelmente se me volve em modos de inércia" (Pessoa 2006: 36).

Dessa inércia, descortina-se uma dimensão trágica no Barão de Teive, que *Bartleby e companhia* ressalta, colocando em mutação mediante o contato com outros casos. Escreve o Barão que "o homem tem somente, de seu e próprio, a honra ou o silêncio. Senti isso, mais que nunca, nas chamas do fogão em que acabei para sempre com os meus escritos" (Pessoa 2006: 52). No silêncio, o homem defronta-se com um nível de percepção do mundo que, enquanto reforça a consciência, engrandece também a angústia. No silêncio, o homem desaparece para as intervenções do senso comum e renova uma comunhão solitária com a linguagem. Esse silêncio percorre toda a argumentação do Barão, cristalizado no fogo que fez desaparecer sua obra.

As reflexões sobre o silêncio presentes nas obras de Pessoa, Vila-Matas e do Barão de Teive encontram eco na obra teórica do filósofo italiano Giorgio Agamben, especialmente em seu livro *Infanzia e storia*, publicado originalmente em 1979. Agamben afirma, por exemplo, com um viés benjaminiano, que "toda obra escrita pode ser considerada como o prólogo [...] de uma obra jamais escrita", e que o "indizível é precisamente aquilo que a linguagem deve pressupor para poder significar" (2004: 9-11). Ou seja, no caso da obra pronta – seja de Fernando Pessoa ou Enrique Vila-Matas –, é preciso manter no horizonte da leitura e da interpretação a margem de atuação de tudo que ficou de fora, como que silenciado no processo de realização e modelagem da obra e sua inserção na tradição.

Nessa perspectiva muito específica, é possível apontar que aquilo que Agamben qualifica de "indizível" é bastante próximo daquilo que Pessoa, a partir do Barão de Teive, chama de "inércia" no extrato anteriormente citado. Não se trata de um simples e terminado desejo de encerramento ou silêncio; pelo contrário, trata-se de um silêncio ou encerramento que guarda em si a potencialidade de um comentário sobre a linguagem e a ação, um vazio que se forma a partir do anúncio de uma obra que não chega a se concluir ou se fazer, mas que se projeta no mundo, na linguagem e na vida (operando tanto a partir da leitura da obra alheia quanto do anúncio da obra própria). Pode-se aqui retomar mais uma vez as palavras de Jerónimo Pizarro, quando o autor aproxima Pessoa e Foucault: "Pessoa subverteu a tríade que Foucault criticaria mais tarde: o autor, o livro, a obra. Criou o drama em gente, apresentando-se mais como actor do que como autor, desaparecendo como instância 'originária' e 'profunda'" (Pizarro 2007: 250). O Barão de Teive, portanto, é apenas um dos elementos usados por Pessoa para dissolver essas amarras epistemológicas identificadas por Pizarro como "origem" e "profundidade".

O silêncio das sereias

Seguindo Richard Zenith, quando afirma que muitas das questões levantadas por Teive já preocupavam Pessoa desde a década de 1910 (Pessoa 2006: 95), poderemos articular esse resgate recente do Barão com um escritor contemporâneo de Pessoa: Franz Kafka. Nesse mesmo período (por volta de 1914), Kafka escreve um fragmento sobre as sereias, que, entre outras coisas, anunciava: "As sereias entretanto têm uma arma ainda mais terrível que o canto: o seu silêncio" (2002: 104). Deve-se notar aqui a confluência tanto temporal quanto temática: Pessoa e Kafka, contemporâneos, cada um à sua maneira se ocupando de um tema comum, o silêncio e suas lições (filosóficas, poéticas) para a arte.

O filósofo francês Maurice Blanchot (1907-2003), em muitos de seus ensaios, espalhados ao longo de seus anos de atividade, pensa a articulação do silêncio com a literatura e seu contínuo fluxo de impossibilidade. Em "Le Paradoxe d'Aytré", artigo publicado em 1946 no nono volume da revista *Les Temps modernes* (fundada no ano anterior por Jean-Paul Sartre, Simone de Beauvoir e Maurice Merleau-Ponty), no qual Blanchot analisa uma narrativa do escritor francês Jean Paulhan, está registrado que "o silêncio faz parte da linguagem, cuja ausência ele demonstra [...] Meu silêncio me faz participar inteiramente do sentido que lhe atribuo" (Blanchot 1997: 66).

Blanchot afirma que o objetivo de toda comunicação é atingir o silêncio, a situação inicial de tudo que é dito, como uma pulsão de morte da linguagem, que anseia pelo estado primordial de pré-existência. A literatura acontece – em Teive, Kafka e Vila-Matas – na negação desse destino, no auto-engano dos escritores, que justificam suas obras pela presença de outras vozes em seu interior, vozes que os atravessam continuamente, enquanto lutam contra o solipsismo radical que envolve o ato da escritura. A literatura é feita do ir e vir desses opostos: "o silêncio está longe de ser o oposto da língua; pelo contrário, só há linguagem no silêncio" (Blanchot 1997: 70).

Esse horizonte crítico percorre, também, a produção de Fernando Pessoa como tradutor. Por volta de 1915, o poeta português traduziu o livro *The Voice of the Silence*, de Helena Blavatsky (Castro 2018: 95). Este livro, contudo, oferece uma gênese muito mais complexa. Trata-se de um dos textos mais importantes da chamada literatura teosófica, sendo, na verdade, a tradução para o inglês de um antigo texto religioso tibetano. É, portanto, um tratado esotérico que lida com a iluminação da linguagem (e da experiência) pela via do silêncio e, novamente, pela consciência da impossibilidade que permeia essa mesma linguagem. Pessoa teve contato com a doutrina teosófica e com os escritos de Blavatsky, traduzindo-os ao português, no mesmo período em que fermentava as ideias do Barão de Teive sobre a queima dos manuscritos, a invasão da linguagem pelo silêncio e a vaidade de toda empresa humana (período em que Kafka escrevia sobre o silêncio das sereias, como visto acima).

A voz do silêncio, na tradução de Pessoa, teve uma primeira edição extremamente tardia, publicada no Brasil em 1969 pela Civilização Brasileira. A primeira edição em Portugal, pela Assírio & Alvim, foi publicada somente em 1998. Há uma reedição brasileira corrente, pela editora Ground, de São Paulo. Nesta edição, Murillo Nunes de Azevedo, autor do estudo introdutório, cita uma carta de Pessoa a Mário de Sá-Carneiro, datada de 6 de dezembro de 1915, na qual o poeta afirma "ter tomado conhecimento das doutrinas teosóficas", e finaliza: "O modo como as conheci foi banalíssimo. Tive de traduzir livros teosóficos" (Blavatsky 2002: 23). E Pessoa seguiu traduzindo, informa Murillo Nunes: "Abalou-me a um ponto que eu julgaria hoje impossível, tratando-se de qualquer sistema religioso" (Blavatsky 2002: 25).

Vemos que, na ampliação desse percurso, expressões fundamentais são postas em cena: "a voz do silêncio", apropriada por Pessoa da Teosofia a partir de Blavatsky e burilada como "impossibilidade de fazer arte superior"; uma "educação do estóico" que aprende com "o silêncio das sereias", que nomeia o fragmento de Kafka tão intensamente utilizado por Blanchot (e publicado postumamente em *Erzählungen aus dem Nachlass*). Voltando a Blanchot, temos "a parte do fogo", título de um de seus livros, que contém o ensaio sobre o paradoxo de Aytré, "fogo" que foi sugerido pelo ato extremo do Barão de queimar seus escritos. Pessoa cultivou esse enigma do ocultamento (o fogo e a arca) em seus heterônimos e semi-heterônimos, Blanchot expandiu e rastreou o ocultamento que promove o fogo em vários momentos da literatura mundial (Hölderlin e Heráclito, por exemplo, que servem de epígrafes ao livro *A parte do fogo*). Quando resgatamos a queima da obra que toma lugar tanto em Teive quanto em Kafka, resgatamos também uma sucessão de temporalidades que se comunicam e que não respeitam a simples cronologia, pois são ativadas mediante contato.

Há um fundo religioso em tudo isso, sem dúvida, como já fica evidente na Teosofia de Pessoa, mas que se espalha principalmente na Cabala, compartilhada por Pessoa, Kafka e Blanchot (Beitchman 1998). O silêncio e a impossibilidade relacionam-se, nesse ponto, com a temática do conhecimento proibido – que o historiador Carlo Ginzburg localiza como ponto de referência para se pensar o alto e o baixo tanto no contexto cultural quanto no contexto religioso (1989: 95-118). Quando o Barão fala que "a dignidade da inteligência está em reconhecer que é limitada e que o universo está fora dela" (Pessoa 2006: 55), e quando dá por certo (natural) a existência de uma *arte superior* (que remete, inquestionavelmente, a uma *arte inferior*), remonta a um contexto de normatividade sobre o que pode ser dito, pensado ou refletido. Ginzburg vai até à epístola de Paulo aos Romanos, mostrando como um versículo de cunho moral transformou-se em norma intelectual, passando da ordem da convivência entre hebreus e romanos para uma extensa desculpa para o obscurantismo (Ginzburg 1989: 95), equívoco que durou séculos, já que, segundo Ginzburg, "a passagem ligava-se originalmente ao bom senso e não ao conhecimento" (Ginzburg 1989: 114). Esse é um contato agônico entre palavra e silêncio que surge (na argumentação de Ginzburg) com o apóstolo Paulo, passa pela tradução de São Jerônimo da Bíblia (*Vulgata*), alcança o humanista Erasmo e comentaristas bíblicos como Tomás de Kempis e John Donne, até chegar em Maurice Blanchot, Fernando Pessoa e Franz Kafka.

No caso do Barão de Teive, a religiosidade também se mostra de forma tensa e instável. Conforme o comentário de Patrícia Soares Martins, "incapaz de aceitar o paradoxo de um deus omnipotente e bom que seja igualmente a causa do mal", o Barão de Teive "está disposto a aceitar que a origem do mal esteja no acaso"; além disso, "a todos os níveis a sua conduta é marcada pelo isolamento ascético e a renúncia: incapaz de um esforço de auto-superação perante um ideal de perfeição inatingível, prefere abdicar a prosseguir uma obra que não obedece a qualquer princípio construtivo" (Martins 2017: 214-15). Tal abdicação, contudo, não configura um abandono completo, e sim uma reconfiguração do ato de criar, da ação de ser artista. Como visto mais acima a partir da obra de Giorgio Agamben, a "abdicação" do Barão de Teive diz respeito ao "indizível" que pressupõe toda significação da linguagem (Agamben 2004: 11).

Fernando Pessoa, aquém do eu, além do outro

Leyla Perrone-Moisés, em seu livro *Fernando Pessoa, aquém do eu, além do outro*, ao dissertar sobre o silêncio no contato com a linguagem, em aporte lacaniano, agrega mais um termo ao cenário delineado até aqui: "significante vazio". Sujeito e linguagem se mesclam na vacuidade da palavra, pois, segundo Perrone-Moisés, "quando se diz *eu*, produzem-se imediatamente vários: o sujeito da enunciação, o sujeito do enunciado e o referente; e ninguém: porque o referente aí é apenas relacional e não substancial" (1982: 80). A autora diz que "a experiência de Pessoa, nesse campo, é uma das mais agudas e constantes de que se tem notícia", uma vez que sua "poesia toda tematiza esse saber de linguagem: a linguagem como ausência da coisa (o que ela é sempre) e, sobretudo, como ausência do Eu" (Perrone-Moisés 1982: 81). Pessoa como significante vazio aparece como a possibilidade de oscilação do sentido, simultaneamente preenchido de alto e baixo, voz e silêncio, sem com isso incorrer em homogeneização ou generalização, uma vez que a configuração desse vazio é única, está construído a partir da idiossincrasia dos relevos de estilo de Pessoa – mais do que um significante vazio, um *vazio significante*.

Portanto, a partir disso, é possível concluir que o resgate que Enrique Vila-Matas propõe, tanto do Barão de Teive quanto de Fernando Pessoa ele-mesmo, ortônimo, atualiza o jogo de identidades cambiantes que encontramos em Pessoa. Além disso, posiciona o poeta português como ator ativo do cenário literário contemporâneo, a partir de uma leitura-escritura que explora justamente os pontos *ainda não escritos* da poética de Pessoa, os pontos que comungam do fogo e do silêncio. Vila-Matas empreende, inclusive, uma atualização do jogo heteronímico, já que incorpora às notas de *Bartleby e companhia* escritores que não existem, sem, contudo, indicar quais nomes citados são reais e quais são apócrifos. Essa mescla, aliada ao anacronismo criativo que ressuscita o Barão, confere ao esforço ficcional de Vila-Matas uma vasta gama de possibilidades de reler a história literária, de dentro para fora. "A falta é a condição para que o desejo continue a circular", observa Leyla Perrone-Moisés (1982: 6), e, quando encontramos Pessoa em Vila-Matas, disseminado, proliferado e incerto, atualizado em toda sua *falta* e na plenitude de sua *vacuidade*, sentimos a literatura operar para a circulação desse desejo de múltiplas faces, múltiplas vozes e sempre tão fugidio.

Referências bibliográficas

Agamben, Giorgio (2004). *Infância e história: destruição da experiência e origem da história*, trad. Henrique Burigo. Belo Horizonte: Ed. UFMG.

Beitchman, Philip (1998). *Alchemy of the Word: Cabala of the Renaissance*. New York: State University of New York Press.

Blanchot, Maurice (1997). *A parte do fogo*, trad. Ana Maria Scherer. Rio de Janeiro: Rocco.

Blavatsky, Helena (2002). *A voz do silêncio*, trad. Fernando Pessoa. São Paulo: Ground.

Border, Alain (1985). *Rimbaud da Arábia. Caderno de viagem*, trad. Antonio Carlos Viana. Porto Alegre: L&PM.

Castro, Ernesto de Melo e (2018). *O paganismo em Fernando Pessoa e sua projeção no mundo contemporâneo: ensaio bibliográfico e hermenêutico*. Coimbra: Imprensa da Universidade de Coimbra.

Cavalcanti Filho, José Paulo (2011). *Fernando Pessoa, uma quase biografia*. Rio de Janeiro: Record.

Freitas, Filipa (2014). "Barão de Teive: o suicida lúcido", *Revista Pessoa Plural*, 5 (Spring). Brown University, 43-69.

Friedrich, Hugo (1991). *Estrutura da Lírica Moderna.*, trad. Marise Curioni. São Paulo: Duas Cidades.

Ginzburg, Carlo (1989). *Mitos, emblemas, sinais: morfologia e história*, trad. Federico Carotti. São Paulo: Companhia das Letras.

Kafka, Franz (2002). *Narrativas do espólio*, trad. Modesto Carone. São Paulo: Companhia das Letras.

Martins, Patrícia Soares (2017). "A arena pagã do Barão de Teive: para uma leitura de *A Educação do Estóico* de Fernando Pessoa", *A literatura clássica ou os clássicos na literatura: presenças clássicas nas literaturas de língua portuguesa*, vol. III, Cristina Pimentel e Paula Morão (eds.). Lisboa: Documentos, 207-20.

Perrone-Moisés, Leyla (1982). *Fernando Pessoa, aquém do eu, além do outro*. São Paulo: Martins Fontes.

Pessoa, Fernando (2006). *A educação do estóico. Barão de Teive*. São Paulo: A Girafa Editora.

Pizarro, Jerónimo (2007). "Pessoa existe?", *Revista Veredas*, 8. Porto Alegre, 244-59.

Saraiva, Mário (1994). *O caso clínico de Fernando Pessoa*. Lisboa: Editorial Referendo.

Vila-Matas, Enrique (2004). *Bartleby e companhia*, trad. Maria Carolina de Araújo e Josely Vianna Baptista. São Paulo: Cosac Naify.

Beira-mar

Cinco marinheiros de Fernando Pessoa

Kenneth David Jackson

Sou o único homem a bordo do meu barco.
Os outros são monstros que não falam.

Sophia de Mello Brayner

Fernando Pessoa, na sua prosa, cria uma série de personagens estranhos, irreais e fortes, desde Herr Prosit, do jantar muito original, ao banqueiro anarquista, que insiste na sua condição de único autêntico anarquista, ao Dr. Quaresma, cuja capacidade lógica chega a identificar os culpados mesmo antes da investigação. Juntam-se a esses personagens, em vista do significado profundo literário, estético, filosófico e artístico do mar na vida e obra de Fernando Pessoa, cinco marinheiros, igualmente taciturnos e filosóficos, que fazem dos oceanos ambientes de potencialidades irreais. Nas suas condições marítimas de exceção, revelam outras maneiras de ser e de viver, ocupam realidades diferentes. Interessa ao presente estudo o significado profundo misterioso, estético, filosófico e artístico dos personagens marítimos que aparecem, ou são apenas imaginados, desde o ambiente onírico e irreal da peça *O Marinheiro*, à terrível irrealidade de "Perversão do longe" (2012)", realidade criada unicamente pela vontade no conto "A perda do hiate 'Nada'" (2015), e à apoteose do marinheiro icónico das viagens portuguesas em *Mensagem* (1934). São todos personagens extraordinários e mágicos, que atravessam os horizontes da percepção, físicos prodigiosos levados por um raciocínio maior, e pelo destino, a pensar e a viver outras realidades.

O Marinheiro (*Orpheu*, n°1. Lisboa: Jan-Mar. 1915)
Na sua única peça, *O Marinheiro*, de 1913, num devaneio filosófico de dúvida epistemológica, Pessoa teoriza a possível existência de um marinheiro, que pode ou não ser verdadeiro, pode ou não ter viajado e pode ou não voltar a uma terra sem nome e a uma torre onde três mulheres e uma defunta velam pela sua aparição na cova que mal se vislumbra da pequena janela de uma torre medieval. É um idílio marítimo sem o mar, de um marinheiro que nunca aparece, mas é considerado a única figura verdadeira da peça. Jogando com ficção e imaginação, no paradoxo que é o teatro estático, emprestado do teatrólogo belga Maurice Maeterlinck (1862-1949), principalmente dos ensaios de *Le Trésor des humbles* (1896), a peça é uma alegoria da eterna espera para desvendar o mistério da existência. As três veladoras vivas

enfrentam silêncio, vazio e nada, e ao esperar pelo marinheiro, que nunca aparece, e talvez nem tenha existido, levantam dúvidas sobre a cognição, a identidade e até a própria existência. Sofrem de uma crise ontológica provocada pela ideia de que a consciência intelectual existe apenas depois das experiências formadoras, sendo assim uma invenção lírica e maleável do tempo e da memória. Na figura do marinheiro ausente, a peça salienta o poder dos mitos históricos sobre o tempo presente e põe em dúvida a nossa perceção de qualquer realidade. Com a peça, Pessoa antecipa a temática de *En attendant Godot* (1953), de Samuel Beckett, em quarenta anos. Nunca sabemos se o marinheiro se lembrará das veladoras nem se voltará jamais. A consciência e a memória talvez sejam ilusões porque o universo se repete indefinidamente. As veladoras sofrem o horror da impossibilidade de saber ou de sentir, de serem vítimas de uma realidade latente poderosa. O oceano imaginado torna-se imanência de um mistério maior: como saber unir o passado e o presente, a existência e a potencialidade, a plenitude e a perda, o sonho e a realidade, a distância e a proximidade, a solidariedade e a solidão.

Conta a segunda veladora, ao sonhar na passagem de uma vela, que o marinheiro naufragou numa ilha deserta, sem esperança de salvamento ou de voltar à sua terra. A origem literária dessa idealização de ilha tropical encontra-se em Daniel Defoe (*Robinson Crusoe*, 1719), em *Paul et Virginie* (1787) de Bernardin de Saint-Pierre, nas aventuras de Robert Louis Stevenson (*Treasure Island*, 1883) e inclusive nas histórias da Índia de Rudyard Kipling (*The Jungle Books*, 1894). É uma irrealidade repetida num devaneio no *Livro de Desassossego*:

> Então, na praia rumorosa só das ondas próprias, ou do vento que passava alto [...] entregava-me a uma nova espécie de sonhos [...] como as volutas desrendando-se do mar alçante do fundo de uma grande verdade; tremulamente de um azul oblíquo ao longe, esverdeando na chegada com transparências de outros tons verde-sujos [...] congregando em si todas as ressacas, os regressos à Liberdade da origem, as saudades divinas [...] um corpo de saudade com alma de espuma, o repouso, a morte, o tudo ou nada que cerca como um grande mar a ilha de náufragos que é a vida. (1998: 205)

O marinheiro começa então a imaginar e, com o passar dos anos, começa a construir uma nova terra natal. Uma existência virtual substitui a verdadeira, até ao ponto de o marinheiro duvidar da realidade e da existência da sua vida anterior. Chega a inventar uma juventude no país novo, que nunca teve, o sonho fabricado de felicidade na ilha vira realidade. As outras duas veladoras, ao ouvir a história, de repente sentem-se desejosas de juntar-se ao marinheiro nesse admirável mundo novo. O horror que sentem pela separação da nossa consciência da realidade, porém, é confirmado pela perda do marinheiro, que nunca poderá voltar ao seu país, e também pelo mito que inventou de uma terra paralela e substituta, que poderá ser verdadeira, mas para sempre alongada. Diz o poema "Ó naus felizes, que do mar vago:"

> E enquanto ela assim se esquece, tristonha
> Regressam, velas no mar ao longe
> As naus ao porto medieval. (1995: 206)

"Ode Marítima" *(Orpheu, nº2. Lisboa: Abr.-Jun. 1915)*
O volumoso poema de Álvaro de Campos, a seguir a peça *O Marinheiro*, é outro relato de uma viagem que nunca aconteceu, cantada por alguém que não sai do cais e talvez nem tenha pronunciado palavra alguma. Tudo é imaginado pelo narrador, num estado de devaneio; entra num estado psíquico quase de hipnose, que começa quando, estando no cais, gira o volante de uma nau imaginária e participa deliberantemente na viagem de um Argonauta, questionando, "Tanto quanto isso pode ser fora do Espaço e do Tempo?". As sensações estão traduzidas metaforicamente em vida marítima:

> Minhas sensações são um barco de quilha pró ar,
> Minha imaginação uma âncora meio submersa,
> Minha ânsia um remo partido,
> E a tessitura dos meus nervos uma rede a secar na praia!

Na imaginação do sujeito lírico, ao girar o volante, transforma-se num pirata em mares asiáticos, estuprando e saqueando, ou num canibal. Aumenta o estado de êxtase e de exceção, cheio de sonhos atávicos e orgiásticos, entra "em divino êxtase revelador". Exulta em devaneios exóticos e encenações dos grandes arquétipos das viagens históricas portuguesas para a África e Ásia:

> Toda a vida marítima! tudo na vida marítima! [...]
> As solidões marítimas, como certos momentos no Pacífico [...]
> A extensão mais humana, mais salpicada, do Atlântico!
> O Índico, o mais misterioso dos oceanos todos!
> O Mediterrâneo, doce, sem mistério nenhum, clássico [...]

> Todos os mares, todos os estreitos, todas as baías, todos os
> golfos,
> Queria apertá-los ao peito, senti-los bem e morrer! (Pessoa 1993:
> 162)

Os episódios de luxúria, pirataria e canibalismo o transportam a um estado de consciência acima do bem e do mal, passando dos limites da moralidade e da sociedade, antes de voltar, exausto, ao cais e à quietude. A sinestesia anima memórias pseudo-históricas, assim como visões de um erotismo náutico violento. É uma realidade excessiva, resultado de uma fúria centrífuga de psiques e almas, dispersos numa viagem estridente e tão primitiva que parece anterior ao ser humano, puro ritmo antes de qualquer significado possível. Ao acompanhar essa viagem em voz lírica furiosa, o narrador vive uma identidade primitiva psíquica, numa tentativa desesperada de existir, independente do seu autor e das suas circunstâncias.

Dois contos
Em dois contos incompletos que ficaram inéditos até 2012 e 2015, recuperados e publicados por Ana Maria Freitas, "A perversão do longe" (2012: 55-64) e "A perda do hiate 'Nada'" (2015: 165-86), os narradores se fascinam por dois marinheiros e aventureiros taciturnos, ambos ligados à África, o primeiro a Madagáscar, onde diz que nunca desembarcou, e o Capitão Ayakwamm do hiate, cujo nome é de origem neerlandesa. Podem ter antecedentes os dois em personagens literários, tanto o "Velho Marinheiro" de Coleridge (1798), o obcecado capitão Ahab, do romance *Moby-Dick* (1851) de Melville, como o maldiçoado holandês voador, na ópera de Wagner (1843). Têm os dois marinheiros pessoanos um ar de mistério, dedicam-se a teorizações sobre a beleza, o vago e incerto do longe e do ideal, a rejeição da lógica e os domínios da imaginação.

No conto "A perversão do longe", o estranho marinheiro, que fora uma vez poeta simbolista, "como um grande pintor exilado pintando [...] as perfeições dos tons imperfeitos do mar", atrai a atenção do narrador quando diz, com os olhos fixados na Outra Margem, – "Que belo, a esta hora, o perfil nítido dos montes!" (2012: 57). Fascinado pelo ar indefinido e pelos olhos lúcidos do marinheiro, pela "estranha e inquietante beleza das suas obras [...] de paisagens perfeitas, de países impossíveis", o narrador pede-lhe para contar sua vida. Ouve um relato estranho e inesperado, de uma vida governada por impulsos ilógicos e que não distingue entre viagens e sonho de viagens. O marinheiro comparte lembranças de viagens a Madagáscar, a partes da Índia e a uma ilha de Oceânia, lugares onde nunca desembarcou, que nunca viu e que talvez não existam. Escreve, antecipando Alberto Caeiro, "Sou ilógico como o sistema do universo" (2012: 59). Sugere que as suas viagens poderão ter acontecido em outro mundo. Ao viver a mistura de sonho e realidade, com todas as sensações confundidas, a sua autodescrição resume a condição de Fernando Pessoa poeta:

> [...] como misturei o sonho e a realidade, todas as minhas sensações se misturaram e confundiram em mim [...] meu desassossego parece-me ser, ainda, a única atitude de alma que me dá algum descanso [...]. Vivi o paradoxo e o absurdo [...] Não sei como sentir o que verdadeiramente sinto. Não sei como viver a vida que vivi. Sou um monstro de impossibilidades realizadas. (2012: 60)

Ao contar as suas viagens talvez imaginadas, o marinheiro confessa sentir dor, ânsia, mágoa e tédio das viagens. Prefere imaginá-las do que ter de fazê-las. Não é a beleza do mar que o marinheiro vê, mas uma realidade única e una, "o mar-beleza [...] beleza e mar eram a mesma coisa". São sentimentos repetidos no poema "The Lost Key" de *The Mad Fiddler*:

> Set out from sight of shore!
> Grow tired of every sea!
> All things are ever more
> Than most they seem to be. (1995b: 388)

O narrador do conto, encantado pela poesia pura do estado do marinheiro, entre o sonho e a viagem, roga acompanhá-lo nessas viagens da imaginação, a Constantinopla, a ilhas da Oceânia, mas é recusado com a curta recusa, "Não [...] O sr. não é belo [...] É feio e cheio de realidade" (2012: 62). Rejeitado, o narrador começa a duvidar da realidade do marinheiro; pode ser que tenha sido atraído pela tentação ou perversão do Longe, pelo fantasma daquilo que não se sabe se passou realmente. Talvez o marinheiro fosse apenas a incarnação desse Longe, um sonho dentro do sonho do viver. Frente a um paradoxo irresolúvel, o narrador recomenda uma atitude de indiferença consciente a tudo, como a única maneira de acomodar-se à vida quotidiana.

"A perda do hiate 'Nada'", história apresentada como duvidosa pelo narrador, volta ao caso de uma viagem, ou não viagem, no hiate fantasma do Capitão Ayakwamm, que acaba em naufrágio e tragédia. Pode ser considerado outro dos contos de raciocínio pessoanos. Novamente, um capitão fascina o narrador, pela fisionomia triste, pelo caráter forte, pela inteligência e pelo aspeto de melancolia e de desespero. Numa exposição de mestria filosófica, o Capitão prova que o conhecimento científico é superficial, sendo individual. Usando de ideias provavelmente encontradas na obra de Arthur Schopenhauer, *O Mundo como Vontade e Representação* [*Die Welt als Wille und Vorstellung*] (1818), alega o Capitão que apenas a vontade, por ser inconsciente e impessoal, pode chegar à verdade. E da vontade, apenas a crença é capaz de criar, de fazer ser – ao contrário do imaginar, visualizar, imaginar ou desejar. E essa vontade pura não opera no universo inteiro, mas num subuniverso criado pela vontade. Quem crê cria realidades, no caso, o hiate "Nada". Será o Capitão um tipo de super-homem imortal nietzschiano, criador de alémmundos, empenhado em fazer um grande ato de criação, paradoxo supremo, ao criar artificialmente e por força de vontade um mundo real? Assim, a viagem do hiate "Nada" é uma realidade outra, uma das infinitas realidades que podem ser criadas, todas infinitas, diferentes e afastadas uma da outra. Numa, encontra-se ainda a armada d'El Rei D. Sebastião.

No meio da viagem, o narrador, servindo de médico a bordo, ao examinar pinturas de paisagens exóticas e perfeitas dos lugares impossíveis pelas quais passavam, descobre com pavor e angústia que os quadros eram fotografias, portanto esses lugares-fantasma deveriam existir: palácios, castelos, jardins ideais e perfeitos. Percebe também que o mar em que viajam não é um mar comum, mas estranhamente perfeito. A beleza era inseparável desse mar, o mar-beleza. Sabe naquele momento que saíra do mundo real, entra num novo mundo desconhecido. Vive duplamente na realidade outra desse mar de sonhos verdadeiros, criados pela vontade do Capitão Ayakwamm.

Voltando a pensar nas pinturas, o narrador sente-se torturado por dúvidas e avança gritando ao Capitão: "Mas tudo isso, tudo isso *não é real*. Tudo isto não pode ser". Com o grito, com a desconfiança, desfaz-se tudo e o hiate naufraga naquele instante contra rochedos de estranha beleza. O narrador salva-se nadando até uma ilha deserta, de onde é salvo por um vapor de carreira. Quando lhe é perguntado depois sobre o nome do brigue perdido, não pode dizer senão "Nada", resposta que parecia absurda e falsa. Quando depois o narrador meditava sobre o irreal desta vida, surgia diante dos olhos a figura do Capitão Ayakwamm, meio sinistro e meio divino. "A perda do hiate 'Nada'" trabalha com a relação entre a consciência e os espaços alternativos, realidades outras, como a viagem pela beleza pura do hiate "Nada", realidade excessiva e frágil, construída pela vontade de criação pura do filósofo-artista Capitão.

Mensagem/ "Mar Português"

Os doze poemas de "Mar Português" (1934) não pertencem, da mesma maneira, ao tempo histórico, mas aos segredos dos deuses, personificados pelo Mostrengo, que dialoga com D. João Segundo, ou seja, Adamastor, o gigante cuja paixão fora rejeitada pela deusa Tétis, que o transformou num monte estéril. O tema desses poemas é o alto custo, a perda e a amargura das viagens em termos humanos, capturados em versos que fazem da água do mar lágrimas: "Ó mar salgado, quanto do teu sal/ São lágrimas de Portugal". Partindo da Torre de Belém, os marinheiros ouvem a denúncia d'O Velho do Restelo, lamentando as noivas abandonadas e toda uma geração ausente: "Quantas noivas ficaram por casar/ Para que fosses nosso, ó mar". Os heróis Bartolomeu Dias e Fernão de Magalhães estão enterrados nas areias da África e Oceânia, Sepúlveda e Leonor em Moçambique, Lourenço de Almeida nas águas de Chaul. Assim desafia-se o Mostrengo, com perda e sacrifício, para poder cumprir o destino, possuir o mar e chegar ao fim da terra, ao paraíso. É matéria para um drama de paixão religiosa realizada no poema "Ascensão de Vasco da Gama". Lá, Pessoa compõe uma ópera barroca sinfónica, narrada em terceira pessoa, cujo cenário é o mundo das viagens, reduzido aos seus elementos essenciais, mar, terra e céu: é o mar-beleza unido ao céu-beleza. A emoção é de alumbramento, frente ao espaço, som e luz de um espetáculo celeste. Através da figura clássica *adynaton*, uma forma de hipérbole levada a estremos quase impossíveis, o céu abre, como tromba de água, para receber a alma do Argonauta. É um teatro marítimo concentrado num momento de misticismo e de êxtase, personificado no último marinheiro elevado pelo mar e pelo destino, virado divindade.

Conclusão

Com os cinco marinheiros, Pessoa personifica e idealiza o personagem masculino, que se entrega de corpo e alma a um raciocínio e a uma lógica diferentes, desenvolvidos muito acima da norma e aplicados a realidades alternativas superiores. Esses personagens remontam, do lado vitoriano, a figuras ficcionais como Sherlock Holmes, de Arthur Conan Doyle (1859-1930), ou na França às memórias de Eugène François Vidocq (1775-1857), ou aos personagens Monsieur Lecoq (1900), de Émile Gaboriau (1832-1873), ou Arsène Lupin (1905), de Maurice Leblanc (1864-1941); e, antes, a marinheiros como o capitão Bernard Fokke

(1600-1678), identificado com a lenda do holandês voador, ou ao capitão James Cook (1728-1779), que encontrou o seu fim no Pacífico.

Da mesma maneira, pode-se considerar, ou debater, o nexo entre esses personagens e os heterónimos, mais completamente biografados. Os marinheiros são personagens porta-vozes de filosofias, obcecados com a procura de uma condição, uma beleza pura de pensamento e de existência, que mal pode ser imaginada, muito além da nossa realidade. Existem graças ao poder da imaginação, navegam em mundos e vidas governados por leis de física e de consciência muito diferentes das vigentes e atuais. Há nisso um assombro, pela audácia e diferença, e algum absurdo, humor e loucura. Em uma variada e ondulante obra, os cinco marinheiros pessoanos abrem novos espaços, encontram na imaginação marítima um caminho à despersonalização e à universalidade, num espaço imaginado de novas dimensões, aberto a outras realidades, ao infinito, aos sonhos e ao mistério.

Referências bibliográficas

Maeterlinck, Maurice (1896). *Le Trésor des humbles*. Paris: Societé dv Mercvre de France.

Pessoa, Fernando (1934). *Mensagem*. Lisboa: Parceria António Maria Pereira.

Pessoa, Fernando (1952). "O Marinheiro", *Poemas dramáticos*, notas explicativas e notas de Eduardo Freitas da Costa. Lisboa: Ática. 1ª publ. in *ORPHEU*, 1, (jan-mar. 1915).

Pessoa, Fernando (1988). *Um jantar muito original* [A Very Original Dinner]; *A porta*, tradução e pósfacio de Maria Leonor Machado de Sousa. Lisboa: Relógio d'Água.

Pessoa, Fernando (1991). "O banqueiro anarquista". Lisboa: Assírio & Alvim. 1ª publ. in *Contemporânea* 1.1 (maio 1922).

Pessoa, Fernando (1993). *Poesias de Álvaro de Campos*. Lisboa: Ática.

Pessoa, Fernando (1995a). *Poesias*, nota explicativa de João Gaspar Simões e Luiz de Montalvor. Lisboa: Ática, 15ª ed.

Pessoa, Fernando (1995b). "The Mad Fiddler", *Poesia inglesa*, organização e tradução de Luísa Freire, prefácio de Teresa Rita Lopes. Lisboa: Livros Horizonte. 1ª publ. in *O Louco Rabequista* (1988), organização e tradução de José Blanc de Portugal. Lisboa: Presença.

Pessoa, Fernando (1998). *Livro do Dessassossego*. Lisboa: Assírio & Alvim.

Pessoa, Fernando (2008). *Quaresma, decifrador: as novelas policiarias*, Ana Maria Freitas (ed.). Lisboa: Assírio & Alvim.

Pessoa, Fernando (2012). "A perversão do longe", *O Mendigo e outros contos*, Ana Maria Freitas (ed.). Lisboa: Assírio & Alvim.

Pessoa, Fernando (2015). "A perda do hiate 'Nada'", *A Estrada do Esquecimento e outros contos*, Ana Maria Freitas (ed.). Lisboa: Assírio & Alvim.

A gramática de Shakespeare n'*O Marinheiro* de Pessoa[1]

Flávio Rodrigo Penteado

Preâmbulo

Na fortuna crítica d'*O Marinheiro*, são recorrentes as aproximações com certos dramas de Maurice Maeterlinck. Uma das raras abordagens alternativas a esta, proposta por Antonio Tabucchi (1984), é também uma das mais originais. Neste curto ensaio, o autor sugere que a coluna medular do texto de Fernando Pessoa se edifica não a partir das realizações do dramaturgo belga, mas sim da poética shakespeariana, cuja marca mais acentuada teria sido o recurso ao teatro dentro do teatro, responsável por reconfigurar a ficção da vida no plano da ficção teatral. Assim, na perspectiva do crítico italiano, aquela peça conforma "uma obra shakespeariana sem entrechos, sem misérias, sem humanidade e sem personagens: é a gramática de Shakespeare que Pessoa, no torno dos seus raciocínios, aplica às vozes do drama" (Tabucchi 1984: 92).

Atento a semelhante dinâmica, o ensaísta se detém nos meios de articulação interna dos dramas de William Shakespeare e na forma como estes encontram ressonância nos de Pessoa, com os quais, na aparência, guardam tão poucas semelhanças. O parentesco, por certo, não é evidente e escapou mesmo a Mariana Gray de Castro (2016), que efetuou o mais completo estudo comparativo entre as obras de ambos até o presente. A autora considera que "Pessoa's refusal to be impressed by Shakespeare as a dramatist explains why he does not use him as a model for his own plays" e acrescenta, logo a seguir, que a única peça publicada por ele é "an entirely static one, and in this light more akin to dramatic poetry than 'pure' drama" (Castro 2016: 51).

Ainda que Pessoa nos tenha legado textos críticos em que se dedica a esclarecer as supostas deficiências de Shakespeare quanto à estruturação de suas peças, a perspectiva adotada por Tabucchi favorece uma estimulante aproximação a *O Marinheiro*. Não obstante negar de modo convicto que o autor português tenha se inspirado em, dialogado com ou sido influenciado por Maeterlinck – proposição facilmente refutável –,[2]

---

[1] O presente texto, elaborado com recursos da Fundação de Amparo à Pesquisa do Estado de São Paulo (Processo FAPESP 2016/19417-7), constitui uma parcela revista e atualizada do penúltimo capítulo da dissertação de mestrado *O teatro da escrita em Fernando Pessoa*, defendida por mim na Universidade de São Paulo, em abril de 2015.
[2] Tão evidente é a relação entre as obras dos dois autores que compará-las se converteu em lugar-comum. Ainda assim, há que se referir a exaustiva análise empreendida mais recentemente por Correia (2011).

convém reter daquele ensaio o que apresenta de mais sugestivo: a intuição de que o significado profundo daquele "drama estático em um quadro" se alcança não ao desnudá-lo, mas sim ao revesti-lo. Dito de outro modo, o crítico propõe que, em vez de subtrair-lhe camadas, é preciso acrescer-lhe, para que ganhe relevo o dispositivo dramático da obra: o teatro dentro do teatro, que nela toma a forma de sonhos encapsulados por sonhos.

Tal como será tratada aqui, sob inspiração do sucinto estudo de Tabucchi, a gramática de Shakespeare se baseia ainda na suspeita de que a vida – isto é, o conjunto de relações que cada ser humano estabelece cotidianamente com os demais elementos do mundo que o circunda – não passa de sonho. Esta é uma intuição frequente no universo pessoano, em que estes dois elementos, *vida* e *sonho*, costumam estar acompanhados por um terceiro, *morte*: "Aquela relação que há entre o sono e a vida é a mesma que há entre o que chamamos vida e o que chamamos morte. Estamos dormindo, e esta vida é um sonho, não num sentido metafórico ou poético, mas num sentido verdadeiro" (Pessoa 2012: 191).

Embora costumemos associá-la de imediato à bem conhecida peça de Pedro Calderón de la Barca, que também sedimentou, com *El gran teatro del mundo*, a metáfora barroca do *theatrum mundi* no imaginário das gerações posteriores, a concepção da vida como sonho lhe é bastante antecedente, comparecendo em algumas lendas de matriz budista e no mito da caverna narrado por Platão no sétimo livro d'*A república*. No entanto, especificamente o motivo do sujeito miserável que se torna rei, central em *La vida es sueño*, também se faz notar em *The Taming of the Shrew* de Shakespeare.

O que distingue as criações de Pessoa daquelas de Calderón e Shakespeare, seja no que se refere ao vertiginoso universo da heteronímia, seja no que tange a *O Marinheiro*, é o acentuado caráter volúvel que o escritor português confere a categorias rígidas como vida e morte, verdade e mentira, criador e criatura, procedendo a um embaralhamento desses pares. Já em determinadas alturas do *Livro do Desassossego*, no qual se alude à realidade como "episódio da imaginação" (Pessoa 2012: 227), a mistura se opera em tal medida que praticamente se dissipa a distinção entre universo tangível e universo sonhado:

> Reconhecer a realidade como uma forma da ilusão, e a ilusão como uma forma da realidade, é igualmente necessário e igualmente inútil. [...] || Qualquer coisa, conforme se considera, é um assombro ou um estorvo, um tudo ou um nada, um caminho ou uma preocupação. Considerá-la cada vez de um

modo diferente é renová-la, multiplicá-la por si mesma. (Pessoa 2012: 120)

É certo que, na passagem acima, o problema assume contornos distintos dos que veremos em detalhe n'*O Marinheiro*: defende-se, aí, uma constante alternância de referentes que suspende a dicotomia ("um tudo ou um nada") em favor do paradoxo ("é igualmente necessário e igualmente inútil"). Importa ressaltar, todavia, a particularidade da forma como Pessoa aborda o binômio sonho-realidade: tanto n'*A vida é sonho* quanto n'*A megera domada* as oposições se demarcam com mais firmeza, de modo que a plateia não tem dificuldade em perceber o que pertence a uma esfera e à outra. Em outras palavras, pode-se afirmar que a eficácia do dispositivo dramático destas peças de Calderón e Shakespeare reside na clara separação entre essas duas instâncias, sonho e realidade, ainda que os autores tirem proveito do suposto embaralhamento entre elas, tal como veremos a seguir.

Inversões sem desordem
No prólogo d'*A megera domada*, quando o embriagado Sly, que afirma nunca ter tido "mais meias do que pernas, nem mais sapatos do que os pés" (Shakespeare 2008: 306), desperta em aposento luxuoso de uma casa nobre, trajando rico camisolão de dormir e cercado por serviçais, que insistem em tratá-lo por "Vossa Honra" e "Vossa Grandeza", a incerteza que exprime não se estende à audiência, que assiste à elaboração do embuste desde o princípio:

> SLY – Am I a lord and have I such a lady?
> Or do I dream? Or have I dream'd till now?
> I do not sleep: I see, I hear, I speak;
> I smell sweet savours, and I feel soft things.
> Upon my life, I am a lord indeed,
> And not a tinker, nor Christopher Sly. (Shakespeare 1966: 286)

> [SLY – Sou fidalgo?
> Tenho uma esposa assim, ou sonho, acaso?
> Ou sonhei até agora? Não; dormindo
> não estou: vejo, escuto, falar posso,
> sinto perfumes suaves, toco em coisas
> agradáveis. Por minha vida, é certo:
> sou nobre de verdade, não latoeiro;
> não sou Cristóvão Sly.] (Shakespeare 2008: 307)

O efeito cômico da sequência de abertura depende da clara distinção, operada pela plateia, entre sonho e realidade. Semelhante linha divisória é também o que sustenta a principal cadeia de eventos do texto, uma vez que as peripécias de Petrucchio para submeter Catarina ao casamento – o que abre caminho para a disputa da mão de Bianca, a irmã caçula, por outros pretendentes – constituem nada mais do que o enredo de uma peça teatral representada por uma companhia de atores para divertimento de Sly e "sua" corte, espetáculo na verdade encomendado pelo nobre que idealizou toda a farsa e que preenche a íntegra dos cinco atos da comédia de Shakespeare.

Se *A megera domada* representa, por um lado, típica ocorrência de teatro dentro do teatro, na medida em que "o público externo assiste a uma representação no interior da qual um público de atores também assiste a uma representação" (Pavis 2011: 385), a peça igualmente participa, por outro lado, de uma tendência mais ampla no teatro shakespeariano, dominado pelo tema do disfarce e da ilusão. De fato, a famosa sentença enunciada pela personagem Jaques em *Como quiserdes* (título segundo tradução planeada pelo escritor português para *As You Like It*; cf. Pessoa 1999: 13), segundo a qual "O mundo é um palco; os homens e as mulheres, meros artistas, que entram nele e saem" (Shakespeare 2008: 364),[3] ilustra não apenas uma visão de mundo, como também um dos dispositivos dramáticos prediletos do autor inglês: Iago, já na cena inicial de *Otelo*, previne a plateia de suas intenções malignas ao afirmar, com ares de paradoxo, "I am not what I am" (Shakespeare 1966: 1115); no *Rei Lear*, o Conde de Kent, expulso do reino por tomar o partido da leal Cordélia, retoma seu posto no séquito real sob disfarce; Hamlet, com o objetivo de desmascarar o Rei Cláudio, simula estar louco. Não é diferente na comédia aqui focalizada: como parte de seu plano para cortejar Bianca em segredo, Lucêncio assume o papel de professor de latim, e seu criado, Trânio, toma-lhe o lugar, ardil reduplicado diante de outro criado seu, Biondello:

> LUCENTIO – Your fellow Tranio here, to save my life,
> Puts my apparel and my count'nance on,
> And I for my escape have put on his; [...]
> Wait you on him, I charge you [...]
> And not a jot of Tranio in your mouth:
> Tranio is chang'd into Lucentio.

---

[3] "All the world's a stage,/ And all the men and women merely players;/ They have their exits and their entrances" (Shakespeare 1966: 266).

BIONDELLO – The better for him; would I were so too!
TRANIO – So could I, faith, boy, to have the next wish [...]
When I am alone, why, then I am Tranio;
But in all places else your master Lucentio.
(Shakespeare 1966: 290)

[LUCÊNCIO – Para salvar-me a vida, Trânio assume
minha aparência e veste minha roupa,
como eu, para escapar, vesti a dele. [...]
Ficareis a serviço dele [...]
E nessa boca, nada sobre Trânio.
Trânio agora é Lucêncio.
BIONDELLO – Tanto melhor para ele. Desejara
também ser ele.
TRÂNIO – O mesmo eu desejara [...]
Sozinho estando,
volto a ser Trânio; mas com gente estranha,
sou vosso amo Lucêncio.] (Shakespeare 2008: 311)

Vê-se que, não obstante a peça inteira se baseie em tal mecânica de inversões e estas constituam, mais do que um dado do enredo, a própria engrenagem construtiva do texto, em nenhuma medida as diferentes instâncias se embaralham. N'*O Marinheiro* de Pessoa, por sua vez, tal confusão se estende à própria estrutura do texto, não permitindo que firmemos pontos de referência estáveis, conforme logo veremos em detalhe. Não é o que sucede em Shakespeare; o dramaturgo inglês garante que sua audiência esteja atenta à ironia que permeará o discurso e os gestos de Petrucchio em suas investidas contra Catarina, permitindo-lhe que assimile de ambos precisamente o oposto do que aparentam exprimir:

PETRUCCHIO – I'll attend her here,
And woo her with some spirit when she comes.
Say that she frown; I'll say she looks as clear
As morning roses newly wash'd with dew.
Say she be mute, and will not speak a word;
Then I'll commend her volubility,
And say she uttereth piercing eloquence.
If she do bid me pack, I'll give her thanks,
As though she bid me stay by her a week;
If she deny to wed, I'll crave the day

When I shall ask the banns, and when be married.
(Shakespeare 1966: 295)

[PETRUCCHIO – Vou cortejá-la com algum espírito.
Se me insultar, dir-lhe-ei sem circunlóquios
que como o rouxinol tem ela o canto;
franzindo o rosto, lhe direi que é límpida
como a rósea manhã que o orvalho banha;
se não disser palavra e ficar muda,
elogios farei ao seu talento
de expressar-se, afirmando que a eloquência
dela é arrebatadora. Convidando-me
a retirar-me, agradecido mostro-me,
como se o grato invite eu recebesse
de ficar junto dela uma semana.
Se desposar-me não quiser, lhe falo
sobre os proclamas e o feliz evento.] (Shakespeare 2008: 318)

Ilusões dentro de ilusões, sem que jamais se perca o ponto de referência exato, detonador da sequência de desdobramentos: eis o que também ocorre n'*A vida é sonho*, de Calderón. Acompanhamos a labiríntica trajetória de Segismundo, filho renegado do rei Basílio que fora preso numa torre desde o nascimento, sem outro contato com o exterior senão através de Clotaldo, servo de seu pai, mas em momento algum nos perdemos entre sonho e realidade, sono e vigília, perante os inúmeros questionamentos lançados pelo protagonista:

SEGISMUNDO
Dizer que é sonho é engano:
bem sei que desperto estou.
Eu Segismundo não sou? (Calderón de la Barca 1973: 82)
***
BASÍLIO
[...] olha bem, fica avisado:
deves ser humilde e brando,
pois estás talvez sonhando
pensando estar acordado.
(*Vai-se.*)

SEGISMUNDO
Que talvez sonhando estou

embora acordado esteja?
Não sonho, pois toco e vejo
o que já fui e o que sou. (Calderón de la Barca 1973: 97)

***

CLOTALDO
[...] nunca acordaste?

SEGISMUNDO
    Mas eu
não estou bem acordado;
pois agora estou pensando
que continuo sonhando,
e não 'stou muito enganado;
pois se foi tudo sonhado
o que vi seguro e certo,
o que ora vejo é incerto;
e não espanta que, vencido,
veja estando adormecido,
e sonhe estando desperto. (Calderón de la Barca 1973: 127-28)

Ver estando adormecido, sonhar estando desperto: não é difícil imaginar o fascínio que afirmações desta espécie possam ter exercido sobre Pessoa; é possível, ainda, que não ignorasse a dupla acepção da palavra *sueño* em espanhol, designando tanto o ato de sonhar quanto o de dormir, vocábulo que em português corresponde ora a *sonho*, ora a *sono*. A obsessão pela vida enquanto sonho, "não num sentido metafórico ou poético, mas num sentido verdadeiro", constitui aspecto fundamental d'*O Marinheiro*, texto teatral em que se exploram fissuras e tensões que não distinguem com clareza a "ilusão de vida" da "vida em si" (Pessoa 2013: 65). Se nas peças de Calderón e Shakespeare até aqui citadas a indeterminação se limita à esfera diegética, implicando apenas as personagens envolvidas na ação, no drama estático de Pessoa essa dificuldade se impõe também ao leitor.

A instabilidade incorporada à estrutura
Com o fim de tornar mais evidente a arquitetura dramática d'*O Marinheiro*, é admissível segmentar o texto em três partes. Na primeira, três "donzelas" em vigília diante de uma quarta, morta, trocam réplicas em que se precipitam especulações de ordem metafísica a respeito da vida, do mundo e do passado. As personagens compartilham questionamentos, mas a dúvida ainda não prevalece: embora a angústia

já se faça presente, não as domina, por buscarem na fala o preenchimento do vazio que as assombra. Nesse início, há, inclusive, um procedimento de construção do diálogo que se repete por, pelo menos, duas vezes: as veladoras falam para fugir ao silêncio e ocupar o tempo, ainda que já pressintam a fala como algo perigoso; quando o assunto, porém, está na iminência de se esgotar, a Primeira Veladora de súbito interpela suas companheiras com uma interrogação: "Se passeássemos?... [...] Quando virá o dia?..." (Pessoa 2017: 32- 33).[4]

Há que se perceber, enfim, que, na primeira parte, o diálogo ainda não é desencontrado: as veladoras realizam comentários que encontram eco na fala das companheiras, lançando-se perguntas que, não sendo de natureza retórica, são respondidas pelas demais, tal como no seguinte excerto: "PRIMEIRA – [...] O mar de outras terras é belo? || SEGUNDA – Só o mar das outras terras é que é belo" (Pessoa 2017: 33). Esse é um detalhe importante, pois, à medida que *avança* esse "drama estático", vão sendo dissolvidos os feixes que sustentam a comunicação entre as personagens.

O instante em que a Segunda Veladora passa a narrar um sonho tido por ela à beira-mar, envolvendo o marinheiro que dá título à peça, marca o início do que poderíamos referir como a segunda parte. É essa a única ocasião em que as personagens conhecem alguma tranquilidade, deixando de se preocupar exclusivamente em ocupar o espaço com palavras. Há, no entanto, breves intervalos nos quais as especulações retornam, pontuando o relato, cuja síntese é bastante conhecida: depois de naufragar, um marinheiro encontra refúgio em uma ilha longínqua e, saudoso de sua terra natal, para onde provavelmente jamais retornaria, passa a "sonhar uma pátria que nunca tivesse tido" (Pessoa 2017: 39), em substituição à anterior. Assim é que, dia após dia, durante anos, empenha-se em sua criação: delineia paisagens, cidades, ruas e travessas; na sequência, preenchendo-as com habitantes, principia a distinguir os "companheiros da infância", bem como "os amigos e inimigos da sua idade viril" (Pessoa 2017: 41). Chega um momento, contudo, em que, cansado de sonhar, o marinheiro se tenta recordar de sua pátria autêntica, sem sucesso: todas as lembranças convergiam para sua "pátria de sonho" (Pessoa 2017: 41). Mais do que inúteis, portanto, mostram-se absurdos seus esforços de recordação:

> Toda a sua vida tinha sido a sua vida que sonhara... E ele viu que não podia ser que outra vida tivesse existido... Se ele nem de uma

---

[4] Atualizou-se a ortografia arcaizante do autor, acatada pelos editores da publicação referida.

rua, nem de uma figura, nem de um gesto materno se lembrava...
E da vida que lhe parecia ter sonhado, tudo era real e tinha sido...
Nem sequer podia sonhar outro passado, conceber que tivesse tido
outro, como todos, um momento, podem crer... (Pessoa 2017: 41)

Ao término do relato, as veladoras passam a se questionar: e se, assim como aquelas do marinheiro, suas lembranças, em vez de frutos de vivências empíricas, não passassem de criações do imaginário? A partir da história narrada, então, detona-se uma sequência de indagações em que a dúvida passa a ganhar ares de certeza. Todo esse trecho final, ao qual se pode chamar a terceira parte da peça, é acelerado pela angústia, em ritmo ascendente, que a narrativa provoca no trio. Se, na primeira parte, frequentemente as veladoras lançavam perguntas umas às outras à espera de resposta, as páginas que antecedem o arremate são marcadas pela explosão do que antes estava restrito ao subtexto: aquelas figuras falam entre si não para se comunicarem, mas apenas para preencherem lacunas. Nesse sentido, as interrogações de uma daquelas figuras deixam progressivamente de encontrar eco nas outras duas e escancaram seu caráter retórico, aflitivo:

> PRIMEIRA – Não faleis mais, não faleis mais... [...] || Que foi isso que dissestes e que me apavorou?... [...] Não, não... Não digais nada... Não vos pergunto isto para que me respondais, mas para falar apenas, para me não deixar pensar... [...] Devíamos já ter acabado de falar... Há tempo já que a nossa conversa perdeu o sentido... [...] O que é que se está dando nas cousas de acordo com o nosso horror?... Ah, não me abandoneis... Falai comigo, falai comigo... (Pessoa 2017: 44-45)

Nota-se que a narrativa do marinheiro é o que detona a indeterminação entre sonho e realidade nesta peça; no entanto, já a rubrica de abertura, a seguir citada na íntegra, apresenta elementos que permitem borrar os contornos que separam as duas instâncias, antecipando um dos motivos centrais do texto:

> *Um quarto que é sem dúvida num castelo antigo. Do quarto vê-se que é circular. Ao centro ergue-se, sobre uma essa, um caixão com uma donzela, de branco. Quatro tochas aos cantos. À direita, quase em frente a quem imagina o quarto, há uma única janela, alta e estreita, dando para onde só se vê, entre dois montes longínquos, um pequeno espaço de mar. || Do lado*

da janela velam três donzelas. A primeira está sentada em frente à janela, de costas contra a tocha de cima da direita. As outras duas estão sentadas uma de cada lado da janela. || *É noite e há como que um resto vago de luar.* (Pessoa 2017: 31)

Sabemos que essa espécie de texto, modernamente referida como rubrica ou indicação cênica, entre os gregos recebia o nome *didaskalia*, correspondendo à ideia de instrução ou ensinamento. Tratava-se, efetivamente, de diretrizes que tinham em vista a representação do texto dramático, transmitidas aos atores pelos poetas. A natureza desses direcionamentos situados à margem da fala das personagens varia pouco: anotam-se as entradas e saídas de personagens, fixam-se as coordenadas espaciotemporais, detalham-se os cenários, etc. Seu emprego atinge, pois, tanto o nível da representação cênica quanto o dos eventos ficcionais, aproximando-se do papel da descrição no gênero narrativo.

Mais do que fornecer as informações necessárias para que o texto seja levado ao palco, portanto, a didascália preocupa-se em esclarecer a situação; aquela citada acima, entretanto, introduz elementos que abrem espaço para o dúbio: não obstante situar o quarto "*sem dúvida* num castelo antigo", o trecho, quando sinaliza ser noite, indica haver "*como que* um resto vago de luar". Não bastasse a eleição de um símile, que induz à comparação metafórica – estranha a qualquer descrição pretensamente objetiva –, o trecho realça o que há de *vago* no que resta de luar, o que tanto pode dizer respeito à quase ausência de luz proveniente da lua, como também à incerteza de afinal haver alguma reminiscência desta luminosidade naquele quarto. Além do mais, é curiosa a expressão inicial "sem dúvida", cuja presença instaura, paradoxalmente, certo pasmo no leitor: por que empregá-la se, por convenção, é no discurso didascálico que se fornecem elementos diretivos? Será mesmo uma informação confiável? A ausência deste termo causaria tanta inquietação quanto seu acréscimo? Trata-se, por certo, de uma locução que escapa completamente ao rigor esperado de uma rubrica tradicional.

Também a opção por certas formas impessoais ("Do quarto *vê-se* que é circular"; "dando para onde só *se vê*") mascara uma ambiguidade: quem vê? A pergunta não soa despropositada quando atentamos a outro detalhe da descrição espacial, dirigido a "quem imagina o quarto": quem imagina, o leitor ou o autor? Se partirmos do pressuposto de que a peça se propõe mais à leitura do que à representação cênica, o interesse recai sobre o primeiro elemento; todavia, também o segundo pode sobressair, visto que o texto de Pessoa trabalha no limite da ideia de *imaginação* como sinônimo de *criação*, contestando a distinção entre fabricante e fabricado ao admitir a corporificação de produtos do imaginário: o marinheiro sonhado pelas veladoras, afinal, sonha uma realidade que desestabiliza o plano em que estas se situam.

Assim sendo, já a didascália de abertura soma componentes de indeterminação a este drama que se caracteriza por intenso questionamento do estatuto do real. Essa não é uma particularidade a se desprezar, quanto mais porque resvala em outros aspectos da mecânica de construção da peça: se as rubricas, por definição, consistem em indicações *confiáveis*, necessárias à produção de sentido, de que forma lidar com partículas textuais que, situadas à margem do diálogo, se contaminam pela indistinção que preside o conjunto de situações que se põem diante de nós? Esse é o caso da rubrica abaixo, disposta na sequência da fala de uma das veladoras, já no auge dos questionamentos levados adiante por aquelas figuras:

> PRIMEIRA – [...] Isso é tão estranho que deve ser verdade... [...] Se nada existisse, minhas irmãs?... Se tudo fosse, de qualquer modo, absolutamente cousa nenhuma?... Porque olhastes assim?... || *(Não lhe respondem. E ninguém olhara de nenhuma maneira).* (Pessoa 2017: 44)

É possível afiançar que nenhuma das outras duas veladoras de modo algum dirigira o olhar à primeira? Nos termos em que Pessoa articula sua peça, lançando sobre ela abundantes camadas de névoa, não se pode responder com segurança a essa pergunta. No entanto, o próprio arremate deste drama depende da didascália de encerramento:

> *Um galo canta. A luz, como que subitamente, aumenta. As três veladoras quedam-se silenciosas e sem olharem umas para as outras.* || *Não muito longe, por uma estrada, um vago carro geme e chia.* (Pessoa 2017: 47)

Vê-se, aqui, mais uma vez a presença do "como que" em oração de cunho objetivo. Pode-se apostar no raiar do dia, afinal? Não há garantia alguma disso. E quanto ao "vago carro", refere-se a um veículo distante (o que estaria em desacordo com a indicação anterior, "Não muito longe") ou vazio e, por consequência, inexistente? Também as poucas reações emotivas encriptadas nas falas das veladoras transmitem semelhante insegurança ao leitor: "SEGUNDA – [...] Sinto que me ardem os olhos, de eu ter pensado em chorar... || PRIMEIRA – Chorastes, com efeito, minha irmã. || SEGUNDA – Talvez... Não importa..." (Pessoa 2017: 44). Está claro, pois, que, n'*O Marinheiro*, a instabilidade outrora manipulada por Shakespeare e Calderón não se restringe à temática.

Uma escala na ilha de Próspero

The Tempest é outro drama shakespeariano em que se nota não apenas o emprego do teatro dentro do teatro, mas também a manipulação das aparências. Nesta peça, há um motivo que parece ecoar no texto pessoano:[5] o exílio de uma personagem em uma ilha longínqua – no caso, experimentado por Próspero, duque deposto do cargo, e sua filha Miranda, os quais ali suportam, há anos, o forçado isolamento da civilização, cercados por espíritos e seres mágicos. O patriarca mantivera em segredo sua vida anterior no Ducado de Milão, de forma que, até o início da Cena 2 do Ato I, Miranda não sabe quem é, tampouco de onde vem, e suas poucas lembranças da infância se confundem com um sonho:

> PROSPERO – [...] Canst thou remember
> A time before we came unto this cell?
> I do not think thou canst; for then thou was not
> Out three years old.
> MIRANDA – Certainly, sir, I can.
> PROSPERO – By what? By any other house, or person?
> Of any thing the image, tell me, that
> Hath kept with thy remembrance?
> MIRANDA – 'Tis far off,
> And rather like a dream than an assurance
> That my remembrance warrants. (Shakespeare 1966: 2)

> [PRÓSPERO – [...] Lembras-te
> De antes de virmos para esta gruta?
> Não creio que te lembres, pois não tinhas então
> Sequer três anos.
> MIRANDA – Certamente, senhor, recordo.
> PRÓSPERO – Recordas o quê? Outra casa, outra pessoa?
> Se de algo guardas memória conta-me
> O que ficou na tua lembrança.

---

[5] A afinidade entre a peça de Shakespeare e a de Pessoa já foi sinalizada na encenação *O naufrágio*, cuja dramaturgia propõe o diálogo entre os dois textos. Dirigida por Silvia Davini, a montagem cumpriu duas temporadas, uma em 2006 e a outra em 2010, ambas produzidas pelo grupo Vocalidade & Cena, vinculado ao Departamento de Artes Cênicas da Universidade de Brasília.

MIRANDA – É longínquo,
É mais um sonho do que um facto aquilo
Que a minha memória guarda.] (Shakespeare 2011: 50)

No prefácio à edição portuguesa aqui citada, Mariana Gray de Castro observa que a relação entre magia e dramaturgia, recorrente nesta peça, diz respeito à "metáfora unificadora que atravessa toda a obra de Shakespeare: a ideia do mundo como um palco onde existir (ou ser) e representar (ou agir) – as palavras em inglês, *being* e *acting*, invocam os dois sentidos – são de impossível separação" (Castro 2011: 17). Na sequência, a pesquisadora refere o bem conhecido discurso que Próspero enuncia após o bailado em celebração ao matrimônio de sua filha com Ferdinando, salientando haver ali uma "profunda meditação sobre a irrealidade teatral do mundo", uma vez que "suas palavras também aludem à própria peça e, por conseguinte, ao mundo que ela precariamente instaura como representação" (Castro 2011: 17). Recordemos, também nós, essa famosa passagem:

PROSPERO – [...]
Our revels now are ended. These our actors,
As I foretold you, were all spirits, and
Are melted into air, into thin air;
And, like the baseless fabric of this vision,
The cloud-capp'd towers, the gorgeous palaces,
The solemn temples, the great globe itself,
Yea, all which it inherit, shall dissolve,
And, like this insubstantial pageant faded,
Leave not a rack behind. We are such stuff
As dreams are made on; and our little life
Is rounded with a sleep. (Shakespeare 1966: 21)

[PRÓSPERO – [...]
O nosso entretenimento acabou. Estes actores,
Como já te tinha dito, são todos espíritos,
Esvaíram-se no ar como finos vapores;
E, tal como é ilusória esta visão,
Também as altas torres, os palácios soberbos,
Os templos solenes e mesmo este grande globo,
E todos os que o ocupam, se desvanecerão,
Sem deixar um só rasto, tal como esta função
Se dissolveu no ar. A matéria que nos compõe

É igual à dos sonhos; e a nossa curta vida
Cercada por um sono.] (Shakespeare 2011: 145)

A prefaciadora menciona, por fim, a ambiguidade contida na expressão "este grande globo", notada por William Empson em seus *Seven Types of Ambiguity*, de 1930: além de uma alusão ao planeta em que vivemos, pode-se interpretá-la como referência ao teatro físico em que as peças de Shakespeare eram representadas, The Globe. Deste modo, os primeiros espectadores da peça "seriam convidados a participar, em primeira mão, na ilusão teatral do autor" (Castro 2011: 18). A hipótese faz sentido, mas também nos incita a observarmos mais de perto a dinâmica d'*A tempestade*.

Ainda que Pessoa tenha valorizado a "atmosfera de magia" desta peça, sobre a qual paira "um ar de símbolo e de alegoria",[6] a mistura entre as esferas do sonho e da realidade não é proposta por Shakespeare em termos tão radicais como os que o próprio escritor português coloca em funcionamento n'*O Marinheiro*. Efetivamente, a dificuldade em distinguir os dois planos, no derradeiro drama shakespeariano, não só se limita às personagens, como também há uma – Próspero – plenamente alheia a tal obstáculo. Assim, por mais que o mago possa apontar para a fragilidade da ficção, ele não se dispõe a desarmá-la por completo, antes se preocupa em restaurar a harmonia daquele mundo em desordem.

Se, n'*A tempestade*, a ficção do teatro ajuda a revelar a ficção da vida, na medida em que aquilo que se afigura às personagens enquanto *verdade e fatalidade* se revela para nós, leitores e espectadores, como *representação e intencionalidade*, o certo é que Shakespeare possibilita que vejamos, à diferença do que ocorre no drama estático pessoano, as forças invisíveis movimentarem as peças do tabuleiro: exceto por Próspero, que exerce o papel de Deus naquela ilha, as personagens humanas não reparam que boa parte de suas ações, bem como dos eventos que se abatem sobre elas – a começar pelo naufrágio que as conduziu àquele lugar –, são provocados pelo espírito Ariel, a mando do mago, algo de que o público está prevenido desde a Cena 2 do Ato I. Assim, quando as personagens colocam os sentidos em dúvida, a incerteza jamais se transfere à plateia, porque o dramaturgo controlou habilmente a quantidade de informações que nos forneceu, para que

---

[6] Observações feitas por Pessoa na contracapa de uma edição desta peça que consta em sua biblioteca particular. Cf. Shakespeare 2011: 9-10. Informe-se, ainda, que o autor efetivou uma tradução praticamente integral do texto shakespeariano, dando-lhe o título *A tormenta*. A esse respeito, cf. Filipe 2018 e 2019.

estivéssemos sempre certos do que ocorre em cena.

N'*A tempestade*, portanto, a confusão adquire significado sobretudo metafórico, e não fundante, como n'*O Marinheiro*. O que Pessoa faz é não nos permitir dar esse passo para fora da cena, como quem a tudo observa com segurança: "Tudo é teatro", afirmaria o narrador do *Livro do Desassossego* pouco após mencionar jamais se sentir tão próximo da verdade como quando vai ao teatro ou ao circo, por saber estar enfim "assistindo à perfeita figuração da vida" (Pessoa 2012: 321).

Das peças de Shakespeare, todavia, é preciso referir, ainda, o caso de *Hamlet*, aquela em que a ideia da vida enquanto representação adquire significado mais lato. Não foi à toa que, dentre as diversas deste autor que fazem recurso ao teatro dentro do teatro, Lionel Abel (1968) tenha escolhido esta para ilustrar sua proposta de "metateatro", termo que forjou para distinguir textos dramatúrgicos nos quais a realidade figura como instância já substancialmente teatral, o que, por hipótese, dissolveria os limites entre obra e vida.

De fato, no universo shakespeariano, *Hamlet* configura um caso particular: embora ali aquele expediente ajude a confirmar as suspeitas do príncipe – a ilusão teatral espelha acontecimentos preexistentes à representação perante a comitiva do rei –, a cadeia de simulações engendradas pelo protagonista conduz a resultados que colocam em xeque tudo o que presenciamos em cena, bastando que se refira o caso de Ofélia: a princípio sã, a filha de Polônio enlouquece ao saber da morte do pai; dissimulando loucura, o príncipe, sempre são na companhia de seus amigos mais próximos, desestabiliza todo o reino – o que não deixa de lhe atestar a loucura. Esses são aspectos que, em última análise, abrem espaço para o estabelecimento de dúvidas que não permitam estabelecer um ponto de vista estável e seguro para hierarquizar a cadeia de ações deste drama, o que está na raiz da concepção cênica de uma das mais bem-sucedidas montagens modernas do texto, estreada no Teatro de Arte de Moscou em 1912 e resultante da colaboração entre os encenadores Edward Gordon Craig e Constantin Stanislavski:

> Craig dizia a Stanislavski em 1912 que concebia *Hamlet* como um "monodrama". Stanislavski teria dito então: "Tentemos por todos os meios fazer o público compreender que ele vê a peça com os olhos de Hamlet; que o rei, a rainha e a corte não são mostrados no palco tais como são na realidade, mas tais como vistos por Hamlet. Penso que podemos fazer isso nos quadros em que Hamlet está em cena". Ao que Craig respondeu sugerindo que Hamlet estivesse sempre em cena [...] (Danan 2012: 115)

Em síntese: n'*A vida é sonho*, de Calderón, e n'*A megera domada*, de Shakespeare, referidas no início deste texto, bem como n'*A tempestade*, abordada há pouco, a vertigem é sobretudo temática; n'*O Marinheiro* – e em outros dramas estáticos pessoanos, como *Salomé* e *A morte do príncipe*, sobre os quais não nos debruçaremos aqui por questão de espaço –, o embaralhamento é estrutural, infectando inclusive as rubricas e, por consequência, as falas das personagens.

Epílogo

Como vimos, a indeterminação entre sonho e realidade que fundamenta *O Marinheiro* se baseia em um dispositivo dramatúrgico bastante tradicional: o recurso ao teatro dentro do teatro, um dos principais traços distintivos da gramática de Shakespeare, nos termos em que esta é formulada por Antonio Tabucchi.

Com efeito, ao encapsular sonhos dentro de sonhos, fazendo com que não possamos distinguir o que provém das veladoras ou do marinheiro do título, Pessoa não faz mais do que colocar em funcionamento uma variação de semelhante dispositivo dramático, tradicionalmente empregado com o intuito de tornar verossímil o ato de produção teatral. Obcecado, contudo, pela ideia de emulação, o autor subverte-lhe os propósitos. Se, em uma peça como *Hamlet*, esta técnica é destinada a disfarçar a construção literária, bem como as convenções e os fios teatrais indispensáveis a qualquer ilusão, no texto pessoano o efeito é inverso: em vez de recuperar e, na sequência, apagar o processo de produção da ilusão cênica, o expediente de assumir a artificialidade do sistema, n'*O Marinheiro*, mira justamente a exibição dos fios que guiam as marionetes; trata-se, pois, não de esconder, mas sim de revelar o sujeito que manipula os fios (daí a insistência das veladoras em apontarem para a presença de uma "quinta pessoa" no quarto em que se passa a ação).[7]

É nesse sentido, portanto, que aquele "drama estático em um quadro" se insere na profusa tradição de leituras do mundo como palco e da vida como sonho, tradição que encontra representantes de peso em Shakespeare e Calderón. Buscando traçar seu próprio caminho como dramaturgo, Pessoa radicaliza tais princípios, ao incorporar à forma de condução dramática dados que, nestes autores, se restringiam à diegese: o embaralhamento entre as esferas do imaginário e do real é executado de tal forma que já não podemos afirmar com segurança a qual deles

---

[7] O problema da "quinta pessoa" é trabalhado em detalhe por Caio Gagliardi (2010: 38-45), sendo também referido por Renata Junqueira (2013: 99).

pertence o sonho da Segunda Veladora (e, no âmbito deste, o do marinheiro). É sobre tal instabilidade, formalmente apoiada pela pouca nitidez das personagens e pelo travamento do diálogo – aparentado, por vezes, a um monólogo – que Fernando Pessoa edifica *O Marinheiro*, configurando, desse modo, um emprego bastante particular da gramática shakespeariana.

Referências bibliográficas

Abel, Lionel (1968). *Metateatro: uma visão nova da arte dramática*, trad. Bárbara Heliodora. Rio de Janeiro: Zahar.

Calderón de la Barca, Pedro (1973). *A vida é sonho*, trad. Manuel Gusmão. Lisboa: Estampa.

Castro, Mariana Gray de (2011). "Introdução", *A tormenta*, William Shakespeare, trad. Fátima Vieira. Lisboa: Babel, 9-32.

Castro, Mariana Gray de (2016). *Fernando Pessoa's Shakespeare: the Invention of the Heteronyms*. Londres: Critical, Cultural and Communications Press.

Correia, Maria T. da Fonseca Fragata (2011). *Fernando Pessoa e Maurice Maeterlinck: A voz e o silêncio na fragmentação da obra*. Lisboa: Faculdade de Ciências Sociais e Humanas da Universidade Nova de Lisboa. Tese de doutoramento em Estudos Portugueses.

Danan, Joseph (2012). "Monodrama (polifônico)", *Léxico do drama moderno e contemporâneo*, trad. André Telles, Jean-Pierre Sarrazac (ed.). São Paulo: Cosac Naify, 113-115. Obra original publicada em 2005.

Filipe, Teresa (2018). "Pessoa, tradutor sucessivo de Shakespeare", *Pessoa Plural – Revista de estudos pessoanos*, 14 (Outono). Providence, 120-283.

Filipe, Teresa (2019). "Ainda *A Tormenta*: adenda a Pessoa, tradutor sucessivo de Shakespeare", *Pessoa Plural – Revista de estudos pessoanos*, 15 (Primavera). Providence, 80-136.

Gagliardi, Caio (2010). "Introdução", *Teatro do êxtase*. Hedra: São Paulo, 9-46.

Junqueira, Renata Soares (2013). "Sobre o teatro-música ou Simbolismo e Modernismo em *O Marinheiro* de Fernando Pessoa", *Transfigurações de Axel: leituras de teatro moderno em Portugal*. São Paulo: Fundação Editora da Unesp, 87-99.

Pavis, Patrice (2011). *Dicionário de teatro*, trad. J. Guinsburg, M. L. Pereira *et al.*, 3ª ed. São Paulo: Perspectiva. Obra original publicada em 1996.

Pessoa, Fernando (1999). *Correspondência: 1923-1935*, Manuela Parreira da Silva (ed.). Lisboa: Assírio & Alvim.

Pessoa, Fernando (2012). *Livro do Desassossego*, Richard Zenith (ed.), 3ª ed. São Paulo: Companhia das Letras.

Pessoa, Fernando (2013). *Apreciações literárias de Fernando Pessoa*, Pauly Ellen Bothe (ed.). Lisboa: INCM.

Pessoa, Fernando (2017). *Teatro estático*, Filipa de Freitas e Patricio Ferrari (eds.). Lisboa: Tinta-da-China.

Shakespeare, William (1966). *The Complete Works*, Peter Alexander (ed.). Londres: Collins.

Shakespeare, William (2008). *Comédias: teatro completo*, trad. Carlos Alberto Nunes. Rio de Janeiro: Agir.

Shakespeare, William (2011). *A tormenta*, trad. Fátima Vieira. Lisboa: Babel.

Tabucchi, Antonio (1984). "*O Marinheiro*: uma charada esotérica?", *Pessoana mínima: escritos sobre Fernando Pessoa*, trad. António Mateus. Lisboa: INCM, 83-96.

Mensagem. Uma espécie de solução... não demasiado definitiva

Rui Gonçalves Miranda

Um primeiro desafio: reler *Mensagem* enquanto proposto "livro nacionalista", mas firmemente enquadrada num contexto europeu. As crises (do espírito, de memória) que afetam a Europa são parte do problema nacional bem como parte integrante da espécie de soluções ("nacionalismo cosmopolita" e, em particular, "nacionalismo místico") que Pessoa vai propondo enquanto em seu redor se passa da Primeira República ao Estado Novo, passando pela Ditadura Militar que ofereceu, no final de contas, insuficiente interregno. Realçando a importância dos contextos e textos históricos, o segundo desafio é, partindo do Terceiro Aviso "'Screvo meu livro à beira-magua", desenvolver uma leitura que realça a importância da escrita de e em *Mensagem* na abordagem dos mitos (nacionalistas e messiânicos). Desenvolvendo perspetivas anteriores (Miranda 2010; Lopes 2011; McGuirk 2017), aborda-se a estrutura messiânica, performativa, e, tomando inspiração do entendimento do messiânico tal qual desenvolvido por Jacques Derrida, explora-se como as estruturas (e estruturalidade) da messianicidade ("messianicité", em Derrida) de *Mensagem* permitem contornar falácias intencionais ou afetivas ao mesmo tempo que não reduzem *Mensagem* a uma expressão de mundividência ideológica, a uma profissão política, utópica e/ou de fé. A leitura do texto pretende dar conta de uma confluência entre a urgência e a indefinição do que está por vir.

"O Dos Castellos": notas sobre crises de espírito e nacionalismos místicos

> Le mythe ne se définit pas par l'objet de son message, mais par la façon dont il le profère : il y a des limites formelles au mythe, il n'y en a pas de substantielles.
>
> Roland Barthes, *Mythologies*

A visão comparativa da relação entre épocas de grande criação literária com épocas de fulgor histórico nas nações portuguesa, francesa e inglesa que é desenvolvida nos ensaios de 1912 publicados na revista *A Águia* – em que se propõe uma leitura sociológica e, posteriormente, psicológica da poesia portuguesa – culmina com o anúncio do "supra-Camões" (Pessoa 2000: 16; 34) e de um "Cromwell vindouro" (35) e "Cromwell futuro" (66). Trata-se de uma fusão mais do que de uma confusão. Os escritos de Pessoa dão conta de uma íntima relação que é construída entre literatura e o seu contexto (histórico, político e social):

> The social transformation which has been taking place in Portugal for the last three generations, and which culminated in the establishment of the Republic, has been, as is natural, accompanied by a concomitant transformation in Portuguese literature. [...] To attribute the literary change to the political one, or the political one to the literary one would be as erroneous. Both are manifestations of a fundamental transformation which the national consciousness has undergone and is undergoing. (Pessoa 1973: 331)

A confluência de literatura e política não é acidental, é antes parte de um impulso concertado em que se toma a História como facto *e* (ou mesmo enquanto, *se* e *só*) "necessary fiction" (McGuirk 2017: 70). Uma pequena nota incluída num projeto inacabado intitulado "Introdução ao estudo do problema nacional" dá conta desta necessidade: "(Como se prepara a geração capaz de criar uma nova política? Como ir inventando [?], desde logo, adentro da literatura, a política?)" (Pessoa 1978: 116).

Quando, a 8 de setembro de 1914, Pessoa usa o artigo publicado na revista *A Águia* como cartão de visita na sua carta a Sampaio Bruno, Pessoa justifica o seu interesse no "fenómeno nacional" do sebastianismo com uma "natural aptidão" para o "patriotismo" e com uma "indefinida veia messiânica" (1999a: 122-23). O propósito específico da carta, no entanto, é o de procurar extrair de Bruno mais informação sobre fenómenos comparáveis em outras culturas e nações. Desde os escritos paganistas de António Mora tecendo comparações com a Alemanha (sede do sacrossanto Império) e com o mito de Frederico Barbarossa escritas durante o período da Primeira Grande Guerra[1] até ao entrelaçamento do mito do Encoberto com variadas tradições messiânicas, passando pela recorrente evocação da herança da Grécia antiga para literatura e a cultura europeia em geral e portuguesa em particular, a nação não é uma ilha fechada em si mesma. O mapeamento da questão de Portugal, comummente abordada e explorada em relação e comparação (paralelos,

---

[1] Em "Dissertação a favor da Alemanha", António Mora empreende uma defesa sociológica (ainda que com variadas reservas) da Alemanha, nomeadamente do "passo preciso dado para a repaganização do mundo moderno" (226). O intuito da obra é o de clarificar "qual seja a significação profunda das forças aparentemente cegas que se degladiam na vasta arena do nosso continente" (2013: 196).

contrastes e tensões), pode não servir para justificar, por si só, o epíteto de "nacionalismo cosmopolita" cunhado por Pessoa (1993: 313) ou a determinação em "ter a alma na Europa" (314), mas serve para explorar como o apelo messiânico dos artigos de *A Águia* ou, mais de vinte anos depois, de *Mensagem* (1934) não coincide – acaba por colidir, aliás, como sucederá durante o período inicial do Estado Novo – com visões estreitas do nacionalismo. Desde o primeiro poema de *Mensagem* que Portugal não se configura, como noutras malhas que o Império mais tarde teceu... "orgulhosamente sós". Embora fite o Ocidente, Portugal está firmemente ancorado e, mais do que isso embora fite o Ocidente, está firmemente ancorado e, mais do que isso, dá rosto à Europa no poema que abre *Mensagem*, "O Dos Castellos" (com data de 8 de dezembro de 1928 no exemplar impresso da biblioteca particular de Fernando Pessoa):

> A Europa jaz, posta nos cotovellos:
> De Oriente a Occidente jaz, fitando,
> E toldam-lhe romanticos cabellos
> Olhos gregos, lembrando.
>
> O cotovello esquerdo é recuado;
> O direito é em ângulo disposto.
> Aquele diz Itália onde é pousado;
> Este diz Inglaterra onde, afastado,
> A mão sustenta, em que se appoia o rosto.
>
> Fita, com olhar sphyngico e fatal,
> O Occidente, futuro do passado.
>
> O rosto com que fita é Portugal. (Pessoa 2018: 133)

Numa época – abrangendo a Primeira Grande Guerra e terminando às portas da Guerra Civil em Espanha – em que o nacionalismo ocupou papel central nas ideologias e políticas dominantes da maior parte das nações europeias e em que a cultura era chamada a servir as políticas dos Estados, abrir um "livro de versos nacionalista" (2015: 264), de um auto-intitulado "nacionalista místico" (entre muitas outras coisas, contra-ditórias até, realça Pessoa em carta a Adolfo Casais Monteiro [13 de janeiro de 1935] 1999b: 338)[2] com uma figuração do mapa da Europa é

---

[2] Designações similares são recorrentes em 1935. Num outro texto escrito também no seguimento do artigo "Associações Secretas" publicado no *Diário de Lisboa* em protesto contra o projeto de lei de José Cabral, Pessoa menciona o

reveladora por si só. Numa entrevista em 1923, Pessoa atribui precisamente a "crise geral" de Portugal à falta de uma atmosfera civilizacional "cosmopolita" (2000a: 195) como a que terá deixado de existir com o fim da Renascença. Isto provou ser quase –, há um tímido, e familiar, anúncio de uma Renascença nova – fatal ao povo português, "essencialmente, cosmopolita" (195). Assim sendo, os portugueses encontram-se apenas "interrompidos":

> As nossas crises particulares procedem desta crise geral. A nossa crise política é o sermos governados por uma maioria que não há. A nossa crise moral é que desde 1580 – fim da Renascença em nós e de nós na Renascença – deixou de haver indivíduos em Portugal para haver só portugueses. Por isso mesmo acabaram os portugueses nessa ocasião. Foi então que começou o português à antiga portuguesa, que é mais moderno que o português, e é o resultado de estarem interrompidos os portugueses. A nossa crise intelectual é simplesmente não termos consciência disto. (195-96)

Dado o carácter multifacetado da crise (entrevista versa sobre arte e literatura, mas Pessoa faz confluir num mesmo discurso as dimensões políticas, morais, intelectuais), bem como o anúncio de uma Renascença, não será de estranhar que seja na literatura que se assiste, segundo um texto concebivelmente da mesma época, a um ressurgimento esporádico e excecional de certas figuras do século XIX que prenunciam um ressurgimento, numa altura em que a travessia aérea do Atlântico Sul por Gago Coutinho e Sacadura Cabral em 1922 responde à chamada da "hora europeia" (1978: 87-88). Desse modo se explica, e justifica, quer o anúncio de um ressurgimento nacional em 1912 (com os supras, futuros e vindouros do artigos de *A Águia*) quer a coincidência da publicação de *Mensagem* "com um dos momentos críticos (no sentido original da palavra) da remodelação do subconsciente nacional", como enfatiza Pessoa na mesma carta a Casais Monteiro (1999b: 339).

Outros autores que partilhariam a mesma "atmosfera da civilização" (Pessoa 2000a: 195) coincidiram no diagnóstico de crise à escala europeia. Segundo Valéry, a crise atinge um paciente, Europa, já em muito mau estado em 1914 (1957: 991). Valéry partilhava de um similar

---

"misticismo nacionalista" mas separando-o da Igreja de Roma, "com uma religiosidade, deste ponto de vista, nitidamente herética" (2015: 267). Numa nota bibliográfica de 1935, autodesigna-se como "[p]artidario de um nacionalismo mystico" (2011: 144).

sentimento esfíngico, o historiador e o profeta encontravam-se, então, "dans le même sac": "la difficulté de reconstituer le passé, même le plus récent, est tout comparable à la difficulté de reconstruire l'avenir, même le plus proche; ou plutôt, c'est la même difficulté" (991). Em *Crise de L'Esprit* (1957), publicado originalmente em 1919, Valéry recorta igualmente um mapa da Europa (de Bâle a Cologne, passando pela Alsácia, Nieupoort, Somme e Champagne) que triangula um centro imaginário para a Europa de então (1957: 993). O "Hamlet europeu" tem que decidir, confrontado com os crânios dos pensadores "europeus" do passado (leia-se, cultura filosófica alemã e francesa) e em face à mortandade da Primeira Grande Guerra que terá eliminado tantos potenciais pensadores do presente e para o futuro.

Valéry contribui, com o seu texto e a sua atividade política e cultural (por exemplo, com Julien Benda), para a discussão sobre civilização e cultura europeia que despontou durante o período entreguerras e atingiu o seu zénite na década de 1920.[3] À sua visão, que bebia da tradição cultural universalista da República Francesa, juntava-se os que construíam uma visão do futuro do continente a partir da Europa Central (Mitteleuropa, Abeland), os paneuropeístas (aristocratas como Richard Coudenhove-Kalergi ou Hermann von Keyserling), e ainda os federalistas.[4] Que Pessoa tivesse uma visão particular, enquanto poeta, da nação e do seu lugar na Europa não era pois de modo algum incomum, embora a sua proposta fosse inusitada – e não apenas pelo papel que reservava a Portugal, pois era relativamente comum que intelectuais provenientes de estados-nações de menor dimensão (demográfica, política ou económica) ou até aristocratas sem estado reivindicassem para estados marginais um papel decisivo para o sucesso

---

[3] Benjamin George Martin apelida os anos 1920 de maior década do "Europeismo literário" do século XX (2013: 491), colocando-a firmemente sob a égide de Paris mas pronta a ser contestada por visões concorrentes do Terceiro Reich no início da década de 40 (489). No contexto da discussão sobre a "questão europeia" no período entre as duas Grandes Guerras, sobretudo nos anos 30, Paola Cattani (2017) faz uma apreciação dos discursos e dos movimentos de política cultural, encabeçados por Valéry e Benda, e que à época naturalmente incluíam a literatura em lugar de destaque.

[4] Pessoa, num rascunho de carta (1999b: 198-201), lamenta a ignorância sobre Portugal por parte do Conde de Keyserling, um intelectual respeitado internacionalmente que visitou Lisboa e proferiu uma conferência que mais tarde viria a ser incluída na tradução francesa de *Das Spektrum Europas* [1928] (1999b: 198-201). Para uma comparação entre as ideias de impérios nos contextos austríaco (Mitteleuropa) e português, cf. António Sousa Ribeiro 2003, e para uma comparação entre os casos de Fernando Pessoa e Hugo von Hofmannsthal, cf. Irene Ramalho Santos e Ribeiro (2002).

de uma futura união ou federação europeia. Inusitada sobretudo porque convém recordar que eram as personalidades literárias reconhecidas nas e pelas instituições do Estado, como Júlio Dantas, que participam nas conferências organizadas por Valéry e Benda sobre a cultura e literatura europeias; ou que tomam parte em visitas oficiais ao Brasil.[5] Pessoa escreve não só a partir de uma margem cultural da Europa, mas de uma posição marginal no seio do campo literário português à época (cf. Trindade 2008: 118-19).

Em 1923, portanto quatro anos após a publicação de "Crise de L'Esprit", Pessoa alinha Lisboa e Atenas "quase na mesma latitude" (2000a: 196), tal como Valéry o havia feito com os portos de Atenas e Marselha. Não é inteiramente surpreendente que, na mesma entrevista de 1923, Pessoa responda a uma questão sobre "arte portuguesa" partindo de um enquadramento europeu:

> Por arte portuguesa deve entender-se uma arte de Portugal que nada tenha de português, por nem sequer imitar o estrangeiro. Ser português no sentido decente da palavra, é ser europeu sem a má-criação de nacionalidade. Arte portuguesa será aquela em que a Europa – entendendo por Europa principalmente a Grécia antiga e o universo inteiro – se mire e se reconheça sem se lembrar do espelho. Só duas nações – a Grécia passada e Portugal futuro – receberam dos deuses a concessão de serem não só elas mas também todas as outras. Chamo a sua atenção para o facto, mais importante que geográfico, de que Lisboa e Atenas estão quase na mesma latitude. (2000a: 197)

O papel de charneira de Portugal que o poema e o texto acima sugerem, bem como outros vários textos (incluindo entrevistas, como acima), enquadra-se, ainda que de forma *sui generis*, num certo espírito de época; ou seja, é específico mas de modo algum excecional. Numa fórmula caracteristicamente pessoana, que se exprime poeticamente mas também enquanto aposta (no sentido pascaliano do termo), Portugal pode ser tudo porque não é nada: a sua história supostamente gloriosa foi mais esboço que "carnal ante-arremedo" (2000a: 67) e foi inequivocamente interrompida, é um povo sem destino ou direção presente. Ainda que, na mesma entrevista, se ataque o mimetismo cultural ou não se deixe de apontar que os portugueses se encontram

---

[5] Pessoa escreve sobre a "alta e symbolica missão da Patria" que é a visita de Afonso Lopes Vieira ao Brasil em 1928 (2011: 156-57).

"interrompidos" (2000a: 196), daí não segue um apelo a um reaportuguesamento, comum à época. Até porque a história que foi interrompida não é mais do que um prenúncio do por vir, e *não* de um passado pleno, de uma presença em si-mesmo perdida e que há que recuperar.

A visão de Pessoa sobre a Europa recolhe, isso sim, e embora sobre elas trabalhando, visões bastante comuns à época na discussão sobre a Europa (herança grega, romana, Sacro Império, etc.), bem como uma tradição profética nacional cuja leitura de *O Encoberto* (1904), de Sampaio Bruno, terá ajudado a revelar. Num texto em que apresenta uma das variantes dos quatro impérios (Grécia, Roma, Cristandade, Inglaterra; cada império sintetiza os antecedentes), e em que a poesia é trazida mais uma vez à baila (apoiando-se em Matthew Arnold, Pessoa propõe que "Milton é o mais grego dos poetas modernos"), propõe-se a emergência de um quinto império: "O Quinto Imperio, que necessariamente fundirá esses quatro imperios com tudo quanto esteja fóra d'elles, formando pois o primeiro imperio verdadeiramente mundial, ou universal" (Pessoa 2011: 228). Pessoa justifica o seu alinhamento de impérios fazendo uso da sua (auto)celebrada visão sociológica:

> Este criterio tem a confirmal-o a propria sociologia da nossa civilização. Esta é formada, tal qual está hoje, por quatro elementos: a cultura grega, a ordem romana, a moral christã, e o individualismo inglez. Resta accrescentar-lhe o espirito de universalidade, que deve necessariamente surgir do character poly-continental da actual civilização. Até agora não tem havido senão civilização europea; a universalização da civilização europea é forçosamente o mistér do Quinto Imperio. (228)

Em *Mensagem*, na estrofe final do poema "Quinto Império" (datado 21 fevereiro 1933 no exemplar da Casa Fernando Pessoa), a Europa a universalizar (229) é explicitamente apresentada como um dos impérios que antecedem o V Império.

> Grecia, Roma, Christandade,
> Europa – os quatro se vão
> Para onde vae toda idade.
> Quem vem viver a verdade
> Que morreu D. Sebastião? (Pessoa 2018: 170)

Pessoa não deixa os créditos supostamente universalistas e universalizadores de Portugal por mãos alheias. Em "Erostratus" – ensaio inacabado em que o problema da celebridade é discutido tomando como objeto e comparação quer os indivíduos quer as nações (Pessoa 2000b: 154) – refere-se que a civilização moderna se baseia em três princípios: "Greek Culture, Roman Order and Christian Morals".[6] A estes se acrescentam três elementos mais recentes: nacionalidade (criada pela Itália); universalidade (criada por Portugal); liberdade (criada pela Inglaterra) (2000b: 155).

Os textos de Valéry e Pessoa partilham preocupações, mas as propostas e os pressupostos divergem significativamente. Segundo Valéry, Europa é a Europa porque aí se juntou o poder de absorção à capacidade de emissão (1957: 995); e ainda que se reconheçam os diversos influxos ao longo da história, a centralidade e a universalidade do espírito europeu nunca é questionada: "Tout este venu à l'Europe et tout en est venu. Ou presque tout" (1957: 995; cf. 1006, a "machine puissante" europeia). A questão, para Valéry e para o seu Hamlet europeu, é unicamente a de como essa mesma condição central se poderá manter: como é que um cabo (*cap*) geográfico, uma excrescência da Ásia, poderá continuar a ser o centro e a cabeça (*cap*) do mundo (1957: 995)? Portugal em Pessoa funde-se sem se confundir com a Europa ("se mire e se reconheça sem se lembrar do espelho"): conjugará um potencial de absorção (ser "todas as outras") com uma projetada capacidade de emissão ao perfilar-se como o futuro ("Portugal futuro") do passado ("Grécia Antiga"). Mas pode ser todas as outras nações porque *não* é uma nação inteiramente definida; pode expandir a civilização porque *não* é uma grande civilização. E se Portugal criou e/ou descobriu o mundo moderno (Pessoa 2000: 330; 2000b: 197), a universalização da cultura europeia é um *fait* longe de estar *accompli*. Aliás, como Portugal: no poema "O Infante", publicado em 1922 pela primeira vez, "[f]alta cumprir-se Portugal" (2018: 155). O que no texto de Valéry é assumido no presente assim como no passado (a universalidade da civilização europeia), os textos de Fernando Pessoa evocam e colocam como a condição necessária para um futuro para Portugal e para a Europa.

No Ocidente que Portugal, rosto de Europa,[7] fita, o futuro anunciado não rompe com o passado ("futuro do passado"), antes aponta para uma

---

[6] Não é, neste caso, muito diferente de Valéry: "Toute race et toute terre qui a été successivement romanisée, christianisée et soumise, quant à l'esprit, à la discipline des Grecs, est absolument européenne" (1957: 1013).
[7] Ser figurado enquanto rosto não indica necessariamente identificação, ou centralidade: "Como a Grecia era da Asia, Portugal é a extremidade da Europa" (2011: 76). "Portugal não é propriamente um paiz europeu: mais rigorosamente, se lhe poderá chamar um paiz atlantico – o paiz atlantico por excellencia" (2011: 251).

problemática suspensão da história, memória ("olhos gregos lembrando") e legado que jazem com a Europa ante um futuro que está, e é, por vir. Como outras obras do período modernista, "often holding in suspension the forces that persist from the past and those that grow from the novel present" (Bradbury & McFarlane 1991:49), a suspensão não anula as tensões, antes as evidencia. A suspensão e a transição entre passado e presente, a crise formal e cultural com que o escritor do período modernista se depara, são a face mais visível de uma crise cultural que vai além da crise formal que atinge as ideais, práticas e preceitos românticos

> in which myth, structure and organization in a traditional sense collapse, and not only for formal reasons. The crisis is a crisis of culture; it often involves an unhappy view of history – so that the Modernist writer is not simply the artist set free, but the artist under specific, apparently historical strain. (26)

Portugal que visa o "futuro do passado" no poema datado de 1928, publicado em 1934, possui ainda um fitar com "dupla direcção".[8] Ao contrário do texto de Valéry, em que apesar de notar que a Europa olha naturalmente para o Ocidente (1957: 1004), o Hamlet europeu vasculha os crânios europeus na varanda de Elsinore, a Europa de Pessoa olha também para fora de si, ainda que os olhos gregos se lembrem e sejam lembrados. A construção dos portugueses como um povo "essencialmente, cosmopolita" na entrevista de 1923 permite apresentar um nacionalismo cosmopolita como alternativa quer ao nacionalismo que emerge com o Romantismo alemão quer à tradição universalista francesa.[9] Com a proposta de um Portugal que possa ser também todas

---

[8] Num texto que evoca António Nobre (publicado em *A Galera*, em fevereiro de 1915), Pessoa dá conta como, no caso português, a literatura inscreve e replica a tensão histórica ao evocar Jano para conciliar num mesmo plano as perspetivas contrastantes de Nobre e Guerra Junqueiro (2000a: 100).

[9] Há, no entanto, como Pessoa faz notar nos seus escritos, diferenças e graus. Em relação ao nacionalismo cosmopolita tal qual desenvolvido por Pessoa, convém, no entanto, situá-lo no quadro das afirmações nacionais e nacionalistas que, de forma apenas aparentemente paradoxal, mantêm, como relembra Derrida, o universal, o transcendental e o ontológico como referências; nacionalismo e cosmopolitismo sempre funcionaram muito bem em conjunto: "le nerf de cette auto-affirmation nationale, l'énoncé nucléaire du 'moi' ou du 'sujet' national, c'est, pour le dire sèchement: 'Je suis (nous sommes) d'autant plus national qu'européen, d'autant plus européen que trans-européen et international, personne n'est plus cosmopolite et authentiquement universel que celui, que ce 'nous' qui vous parle'" (1991: 49).

as outras nações e que não tenha a má-criação de nacionalidade, esvazia igualmente os discursos nacionalistas que vigorarão durante o Estado Novo mas que em grande medida o precedem. Confronte-se a proposta supracitada de uma arte nacional que nada tenha de português com a visão de uma figura literária reconhecida durante o regime, e segundo Luís Trindade "o grande autor do nacionalismo português" em termos da retoma de um património nacional (Camões, Garrett) e de dinamização cultural, Afonso Lopes Vieira (2008: 105). *Em Demanda do Graal*, este propunha-se a "reaportuguesar Portugal tornando-o europeu" (1922: 7) ao passo que, num texto de 1915, Pessoa, por outro lado, colocava António Nobre como um ponto *a quo* de "todas as palavras com sentido lusitano" por "pôr em europeu este sentimento português das almas e das coisas" (2000a: 100).

"Europa jaz": o poema inscreve um tom melancólico que notoriamente o afastará do tipo de empreendimento cultural que o Estado Novo poderia e estaria interessado em mobilizar.[10] Pessoa reage com acrimonia às diretrizes a guiar os artistas sob o Estado Novo, como se depreende do rascunho de carta ao Presidente da República, General Óscar Carmona, (2015: 279) ou de um texto em francês da mesma época (2015: 316-18). *Mensagem* pode ser um "livro nacionalista" – entrevista sobre *Mensagem* em 1934 (2000: 496), rascunho de carta ao General Carmona (2015: 277) –, e Pessoa pode definir-se como um nacionalista místico mas nem a forma como entendia a história ou o nacionalismo se enquadravam com os discursos e políticas culturais da época.

Abandonar "Fátima por Trancoso" (2011: 139) tem efeitos práticos: ao lema do Estado Novo ("Tudo pela Nação, Nada Contra a Nação"), Pessoa contrapõe, num documento de 1935, "Tudo pela Humanidade, nada contra a Nação" (2011: 144).[11] Já anteriormente, em 1926, confrontado com um inquérito com o título "Portugal, Vasto Império" (republicado em 1934), antes da Constituição de 1933 afirmar e confirmar o Estado Novo e o seu Acto Colonial, Pessoa apresenta um "grande mito nacional" alternativo (quase) pronto a servir:[12]

---

[10] Além dos poemas dados a conhecer já por Jorge de Sena, José Barreto enquadra o poema "Liberdade", publicado postumamente, no contexto histórico da época enquanto resposta ao discurso de Salazar de fevereiro de 1935 (cf. nota 2015: 275).
[11] Pessoa ataca o lema do Estado Novo enquanto fraca adaptação de Mussolini (2015: 295).
[12] Tendo em conta o esquema dos V Impérios que Pessoa apresenta torna-se mais fácil compreender as opções com o Estado Novo quando Pessoa lamenta a imprecisão do uso da frase "civilização cristã" pelo Presidente do Conselho e pelo Ministro das Colónias (Pessoa 2015: 239-44).

O mundo conduz-se por mentiras; quem quiser despertá-lo ou conduzi-lo terá que mentir-lhe delirantemente, e fá-lo-á com tanto mais êxito quanto mais mentir a si mesmo e se compenetrar da verdade da mentira que criou. Temos, felizmente, o mito sebastianista, com raízes profundas no passado e na alma portuguesa. Nosso trabalho é pois mais fácil; não temos que criar um mito, senão que renová-lo. (2000: 331)

Mensagem configura e encena um uso do passado consciente e deliberadamente manipulador, embora e sempre, e porque ainda por definir. Talvez o extrato seguinte ajude a esclarecer a autodefinição de Pessoa enquanto "nacionalista místico". Na carta a Adolfo Casais Monteiro de 13 de janeiro de 1935, a definição de Pessoa como "um nacionalista místico, um sebastianista racional" parece evocar distinções que Sampaio Bruno faz, no seu livro *O Encoberto*, quer face ao pensamento de Oliveira Martins (acusado de confundir sebastianismo com o messianismo de Portugal) quer em relação ao de Alexandre Herculano no que toca ao significado e intuito dos fabricados mitos nacionais. Na sua cópia de *O Encoberto*, Pessoa sublinha a passagem na qual Bruno acusa Herculano de perder tempo contestando a autenticidade dos mitos nacionais (a desmistificação do milagre de Ourique) ao passo que ignora a motivação subjacente a essas "falsificações incitadoras" e se lhe escapa "o sentido mysticamente nacionalista e nacionalmente mystico da crença" (Bruno 1904: 288).[13] Misticamente, nacionalisticamente, o sebastianismo apresenta-se no texto pessoano como uma produtiva (assim se espera) falsificação incitadora que começa, mas não termina, na nação. Assente numa visão provavelmente inspirada em Sampaio Bruno, que toma o sebastianismo enquanto fenómeno nacional de um messianismo de contornos universais, a proposta pessoana da universalização da civilização europeia apresenta uma espécie de resolução, mais do que solução, para o beco sem saída dos nacionalismos autoritários que imperavam em Portugal e na Europa – declinada provisoriamente em construções de nacionalismos cosmopolitas e, posteriormente, místicos.

Se na supracitada entrevista sobre *Mensagem*, de 1934, o "destino imperial" (ou seja, Portugal como "potência construtiva" [2000: 330]) "'há-de ser'" (2000: 497), também na entrevista de 1923 em que se discute a literatura portuguesa na e em relação à Europa, o passado

---

[13] Em escritos para o projeto *O Quinto Império*, Pessoa aponta a "Creação do sentido mystico da nacionalidade" (2011: 193) como algo que "os Homens de Genio é que podem fazer" (2011: 193).

glorioso que o discurso nacionalista se propunha a resgatar anuncia-se, no caso da literatura portuguesa (e de Portugal), por chegar:

> Teriam existido em toda a nossa história literária períodos de criação? O nosso único período de criação ["na nossa história literária"] foi dedicado a criar um mundo. Não tivemos tempo para pensar nisso. O próprio Camões não foi mais que o que esqueceu fazer. Literariamente, o passado de Portugal está no futuro. O Infante, Albuquerque e outros semideuses da nossa glória esperam ainda o seu cantor. Este poderá não falar deles; basta que os valha em seu canto, e falará deles. Camões estava muito perto para poder sonhá-los. Nas faldas do Himalaia o Himalaia é só as faldas do Himalaia. É na distância, ou na memória, ou na imaginação que o Himalaia é da sua altura, ou talvez um pouco mais alto. Há só um período de criação na nossa história literária: não chegou ainda. (Pessoa 2000: 198)

Textualmente, e literariamente também, o passado está sempre (e) já no futuro. O rosto da Europa que fita o "futuro do passado" não promove um regresso ao passado áureo. Não só não há um passado áureo a que voltar; não há porvir, *ipso facto*, se este não implicar mais que apenas um retorno ao, ou espelhamento do, passado.

"'Screvo meu livro à beira-magua" – Da crise de memórias, do messias à messianicidade

> Like a well-censored dream, and subject perhaps to the same mechanisms, memory has the orderliness and the teleological drive of narrative. Its relation to the past is not that of truth but desire.
> John Frow, "*Toute la mémoire du monde*: Repetition and Forgetting"

> Mentir sans profit ni préjudice de soi ni d'autrui, n'est pas mentir: ce n'est pas mensonge, c'est fiction.
> Jean-Jacques Rousseau, *Les rêveries du promeneur solitaire*

A relação entre períodos de criação literária e história que ocupava Pessoa em 1912 continua a ser desenvolvida em 1923. Em ambos os casos

(1912 e 1923), há um anúncio de um fenómeno indefinido, por vir; em ambos os casos os períodos de vitalidade (económica e política) não coincidem com períodos de criação literária. Pelo contrário: também a entrevista de 1923 apontava como uma proveitosa relação entre criação literária e um grandioso passado histórico envolve necessariamente "distância", "memória" ou "imaginação"; apenas desse modo "supra-Camões" estará em posição de poder fazer o que Camões "esqueceu fazer".

Mensagem está suspeitosamente repleta de História. K. David Jackson argumenta que *Mensagem* se apresenta como uma "versão adversa" de *Os Lusíadas* (2010: 148) e se inspira num episódio do Canto VIII para revisitar a História por meio de iconografia (2010: 149). Numa linha similar a Jackson, que evoca os pendões e as bandeiras do Canto VIII, Óscar Lopes e Jorge de Sena haviam já comparado poemas de *Mensagem* a epitáfios, inscrições ou emblemas (Lopes 1979: 605; 1970b: 132; Sena 1981: 190). Em comum, estas visões traçam uma relação, complexa, entre escrita e as supracitadas imaginação e memória, além de distância: a História em *Mensagem* acaba em 1578 com o poema "Última Nau" e a figura histórica mais recente a figurar no texto é António Vieira, na secção "Avisos". *Mensagem*, nas duas primeiras partes, e particularmente em "Mar Português" (publicado numa versão anterior em 1922), revisita "o Himalaia" na distância, na memória, na imaginação – e apenas para que o leitor se possa então concentrar no que está por vir, cujo anúncio virá no último poema: "É a Hora!". António Feijó nota como, em *Mensagem*, o momento alto da história portuguesa é enquadrado sob o signo da derrota (2015: 130-31), e a perceção de *Mensagem* enquanto "épica breve" de "natureza negativa" (137; cf. 1999) é consonante com a opinião alargada acerca das particularidades do género épico no modernismo ou até inviabilidade do género épicos nos tempos modernos. *Mensagem*, parafraseando a definição que Ezra Pound aplicou ao seu *Cantos*, não deixa de ser um poema que contém história. É, no entanto, um poema que inclui a história nacional(ista), contudo, para melhor a abandonar.

É a articulação entre distância, memória e imaginação, na mesma entrevista de 1923, que importa reter. Em *Present Past: Modernity and the Memory Crisis*, Richard Terdiman identifica e aborda as implicações de uma crise de memória durante o "longo século XIX", que se inicia com a Revolução Francesa e se estende até às primeiras décadas século XX (cf. 1993: 3-71). Como Anne Whitehead não deixa de destacar, a crise de memória na perspectiva de Terdiman revolve em torno de dois problemas fundamentais, o de memória insuficiente, e demasiada memória

(2009: 84). O texto de Valéry, com ecos nietzscheanos, não deixava de registar que a "crise europeia" é também, até certo ponto, uma crise de memória: "Il [o Europeu] a une mémoire trop chargée, trop entretenue" (1957: 1007). Numa declinação particular da tendência de negociar a tensão entre forças que persistiam do passado e as forças emergentes tal como identificada acima por Bradbury e McFarlane, Pessoa apela, no ensaio inacabado de título "Impermanence", a uma herança grega que aceite uma "sensibilidade moderna". Mudam-se os tempos, mudam-se as complexidades:

> A Greek intellect and a modern sensibility. A Greek intellect, since even if we suppose that a Greek intellect does not mean an eternal intellect, still the Greek discipline of thought is the scientific basis of all art. A modern sensibility: we cannot maim our emotions to please the ☐[14]
> Yet our discipline, though Greek in quality cannot be Greek in quantity. Our sensibility is of [a] complexity which antiquity could not even dream of; so our discipline of that sensibility must consider the use of a far higher quantum of intellectual force.
> The Greeks might feel deeply, or strongly or wildly, but they always felt rationally. Their emotions were born reasonable, even where born fiery and violent. Not only can we not attain to that quality, but we must not; for if we had the Greek intellect and the Greek feeling, we would be ancient Greeks, not modern Europeans. (Pessoa 2000b: 240)

A questão é que, apesar de Marselha (Valéry) ou Lisboa (Pessoa) "nos" conectarem com Atenas, apesar de os gregos nos controlarem dos seus túmulos, de todas as forças (exceto as cegas da natureza) terem origem na Grécia antiga,[15] não deixamos de ser "modern Europeans". Não pode ser, nem deve ser, de outra forma. *Mensagem* transita do tempo histórico para uma contemporaneidade quando, em contraste com os poemas que o antecedem, incluindo os imediatamente precedentes "Bandarra" e "António Vieira", o terceiro poema da secção "Avisos" oferece uma per-

---

[14] Símbolo que indica um espaço deixado em branco por Fernando Pessoa.
[15] No editorial do primeiro número da revista *Athena*, publicado em 1924, Pessoa cita Summer Maine: "*Exceptas as forças cegas da Natureza*, disse Summer Maine, *tudo, quanto neste mundo se move, é grego em sua origem*" (Pessoa 2000a: 218). A mesma paráfrase ressurge num texto em que Pessoa critica o uso da expressão "civilização cristã" por António de Oliveira Salazar e Armindo Monteiro Estado Novo, em reação a um discurso de Salazar em 1932 (2015: 241).

formance da escrita do livro. O poema, sem título, inicia-se com o verbo, no presente, chamando assim a atenção para a sua escrita, para si enquanto escrita:

Terceiro

'Screvo meu livro à beira-magua.
Meu coração não tem que ter.
Tenho meus olhos quentes de agua.
Só tu, Senhor, me dás viver.

Só te sentir e te pensar
Meus dias vacuos enche e doura.
Mas quando quererás voltar?
Quando é o Rei? Quando é a Hora?

Quando virás a ser o Christo
De a quem morreu o falso Deus,
E a despertar do mal que existo
A Nova Terra e os Novos Céus?

Quando virás, ó Encoberto,
Sonho das eras portuguez,
Tornar-me mais que o sopro incerto
De um grande anceio que Deus fez?

Ah, quando quererás, voltando,
Fazer minha esperança amor?
Da nevoa e da saudade quando?
Quando, meu Sonho e meu Senhor? (2018: 176)

Com os três "Avisos", em que o "Terceiro" sem título sucede aos títulos "Bandarra" e "António Vieira", há uma criação de precursores. "'Screvo..." não só cria antecessores (Bandarra, Vieira) como simbolicamente desloca Camões, símbolo do nacionalismo e patriotismo legado pelo Romantismo e do qual o Estado Novo também se apropriará. Num contexto em que tudo se portugaliza, e por isso se justifica a alteração do título do livro de *Portugal* para *Mensagem* (cf. Pessoa 2018: 368-69), o poema é imediatamente infetado pela subjetividade: não "beira-agua", mas "beira-magua". O tom confessional adotado é quiçá excessivamente (mas não acidentalmente) lírico: o sujeito poético está à "beira-magua", tem "olhos quentes de agua", convoca o sonho e a esperança, inclui interjeições de estado emotivo (Ah...). Poder-se-ia, partindo de David Hume, no *Tratado da Natureza Humana* (1739-1740), relembrar o papel crucial que a imaginação adquirirá relativa-mente à memória, particularmente durante o Romanticismo (Whitehead: 58); ou notar que o conceito wordsworthiano de "emotion recollected in tranquility" é inseparável quer da imaginação quer da memória.[16]

Se é relevante notar que *Mensagem* comunica afetivamente (para usar o termo de Sampaio Bruno) a história de Portugal aos seus leitores, irremediavelmente modernos,[17] não é menos crucial notar que quem lê olhos ("gregos lembrando", ou "quentes de agua"), não vê corações. O transbordamento lírico no poema não representa refúgio, contudo. Antes incitamento, uma suspensão da descrença (em termos coleridgeanos) não disfarça nem distrai da tensão histórica. Não distrai também da performatividade da linguagem: é o poema (a sua escrita, em representação) que gera a esperança que justifica a escrita ("'Screvo") do próprio e a sua comunicação – ou não fosse o título do livro *Mensagem*. O poema reveste a própria escrita, e a sua própria escrita, com o poder de evocar e/ou criar, por si só, esperança. Trata-se de uma esperança que pode não vir a concretizar-se; mais do que isso, é uma esperança, seguindo a estrutura da promessa, que pode sempre não se concretizar.[18]

Compreender o enquadramento político ou a mundividência ideológica de Pessoa não explicam *Mensagem*, bem como muitos outros escritos da obra pessoana, de forma cabal. Em relação à celebrada mitogenia pessoana, José Augusto Seabra relembrava a importância da função poética ao enfatizar o aspeto mitográfico sobre o aspeto mitológico (1996: 198). Ou, em termos pessoanos, "Dizemos Cromwell *fez*, Milton *diz*" (2011: 245). O poema "'Screvo", datado de 1928 no exemplar da Casa Fernando Pessoa, expõe em mise-en-abyme (na escrita do "meu livro") o que a resposta de 1926 ao Inquérito "Portugal, Vasto Império", anteriormente parcialmente citada, havia proposto:

---

[16] Irene Ramalho Santos notou a importância da visão dos poetas como "unacknowledged legislators" e das suas "imperial faculties" entroncada no Romantismo (cf. 2003).
[17] O diagnóstico, que largamente coincide com o de Fernando Pessoa, estava traçado por Sampaio Bruno: "não há uma patria portugueza, porque não existe communicação affectiva entre os que sabem e os ignorantes, os quaes, entre nós, são-o por completo e em absoluto. Caberia, d'est'arte, ensinar aos portuguezes de agora o que fôram e o que fizeram os portuguezes d'outr'ora" (1904: 150).
[18] Para o projeto *Bandarra*, Pessoa escreve: "Podermos vir a ter esse imperio não quer dizer, é certo, que viremos tel-o; porém sem o podermos ter é que com certeza o não teremos" (2011: 246).

Comecemos por nos embebedar desse sonho [mito nacional do sebastianismo, renovado], por o integrar em nós, por o encarnar. Feito isso, cada um de nós independentemente e a sós consigo, o sonho se derramará sem esforço em tudo que dissermos ou escrevermos, e a atmosfera estará criada, em que todos os outros, como nós, o respirem. Então se dará na alma da Nação o fenómeno imprevisível de onde nascerão as Novas Descobertas, a Criação do Mundo Novo, o Quinto Império. Terá regressado El-Rei D. Sebastião. (2000: 331-32)

Na escrita do último verso do poema, "meu Sonho e meu Senhor", não há aleatoriedade: só é "meu Senhor" porque antes "é meu Sonho".[19] O poema é um produto textual que não se funda nem se esgota no sentimento, em que o binómio clássico sentir/ pensar (*"Só te sentir e te pensar/ Meus dias vácuos enche e doura"*) surge como uma espécie de assinatura textual (de FP) que realça ainda mais a falta de um título, e de um sujeito nele identificado. Sem nome aposto, enquanto terceiro no tríptico, "'Screvo..." promete uma almejada síntese mas produz, enquanto escrita ("'Screvo"), uma indefinida suspensão.

Ainda que se siga Jacinto do Prado Coelho quando este aponta que as palavras em *Mensagem* "denunciam uma inteligência que não adere às 'verdades' da fé messiânica" (Coelho 1982: 55), urge notar que o texto tem o potencial para desenvolver "ficções" (no sentido que lhe dá a citação de Rousseau, em epígrafe) da fé messiânica. O esotérico em *Mensagem* não é apenas um "afterthought" (Almeida 2014: 30), desempenha antes de mais uma função estrutural. Se quisermos partir da perspetiva de Judith Balso quando esta afirma *Mensagem* "n'est pas une oeuvre messianique, ni prophétique, quoique mythe et prophétie en soient les matériaux" (1992: 204), então será oportuno invocar a noção de falácia afetiva, ou por outras palavras, ter presente a diferença entre o que o poema é e o que o poema faz.

A questão levantada é se se pode separar o messiânico da religiosidade sem que isto signifique reduzir as componentes e estruturas messiânicas do texto a meros enfeites estilísticos. Na sua análise da messianicidade em *Spectres de Marx*, num texto que aborda também o

---

[19] Como parte do seu ataque à política cultural do Estado novo, e em certa medida como contra-ataque às críticas de Salazar aos intelectuais, Pessoa critica quer a incapacidade de Salazar de sonhar quer a sua identificação do sonho com passividade e a decorrente incapacidade de compreender que o império português foi consequência de príncipes que sonhavam (2015: 313-14), o que remete inevitavelmente para o poema "O Infante" em *Mensagem*.

supracitado texto de Valéry, Derrida procura destrinçar o messiânico (sem messianismo) de entre as roupagens religiosas. Em *Mensagem*, é com roupagens religiosas que se constrói o messiânico, mas sem que essa fusão signifique confusão. A distinção entre o que o poema é e o que o poema faz é pertinente: o uso de *sursum corda* e *valete, fratres*, ou o anúncio da "Hora" revelam um uso ritualizado e performativo da linguagem, no sentido de J. L. Austin. Na escrita de *Mensagem* e em *Mensagem* enquanto escrita e partindo da noção "du messianisme sans contenu, du messianique sans messianicité" (Derrida 1993: 112), é relevante notar que *Mensagem* se *inscreve* numa tradição (e figuração) de messianismo (como a entende Sampaio Bruno) mas *escreve* sem Messias ("Não há homens salvadores. Não há Messias" [2011: 73]). *Escreve* sim uma estrutura messiânica alimentada por uma "ansia quotidiana": "O Encoberto [...] é um conceito nosso; para que venha, é preciso que o façamos apparecer, que o creemos em nós atravez de nós" (Pessoa 2011: 73). Na gradual desencarnação que ocorre com as sucessivas figurações da figura histórica de D. Sebastião à medida que se desencarna (n)a figura simbólica do Encoberto em *Mensagem*, o leitor é guiado a abandonar o sebastianismo tradicional e/ou utópico em favor de um "Christo/ De a quem morreu o falso deus" ("'Screvo..."), de "viver a verdade Que morreu D. Sebastião" ("Quinto Império"). A proposta dos poemas, ou do extrato em prosa acima citado, é também uma aposta numa visão anti-utópica. A messianicidade, revelada também pela apreensão, pela esperança, pela ânsia, pelo desejo, pelo temor, pela dúvida ("Quando?"), pela afirmação ("É a Hora!") que os sujeitos poéticos exprimem, é apenas uma solução possível, textualmente concreta, para as questões do presente por outras palavras, não se trata de uma utopia. Em resposta à reação de Fredric Jameson, e à identificação que estabelece entre "le messianique" e "Utopianism", Derrida faz questão de distinguir em absoluto a messianicidade do utopianismo ao mesmo tempo que desmistifica a espera e esperança pelo que está por vir em moldes que se adequam aos sujeitos poéticos dos poemas mencionados:

> La messianicité (que je tiens pour une structure universelle de l'expérience et qui ne se réduit à aucun messianisme religieux) est tout sauf utopique: elle est, dans tout ici maintenant, la référence à la venue de l'événement le plus concret et le plus réel, c'est-à-dire à l'alterité la plus irréductiblement hétérogène. Rien n'est plus "réaliste" et plus "immédiat" que cette appréhension messianique tendue vers l'événement de (ce) qui vient. Je dis

"appréhension" parce que cette expérience tendue vers l'événement est à la fois une attente sans attente (préparation active, anticipation sur le fond d'un horizon, mais aussi exposition sans horizon, et donc une composition irréductible de désir et d'angoisse, d'affirmation et de peur, de promesse et de menace). (2002: 69-70)

A indefinição do *Encoberto* em *Mensagem* é uma necessidade textual e uma constatação de factos perante o que é anunciado, e nunca identificado. Do mesmo modo que em "'Screvo...", em "O Encoberto", o último poema da descarnação histórica da figura de D. Sebastião em *Mensagem*, o *Encoberto* enquanto "symbolo final" aponta por fim, ao apontar para o seu próprio limite e para o limite do e de um próprio, para um "messianic without messianism". Trata-se, nas palavras de Geoffrey Bennington, de "[...] a formal messianicity which cannot project any content of specificity whatsoever into the advent or coming it nonetheless affirms" (2000: 136). Um entendimento da noção de messiânico sem messianismo, que pressupõe "l'urgence, l'imminence, mais, paradoxe irréductible, une attente sans horizon d'attente" (1993: 267), revela-se crucial para uma leitura de *Mensagem* sob um enquadramento aporético e não enquanto exposição teleológica.

É um erro crasso pensar que *Mensagem* se reduz a uma questão de linguagem, um erro tão grave quanto ignorar o papel importante que a linguagem desempenha em *Mensagem*. A dimensão performativa do messiânico em *Mensagem* coloca em evidência a função perlocutiva do último verso do poema "Nevoeiro" (tal como "'Screvo", datado de 1928), "É a Hora!". A "Hora", que se repete no *Interregno* e em variados escritos de Pessoa (ver Lopes 1979; Miranda 2012), bem como de outros autores à época, não é o anúncio de uma totalidade de presença em termos ontológicos.[20] Na performance messiânica, a presença esperada e invocada é assombrada pela sua própria representação. Portugal pode ser (é o "poder ser"; "Tormenta"?) porque não foi nem é; e poderá sempre não o ser. "É a Hora!" responde, iterativamente, às questões que o poema "'Screvo..." levanta: "Quando é o Rei? Quando é a Hora?"; "Quando virás a ser o Cristo/ De a quem morreu o falso Deus"; "Quando, meu Sonho e

---

[20] Quando Derrida relembra a importância da noção do performativo na leitura desenvolvida em *Spectres de Marx*, faz nota quer de uma dívida à "speech act theory" de J. L. Austin quer à importância de questionar e sobredeterminar a teoria – começando por fazer notar que se aplica não só à linguagem no sentido estrito do termo, mas no sentido de traço e escritura tal qual o seu trabalho havia desenvolvido (2002: 27).

meu Senhor?". A pergunta (o pronome interrogativo "quando" é repetido oito vezes), funcionalmente, pede uma resposta que o poema final de *Mensagem*, escrito no mesmo ano, oferece dentro de um horizonte de leitura que suspende em tensão o futuro (porvir, por vir) de um passado (que não foi).

O messianismo sem Messias pessoano oferece esperança numa "justiça definitiva – mas não demasiado definitiva". A crise de cultura, de transição e tensão entre, como expunham Bradbury e MacFarlane, "the forces that persist from the past and those that grow from the novel present", leva Pessoa, em "Erostratus", a partir do Romantismo para refletir sobre como os escritos literários perduram ou caem no esquecimento. O extrato é relevante porque nele ressoam as questões de esperança, justiça (muito relevante na proposta de Derrida), abertura ao que está por vir (com uma boa dose de sacrilégios à mistura), um passado clássico e um presente fascinante que orientam em boa parte a leitura que se vem desenvolvendo:

> The particular part of Romanticism which it fell to Coleridge best to form has been called the Renaissance of Wonder. But all genius is a renaissance of wonder. In the soul, to accept is to lose. A hope ☐ in a final – but not too final – justice: the "God writes straight on crooked lines" of the Portuguese proverb [...] unless by a practical development of Einstein it be possible to relay our talk into the past. But there is a linguistic brake to that: the ancients are spared more than our mere noise. When Caesar begins to have heard Mussolini, he will be no wiser than he has always been.
> The Gods will not tell us, nor will Fate. The Gods are dead and Fate is dumb. (2000b: 199)

A esperança expressa-se não na fé, mas na dúvida. No recurso a um provérbio que aposta no que as evidências parecem negar, numa escrita que redima linhas (históricas, culturais, políticas) tortas. Esta esperança aceita quer a imprevisibilidade do futuro quer a futilidade de um regresso ao passado; e não só porque o presente (Mussolini) nada tem a ensinar. "Nós" não somos, convém lembrar, não podemos ser os gregos da Antiguidade porque somos "modern Europeans". A sensibilidade ("Só te sentir e te pensar") é irremediavelmente moderna, em face de uma "complexity which antiquity could not even dream of".

Coda não definitiva
Em 1935, num texto postumamente publicado em que explica *Mensagem* à luz do seu artigo "Associações Secretas" (publicado no *Diário de Lisboa*, de 4 de fevereiro 1935), no qual critica a lei antimaçónica do Estado Novo e enquadra o seu nacionalismo dentro dos "princípios liberais", Pessoa suplementa o iminente "supra-Camões" de 1912 com um anúncio de (e um aviso sobre) uma "super-Nação futura":

> Segue de aqui que, quanto mais intensamente formos patriotas – desde que saibamos ser patriotas –, mais intensamente nos estaremos preparando, e connosco aos que estão connosco, para um conseguimento humano futuro, que, nem que Deus o faça impossível, deveremos deixar de ter por desejável. A Nação é a escola presente para a super-Nação futura. Cumpre, porém, não esquecer que estamos ainda, e durante séculos estaremos, na escola e só na escola. (2015: 362)

Houvesse o texto sido publicado, Pessoa poderia ter terminado a sua intervenção pública de forma similar à que começou: prometendo um *super* (neste caso, super-nação; em *A Águia*, supra-Camões). Pessoa postergava uma vez mais o ressurgimento literário, político, cultural (muitas vezes fundidos e/ou confundidos) em, e de, Portugal para um porvir. Já antes, no artigo de *A Águia*, anunciava o ressurgimento literário nas páginas de um órgão oficial de um movimento que se anunciava ele próprio como um ressurgimento, a *Renascença Portuguesa*. No prémio nacional promovido pelo Estado Novo, *Mensagem* foi a concurso urgindo e prometendo algo para além (no tempo, no espaço, na ideologia) do que o Estado Novo poderia oferecer. Depois do "supra-Camões", a "super-nação": o "fenómeno imprevisível" que era anunciado em resposta às perguntas do inquérito "Portugal, Vasto Império", pode apenas, e sempre, ser anunciado. É, como se escreveu antes, uma resolução... mas apenas uma espécie de solução. Literariamente, o passado está no futuro, não chegou ainda. E estará sempre na eminência de ainda chegar. E como o texto acima faz notar, desejável mesmo que (quiçá sobretudo porque) impossível.

Referências bibliográficas
Almeida, Onésimo Teotónio (2014). *Pessoa, Portugal e o futuro*. Lisboa: Gradiva.
Attridge, Derek (1992). "Derrida and the Questioning of Literature", *Jacques Derrida: Acts of Literature*, Derek Attridge (ed.). New York-London: Routledge, 1-29.

Balso, Judith (1992). "Les 'pessoas-livros' de Fernando Pessoa ou le concept de l'hétéronymie", *La politique des poètes: Pourquoi des poètes en temps de détresse*, Jacques Rancière (ed.). Paris: Albin Michel, 161-214.
Barthes, Roland (1957). *Mythologies*. Paris: Éditions du Seuil.
Barreto, José (2015). "Apresentação", *Sobre o Fascismo, a Ditadura Militar e Salazar*, José Barreto (ed.). Lisboa: Tinta-da-China, 7-47.
Bennington, Geoffrey (2000). *Interrupting Derrida*. London: Routledge.
Bradbury, Malcolm; McFarlane, James (1991). "The name and nature of modernism", *Modernism: A Guide to European Literature*, Malcolm Bradbury and James McFarlane (eds.). London: Penguin, 19-55.
Bruno, Sampaio (1904). *O Encoberto*. Porto: Livraria Moreira. Obtido de: http://bibliotecaparticular.casafernandopessoa.pt/8-75/1/8-75_item1/index.html?page=1.
Cattani, Paola (2017). "Europe as a nation? Intellectuals and debate on Europe in the inter-war period", *History of European Ideas*, 43:6, 674-682.
Coelho, Jacinto do Prado (1982). *Diversidade e unidade em Fernando Pessoa*. Lisboa: Verbo.
Derrida, Jacques (1991). *L'Autre cap;* suivi de *La démocratie ajournée*. Paris: Éditions de Minuit.
Derrida, Jacques (1992). *The Other Heading: Reflections on Today's Europe*, Pascale-Anne Brault and Michael B. Naas (trans.). Bloomington: Indiana University Press.
Derrida, Jacques (1993). *Spectres de Marx: L'état de la dette, le travail du deuil et la nouvelle Internationale*. Paris: Éditions Galilée.
Derrida, Jacques (2002). *Marx & Sons*. Paris: Galilée.
Feijó, António M. (1999). "Mensagem, a imprecisão denotativa de 'um drama em gente' e o anticristianismo de Pessoa", *Românicas*, 8, 65-77.
Feijó, António M. (2015). *Uma admiração pastoril pelo Diabo: Pessoa e Pascoaes*. Lisboa: INCM.
Frow, John (1997). "*Toute la mémoire du monde*: Repetition and Forgetting", *Time and Commodity Culture: Essays in Cultural Theory and Postmodernity*. Oxford: Oxford University Press, 218-46.
Jackson, Kenneth David (2010). *Adverse Genres in Fernando Pessoa*. Oxford: Oxford University Press.
Lopes, Óscar (1979). "No ádito de Hades: O epitáfio, o testamento, a elegia fúnebre – e 'a Hora'", *Actas do primeiro congresso internacional de estudos pessoanos (1978)*, J. Carvalho Branco (ed.). Porto: Brasília Editora e Centro de Estudos Pessoanos, 593-614.
Lopes, Silvina Rodrigues (2011). "Mensagem e a desconstrução da

portugalidade", *Representações da Portugalidade*, André Barata, António Santos Pereira e José Ricardo Carvalheiro (eds.). Lisboa: Caminho, 9-32.

Martin, Benjamin (2013). "'European Literature' in the Nazi New Order: The Cultural Politics of the European Writers' Union, 1941-3", *Journal of Contemporary History*, 48 (3), 486-508.

McGuirk, Bernard (2017). "Spectres of *mar*... Derrida trans(at)l(antic)ated: an ocean's ill heaven", *Erasing Fernando Pessoa*. London: Critical, Cultural and Communications Press, 63-80.

Miranda, Rui Gonçalves (2010). *"A Casa por fabricar", Aspects and Spectres of a Portuguesely I: Reading Fernando Pessoa through Jacques Derrida*. Tese de Doutoramento, Universidade de Nottingham.

Miranda, Rui Gonçalves (2012). "El Tiempo una y otra vez: La 'Hora' de Pessoa", *Despalabro: Ensayos de Humanidades*, 6, 2012 (Universidad Autónoma de Madrid), 147-63.

Pessoa, Fernando (1973). *Páginas de estética e de teoria e crítica literárias*, Jacinto do Prado Coelho e Georg Rudolf Lind (ed.), 2ª ed. Lisboa: Ática.

Pessoa, Fernando (1978). *Sobre Portugal: Introdução ao problema nacional*, Joel Serrão (org.). Lisboa: Ática.

Pessoa, Fernando (1979). *Da República (1910-1935)*, Joel Serrão (org.). Lisboa: Ática.

Pessoa, Fernando (1993). *Pessoa inédito*, orientação, coordenação e prefácio de Teresa Rita Lopes. Lisboa: Livros Horizonte.

Pessoa, Fernando (1999a). *Correspondência 1905-1922*, Manuela Parreira da Silva (ed.). Lisboa: Assírio & Alvim.

Pessoa, Fernando (1999b). *Correspondência 1923-1935*, Manuela Parreira da Silva. Lisboa: Assírio & Alvim.

Pessoa, Fernando (2000a). *Crítica: ensaios, artigos e entrevistas*, Fernando Cabral Martins (ed.). Lisboa: Assírio & Alvim.

Pessoa, Fernando (2000b). *Heróstrato e a Busca da Imortalidade*, Richard Zenith (ed.), Manuela Rocha (trad.). Lisboa: Assírio & Alvim.

Pessoa, Fernando (2011). *Sebastianismo e Quinto Império*. Lisboa: Ática (Babel).

Pessoa, Fernando (2015). *Sobre o Fascismo, a Ditadura Militar e Salazar*, José Barreto (ed.). Lisboa: Tinta-da-China.

Pessoa, Fernando (2018). *Mensagem e poemas publicados em vida*, Luiz Fagundes Duarte (ed.). Lisboa: INCM.

Prettenthaler-Ziegerhofer, Anita (2012). "Richard Nikolaus Coudenhove-Kalergi, Founder of the Pan-European Union, and the Birth of a 'New'

Europe", *Europe in Crisis: Intellectuals and the European Idea 1917-1957*, Mark Hewitson e Matthew D'Auria. New York-Oxford: Berghahn Books, 89-109.

Ribeiro, António Sousa (2003). "Um centro que se sustente: ficcções do Império nos modernismos português e austríaco", *Fantasmas e fantasias imperiais no imaginário português contemporâneo*, Margarida Calafate Ribeiro e Ana Paula Ferreira (org.). Porto: Campo das Letras, 43-57.

Rousseau, Jean-Jacques (1782). *Les rêveries du promeneur solitaire*. Genève. Obtido de: https://gallica.bnf.fr/ark:/12148/bpt6k9618103m.

Santos, Irene Ramalho; Ribeiro, António Sousa. (2002). "Identidade e Nação na(s) Poética(s) da Modernidade: Os Casos de Fernando Pessoa e Hugo von Hofmannsthal", *Entre Ser e Estar. Raízes, Percursos e Discursos da Identidade*, Maria Irene Ramalho e António Sousa Ribeiro (org.). Porto: Afrontamento, 475 - 501.

Santos, Irene Ramalho (2003). "The Unacknowledged Legislators: Romantic Ideology, Modernist Aesthetics", *Atlantic Poets: Fernando Pessoa's Turn in Anglo-American Modernism*. Hanover-London: University Press of New England, 23–57.

Seabra, José Augusto (1996a). "Le sébastianisme pessoën: un sébastianisme autre", *O coração do texto/ Le coeur du texte: Novos ensaios pessoanos*. Lisboa: Cosmos, 195-207.

Seabra, José Augusto (1996b). "'Poiesis' e 'polis'", *O coração do texto/ Le coeur du texte: Novos ensaios pessoanos*. Lisboa: Cosmos, 45-58.

Sena, Jorge (1981). "Fernando Pessoa: O homem que nunca foi", *Fernando Pessoa & Ca heterónima (Estudos Coligidos 1940-1978)*, vol. II. Lisboa: Edições 70, 177-206.

Terdiman, Richard (1993). *Present Past: Modernity and the Memory Crisis*. Ithaca and London: Cornell University Press.

Trindade, Luís (2008). *O estranho caso do nacionalismo português: O salazarismo entre a literatura e a política*. Lisboa: Imprensa de Ciências Sociais.

Valéry, Paul (1957). "Crise de l'Esprit", *Oeuvres*, vol. I, Jean Hytier (ed.). Paris: Éditions de la Pléiade/ Gallimard, 988–1014.

Vieira, Afonso Lopes (1922). *Em demanda do Graal*. Lisboa: Sociedade Editora Portugal-Brasil.

Vermeiren, Jan (2012). "Imperium Europaeum: Rudolf Pannwitz and the German Idea of Europe", *Europe in Crisis: Intellectuals and the European Idea 1917-1957*, Mark Hewitson and Matthew D'Auria (ed.). New York-Oxford: Berghahn Books, 135-53.

Whitehead, Anne (2009). *Memory*. London: Routledge.

Redes

"Só o mar das outras terras é que é belo":
reinscrições pessoanas em dois textos de al berto

Mark Sabine

Contribuição ímpar, e cada vez mais influente, à lírica em língua portuguesa, a obra de al berto (pseudónimo de Alberto Raposo Pidwell Tavares, 1948-1997) oferece uma das mais singulares e atrevidas respostas poéticas do fim do século vinte ao projeto literário e filosófico de Fernando Pessoa. A centralidade da meditação poética sobre a fragmentação e desdobramento do *eu* fica registada já na alcunha assumida pelo poeta d'*O Medo*, que, aliás, afirmou, logo numa entrevista concedida em 1987, a presença de um verso do "drama estático" *O Marinheiro*, "só o mar das outras terras é que é belo", "às vezes escondido" em toda sua escrita (Silva 1987: 25). O trabalho aqui apresentado pretende iluminar aspetos da receção e dos usos das ideias e imagens de Pessoa em dois textos que, ao nosso ver, constituem marcos na produção literária de al berto. Em "Salsugem" (escrito em 1982, publicado em 1984), e seguindo por vezes os passos de Álvaro de Campos, o poeta aproveita a recontextualização e a transformação hermenêutica de imagens e elementos narrativos retirados da literatura da expansão marítima portuguesa para efetuar um questionamento, na esteira da Revolução dos Cravos e posterior estabelecimento da democracia liberal, da construção do cânone literário nacional e, por extensão, da narrativa hegemónica da história e da identidade pátrias. A partir da polissemia do título – que inclui os sentidos de lodo marinho, detritos flutuantes esfregados pelas marés, resíduo salino, e inflamação cutânea ou impetigo – "Salsugem" lança um repto à manutenção de fronteiras e categorias de cultura, nação e género, frisando a porosidade das fronteiras e a instabilidade e interpenetração de elementos alegadamente opostos. Simultaneamente, evoca os traços e as trans-formações deixados quer nos corpos quer na identidade pela passagem marítima, ou pelo que esta passagem metaforicamente representa, nomeadamente, a autodescoberta e o encontro com a alteridade, o contemplar sublime, mas apavorante, do infinito, e o desencadeamento da imaginação, das emoções e da libido. Esta deturpação do imaginário do "mar português" é reforçada por extensas ressonâncias da temática de navegação em outras tradições literárias – concretamente, essas que exploram o lugar marítimo para a expressão da alienação, da autodescoberta e do erotismo dissidente ou "decadente" – por meio das quais "Salsugem" projeta uma mundividência tanto existencial quanto irrefutavelmente *queer*. No mosaico de alusões literárias assim montado, "Ode marítima" assume um papel fulcral, assumindo-se como o ponto de interseção eminentemente canonizado entre a mitologia pós-camoniana do "destino" marítimo português, e a literatura de "viagens de descoberta" mais individualista, e às vezes iconoclasta, tal como o "Bateau ivre", de Arthur Rimbaud.

A evocação, no entanto, da solidão, da perda e do esquecimento, vividos todos em terra firme, nas estrofes que encerram "Salsugem", constitui um ponto de ligação ao longo texto "Luminoso Afogado", escrito e editado dois anos antes apenas da morte do poeta. Em contraste, porém, às alusões ambíguas ou imprecisas a "Ode marítima" em "Salsugem", "Luminoso Afogado" apresenta-se como plena homenagem a, ou reinterpretação de, *O Marinheiro*, apropriando não só imagens, mas versos inteiros do "drama estático" para incidir uma vez mais sobre a fragmentação tanto sincrónica quanto diacrónica do sujeito. Aborda igualmente a experiência do luto e da solidão provocados, ora pela impossibilidade de viver uma vida sonhada à maneira que o epónimo marinheiro de Pessoa consegue viver, ora pela perda de um Outro querido (ou talvez pela impossibilidade da verdadeira comunhão com um tal Outro), e o consequente sentido de perda, ou de inautenticidade, do "eu"; ou ainda, melhor dizendo, os muitos "eus" passados, ou apenas sonhados. Tal como o marinheiro no drama de Pessoa, "o luminoso afogado" habita o texto que leva o seu nome como uma presença espectral, surgindo em diversas atitudes e circunstâncias para lembrar vidas, viagens e amores perdidos – ou talvez desejados mas nunca realizados – por um "eu" (ou seja, a voz lírica que fala no poema) que se descobre preso no papel de velador/ veladora. Nos dois poemas, a relação entre al berto e Fernando Pessoa é marcada por uma dissonância fulcral no que diz respeito à vida do corpo e à experiência corpórea do afeto. Prestando homenagem mas, entretanto, desviando-se da atitude de repúdio do corpo, bem como da fantasia de uma existência hermética e incorpórea que surge em numerosos textos pessoanos, os dois poemas de al berto contribuem para uma tentativa, ao longo da sua obra, de realizar uma interação criativa entre a literatura, por um lado e, por outro, a vida – e, no caso de "Luminoso afogado", a morte – do corpo do poeta, interação esta capaz de mitigar uma multifacetada e arraigada angústia existencial.

"Salsugem" apresenta a recorrente metáfora al bertiana da viagem marítima enquanto experiência vertiginosa e penosa, mas também esclarecedora, da vida e do amor erótico. O primeiro verso do poema – "Faço-te os relatos simples" – estabelece a ideia de um relato íntimo ou confessional, que a voz lírica narra, geralmente na primeira pessoa. O sujeito implícito desta voz lírica teve de enfrentar a necessidade de escolher entre o medo provocado pelas tentativas de amar um Outro igualmente inconsistente com o mesmo "eu", e, por outro lado, a tremenda solidão da fuga absoluta às relações pessoais. Esta crise existencial expressa-se metaforicamente na vacilação da escolha do "eu" lírico entre o mar e a terra, e no conflito entre o desejo, por um lado, de "correr mundo", explorar, amar, e, por outro lado, o medo de embarcar e, sobretudo, o de desembarcar em portos alheios e ilhas afastadas. Como já anteriormente examinamos, a exploração metafórica do *locus* marítimo em "Salsugem" distingue-se pela evidente modelação narratológica e imagética n'*Os Lusíadas*. Célebres imagens e episódios da epopeia que desenvolvem os temas-chave da (auto-)descoberta, do exílio, do medo e da aventura erótica surgem deslocados, desde a narrativa do heroísmo nacional, num contexto antiépico e pouco patriótico. A forma como a literatura canónica e "nacional" permeia o texto em forma de despojos ou *vestígios* poéticos relembra a "salsugem" do título, ou seja, os materiais e corpos transformados pela ação corrosiva das marés salgadas. Se bem que, lidas metaforicamente, tais imagens salientem os efeitos transformativos do tempo e da ideologia sobre os traços das culturas, histórias e lexemas, elas apontam também para os traços – eventualmente transformadores e indeléveis – dos eventos, encontros, e memórias sobre o corpo e a consciência do indivíduo.

Ao mesmo tempo, e como Mário César Lugarinho observou já no seu estudo pioneiro do "princípio *luso-queer*" na obra de al berto, a evocação dos mitos aquáticos nacionais aponta para uma estagnação histórica de tais águas míticas ("historical stagnation of such mythical waters"). Permite também a iluminação de entidades, histórias e atitudes anteriormente não reconhecidas, ou até forçosamente suprimidas, na projeção literária de uma identidade nacional (Lugarinho 2002: 292). Tal iluminação é também assinalada pelo conceito de salsugem, no sentido de um processo de fortalecimento ou refresco de terras lodosas e águas estagnantes pelo fluxo e refluxo das marés da experiência, e da memória recuperada ou reinterpretada. Uma instância específica deste processo que o poema providencia surge com o uso de sentidos duplos e também com a construção de um discurso cuja gama semântica abrange igualmente o calão e a linguagem do épico. É através de mecanismos como estes que o poema torna visível a presença na história e na comunidade nacionais do sujeito sexualmente dissidente ou *queer*.

As transformações produzidas no material camoniano evidenciam-se logo na primeira das nove estrofes de "Salsugem", que promete esclarecer "essas embarcações perdidas no eco do tempo" e recordadas só "de solidão em solidão" (al berto 2000: 295). Além dos contrastes entre o apelo camoniano à ajuda de "o engenho, a arte", e o léxico simples e tom confessional de al berto, ou entre as "memórias gloriosas" e "fama das vitórias" do épico (Camões 1989: 1) e do esquecimento e da solidão (al berto 2000: 295), o carácter informal do discurso de "Salsugem" facilita a interpretação das "embarcações" conforme o sentido coloquial da palavra "embarcar", ou seja, "deixar-se enganar ou convencer". A resultante evocação da desilusão ou da deceção é relacionada, logo na segunda estrofe, com o desejo da voz lírica – que narra ora na primeira pessoa, ora na terceira e que, conforme veio a ser o costume na poesia de al berto, evita a designação linguística como masculino ou feminino – de "ser marinheiro, correr mundo" (2000: 296). O aspeto psíquico desta vontade errante – a dissolução subjetiva ou desdobramento da identidade – comunica-se pela substituição metafórica de "espelho" por "mar" e de "reflexão" por "Outro", e por ecos da descrição da corporeidade requintadamente grotesca do subaquático Tritão d'*Os Lusíadas* (Camões 1989: 153):

> Debruçou-se para o outro lado do espelho
> Onde o corpo se torna aéreo até aos ossos
> [...] cresceram-lhe búzios nas pálpebras algas finas
> moviam-se medusas luminosas ao alcance da fala.
> (al berto 2000: 296)

Alusões mais nítidas à evocação camoniana da errância e exploração marítimas seguem nas estrofes 3 a 5, nas quais a descrição da viagem enumera os perigos desconhecidos do oceano, não só as tempestades e as calmas, mas inclusivamente o pavoroso "fogo de Santelmo" descrito por Camões no canto V: 15-22 (Camões 1989: 126-28), e, igualmente, as ameaças das terras incógnitas, das "tribos" e do "sol impiedoso" (al berto 2000: 299). A viagem conclui, na sexta estrofe, num naufrágio numa ilha tropical. Aqui, o gozo erótico dos heroicos lusíadas na Ilha dos Amores é substituído por passatempos de cariz homoerótico e implicitamente masturbatórios:

> passávamos os dias espremendo polposos frutos
> beijos nos músculos tatuados de pin-ups dolorosas virgens
> [...]
> percorríamos o areal
> onde esquecemos os desejos dados-à-costa. (al berto 2000: 300)

Qualquer satisfação, porém, resulta efémera. A ausência, ou talvez desaparecimento, de um companheiro anuncia o desvio mais radical que

"Salsugem" faz do modelo camoniano, e a deslocação do "eu" lírico de qualquer ilha maravilhosa ou encoberta para um lugar de "solidão" esmagadora:

> a pouco e pouco habituei-me à solidão deste quadrante sem destino
> o fogo devorou as esperanças duma possível felicidade
> [...]
> deixo a pouca vida que me resta
> emaranhar-se nas quentes lágrimas das ilhas.
> (al berto 2000: 300)

Finalmente, nas últimas duas estrofes, a voz lírica refere um retorno das "embarcações" ao infrutífero refúgio terrestre, onde parece assumir uma identidade ou papel que relembra tanto as veladoras do drama estático de Pessoa quanto uma Penélope homérica resignada, que se junta às "mulheres insones ciciando nomes de portos ladainhas para consolar a dor" e que "bordam intermináveis cantilenas" em vez de véus matrimoniais, até ao dia em que

> os barcos deixaram de fazer escala à minha porta
> inclino-me de novo para o pano deste século
> recomeço a bordar ou a dormir
> tanto faz
> sempre tive dúvidas de que alguma vez me visite a felicidade.
> (al berto 2000: 303)

Como indicámos acima, a articulação, em "Salsugem", de uma história íntima de (auto-)exploração, desilusão e desespero, e uma reconfiguração de elementos do imaginário nacional que permite visualizar uma subjetividade tanto portuguesa quanto *queer* deve-se, em grande medida, à contiguidade no texto entre as inscrições canónicas da história pátria e os ecos de textos que inscrevem uma sexualidade ou um afeto dissidentes – frequentemente, o homoerotismo masculino ou a *homossocialidade* – e a procura individual do autoconhecimento, no cenário marítimo. Imagens e tropos lembrando a obra de Jean Genêt, Jean Cocteau, Herman Melville, Samuel Taylor Coleridge, e Charles Baudelaire encontram-se ao longo das páginas de *O Medo*,[1] onde, junto com

---

[1] Sobre esta genealogia al-bertiana, ver, entre outros estudos, Freitas (1999: esp. 13-15).

referências explícitas ou implícitas a Rimbaud, Bruce Chatwin, Malcolm Lowry, William Burroughs e outros, constituem uma espécie de genealogia pessoal al bertiana, vanguardista, transnacional e *queer*. Apontam igualmente, no entanto e simultaneamente, para a origem de um cânone literário ou cultural que inicia uma construção retrospetiva de uma tradição. A imbricação, em "Salsugem", desta genealogia literária *queer* com um *corpus* literário nacional, centrado em Camões e nos Descobrimentos, evidencia ao mesmo tempo a porosidade das fronteiras deste *corpus* (igual à porosidade da salsugem: o leito lodoso das águas "nacionais") e a presença, por dentro dessas fronteiras de significações, de *topoi* e linhas de influência de expressão contracultural e sexualmente dissidente.

Disso mesmo dão conta as ressonâncias do famoso *bateau ivre* de Rimbaud no cenário náutico de "Salsugem", e no modo como o poema indica a presença do texto rimbaldiano já no epicentro do cânone português dos nossos dias, na obra de Álvaro de Campos. "Bateau ivre" e "Ode Marítima" são igualmente modelos para "Salsugem" na forma como utilizam a viagem marítima para exprimir a fantasia de fugir à soberania daquilo que a psicanálise pós-Freudiana denomina como *super-ego*, de dissolver a consciência no intenso e compreensivo desarranjo dos sentidos. Em Rimbaud, esta fantasia é atualizada ao atribuir subjetividade ao barco uma vez liberto da sua tripulação, já morta pelos "Peaux-Rouges" [Peles Vermelhas] (Rimbaud 1997: 165). Este barco-sujeito é referenciado mais explicitamente na terceira parte de "Salsugem", na apresentação antropomórfica da embarcação (é de notar que, aqui, esta é designada "um barco" em vez de "um navio"):

> era um barco
> uma sombra do mar com o sol tatuado à proa
> [...]
> era um barco
> com o velame cansado e as mãos calejadas
> pelas tempestades das sete partidas do mundo.
> (al berto 2000: 297)

O famoso estudo nas *Mitologias* de Roland Barthes, "Nautilus e Bateau ivre", serve perfeitamente para evidenciar não apenas a semelhança entre o poema rimbaldiano e a ode de Campos, mas também o modo como "Salsugem" torna explícito o desafio que o segundo texto lança ao simbolismo do navio na mitologia e literatura pátria portuguesas. Barthes argumenta que:

le bateau peut bien être symbole de départ; il est, plus profondément, chiffre de la clôture [...] aimer les navires, c'est d'abord aimer une maison superlative, parce que close sans rémission, et nullement les grands départs vagues: le navire est un fait d'habitat avant d'être un moyen de transport. (1957: 81-82)

Barthes aponta para o *Nautilus*, de Jules Verne, como o exemplo acabado dessa figuração, em que "la jouissance de l'enfermement" (o gozo ou a fruição do encerramento) fica aperfeiçoada pela vista submarina através de uma janela grande, o que permite "définir ainsi dans un même geste l'intérieur par son contraire" (1957: 82). Barthes identifica esta domesticidade itinerante com "la posture bourgeoise de l'appropriation" (1957: 80). O barco fornece um lugar de onde o homem pode catalogar, povoar, possuir o mundo, enquanto "dehors la tempête, c'est-à-dire l'infini, fait rage inutilement" (Barthes 1957: 80).

A proposta de Barthes, de que o barco encarna a ideologia burguesa da apropriação imperial e positivista, e também as qualidades de peripécia e de clausura, apresenta semelhanças com um ensaio contemporâneo de Michel Foucault, expondo a sua teoria das *heterotopias*, isto é:

des sortes de contre-emplacements, sorts d'utopies effectivement réalisées dans lesquelles les emplacements réels, tous les autres emplacements réels que l'on peut trouver à l'intérieur de la culture sont à la fois représentés, contestés et inversés, des sortes de lieux qui sont hors de tous les lieux, bien que pourtant ils soient effectivement localisables. (1994: 755-56)

Para Foucault o navio é "l'heterotopie par excellence" (a heterotopia *par excellence*), já que é:

un morceau flottant d'espace, un lieu sans lieu, qui vit par lui-même, qui est fermé sur soi et qui est livré en même temps à l'infini de la mer. (1994: 762)

Voltando ao navio como *topos* central na imaginação pós-camoniana da nação portuguesa, como também na genealogia imagética traçada por al berto para Campos e que inclui Coleridge ("Rime of the Ancient Mariner") e Rimbaud, vemos que, no contexto camoniano, as ressonâncias domésticas e de clausura que o barco introduz garantem uma cena adequada para a narração épica da história pátria que Vasco da Gama empreende nos cantos II-IV, VI e VIII, assim como corroboram a natureza ímpar e especificamente nacional do viajar "por mares nunca d'antes navegados" (Camões 1989: 1). É o potencial heterotópico, entretanto, que galvaniza a compreensão do navio como microcosmo idealizado da imaginada comunidade nacional. Será pura coincidência que o navio – heterotopia por excelência – seja veículo de um sentido de *hiperidentidade*, ou hipertrofia de identidade, já diagnosticado por Eduardo Lourenço?

É precisamente para elaborar uma alternativa a esta partida coletiva no *navio-nação* que Álvaro de Campos se apropria do conceito do barco ébrio, que ele imagina sujeito próprio e com o qual deseja unir-se sensualmente, através da sua incorporação física no barco ("Façam enxárcias das minhas veias!/ Amarras dos meus músculos!" [Pessoa 1990: 91]) ou de uma dissolução sexual às mãos dos marinheiros ou piratas ("Ser o meu corpo passivo a mulher-todas-as-mulheres/ Que foram violadas, mortas, feridas, rasgadas pelos piratas!" [Pessoa 1990: 94]). O desejo de Campos é explicado pela designação barthesiana do barco ébrio como exceção à regra da natureza côncava e encerradora do navio. O barco ébrio, liberto do controlo e do protagonismo da tripulação, funciona como:

> œil voyageur, frôleur d'infinis; [qui] produit sans cesses des départs [...] [qui] peut faire passer l'homme d'une psychanalyse de la caverne à une poétique véritable de l'exploration. (Barthes 1957: 82)

Por isso, não funciona da mesma maneira que a heterotopia, pois não é "un morceau d'espace" [um pedaço de espaço] mas uma *consciência* "qui vit par lui même [...] livré à l'infini de la mer" (Foucault 1994: 762). Não está "fermé sur soi" (Foucault 1994: 762.), pelo contrário, é um "bateau perdu sous les cheveaux des anses,/ Jeté par l'ouragan dans l'éther sans oiseau" (Rimbaud 1997: 169). Aqui, a heterotopia desejada tem de ser a instabilidade das marés e da tempestade, ou seja "le Poème de la mer" (Rimbaud 1997: 166), pelo menos até "les rousseurs amères de l'amour" ficarem excessivas nas "bleuités" (azulidades) do mar (Rimbaud 1997: 167).

De igual modo, o desejo de Campos de que as "coisas navais, meus velhos brinquedos de sonho [...] [componham] fora de mim a minha vida interior" (Pessoa 1990: 85) procede de uma conceção heterotópica dos "mares antigos" como "a Distância Absoluta/ O Puro Longe, liberto do peso do Atual" (Pessoa 1990: 86). Assim, Campos apropria-se da cifra do património marítimo português para a conceptualização rimbaldiana do cenário marítimo. A tripulação imaginada no barco é menos uma comunidade (quer nacional quer rebelde) do que um meio através do qual Campos possa satisfazer o desejo de "despir de mim [...] [o] meu traje de civilizado" e de "poder sentir isto doutra maneira" (Pessoa 1990: 90; 83), numa fantasia variadamente homoerótica e sadomasoquista que o leva finalmente à abjeção nas mãos violentas dos piratas (Pessoa 1990: 97-98).

Em "Salsugem", contudo, o barco é, mais explicitamente do que em Campos, simultaneamente o *barco ébrio* de identidade fragmentada e consciência fluida, e o *navio-nação* pseudo-camoniano, sequestrado por uma subjetividade (ou, em termos deleuzo-guattarianos, de um *esquizo-subjetividade*) que recusa a imposição de uma conceção parcial e excludente da identidade da suposta comunidade nacional. O deslizamento do enfoque subjetivo do "eu"/ "ele" marinheiro para o barco e, logo depois, para a tripulação deste – homens que se revelam ao mesmo tempo Outros, como também *outros eus* existentes dentro do que foi anteriormente o barco-eu – serve para comunicar uma experiência mais ampla de flutuação da consciência do que a que Campos alcança. Ao mesmo tempo, aliás, indica uma diferença fundamental nas respetivas conceções pessoanas e al-bertianas quer da metodologia da "exploração" psíquica quer e, implicitamente, do sentido da criatividade e do empenho literários. Em vez da sonhada projeção, na Ode de Campos, da "minha vida interior" sobre o cenário marítimo, e da consequente mas ilusória libertação "do peso do Atual", as metafóricas viagens em "Salsugem" evocam a expansão da "vida interior" através do contacto com aspetos de peso da atualidade, ou seja, a vida e agência do corpo (e não sua sonhada devastação) e o afeto proveniente do contacto corpóreo, ou da convivência, com o Outro. Embora mordido repetidamente pelo medo e pela melancolia que o deixa "preso ao navio [...] com o coração em desordem" na quarta estrofe (al berto 2000: 298), e ultimamente desesperando de qualquer eventual resgate pelo amor, a voz lírica de "Salsugem" anuncia o papel fundamental da expressão corpórea do desejo e do encontro com o Outro no enriquecimento e regulação da "vida interior", ou da consciência que só se consegue acostar:

> [...] à memória dalgum distante lugar
> onde o amor largou sobre o corpo-amante
> uma esteira de conhecidas e sangrentas mercadorias.
> (al berto 2000: 297)

Como se sabe, a fantasia de Campos de se dissolver no barco atinge um clímax e depois fracassa:

> Parte-se em mim qualquer coisa. O vermelho anoiteceu. Senti de mais para poder continuar a sentir. (Pessoa 1990: 99)

Campos, mordido pela saudade da "infância feliz" e a "felicidade que nunca mais tornarei a ter" (Pessoa 1990: 100), volta ao cais e ao presente, "à hora real e nua como um cais já sem navios" (Pessoa 1990: 108). Em "Salsugem", entretanto, o foco e a consciência viram-se ultimamente para terra, para o dia em que "os barcos deixaram de fazer escala à minha porta", e para o desejo aparentemente frustrado. A desistência de percorrer os "rigorosos ventos e agitadas águas longe de casa" (al berto 2000: 306) confina o (esquizo-)sujeito enunciador a uma subjetividade fixa, e a uma domesticidade caracterizada pela esperança vaga, dor e solidão. Esta evocação de uma solitária existência térrea, de vigia ou de luto relembra o azar das veladoras d'*O Marinheiro* (em particular, aquele da Segunda Veladora que, "[a]o entardecer [...] fiava, sentada a minha janela" (Pessoa 2003: 4), e indica a ligação temática e intertextual a "Luminoso afogado". Ao mesmo tempo que a ruminação deste poema acerca do luto e da insegurança ontológica constitui uma homenagem explícita ao drama estático de Pessoa,[2] "Luminoso afogado" reitera a contraproposta, esboçada já em "Salsugem", ao descaso pela vida do corpo e pelo afeto que permeia grande parte da obra de Pessoa. Ainda por cima, e seguindo o rumo de numerosos textos anteriores de al berto, alude à relação mutuamente sustentadora entre a experiência afetiva e a criação literária.

Como observámos no início deste estudo, al berto afirmou que o verso d'*O Marinheiro*, "só o mar das outras terras é que é belo" encontra-se por toda a sua produção literária. "Luminoso afogado", que cita o mesmo verso, juntamente com numerosas outras frases e imagens, num diálogo extenso com o drama estático, reafirma que a evocação al bertiana do mar "alheio" e da viagem marítima metaforiza não simplesmente o impulso pelo nomadismo e o desejo de ultrapassar limites percetuais, mas também a recusa das limitações impostas à identidade e à agência pelas normas de etnia e de género. "Luminoso afogado" propõe uma reinterpretação da imagética de *O Marinheiro* – e do seu conceito central do naufragado cuja sonhada vida alternativa chega a apagar a existência

---

[2] A homenagem a *O Marinheiro* foi explicitada logo na estreia do texto, lido pelo poeta juntamente com Helena Amaral na Casa Fernando Pessoa dentro do ciclo de encontros "Um poeta e um pintor" (Sassaki 2012: 143).

atual – que se afasta do repertório mítico e dos valores e pressupostos do nacionalismo. Na interpretação de al berto, a grandeza do drama estático consiste em se qualificar como património cultural nacional precisamente por encapsular a negação de qualquer exultação nacionalista. Como o poeta explicou na mesma entrevista de 1987:

> [e]stá lá tudo, é este país inteiro. É a espera, e este país é um país de espera... e de esquecimento, de perda da memória do que teve. É uma contradição, porque só se possui verdadeiramente e para sempre aquilo que se perdeu. E este país perdeu e esqueceu.
> (Silva 1987: 25)

O desinteresse pelos conceitos da nação, bem como pelos de comunidade e destino "nacionais", anuncia-se em "Luminoso afogado" pela transformação do significado da palavra "pátria", mudança esta que se realiza graças à apropriação da história do marinheiro de Pessoa. Por um lado, o sujeito lírico lamenta o insuportável "vazio, o aborrecimento deste país", e, através da tentativa de "tranquiliza[r] os dedos passeando-os, ao de leve, pelo abismo dos mapas" (al berto 2000: 624), evoca uma ânsia de partir. Em contraste, o "eu" lírico parece ficar confinado ao país terrestre, sem outra consolação a não ser as memórias de uma vida errante, de um companheiro ausente, e do distante e aparentemente perdido "país líquido que habitámos" (al berto 2000: 622). Aqui, a evocação da "sombra curta das grandes palmeiras" – uma citação fiel do relato do sonho do marinheiro pela Segunda Veladora – implica uma parecença entre este "país líquido" e a "ilha longínqua" onde o marinheiro:

> pôs-se a sonhar uma pátria que nunca tivesse tido [...] Cada hora ele construía em sonho esta falsa pátria, e ele nunca deixava de sonhar, de dia à sombra curta das grandes palmeiras [...] de noite, estendido na praia, de costas e reparando nas estrelas.
> (Pessoa 2003: 9)

Conforme K. David Jackson habilmente resume, em *Adverse Genres in Fernando Pessoa*, esta construção onírica de uma nova pátria chega a anular "the suffering brought on by memory" (o sofrimento provocado pela memória), ao mesmo tempo invertendo as expectativas das histórias de aventura e sobrevivência heroica:

> Pessoa is inverting the Robinson Crusoe story, such that adaptation and survival skills, the ability to reconstitute identity, lead to a very strange form of survival: loss of self and national or

cultural origin, from which there is no return, but instead eternal change and voyage, "the vague passing of a sail". (Jackson 2010: 53)

Visto no contexto da memória histórica portuguesa, no entanto, *O Marinheiro* não pode senão relembrar a esperança pelo encoberto e desejado Dom Sebastião. De acordo com uma possível leitura alegórica, a vigília das Veladoras progressiva e desesperadamente incapazes, à vinda do amanhecer e da luz da razão, de suster a fé numa existência sonhada inexoravelmente desmascara a convicção da eventual chegada de uma figura messiânica como um sintoma insuperável de um trauma simultaneamente pessoal e coletivo.

"Luminoso afogado", que assinala no título a morte de um marinheiro, implica logo ao princípio a impossibilidade de esperança, e subsequentemente indica a natureza patológica do desejo fruste pelo defunto, por meio da sua recorrente manifestação espetral. O fracasso ou impermanência de qualquer libertação onírica deixa o sujeito preso, entretanto, no "aborrecimento deste país" sem outra consolação a não ser a memória melancólica da "mudança infindável e o viajar" perdidos ou nunca vividos. Ao mesmo tempo, e em pleno contraste com o drama pessoano, "Luminoso afogado" frisa o papel fundamental mas também fundamentalmente limitador do corpo, e portanto do afeto, em tal libertação. Será porventura instrutivo lembrar aqui como o tema do repúdio de origens nacionais, e da tentativa de construir um país alternativo e pessoal, surge em *Lunário* (1988), o único romance de al berto, que apresenta, num formato quase picaresco, a história de Beno, personagem semiautobiográfica e nómada para quem a única pátria materialmente tolerável será o próprio corpo:

> O corpo, esse país mais ou menos habitável, [que] em nada lhe lembrava aquele outro país geograficamente definido nos mapas, e que toda a gente insistia em dizer-lhe que era o seu país. O corpo evocava-lhe sempre outro sítio luminoso, distante, onde podia agir e respirar, pensar e mover-se livremente. (al berto 1999: 18)

Como observa André Luiz Russignoli Martines, a noção de Beno de fazer do próprio corpo uma pátria, indica o papel fulcral da "corporeidade transgressora" no empenho de livrar o sujeito dos valores e normas correspondentes a "uma nacionalidade homogênea e dominadora" (2019: 163). A libertação da consciência que permite ao indivíduo "deambular na construção de sentidos para sua própria vida" (2019: 163) depende, em grande medida, da experiência corporificada e do cultivo corpóreo de novas identidades. Conforme a teoria da *performatividade* da identidade elaborada por Judith Butler, o corpo "não é dado pre-discursivamente, ao gosto dos naturalismos e essencialismos" (2019: 163) mas é "uma fronteira variável, uma permeabilidade politicamente regulada" (Butler 2003: 198, *apud* Martines 2019: 163). Como Beno virá a descobrir, a interação corpórea com discursos e valores alheios ou interditos, e o ensaio físico de novas caraterísticas ou identidades (começando pelos simples atos de "[deixar] [...] crescer o cabelo, [experimentar] novos gestos diante dos espelhos" (al berto 1999: 19), inicia o processo de livramento e de diversificação do "eu". Sendo ao mesmo tempo discursivamente permeável, porém, o corpo amarra o indivíduo à esfera social, onde se impõem as leis e normas hegemónicas, assim como às limitações da materialidade e da mortalidade. Por muito que o corpo possa "evocar" para Beno "outro sítio luminoso", aquele sítio permanece "distante", a não ser enquanto construção puramente linguística ou imaginária:

> Uma vez pusera-se a imaginar um país que tivesse a dimensão da sua própria voz, mas desistira, por não saber como se media a voz. No entanto, sabia que no país imaginado a sombra do seu corpo poderia vacilar dentro da solidão, ano após ano, sem que ninguém ousasse insultá-la. Custasse o que custasse, haveria de dar forma a esse país. Transformar o corpo, metamorfosear-se, afastar-se cada vez mais do mundo e dos homens... (al berto 1999: 19)

"Luminoso afogado" problematiza o postulado central de *O Marinheiro*, dramatizando uma prevaricação do sujeito entre o desejo realizável, mas ultimamente insatisfatório, de fazer do corpo a pátria alternativa "mais ou menos habitável", e o irrealizável desejo de uma "pátria" alternativa e ideal puramente linguística ou sonhada, especificamente quando:

> Nas linhas das mãos surge o país que amámos. Mas falemos doutros sonhos. Doutras terras onde aportaste e te esqueceste de partir. (al berto 2000: 623)

E bem como estes "outros sonhos" e "outras terras" permanecem inalcançáveis ou irrecuperáveis, a "luminosidade" do desejado "outro sítio" de *Lunário* atribui-se ao corpo do "afogado" do título, tornando mais urgentes as questões de quem será este morto, lembrado, ou talvez simplesmente imaginado, e qual a sua relação com o sujeito que a ele se dirige (ou, mais precisamente, o sujeito implicado pela voz que fala na primeira pessoa ao longo do poema).

Em "Luminoso afogado", como em grande parte da escrita tardia de al berto, a instabilidade ontológica deste "eu" lírico – carecendo de quaisquer senhas identitárias, sejam estas de etnia, idade, gênero ou classe socioeconómica – é aumentada pela incerteza acerca da identidade do "tu" e dos "nós" que o "eu" repetidamente invoca. Por um lado, numerosas referências ao corpo outrora presente do "tu", e a contactos corpóreos, sugerem a existência (já aparentemente apagada) de um Outro. Por outro lado, nada no texto desmente a conclusão de que, em muitos casos, os "tu" se referem não a um Outro *strictu sensu*, senão um *outro eu*; por outras palavras, o texto pode igualmente ser lido como o "diálogo interior" de um sujeito, dissolvido e desdobrado tanto sincrónica quanto diacronicamente pela memória e pelo sonho. O consequente duplo sentido da relação desenvolvida entre o "eu" e o "tu" é sugerido logo ao começo do poema, que indica a impossibilidade da conversa que se inicia entre o "eu" lírico e o "afogado", que, portanto, existe e não existe simultaneamente:

> Dizes: porque falo eu sem querer falar?
> Os afogados não falam, não podem contar a ninguém como se afogaram.
> Por que é que eu caminho no fundo deste tempo escuro e não existo? (al berto 2000: 621)

A natureza paradoxal da conversa com um "tu" ontologicamente instável só se torna óbvia umas cinco páginas adiante, porém, e só ao leitor que reconheça a transformação das palavras da Segunda Veladora de *O Marinheiro*:

> Quando falo de mais começo a separar-me de mim e a ouvir-me falar. Isso faz com que me compadeça de mim própria e sinta demasiadamente o coração. (Pessoa 2003: 10)

> Começo, então, a separar-me de mim mesmo e a ouvir-te falar.
> Preparo-me para o grande isolamento da noite e da escrita. Falar parece a maneira menos dolorosa de te esquecer. (al berto 2000: 626)

Tais paráfrases anunciam o modo como a voz lírica de "Luminoso afogado", enquanto dá expressão ao "afogado" do título, simultaneamente transpõe os sonhos, as ansiedades e a incerteza ontológica apresentadas pelas três Veladoras – figuras suspensas, ou até presas, num sítio aparentemente fora da lógica do tempo histórico – para a experiência de um indivíduo atual, habitando um dia-a-dia citadino e aparentemente contemporâneo. Este indivíduo, assim como as Veladoras, aspira em vão a mergulhar definitivamente num onírico "brave new world" (Jackson 2010: 53) como aquele sonhado pelo Marinheiro, livre das intrusões da vida atual. Também do mesmo modo que às Veladoras, este "eu" fica condenado a uma existência de luto, tédio e dúvida num país "muito triste" (Pessoa 2003: 4), confinado a um quarto com vistas para um mar, no qual nunca se conseguiu, e nunca no futuro se conseguirá, embarcar. Logo no início, o poema refere-se à reconhecida futilidade de sonhar, e à deceção do desejo, e indica o indesejado retorno, pelos mares da imaginação, da utópica "ilha" à "cidade" brumosa:

> O sonho tem manchas de frutos sorvados no coração. Tem palpitações de sangue e de ilhas, de mares que se espreguiçam para dentro das cidades. E estas sobrevivem envoltas num véu de neblinas. (al berto 2000: 621)

Em vez de poder "fechar[-se] no sonho e esquecer da vida, para que a morte [o] esquecesse" (Pessoa 2003: 13), o "eu" encontra-se morto-vivo, dececionado pelo sonho das aventuras ultramarinas, e desprovido de identidade e agência, tão inerte como o corpo do afogado que, unicamente, percorreu "o mar das outras terras":

> E se a morte te esquecesse?
> Ficarias aí deitado, o olhar fixo noutros olhares. Silencioso, ou a contar histórias de barcos, de oceanos e mares, de peixes e de turbulentos rios – até que a luz poeirenta do mundo se extinguisse, para sempre (al berto 2000: 621)

Ainda por cima, este "eu", que parece se dirigir a si mesmo utilizando tanto o plural "nós" como o singular "tu", vive o mesmo dilema que a Terceira Veladora indica quando afirma que:

> O que eu era outrora já não se lembra de quem sou [...] Não podemos ser o que queremos ser, porque o que queremos ser queremo-lo sempre ter sido no passado. (Pessoa 2003: 8-9)

Não se sabe se é a fraqueza da memória, ou a impossibilidade de suster o sonho de uma identidade e uma pátria "ultramarinas" e "luminosas" que explica as frequentes discrepâncias na história contada do "tu" que nunca se conseguiu deslocar para o mar (al berto 2000: 625, 628) mas que aportou em "outras terras" e "[se esqueceu] de partir" delas (al berto 2000: 623). No presente angustiante de "Luminoso afogado", porém, tanto o ato de se lembrar ou se rever quanto a tentativa de se sonhar resultam inevitavelmente em deceção e melancolia:

> [t]enho a suspeita que me abandonaste naquele dia [...] eu sei, raramente podemos ser o que queremos ser. (al berto 2000: 623)

Ao mesmo tempo, a possibilidade de ler os apelos em "Luminoso afogado" ao "tu" enquanto referências a um Outro de carne e osso é inegável. Esta vertente do texto implica um impacto fundamental das relações afetivas, e, em particular, da transmissão e experiência corpórea do afeto, relações e experiências essas que o drama estático (como, aliás, numerosos outros textos de Pessoa) pretende repudiar ou ignorar. O repúdio dos sentimentos, e a estigmatização das relações afetivas que os geram, tornam-se evidente quando a Segunda Veladora se repreende por "[compadecer-me] de mim própria e [sentir] demasiadamente o coração", em consequência do ato de "separar-me de mim e [...] ouvir-me falar". É notável, aliás, que nenhuma das Veladoras lamentem o defunto desconhecido que velam, nem manifestem sentimento algum por outrem. Em contraste, a melancolia desesperada do "eu" de "Luminoso Afogado" procede diretamente do luto, quer pelos lamentados "eus" que foram ou que nunca chegaram a ser, quer por um Outro falecido ou, mais precisamente, pelo sonho perdido de o conhecer e compreender verdadeiramente. Seja a morte no poema literal ou figurativa, de quem quer que seja, a morte é o fim dos sonhos, assim como de qualquer sentido de ligação afetiva que eventualmente atenue a solidão: "Mas nada acontece, porque a tua morte me tolheu. Não se ouve um só fio de voz" (2000: 621). O tema do lamento pelo perdido Outro/ outro "eu" permeia o texto através dos tropos da carta nunca correspondida e do retrato fotográfico ("[e]ste silêncio, a espera duma carta que nunca chegou" [al berto 2000: 623]; "Olho as fotografias. Faz-me pena olhá-las, falar-te delas" (2000: 623]) bem estabelecidos já como emblemas do luto.

A possibilidade de interpretar o "tu" em " Luminoso afogado" como um lamentado Outro deriva também das evocações do corpo; quer seja aquele corpo que, ao início do poema "[r]esta [...] deitado sob a respiração febril de quem se deu ao trabalho piedoso da vigília", como esse(s) corpo(s) cujos membros, órgãos e sentidos são relembrados pelo "eu", em imagens que sugerem contactos íntimos ou eróticos, e intercâmbios afetivos intensos:

> Ponho-me a contemplar a linha de água que se formou entre o sono e o teu corpo.
> Digo baixinho: vem, vem dormir no estremecer da minha pele.
> [...]
> Tenho dificuldade em imaginar o sono fora do teu corpo.
> [...]
> Uma sensação de limos frios descia às mãos, nelas ia reconhecendo o sabor do teu corpo.
> [...]
> Apesar da febre, do delírio, da ausência de espírito, sentia a tua mão – sabia que era a tua mão sobre a fronte.
> [...]
> Mas tudo isto se passou noutro tempo, noutro lugar. E a tua boca deixava na minha um travo de asas salgadas... (al berto 2000: 622, 623, 627, 628)

É importante frisar que, mesmo se estas imagens se referem à expressão física do sentimento "febril da nossa paixão" (al berto 2000: 264), não devem ser lidas enquanto um regresso a uma simples conceção empírica da perceção sensória e do mundo material. Por um lado, a *experiência* da materialidade corpórea, e da mútua paixão, é premente:

> Noite adiante, inclino-me para o teu corpo e velo.
> A janela da mente aberta. Debruçado para o sangue inerte das tuas veias, sinto o desejo de te tocar assolar-me.
> Tento ouvir-te, mas sei que já não nos pertencemos um ao
>   outro.
> A paixão nasceu, cristalizou durante o sono e desapareceu. (al berto 2000: 625)

Por outro lado, as linhas finais do poema aproveitam mais uma paráfrase de *O Marinheiro* para recolocar uma dúvida acerca da fenomenologia da perceção:

> As mãos com que te toco, luminoso afogado, não são verdadeiras nem reais – porque o tempo todo talvez esteja onde existimos.

Embora saibamos que nesse lugar nunca houve tempo nenhum.³
(al berto 2000: 629)

Não obstante, o poema regista não tão somente a impossibilidade de fugir ao corpo enquanto, *pace* Merleau-Ponty, espaço simultaneamente expressivo e perceptivo, mas também uma forte nostalgia pelo corpo e pela aposta nos sentidos e no afeto físico (e inclusive sexual). Os dois temas são articulados por meio do conceito do "luminoso afogado", apresentado no título, e a significação ambivalente que as variadas aparições do "luminoso afogado" durante o texto engendram: o afogado aparece ora abandonado nas "areias da praia [...] [s]ilencioso, ou a contar histórias" (al berto 2000: 621), ora boiando cintilante no mar (2000: 622), ora envolto em "[p]enumbras oscilantes" (al berto 2000: 623), ora reduzido a "ossos descarnados" (al berto 2000: 627), ora capaz de olhar (al berto 2000: 621) ou de se erguer do caixão e sair "do quarto pela porta desenhada na parede" (al berto 2000: 628). Simultaneamente companheiro falecido e *alter-ego* falhado ou inexistente, interlocutor e testemunha muda, corpo em decomposição e sombra desencarnada, o luminoso afogado reconfigura os símbolos fulcrais do drama de Pessoa – o morto velado, o marinheiro sonhador, e a iluminação do novo dia – com o propósito de contemplar os fenómenos trágico-maravilhosos da corporeidade, do afeto e do sentimento a par da melancólica incerteza ontológica transmitida pelas Veladoras. Podíamos especular, cedendo à tentação de uma leitura biográfica, que o lamento não simplesmente pela "viagem" afetiva ou imaginada/ sonhada, mas também pelo(s) corpo(s) que a facilita(m) – ou seja, o *esclarecimento* da perda e da mortalidade – provém da consciência por parte do autor da acelerante devastação do seu próprio corpo "exausto" (al berto 2000: 624) pela doença que o ia abatendo. Sendo ou não esse o caso, porém, a efemeridade do corpo e a inacessibilidade do Outro imbricam-se com, e agravam, a angustiante crise de consciência ou autenticidade vivida pelo "eu" que contempla as fotografias (2000: 624-25) e vê, nas palavras de Roland Barthes em *La Chambre claire*, "l'avènement de moi-même comme autre" (1980: 28). Não será a imagem estática produzida pelo efeito da luz num filme ou papel fotográfico, e revelada pela imersão num banho químico na câmara escura, um tipo de "morto luminoso"? Conforme a perceção de Barthes, o que a fotografia capta não é realidade nenhuma, mas a falsa permanência

---

³ Este verso é uma paráfrase das palavras da Segunda Veladora n'*O Marinheiro*, "As mãos não são verdadeiras nem reais... São mistérios que habitam na nossa vida... às vezes, quando fito as minhas mãos, tenho medo de Deus..." (Pessoa 2003: 6).

e reprodutibilidade mecânica de "ce qui ne pourra jamais plus se répéter existentiellement. [...] le Particulier absolu, la Contingence souveraine" (1980: 15). Consequentemente, a contemplação da fotografia torna o seu sujeito consciente de que:

> c'est moi qui ne coïncide jamais avec mon image; car c'est l'image qui est lourde, immobile, entêtée (ce pour quoi la société s'y appuie), et c'est moi qui suis léger, divisé, dispersé. (Barthes 1980: 26-27)

Barthes descreve o reconhecimento da fundamental "inautenticidade" da imagem fotográfica como uma experiência de morte:

> je ne cesse de m'imiter, et c'est pour cela que chaque fois que je me fais (que je me laisse) photographier, je suis immanquablement frôlé par une sensation d'inauthenticité, parfois d'imposture (comme peuvent en donner certains cauchemars). Imaginairement, la Photographie (celle dont j'ai l'intention) représente ce moment très subtil où, à vrai dire, je ne suis ni un sujet ni un objet, mais plutôt un sujet qui se sent devenir objet: je vis alors une micro-expérience de la mort (de la parenthèse): je deviens vraiment spectre. (1980: 29-30)

Em "Luminoso afogado", entretanto, o luto associado à contemplação das fotografias – as quais podem ser, à vez, ou retratos dos "eus" outros, ou o do perdido Outro – não é pela perda da subjetividade que, conforme argumenta Barthes, a fotografia impõe. Antes pelo contrário, é em primeiro lugar um tipo de nostalgia pela capacidade de acreditar na ilusória estabilidade identitária (a "morte" da fotografia) e pela desejada, mas inalcançável, aproximação a, e conhecimento de, um Outro inconstante e inefável:

> Eu sei que nada está vivo na fotografia, mas guardo-a junto ao peito.
> Nada se repetirá, nem a tua morte nem a minha vida. É tão estranha a serenidade do teu rosto... (al berto 2000: 625)

Ao mesmo tempo, é um lamento pela efemeridade do corpo e dos reais ou potenciais "eus" que o aparato fotográfico captou, e, portanto, um lamento também pela experiência fugaz do amor, da alegria, e da sonhada "pátria" pessoal simbolizada pela ilha longínqua. A refração deste luto em dor, raiva e remorso encontra expressão quando duas vozes dialogam acerca da insuportável evidência da fotografia:

> Olha a fotografia, nela se perdeu o teu sorriso, amarelece uma ilha.
> Ausência e culpa sobem-te ao espírito. E violência. Violência com que rasgas a fotografia, por não poderes suportar a minha ausência e a tua culpa.
> Não sei o que isto tem, ou teve, de irreparável que me dá vontade de te chorar. (al berto 2000: 624)

Se, como sustém K. David Jackson, o imaginado marinheiro do drama estático proporciona às Veladoras a falsa verosimilhança com "meaning, knowledge and purpose" (2010: 47), verosimilhança esta à qual o canto do galo e o amanhecer vão pôr fim, a contemplação do "afogado" na fotografia é a negação do mesmo sentido de certidão, que provoca a "insuportável" consciência da solidão, da ausência, e da inautenticidade existencial, assim como da decadência do corpo e da aproximação do fim. Entretanto, o facto de que a única atenuação da consequente angústia provém do hábito obsessivo de escrever constitui o nadir do desespero do poema. O poema relembra um ato da escrita aparentemente análogo à satisfação do desejo e que parece brevemente compensar a ânsia de uma vida "sem rumo":

> A noite ouvias o sentido das tuas palavras, embora a vida mais não fosse que um barco sem rumo.
> Dizias: só o mar das outras terras é que é belo.
> Escrevias com os pulsos a latejar. Acordávamos no meio das palavras, no chão peganhento do remorso. (al berto 2000: 623)

Se este "barco sem rumo" nunca levou, nem vai levar o sujeito para "o mar das outras terras", e se "raramente podemos ser o que queremos ser", o ato de escrever, no lugar noturno de imaginação e de desejo, assume-se, em contraponto, como uma tentativa de alcançar o "país imaginado" de Beno em *Lunário*, "que tivesse a dimensão da sua própria voz". Embora esta tentativa pareça insustentável – a luz do dia, a construção de uma pátria linguística revela-se um simples sonho húmido, e cede lugar ao "remorso" – escrever constitui a única reação positiva quando

> O tempo é um resfolegar de vozes rasgando o corpo.
> Quando a onda se espalha e a escuma chia, ardem-me os olhos.

> Pensei em chorar, mas em vez disso fui buscar palavras que me entorpeceram e consolaram. (al berto 2000: 626)

A escrita não oferece nenhum refúgio permanente do sentido de perda, mas permite restituir a pluralidade e mobilidade do indivíduo e da "própria voz" que são negadas pela fotografia, ou que o corpo em caminho à extinção é cada vez menos capaz de assumir. Assim, a escrita permite a formação de um tipo de "ciclo virtuoso" entre a experiência e o afeto corpóreo, por um lado, e a imaginação criativa por outro. O tropo das cartas, mandadas a um destinatário que pode ser igualmente um Outro e/ou um outro eu, indica como o ato de escrever pretende servir ao mesmo tempo para comunicar com o Outro e, também, reconstruir e/ou desconstruir a identidade própria, a maneira de perder consciência de um "eu" e recuperar a voz de *outro* "eu":

> Lembrar-me de ti é como não poder lembrar-me de mim.
> Guardo silêncio uma vez mais.
> De mim me afasto através do que te escrevo. (al berto 2000: 626)

A tentativa de qualquer uma de estas coisas está votada ao fracasso, pelo menos parcialmente. Mas sendo uma tentativa, e uma nova partida criativa, será talvez a única consolação pela perda dos sonhos de um "eu" ideal e completo ou da compreensão de um Outro:

> Preparo-me para o grande isolamento da noite e da escrita. Falar parece a maneira menos dolorosa de te esquecer. (al berto 2000: 626)

Em resumo, pode-se afirmar que, em al berto, a criação literária constitui não simplesmente uma vocação artística ou via de expressão. Apresenta-se antes como uma componente fundamental de uma maneira de viver, uma reordenação da interação traumática ou desesperada com o mundo penosamente sem sentido, ou talvez – para aproveitar o conceito que al berto pediu emprestado de Pessoa – a constituição de uma "pátria" linguística a partir da qual o país/ o mundo "geograficamente definido nos mapas" podia ser contemplado e reinterpretado. Para qualquer escritor do século vinte que se pretende afastar do mundo social para reinterpretar ou ensaiar suas interações afetivas com ele, a evocação do cenário marítimo enquanto "liminal territory with the potential of connecting" (Jackson 2010: 47) será uma escolha quase obrigatória. No entanto, o "poème de la mer" será também, para qualquer escritor moderno de língua portuguesa, um terreno significativo em que se deve contestar, aceitar, ou apropriar as mais influentes inscrições de um passado – e até de um presente – coletivo, nacional e imperialista. Por meio da evocação de "Ode Marítima", "Salsugem" realça como Fernando Pessoa/ Álvaro de Campos aproveita o modelo de Rimbaud para outorgar ao navio e ao navegador a capacidade prótea de se transformar de "fait d'habitat [collectif]" em "œil voyageur", e para deixar a subjetividade libidinosa sair do "mar português" para "l'infini de la mer", para "a Distância Absoluta". Posteriormente, por meio do diálogo com *O Marinheiro* no seu sombrio e desesperante "Luminoso afogado", al berto volta a desatracar tanto sua obra quanto a de Pessoa de qualquer exegese crítica insular e nacionalista. Ao mesmo tempo, e partindo aqui do espírito do "drama estático", volta a afirmar a impossibilidade, e até a indesejabilidade, do repúdio do corpo e do afeto corpóreo, mesmo à beira da morte de ambos.

Referências bibliográficas
al berto (1999). *Lunário*, 2ª ed. Lisboa: Assírio & Alvim.
al berto (2000). *O Medo*, 2ª ed. Lisboa: Assírio & Alvim.
Barthes, Roland (1957). "Nautilus et Bateau ivre", *Mythologies*. Paris: Seuil, 80-2.
Barthes, Roland (1980). *La chambre claire: Note sur la photographie*. Paris: Gallimard-Seuil.
Butler, Judith (2003). *Problemas de gênero: Feminismo e subversão da identidade*, trad. Renato Aguiar. Rio de Janeiro: Civilização Brasileira.
Camões, Luís Vaz de (1989). *Os Lusíadas*, 2ª ed., coord., prefácio e notas de Álvaro Júlio da Costa Pimpão, apresentação de Aníbal Pinto de Castro. Lisboa: ICALP-Ministério da Educação.
Coleridge, Samuel Taylor (2001). "The Rime of the Ancient Mariner", *The Collected Works of Samuel Taylor Coleridge*, vol. 16, *Poetical Works: Part 1. Poems (Reading Text)*, coord. J. C. C. Mays. Princeton: Princeton University Press, 365-420.
Foucault, Michel (1994). "Des espaces autres", *Dits et écrits 1954-1988*, vol. 4, coord. Daniel Defert e François Ewald. Paris: Gallimard, 752-62.
Freitas, Manuel de (1999). *A Noite dos Espelhos. Modelos e desvios culturais na poesia de al berto*. Lisboa: frenesi.
Jackson, K. David (2010). *Adverse Genres in Fernando Pessoa*. Oxford: Oxford University Press.
Lourenço, Eduardo (1988). "Identidade e memória: o caso português",

Nós e a Europa ou As Duas Razões, 2ª ed. Lisboa: INCM, 9-15.

Lugarinho, Mário César (2002). "Al Berto, In Memoriam: The Luso Queer Principle", *Lusosex: Gender and Sexuality in the Portuguese-Speaking World*, Susan Canty Quinlan e Fernando Arenas (coord.). Minneapolis-Londres: University of Minnesota Press, 276-99.

Martines, André Luiz Russignoli (2019). "Das experiências de Beno e Kid: Representações de gênero em *Lunário*, de Al Berto", *Olho d'água*, 11:2, 158-68.

Pessoa, Fernando (1990). "Ode Marítima", *Poemas de Álvaro de Campos*, coord. e notas de Cleonice Berardinelli. Lisboa: IN-CM, 80-108.

Pessoa, Fernando (2003). *O marinheiro*. Pará de Minas, MG: Virtualbooks.

Rimbaud, Arthur (1997). "Le Bateau ivre", *Collected Poems*, trad. e introd. Oliver Bernard. Londres: Penguin, 165-71.

Sassaki, Leonardo de Barros (2012). *Decifrar os sinais da intimidade: Leitura de al berto*. Dissertação de Mestre de Letras, Universidade de São Paulo.

Silva, Rodrigues da (1987). "al berto: A cicatriz da escrita", *Diário Popular*, 12 de Agosto, 24-25.

Um imenso outrar-se: leituras herberteanas em pessoa

Sara Costa

> El hecho es que cada escritor crea a sus precursores. Su labor modifica nuestra concepción del pasado, como ha de modificar el futuro.
>
> Jorge Luis Borges, "Kafka y sus precursores"

Colocar lado a lado os nomes de Fernando Pessoa e de Herberto Helder é sempre tentador porque inaugura o desafio da leitura em paralelo de dois dos (considerados) maiores poetas portugueses. De resto, a pretensão de uma leitura herberteana de Pessoa sugere a quebra de alguns limites delineados ao longo de toda a tradição crítica, na medida em que a poesia de Herberto Helder e a observação do seu processo criativo, obsessivamente transmutável, parece obrigar a um desvio das tradicionais leituras de Pessoa e permite ao leitor a reformulação da "conceção do passado".[1] Pois, mesmo sem nunca ser citado, o rasto pessoano ecoa na obra de Helder em forma de ato poético, criando-se o cenário propício para repensar Pessoa, à medida que também o poema pessoano é reescrito, sublinhado e rasurado.

Pessoa contínu(o/a)

> Eu não sou eu nem sou o outro.
> Sou qualquer coisa de intermédio:
> Pilar da ponte de tédio
> Que vai de mim para o Outro.
>
> Mário de Sá-Carneiro, "7"

O ano em que terá sido escrito o poema "Autopsicografia", 1930, é também o ano do nascimento daquele que muitos consideram o mais importante poeta português depois de Fernando Pessoa, Herberto Helder.

Fernando Pessoa é um dos poetas portugueses mais estudados pela crítica nas últimas décadas, uma vez que não só o labirinto heteronímico pessoano e as suas consequentes auto-teorizações mas também a existência de um corpus que se revela em surpreendente contínua auto-

---

[1] "El hecho es que cada escritor crea a sus precursores. Su labor modifica nuestra concepción del pasado, como ha de modificar el futuro" (Borges 2005: 134).

geração constituem ainda hoje motivo para pesquisas e novas edições genéticas. Paradigmaticamente, "Autopsicografia" é o poema que se apresenta como gatilho para uma reflexão sobre uma *poesia-testamento-herança* fundamental para a compreensão e produção poético-literária dos séculos XX e XXI em Portugal, assim como sobre o que, poeticamente falando, une (ou desune) Pessoa e Helder. Falamos da questão da interminabilidade como resultado do processo de despersonalização ou espelhamento autoral no poema em correlação com conceitos como o de unicidade e multiplicidade. Ou seja, o processo heteronímico em Pessoa, do qual vimos surgir múltiplas personalidades literárias, e a natureza múltipla do texto poético em Helder apresentam-se como traços essenciais para a interlocução entre as duas obras. Assim, a aventura poética para a qual somos convidados tem origem num evidente fascínio que ambos os poetas experimentam face aos mistérios da linguagem enquanto modeladora e, ela própria, criadora de realidades. Fernando Pessoa eterniza-se através da escrita das suas inúmeras *personae*: um poeta que é o mesmo mas que é sempre outro(s). Herberto Helder escreve um (vários) livro(s)/ um (vários) poema(s) que parece(m) não ter fim: um texto que é o mesmo mas que é sempre outro. Em ambos, a tendência para a anulação da figura autoral e para a procura de uma ordem poética que, lançando os dados cujas faces contêm *real* e *realidade, simbólico* e *imaginário, sujeito* e *autor*, possibilita posicionar o sujeito gramatical como participante de um (inter)texto dramático caracterizado pela multiplicidade, onde o "Eu" se apresenta apenas como uma das possíveis personagens (McGuirk 1988: 4).

Numa carta a Adolfo Casais Monteiro, escrita a 13 de janeiro de 1935, Fernando Pessoa desvenda como teria nascido a sua predisposição para se rodear de outr(o/a)s *pessoas*:

> Desde criança tive a tendência para criar em meu torno um mundo fictício, de me cercar de amigos e conhecidos que nunca existiram. (Não sei, bem entendido, se realmente não existiram, ou se sou eu que não existo. Nestas coisas, como em todas, não devemos ser dogmáticos). [...] Esta tendência para criar em torno de mim um outro mundo, igual a este mas com outra gente, nunca me saiu da imaginação. (Pessoa 1999: 341-42)

O mecanismo heteronímico, essa "tendência para criar em torno de [si] outro mundo, igual a este mas com outra gente" e que "nunca [lhe] saiu da imaginação", constitui o ponto de partida para a formação de um lugar onde a linguagem poética se afirma e se materializa como única realidade possível: o domínio do indecidível e do indeterminável, onde se afirma natural a capacidade para "se outrar".[2] Assim, a questão do fingimento ressoa como foco central para toda e qualquer deriva criativa. O fingimento em Pessoa tem-se assumido como um dos pilares da crítica pessoana e é um foco central com devida presença na fortuna crítica.[3] No entanto, a ossificação deste conceito impõe-se como um obstáculo ao aparecimento de novas abordagens não apenas do texto pessoano mas também de textos de outros autores. Pessoa reconhece como a escrita lhe permite, acima de tudo, "ser uma obra de arte, da alma pelo menos, já que de corpo não [pode] ser" e criar-se "uma vida contínua" em que "nada de [si] seria real. Mas teria tudo uma lógica soberba, séria, seria tudo segundo um ritmo de voluptuosa falsidade [...]" (Pessoa 2012: 128-29), e o fenómeno da "despersonalização" está invariavelmente associado ao entendimento de si mesmo como uma constante e consciente recriação e dramatização do Ser:

> O que sou essencialmente – por trás das máscaras involuntárias do poeta, do raciocinador e do que mais haja – é dramaturgo. O fenómeno da minha despersonalização instintiva, a que aludi na minha carta anterior, conduz naturalmente a essa definição. [...] Vou mudando de personalidade, vou (aqui é que pode haver evolução) enriquecendo-me na capacidade de criar personalidades novas, novos tipos de fingir que compreendo o mundo, ou, antes, de fingir que se pode compreendê-lo. (Pessoa 2012: 283)

Essa vida contínua a que se refere, alcança-a nos "desdobramentos de personalidade, ou antes, invenções de personalidades diferentes" (Pessoa 2007: 153), um "drama em gente" que apenas faz sentido se considerarmos as questões do inacabamento e da fragmentação, características essenciais para "o vislumbre de síntese que o sistema dos heterónimos oferece" (Pessoa 2012: 12)[4] e que, paradoxalmente, contribuem para a

---

[2] "Nestes desdobramentos de personalidade ou, antes, invenções de personalidades diferentes, há dois graus ou tipos, que estarão revelados ao leitor, se os seguiu, por características distintas. [...] Nos autores das *Ficções do Interlúdio* não são só as ideias e os sentimentos que se distinguem dos meus: a mesma técnica da composição, o mesmo estilo, é diferente do meu. Aí cada personagem é criada integralmente diferente, e não apenas diferentemente pensada. Por isso nas *Ficções do Interlúdio* predomina o verso. Em prosa é mais difícil de se outrar" (Pessoa 2007: 153).
[3] Cf. Coelho (1982) e Sena (2000).
[4] De entre os inúmeros textos críticos que abordam esta temática, gostaríamos de

elaboração de uma obra que se completa e complementa enquanto obra de arte. No entanto, esta natureza múltipla contraria a existência de um Pessoa filósofo, estando o(s) poeta(s) acima de tudo em sintonia com a elaboração do poema através do apuramento de uma forma, até que se transforme na forma em si mesma, só assim chegando à coisa. As palavras "imaginação", "realidade", "desdobramento" e "despersonalização" são entendidas a partir de uma certa conceção do Real como elemento evasivo, no sentido lacaniano, inassimilável e de utópica apreensão, a não ser através do ato simbólico da linguagem. Também para Herberto Helder a poesia se apresenta como processo metafórico e metonímico, onde se entrecruzam os planos Simbólico e Imaginário. Nesse lugar, reinventa-se uma escrita cujo valor "reside no facto de em si mesma tecer-se ela como símbolo, urdir ela própria a sua dignidade de símbolo". É por ser símbolo que a poesia para Helder é detentora desse "ofuscante poder" que é a "capacidade de persuasão e violentação de que a coisa real se encontra subtraída" (Helder 1995: 56).

Os três registos – Real, Imaginário e Simbólico – que compõem e sistematizam o funcionamento da mente humana propostos por Jacques Lacan,[5] não sendo encarados como forças mentais, serão o que posicionará o indivíduo num determinado lugar no mundo. Estas "três dimensões constitutivas do espaço habitado pelo homem na condição de ser falante" (Clavurier 2013: 129), apesar de independentes, resultam de uma dinâmica permanente entre si, agindo constantemente umas sobre as outras através de relações puramente negativas, definindo-se e contradizendo-se. Nunca ao ponto da destruição ou absorção, mas produzindo uma fusão de umas nas outras sem a perda de integridade de cada uma:

> The Symbolic, the Imaginary and the Real pressurize each other continuously and have their short-term truces, but they do not allow any embracing programme for synthesis to emerge inside or outside the analytic encounter. (Bowie 1991: 98)

Assim sendo, cada uma destas ordens é interpretada como fundamental para o todo uma vez que a separação de uma levaria à fragmentação e ao colapso da estrutura. Esta interdependência é nitidamente resultante da natureza de cada uma destas ordens, pois atuam de forma diversa no sujeito. O Real, como já referimos, constitui-se como "o desconhecido x"

---

destacar o de Sepúlveda (2013).
[5] Relativamente a leituras lacanianas de Fernando Pessoa, é importante destacar o trabalho de Perrone-Moisés (1982).

(Lacan 1989: xii), cuja existência pode sempre inferir-se através dos efeitos que produz – a materialidade da realidade – mas nunca será experienciado diretamente. O Real apenas faz sentir como presença nas outras duas ordens através do desregulamento que provoca nos seus modos de organização do mundo, insistindo em manter o seu estatuto de igualdade no seio da topologia borromeana (cf. Lacan 2016: 17-44). Do Real surge a realidade, derivação simbólica, representação que é produto das articulações entre o Simbólico e o Imaginário:

> Cancelling out the Real, the Symbolic creates "reality", reality as that which is named by language and can thus be thought and talked about. (Fink 1996: 25)

Sendo o Real não simbolizável, surge a realidade como lugar privilegiado para o desenrolar do discurso e da performance através da ordem do Imaginário, domínio simultaneamente desarticulado e articulado de identificações e de idealizações que constituem as forças motoras da fantasia e do *ego*, o percursor da subjetividade. No entanto, apesar de disponível para a simbolização, ao produzir-se o símbolo, o Imaginário deixa de o ser, pois uma transformação formal tem lugar. Ao ser simbolizado, o que surge do Imaginário é já algo diferente e nunca precisamente exata ao seu percursor porque o Imaginário é sempre previamente estruturado pela ordem do Simbólico (Evans 1996: 82-83): ao ser articulado com a ordem do Simbólico, ou seja, elevado ao nível da consciência, o Imaginário fica sujeito a essa ordem estrutural, o que evidencia a sua natureza dual: revela-se incompatível com a simbolização e ao mesmo tempo é vulnerável ao processo de simbolização, apesar de funcionar como intermediário entre o Real e o Simbólico.

Esta dinâmica entre Imaginário e Simbólico apresenta-se, assim, como um movimento que poderá guiar uma determinada interpretação do processo heteronímico pessoano. Por um lado, o domínio do Imaginário é o do *ego* que se esforça por obter a similaridade e se constitui como campo privilegiado para as relações entre o indivíduo e os objetos no mundo, através do qual tenta construir ininterruptamente a sua identidade, em constante apreensão das diferenças entre si e o outro. Por outro lado, o processo simbólico é o lugar da constante mudança, onde o valor de um significante apenas se define em relação negativa com os demais elementos de uma cadeia de significantes infindável, remetendo sempre para outros significantes, através de "um deslizamento incessante do significado sob o significante" (Lacan 1966: 502). A procura ilusória de identificação utópica que caracteriza o Imaginário é substituída, no Simbólico, pelo puro e incessante adiamento do significado através do infinito aparecimento de significantes que se referem primariamente uns aos outros e apenas provisoriamente a significados particulares, processo este exemplar da criação poética.

É este efeito de deslizamento que pressentimos em "Autopsicografia", poema claramente metapoético, onde o tecido do poema se revela em autodesdobramento e circularidade semântica, transformando-se em emoção teatralizada e remetendo para o processo performativo que decorre do ato de criação poética. Começa o poema:

> O poeta é um fingidor
> Finge tão completamente
> Que chega a fingir que é dor
> A dor que deveras sente.

Instaurando-se desde logo um jogo de palavras em torno não apenas dos vocábulos "fingidor", "fingir" e "dor" mas igualmente dos advérbios "completamente" e "deveras", que criam várias camas de significação, o ato de fingir é-nos apresentado como instrumento para a criação poética. Repare-se que o verbo "fingir" (lat. *fingere*) remete-nos para o ato de representar, imaginar, inventar, e, agindo sob ato simbólico dos vocábulos "fingidor", "fingir" e "dor", o poeta será aquele que representa e inventa uma nova realidade, reiterando assim o pressuposto de que este ato de criação, através da formação de uma "teoria do fingimento", não se reduz a uma simples repetição da realidade. Em simultâneo, o poeta parece jogar com a leitura através dos advérbios de modo "completamente" e "deveras". O sufixo -*mente*, ao projetar-se além do comumente interpretado – *à maneira da mente* –, surge antes como um jogo que o poeta inicia, tendo em conta o campo lexical e semântico do próprio poema, ao criar uma reminiscência do verbo "mentir", induz a uma certa sensação de circularidade no segundo verso da primeira estrofe: fingir e mentir, estendendo-se e reforçando o ideário desta primeira estrofe. Do mesmo modo, no fim da mesma estrofe, torna-se evidente o paroxismo do qual resulta esse desdobramento através do qual surge o ato poético: a "dor" de que se escreve, num primeiro momento – uma dor real, a dor do poeta –, é simultaneamente uma dor imaginada e verdadeira, "deveras", mas a única dor possível, a dor criada pelo poema. Lentamente transformada em dor imaginada, esta dor é a realidade que se irrealiza no seu seio, vivência que renasce outra coisa e se transforma numa espécie de supra-realidade por meio da linguagem poética. A concretização da dor expressa-se no poema em dois níveis interdependentes de realização: a) o poeta finge a dor que sente e, b) o poeta finge que a sua dor é fingida. Neste ponto, a dor imaginada e escrita sofre uma nova transformação: lida por outros em forma de poema, esta dor transfigurada, depois de escrita não mais pertence àquele que a sente (ou imagina) mas aos que "lêem o que escreve":

> E os que lêem o que escreve,
> Na dor lida sentem bem,
> Não as duas que ele teve,
> Mas só a que eles não têm.

Somos assim confrontados com uma emoção "deveras" eternamente intelectualizada, uma vez que "[toda] a emoção verdadeira é mentira na inteligência, pois se não dá nela. [...] Exprimir-se é dizer o que não se sente" (Pessoa 1980: 263):

> E assim nas calhas de roda
> Gira, a entreter a razão,
> Esse comboio de corda
> Que se chama coração.

O "coração" de onde nasce o poema e a "razão" que o poema anima marcam os dois polos que norteiam a sua criação, formando-se assim uma dinâmica infinita que se joga em movimento de continuidade ininterrupta entre sensação e imaginação. No entanto, "[a arte] é a expressão de um pensamento através de uma emoção ou, em outras palavras, de uma verdade geral através de uma mentira particular" (Pessoa *apud* Coelho 1982: 162), sendo as sensações "única realidade":

> A única realidade para mim são as minhas sensações. Eu sou uma sensação minha. Portanto nem da minha própria existência estou certo. Posso está-lo apenas daquelas sensações a que eu chamo minhas. A verdade? É uma coisa exterior. Não posso ter a certeza dela, porque não é uma sensação minha, e eu só destas tenho a certeza. (Pessoa 1968: 220)

Assim, o Simbólico emerge como organismo exterior e estrangeiro, e o Outro simbólico é também ele transformado em discurso, tal como proposto por Lacan, desenhando-se na sua exterioridade como a manifestação do próprio inconsciente: "O inconsciente é o discurso do outro" (Lacan 1966: 469), e "esse outro é o Outro invocado até mesmo por minha mentira como garante da verdade em que ela subsiste" (Lacan 1998: 529), facto que também é sustentado por Bernard McGuirk, na introdução a *Three Persons on One*, a propósito do poema "Tabacaria". Após citar os primeiros quatro versos do poema,[6] McGuirk afirma:

> Thereafter, in a contemplation of that "world" as filtered through the "Tobacconist's across the street", the poem moves not to a reinstatement of the "personality" abolished at the outset, but precisely to an expression of the ontological status of the poetic "I", namely, as the product or construct of *other* discourses, *other* perceptions – as "embodied" by its difference from that which it is not. (McGuirk 1988: 4)

Este outro que é "estrangeiro a mim, embora em meu coração" (Lacan 1986: 87) surge, finalmente, da entrelinha que deriva da relação de "exterioridade íntima", *extimité*, entre Simbólico e Imaginário.

Poderá, então, dizer-se que o heteronismo pessoano mima as relações entre estes três constituintes ao nível da criação poética? Sabemos, sim, que o ser escrevente, o *autor*, é transformado por meio da ação do plano Simbólico numa miríade infindável de sujeitos poéticos, *poemas* que se entrecruzam, se negativizam e se diluem estética e poeticamente uns nos outros, transformando-se num "*não-sujeito*" porque:

> [...] grammatical subjectivity is not necessarily linked with authorship; rather it inhabits a dramatic (inter)text of multiple characterization wherein "I" is but one of the available roles. In the process, voice speaks always "through the mask" – *per*-sona. It is no small irony that this shift from a subject-centred *orality* to a non-subject centred *writing* is performed in the poet's own signature... Pessoa. (McGuirk 1988: 4)

Através do processo de transitoriedade fluída de um(a) P(p)essoa para outro(a), cada um(a) mantendo a sua própria identidade, subordinando-se jamais à figura institucional do autor, mesmo que aparentemente dele pareçam depender, emerge uma espécie de elogio ao anonimato: um contínuo onde é visível apenas uma face mas cujo interior e exterior são indistinguíveis, conduzindo à sensação de infinitude, onde também a escrita surge em contínuo nascimento paralelo de várias subjetividades

---

[6] "Não sou nada./ Nunca serei nada./ Não posso querer ser nada./ À parte isso, tenho em mim todos os sonhos do mundo."

poéticas, multiplicidade e descentramento que se manifestam como única possibilidade do seu *vir-a-ser* e que, por isso mesmo, nunca se poderá afirmar única e unívoca.

Fita de Möbius © Søren Jessen, 2016

Poema(s) contínuo(s)

> Escrever é literalmente um jogo de espelhos,
> e no meio desse jogo representa-se a cena multiplicada
> de uma carnificina metafisicamente irrisória.
>
> Herberto Helder, *Photomaton & Vox*

Tal como Fernando Pessoa, com evidentes semelhanças e diferenças, também Herberto Helder dramatizou muitas "vidas". Essas múltiplas realidades chegam-nos, em 1963, sob a forma dos contos de *Os Passos em Volta*, o único volume em prosa do autor e onde nos é apresentado um sujeito que deambula em demanda identitária por diversas cidades europeias. As narrativas de *Os Passos em Volta* sugerem-nos a descoberta solitária de um homem que, em comunhão com o anonimato dos lugares e um sentimento de estrangeirismo relativo a si mesmo, procura fixar a sua identidade, numa espécie de descentramento em que o "estrangeiro não tem um *si*" e "centra as suas possibilidades de ser constantemente outro" (Kristeva 1994: 16). No entanto, este estrangeirismo manifesta-se não somente em *Os Passos em Volta* mas constitui em si mesmo a possibilidade de transformação que dispõe de um carácter mais profundo: desperta no seio de uma obra que, como veremos, se fragmenta e duplica em textos que são outros sem, na verdade, deixarem de ser os mesmos (Marinho 1982: 57).

Desde muito cedo percebemos como Herberto Helder exerce inúmeras tentativas de fixação do que, por ora, poderemos nomear como uma *magnum opus*. Num primeiro momento, podemos assinalar a publicação, em 1967, da sua primeira antologia formal, *Ofício Cantante – 1953-1963*. Curiosamente, quando antes publica, em 1961, *A Colher na Boca*, o poeta parece estar já a ensaiar o seu primeiro *gesto-tentativa* de unificação textual, uma vez que esta edição incluía não apenas os poemas inéditos escritos entre 1953 e 1960, mas também o seu livro de estreia, *O Amor em Visita*. Seguem-se, em 1973, *Poesia Toda I – 1953-1966* e *Poesia Toda II – 1961-1971*, edição que se pretende "completa e definitiva" (Helder 1973: 7). Em *Poesia Toda I* podemos encontrar os textos já publicados em *Ofício Cantante*, *A Colher na Boca*, *Poemacto*, *Lugar*, e uma secção inédita, "O Bebedor Nocturno", que será editada separadamente mais tarde, em 1968, e que apresenta um conjunto de traduções de poemas das mais variadas origens a que Herberto Helder chamará de "versões". No volume *Poesia Toda II*, para além de *A Máquina Lírica* e de *A Máquina de Emaranhar Paisagens*, são adicionados *textos-livros* publicados autonomamente, tais como *Húmus* (1966) e *Retrato em Movimento* (1967), secção em que aparece também *Vocação Animal* (1971), diluído e reescrito. Quatro novas secções, inéditas são inseridas: "Cinco Canções Lacunares" (1965-68), "Kodak" (1968), "Os Brancos Arquipélagos" (1970) e "Antropofagias" (1971), e um texto com o título "Comunicação Académica", de 1963. Em 1981, surge *Poesia Toda – 1953-1980*, constituída não apenas pelos textos de *Poesia Toda I e II*, mas também por *Cobra* (1977), *O Corpo O Luxo A Obra* (1978), seis poemas de *Photomaton & Vox* (1979) e *Flash* (1980). *Poesia Toda*, editada em 1990, inclui livros publicados autonomamente entre 1982 e 1985,[7] e uma secção inédita, "Os Selos". Curiosamente, *Retrato*

---

[7] *A Cabeça Entre as Mãos* (1982), *As Magias* (1987) e *A Última Ciência* (1985).

em Movimento, presente desde a edição de 1973, é suprimido, sendo, no entanto, reescrito e resgatado com a publicação, em 1994, de *Do Mundo*, que será posteriormente adicionado a uma nova edição de *Poesia Toda*, editada em 1996. 2001 constitui um ponto de viragem para um tecido poético de uma obra que se revela em permanente laboração, qual manto de Penélope. Este é o ano da publicação de *Ou o Poema Contínuo – Súmula*, obra que Herberto Helder declara ser, "em tempos de redundância", o livro que estabelece:

> apenas as notas impreteríveis para que a pauta se erga em música, uma decerto não muito hínica, não muito larga nem límpida música, mas este som de quem sopra os instrumentos na escuridão, música às vezes de louvor à própria insuficiência, sabendo-se no entanto inteira, ininterrupta. (Helder 2001: 5-6)

Neste pequeno volume, o poeta apresenta o que da obra considera ser o essencial. Depois de ter publicado ao longo das várias edições de *Poesia Toda* (a última das quais com cerca de 600 páginas) o que considera ser a sua melhor poesia, *Ou o Poema Contínuo – Súmula* surge como resposta à constatação de Herberto de que afinal andara a escrever "um poema em poemas [...] durante a vida inteira" (Helder 1990: 2), esse "poema contínuo pelo autor chamado poesia toda", fixando-se na sua auto-bio-bibliografia como o volume onde o leitor poderá encontrar os "punti luminosi poundianos, ou núcleos de energia" da sua poesia (Helder 2001: 5). Um volume novamente com o título *Ou o Poema Contínuo* surge em 2004 que, à semelhança de *Poesias Todas*, é considerado pelo poeta como a sua obra essencial, sem grandes alterações seja face aos poemas seja face à seleção dos livros nele contidos. Em 2008, surge *A Faca Não Corta o Fogo – Súmula & Inédita*. Dele constam os livros da edição de 1996 de *Poesia Toda* e, tal como o título desde logo indica, uma nova secção inédita, *A Faca Não Corta o Fogo*. O ano seguinte, 2009, é o ano de *Ofício Cantante – Poesia Completa*, título resgatado à sua primeira antologia, de 1967, que inclui *A Faca Não Corta o Fogo* mas no qual passa a ser omitido o livro *Cobra*. Por fim é impressa a última antologia herbertiana: *Poemas Completos*, editado em 2014, figura na bibliografia de Herberto Helder – e depois da sua morte, em 2015 – como a seleção definitiva e fundamental da sua poesia. Deste *corpus*, assim obrigatoriamente fixado, ficam-nos os textos de *Ofício Cantante – Poesia Completa*, à qual são adicionados os dois livros publicados em 2013 e 2014: *Servidões* e *A Morte Sem Mestre*.

É através desta tessitura de poemas, articulados entre si e

complementando-se uns aos outros, que parece criar-se o ininterrupto movimento de uma máquina lírica que pressiona o texto no sentido da fixação ao mesmo tempo que a incessante procura do texto se revela pela crescente instabilidade do processo de escrita (Marinho 1982: 57). No entanto, apesar da interminabilidade se constituir como fenómeno exemplar do processo de organização das várias *Poesias Todas*, o que se vai formando através deste mecanismo, que numa primeira análise se apresenta como estrutural, é um "oculto/movimento da fantasia" (Helder 2014: 84), através do qual o poema se desenvolve em incessante arquitetura.

Publicado em 1977, com uma tiragem de apenas 1200 exemplares, *Cobra* é talvez o exemplo máximo do processo limite que testemunha uma imensa vontade de devir outra coisa. A obra, "como totalidade estruturada através de cinco movimentos de leitura: MEMÓRIA, MONT-AGEM/ EXEMPLO/ COBRA/ CÓLOFON/ E OUTROS EXEMPLOS" (Martins 1983: 66), reduz-se em *Poemas Completos*, de 2014, à secção "Cobra". Como diz Luis Maffei, "chegou-se ao irredutível do nome, pois a parte passa a ser o seu todo homónimo" (Maffei 2007: 420).

Mais importante, *Cobra* existe como um todo em apenas 1000 exemplares da edição de 1977. Os restantes 200, fora do mercado,[8] alguns dos quais (não se sabe quantos) terão sido oferecidos a amigos pelo próprio autor, apresentam-se como um incessante e obsessivo gesto poético do qual resultam várias e diferentes alterações manuscritas realizadas pelo próprio Helder e através do qual se produzem poemas que "serão tantos quantas as possibilidades de alteração, que podemos prever como infinitas" (Marinho 1982: 177). É através dessa busca da não cristalização do texto poético que *Cobra* pode caracterizar-se como um "caso exemplar de abertura, variação e instabilidade textual" (Marinho 1982: 173).

Em carta a Eduardo Prado Coelho, Herberto Helder refere-se a *Cobra* como "um livro em suspensão":

Cascais, 6. Out. 77

Caro Eduardo Prado Coelho –
As versões têm variado de destinatário para destinatário, não atendendo a qualquer conjunto de peculiaridades dos destinatários, mas porque o livro em si mesmo, digamos, flutua.

---

[8] No cólofon dessa mesma edição, lê-se: "Este livro – edição única de 1200 exemplares, dos quais 200 fora de mercado [...]" (Helder 1977).

É um livro em suspensão. Talvez só essa suspensão seja citável. Não é excitante que um livro não se cristalize, não seja "definitivo"? Mas parece que este seu quê "perversa" evasão à gravidade tende a anular-se, pela imposição de novos poemas. Suponho que já dei ao livro todo o peso que ele esperava: há uma versão, que não é nenhuma conhecida dos destinatários, e o acréscimo de outros dois textos, que introduziram nova ordem de leitura na parte final do livro e, portanto, uma inclinação de sentido.

Gostei da sua pergunta sobre o que é citável. Sim, o que é citável de um livro, de um autor? Decerto, a sua morte pode ser citável. E, sobretudo, o seu silêncio.

Abraça-o
o Herberto Helder (Marinho 1982: 173-74)

Os textos que compõem esta obra, tal como as sucessivas *Poesias Todas*, não deixam, no entanto, de apresentar uma circular unidade interna que coabita com a sua natureza múltipla. Derivando invariavelmente de texto/s inicial/ais, o poema a que se pretende chegar manifesta-se não apenas como uma única *opus magum* (Guedes 1979: 112-13; Dal Farra 1986: 247) mas pode assumir-se igualmente sob a forma de várias *opera magni*, todas elas em suspensão, reforçando "a ideia de que qualquer versão de um texto só existe na multiplicidade das combinatórias" (Marinho 1982: 1977).

O título sob o qual se reúnem os textos que constituem uma matéria poética devorando-se por dentro em sucessivas e coincidentes reescritas parece prefigurar-se como a re-afirmação da natureza suspensa de uma obra da qual não existe uma única e oficial versão. "A poesia, para o mudador constante, é mutável, mutante, jamais cristalizada, jamais definitiva, sempre em movimento, sempre *contínua*" (Maffei 2007: 419): um livro que flutua, sugestão que ressoa de imediato na capa do livro na figura do *oroboro*, imagem da cobra que devora a própria cauda e parece dizer-nos, "o meu fim é o meu começo".

O *oroboro* que "alimenta este fogo com fogo até que se extinga", obtendo "a coisa mais estável que penetra todas as coisas" é o fogo do qual se alimenta Herberto Helder ao longo do seu fazer poético e que se replica nesse movimento de "eterno retorno" ao poema, onde tudo se inicia no seu fim e acaba no seu começo, um renascimento ininterrupto do poema num regresso à sua dupla ("ovovivíparo") interioridade:

© *Carlos Ferreiro, 1977*

>Todo o corpo é um espelho torrencial com fibras
>>dentro das grutas. Cobra
>>que acorda no fundo
>>de si mesma, o halo
>>ovovivíparo
>levantado ânulo a ânulo:
>grande raiz fria sustentando o seu ovo soprado,
>ou as guelras de uma rosa ferozmente
>>em arco. (Helder 1981: 547)

Será este o território em que uma nova configuração de impessoalização do Autor ganha forma: o ser escrevente totaliza-se no ato de escrita e o poeta transforma-se irremediavelmente em matéria poética:

>>Porque a obra era então –
>mais que o mundo e as fontes e os leitos
>dos poderes –

> eu, um homem disposto sobre si
> como a luz se dispõe sobre a luz
> e as palavras são em sim mesmas dispostas
> no renovo das palavras. (Helder 2014: 84-85)

Os vários planos em que *Cobra* existe espelha uma poesia que se constrói dentro de uma região anónima de onde as palavras surgem, mesmo que seja um território ainda por vir (Deleuze e Guattari 2000: 11-12), e esse anonimato será, acima de tudo, a única abertura possível para o eterno renascer da matéria poética. O texto assim elaborado, em torno de linhas de fuga, movimentos de territorialização e desestratificação (Deleuze e Guattari 2000: 10), não só resplandece em toda a sua multiplicidade e circularidade, mas realiza-se como "silêncio" que "fulgura no centro da ameaça/da sua palavra" (Helder 1981: 570) pois "o mais extraordinário dos nomes sempre esbarrou/consigo mesmo" (Helder 1981: 569). E desta vez esbarra o leitor, de novo, com o "desafio do espectáculo – o teatro/dentro do teatro –" (Helder 1981: 570) em que a escrita se transforma e transforma. Em "Cólofon", um dos poemas que formam *Cobra*, a natureza fugidia do Real volta a surgir nesse teatro[9] de máscaras de onde emerge a metáfora: a constatação da existência de uma "outra verdade que é/uma verdade de uma nova verdade continuamente" e, por isso, para Herberto Helder "[a] teoria era esta: arrasar tudo – " (Helder 1981: 535).

> Como o centro da frase é o silêncio e o centro deste silêncio
> é a nascente da frase começo a pensar em tudo de vários modos –
> [...]
> e
> cumpre também falar do desafio do espectáculo – o teatro
> dentro do teatro –
> o travesti shakespeareano na dupla zona da forma e da inclinação
> para o sentido enigmático –
> [...]
> porque a vertigem é o acesso às últimas possibilidades
> de equilíbrio
> entre a verdade que é outra e a outra verdade que é
> uma verdade de uma nova verdade continuamente
> [...]

---

[9] Também o teatro, e Shakespeare em particular, é referido obsessivamente em Pessoa. Cf. Castro (2015), Lopes (1977) e Pessoa (2001).

> e todo o impulso de um rosto ser o rosto teatral –
> porque também a máscara era a abolição de uma falsa liberdade
> do rosto –
> [...]
> que a metáfora seja atendida como alusão à metáfora
> da metáfora
> como cada coisa é a metáfora de cada coisa –
> e o sistema dos símbolos se represente como o símbolo
> possível de um sistema
> de símbolos do símbolo que é o mundo –
> o mundo apenas como a nossa paixão posta diante de si –
> a paixão da paixão –
> nenhuma frase é dona de si mesma –
> e então o teatro que apresenta a frase não é dono de nada [...]
> (Helder 1981: 569-72)

O movimento circular proposto neste poema, em particular, pela estrutura de cada verso é aqui reforçado pela ideia repetitiva de que a:

> vertigem é o acesso às últimas possibilidades
> de equilíbrio
> entre a verdade que é outra verdade e a outra verdade que é
> uma verdade de uma nova verdade continuamente.

Neste ininterrupto legado de enganos resta, assim, "o impulso de um rosto ser o rosto teatral –/ porque também a máscara era a abolição de uma falsa liberdade/ do rosto": "– o teatro/ dentro do teatro –": literatura dentro da literatura: ficção dentro da ficção. A obra de Herberto Helder é, assim, Herberto Helder ele mesmo em incessante deslizamento entre uma e o outro, no "renovo das palavras" "em si mesmas dispostas", tal como também o é Fernando Pessoa no desassossego em que procura "ser uma obra de arte" e poder, assim, criar-se "uma vida contínua".

Helder, no entanto, vai mais além, perspetivando esta duplicidade – ou multiplicidade – numa nova dimensão pois, ao plasmar-se e renovar-se continuamente em poema, coloca em causa não apenas a fixação do texto mas ao mesmo tempo questiona a citabilidade e consequentemente a autoria. Estamos novamente perante um não-autor que "chegou ao sítio de acabar com o mundo":

> Este que chegou ao seu poema pelo mais alto que os poemas têm
> chegou ao sítio de acabar com o mundo: não o quero
> para o enlevo, o erro, disse,

> quero-o para a estrela plenária que há nalguns sítios de alguns
> poemas
> abruptos, sem autoria. (Helder 2014: 518)

Segundo Silvina Lopes Rodrigues, estar perante a poesia de Herberto Helder é ser confrontados com a "consonância entre escrever o poema e morrer-renascer como movimento contínuo" (Rodrigues 2003: 22-23). E, neste movimento, o poeta (fingidor) parece recrear-se a cada nova máscara, cada novo poema que se tece ao longo de processos criativos bastante *sui generis* e através dos quais o poema é outro sem deixar de ser o mesmo. Em simultâneo, Helder não deixa ao acaso a persistente união entre o ato poético e poema, processo ao longo do qual a sua própria *autoridade* se vai diluindo. No entanto, em Fernando Pessoa, o poema, também em ininterrupta conceção, manifesta-se através da emergência de múltiplas *personalizações* (Lourenço 1986: 138-39) resultantes, segundo Pessoa, de "uma tendência orgânica e constante para a despersonalização e para a simulação" (Pessoa 1999: 340). É a combinação destes dois elementos, despersonalização e simulação, que levam à formulação de uma teoria poética que se exprime através da dissolução poética de um autor em simultânea dispersão. No caso de Herberto Helder, esta despersonalização acontece unicamente ao nível da corporificação textual de um sujeito em processo de formação no seio de um poema em deriva contínua, o que permite a emergência e a fixação textual já não de um sujeito poético mas sim de um corpo-poema que o substitui e anula. No caso específico de Pessoa, esta personificação e materialização textual surge como livro-*persona*, através do qual a obra, ou antes, o autor se libertará do seu "carácter lacunar, imperfeito ou fragmentário" (Sepúlveda 2013: 40). A identidade do autor é desta forma rasurada pela escrita e, da *máquina de emaranhar paisagens*, surge o poema empurrando aquele que escreve para o lugar do incitável. Este jogo de espelhos para o qual somos convidados por ambos os autores coloca-os numa situação de espécie de marginalidade no seio do panorama literário português do século XX, já que falamos da infinitude de uma poesia que não cessa apesar da finitude do seu autor. Antes, perdura nas várias máscaras que se fabricam seja no tecido do poema, que parece interminável, seja na gestação de várias *personae* poéticas que nos conduzirão, como referem Fernando Cabral Martins e Richard Zenith no seu prefácio a *Teoria da heteronímia*, por "caminhos abertos que não levam a parte nenhuma exceto a uma nunca terminada teorização da escrita-na-pessoa-de-outro" (Pessoa 2012: 15), ou seja, na realização estética de se criarem "uma vida contínua", onde "nada seria real. Mas tudo teria uma lógica soberba, séria" (Pessoa 2012: 128-29). Assim, se de Fernando Pessoa também se pode dizer que tudo "morre-renasce" na criação de uma nova *persona* que, recomeçando-se num outro não deixa de ser o mesmo, numa infinitude simultaneamente una e múltipla, em Herberto Helder o centro dessa infinitude expressa-se no poema: um poema sem começo nem fim, circular, revelado por ininterruptos gestos poéticos. No entanto, algo é certo: a procura da Linguagem e o jogo do fingimento persiste, numa tentativa de diminuir as distâncias entre Real e Simbólico.

Referências bibliográficas
Borges, Jorge Luis (2005). "Kafka y sus precursores", *Otras Inquisiciones* [1952]. Buenos Aires: Emecé Editores, 131-34.
Bowie, Malcolm (1991). *Lacan*. Glasgow: HarperCollins.
Castro, Mariana Gray de (2015). *Fernando Pessoa's Shakespeare: The Invention of the Heteronyms*. London: Critical, Cultural and Communications Press.
Clavurier, Vincent (2013). "Real, simbólico, imaginário: da referência ao nó", *Estudos de Psicanálise*, 39, 125-36.
Coelho, Jacinto do Prado (1982). *Diversidade e unidade em Fernando Pessoa*. Lisboa. Editorial Verbo.
Deleuze, Gilles; Guattari, Félix (2000). *Mil Platôs – capitalismo e esquzofrenia*. São Paulo: Editora 34.
Evans, Dylan (1966). *An Introductory Dictionary of Lacanian Psychoanalysis*. New York: Routlegde.
Fink, Bruce (1996). *The Lacanian Subject: Between Language and Jouissance*. New Jersey: Princeton University Press.
Helder, Herberto. (1968). *Apresentação do Rosto*. Lisboa: Ulisseia.
Helder, Herberto (1973). *Poesia Toda I – 1953-1966*. Lisboa: Plátano Editora.
Helder, Herberto (1977). *Cobra*. Lisboa: &etc.
Helder, Herberto (1981). *Poesia Toda*. Lisboa: Assírio & Alvim.
Helder, Herberto (1990). "Poesia Toda", *A Phala*, 20, 1-4.
Helder, Herberto (1995). *Photomaton & Vox*. Lisboa: Assírio & Alvim.
Helder, Herberto (2001). *Ou o Poema Contínuo – Súmula*. Lisboa: Assírio & Alvim.
Helder, Herberto (2004). *Ou o Poema Contínuo*. Lisboa: Assírio & Alvim.
Kristeva, Julia (1994). *Estrangeiros para nós mesmos*. Rio de Janeiro: Rocco.
Lacan, Jacques (1966). *Écrits*. Paris: Seuil.
Lacan, Jacques (1986). *Le séminaire, livre VII: l'éthique de la*

psychanalyse. Paris: Seuil.
Lacan, Jacques (1989). *Écrits – A Selection*. London: Routledge.
Lacan, Jacques (1998). *Escritos*. Rio de Janeiro: Jorge Zahar Editor Lda.
Lacan, Jacques (2016). *The Synthome. The seminar of Jacques Lacan – Book XXIII*. Cambridge: Polity Press.
Lopes, Teresa Rita (1977). *Pessoa et le drame symboliste: Héritage et création*. Paris: Fundação Calouste Gulbenkian.
Lopes, Teresa Rita (1985). *F. Pessoa: Le théâtre de l'être*. Paris: Éd. la différence.
Lourenço, Eduardo (1986). *Fernando, rei da nossa Baviera*. Lisboa: Instituto Nacional – Casa da Moeda.
Lourenço, Eduardo (2015). "H. H.: 'Sob o signo do fogo'", *Relâmpago – Revista de Poesia*, 36/37, 212-215.
Maffei, Luis (2007). *Do mundo de Herberto Helder*. Tese de Doutorado em Língua Portuguesa, Faculdade de Letras. Rio de Janeiro: UFRJ.
Marinho, Maria de Fátima (1982). *Herberto Helder: a obra e o homem*. Lisboa: Editora Arcádia.
Martins, Manuel Frias (1983). *Herberto Helder: um silêncio de bronze*. Lisboa: Livros Horizonte.
McGuirk, Bernard (1988) (ed.). *Three Persons on One – a Centenary Tribute to Fernando Pessoa*. Nottingham: University of Nottingham.
Perrone-Moisés, Leyla (1982). *Fernando Pessoa. Aquém do eu, além do outro*. São Paulo: Livraria Martins Fontes Editora Lda.
Pessoa, Fernando (1968). *Textos filosóficos*, vol. II. Lisboa: Ática.
Pessoa, Fernando (1980). *Textos de crítica e de intervenção*. Lisboa: Ática.
Pessoa, Fernando (1999). *Correspondência 1923-1935*, Manuela Parreira Silva (ed.). Lisboa: Assírio & Alvim.
Pessoa, Fernando (2007). *Prosa íntima e de autoconhecimento*, Richard Zenith (ed.). Lisboa: Círculo de Leitores.
Pessoa, Fernando (2012). *Teoria da heteronímia*, Fernando Cabral Martins e Richard Zenith (eds.). Lisboa: Assírio & Alvim.
Rodrigues, Silvina Lopes (2003). *A inocência do devir*. Lisboa: Vendaval.
Sena, Jorge de (2000). *Fernando Pessoa & C.ª heterónima (Estudos coligidos 1940-1978)*. Lisboa: Edições 70.
Sepúlveda, Pedro (2013). *Os livros de Fernando Pessoa*. Lisboa: Ática.

Nós

A morte, a vida e Fernando Pessoa[1]

Richard Zenith

A maioria das pessoas nascidas na zona economicamente mais desenvolvida do mundo, ou inseridas numa classe social economicamente privilegiada, apenas tomam consciência da sua própria mortalidade depois de atingirem os 40 anos. Sabendo, então, que metade da sua vida ficou para trás e confrontados, possivelmente, com os primeiros sintomas da velhice, apercebem-se de que estão face a um declínio (provavelmente) lento que os conduzirá a um fim definitivo. Os jovens, ao contrário, são imortais. Sabem que vão morrer da mesma forma que sabem que existe a fome e a desumana tortura em muitas partes do mundo, mas sem realmente *sentirem* nada disso. Ao contrário de muitos outros, Fernando Pessoa compreendeu desde muito jovem – não nos recônditos da sua mente mas no primeiro plano das suas reflexões – que um dia iria deixar de existir, pelo menos na sua incarnação terrena. Terá sido porque, com apenas cinco anos, assistiu à morte do pai e igualmente, seis meses depois, ao desaparecimento do seu irmão ainda bebé? Ou terá sido porque o seu misterioso dom para a genialidade (a origem do génio é sempre um mistério) foi acompanhado por uma precoce consciência dessa mesma mortalidade? De onde quer que tenha surgido, ela é fundamental para a compreensão da formação dos interesses e das realizações literárias de Pessoa.

O primeiro poema completo do pré-heterónimo Alexander Search – e um dos primeiros poemas escritos por Pessoa já quase adulto – foi um soneto intitulado "Death of the Titan". Foi composto em abril de 1904, dois meses antes do 17º aniversário deste aspirante a poeta. O segundo poema completo de Search, igualmente um soneto, foi escrito no mês seguinte. O seu título: "On Death".[2] Não será estranho que a morte – um dos mais antigos temas da literatura, lado a lado com o amor, Deus, a criação, a Natureza e os sonhos – tenha estado tão precocemente presente na escrita de Pessoa, pois este tópico surgia nas suas leituras, mas rapidamente se transformou num eixo à volta do qual uma vasta extensão da sua escrita gravitava. A morte tanto o fascinava como o horrorizava, mas não, aparentemente, por razões religiosas. Em *A Portrait of the Artist as a Young Man,* de James Joyce, os mestres jesuítas mergulharam Stephen Dedalus em longas e aterradoras

---

[1] Este texto foi traduzido do original em língua inglesa por Sara Costa.
[2] Os dois poemas, assim como muitas outras obras em inglês, foram inicialmente assinados por outro pré-heterónimo, Charles Robert Anon, tendo sido mais tarde atribuídos a Alexander Search, inventado em 1906.

descrições da maldição eterna para todos aqueles que morressem carregando um pecado mortal na alma, mas o jovem Fernando – também educado como católico – não parece ter levado a sério as lições sobre o risco de condenação eterna que terá recebido das freiras francesas e irlandesas, suas primeiras professoras no Convent School em Durban. O seu temor à morte resultava de considerações filosóficas que aplicava, como era de esperar, ao seu caso pessoal. A certeza de que um dia ia morrer tinha de lidar com a sua completa incerteza quanto ao que isso representava. O lugar da morte no contexto mais alargado das coisas, a morte e a sua relação com a nossa vida terrena, a morte como pórtico possível para outra forma de existência – eram estas as questões que pairavam no primeiro grande projeto literário de Pessoa, um drama em verso intitulado *Fausto*, iniciado em 1908 e ainda em processo de escrita na altura da morte do autor. O metafísica e febrilmente torturado protagonista desta versão da lenda alemã faz a personagem de Goethe, Heinrich Faust, parecer tranquilo e sereno.

Para o Fausto de Pessoa, a morte é aterradora porque representa o Mistério, o Desconhecido ("É melhor o mau que o desconhecido" conclui o soneto "On Death"), o não-Ser. E não-Ser, como vários textos filosóficos de Pessoa reiteram, implica a existência daquilo que nega, nomeadamente o Ser, que é igualmente um mistério (afinal de contas o mesmo mistério) que nunca poderemos explicar, não importando aquilo que o *Big Bang* nos possa dizer sobre a nossa pequena localidade chamada Universo. O horror de Fausto será replicado pelo heterónimo Álvaro de Campos, cuja longa mas inacabada ode intitulada "A Partida" se debruça precisamente sobre a essência e o significado da nossa despedida da vida, tal como a sua mais breve "Ode Mortal" e vários outros poemas.

O classicista Ricardo Reis apresenta uma atitude diferente, adotando a estoica aceitação da morte nas suas odes inspiradas em Horácio. No entanto, admite, numa composição datada de 19 de novembro de 1927 e dirigida à sua Lídia, a preferência que nutria pela mais vil das existências à morte, cuja natureza ele desconhecia, assim ecoando em Português o verso que encerra o supracitado poema de Search.

Alberto Caeiro, o mestre, recusa-se a ponderar sobre o significado da morte, ou sobre o significado da vida, uma vez que para si a realidade das coisas não implica significado algum, apesar da morte caracterizar a sua existência imaginária no sentido mais literal. Caeiro será, dos três heterónimos, o único que morre (da mesma doença de que o pai de Pessoa padecia, tuberculose). Lemos ainda em mais do que um poema as várias meditações que dedica à sua própria morte, à forma como será sentida pelos outros, e, uma vez ausente, como vingarão os seus versos, chegando mesmo a redigir um poema fúnebre.

A poesia de Pessoa ortónimo aborda a morte em termos espirituais. O trânsito da alma entre este mundo e talvez um outro (ou vice-versa) constitui o eixo temático de vários poemas esotéricos, um dos quais – "Iniciação", de 23/5/1932 – afirma no último verso: "não há morte". Para a alma, bem entendido. Terão as reflexões espirituais do poeta ajudado a reprimir, ao longo do tempo, o seu faustiano horror face ao mistério da morte? Parece que sim. Pois os poemas onde relativiza ou desvaloriza o aguilhão da morte passam a ser mais frequentes no decorrer dos seus últimos anos de vida. Um poema escrito a 6/7/1934 inicia-se com os seguintes versos: "Já me não pesa tanto o vir da morte./ Sei já que é nada, que é ficção e sonho". Num outro poema, escrito um mês e meio depois ("Quero dormir. Não sei se quero a morte", 26/8/1934), o poeta deixa-se aliciar pelo desejo da morte. Embora não saiba se quer mesmo morrer, seduz-se pela ideia de abandonar a sua existência e "ser coroado rei/ Do Nada" para o qual ele se destina.

A morte é um tema nitidamente recorrente não apenas na poesia de Pessoa – seja assinada com o seu nome ou com um dos seus heterónimos – mas igualmente em muita da sua prosa. Aliás, assume-se pelo menos como uma das questões implícitas em toda a sua obra, na medida em que impulsiona o próprio ato de escrita. Como fundamento para este argumento, remeto para várias passagens do *Livro do Desassossego*, onde podemos encontrar perto de 150 ocorrências da palavra *morte*, para não referir os muitos exemplos do uso do verbo *morrer* nas suas várias flexões, a par de demais palavras tais como *mortal, imortal, fatal, fúnebre*, e outras. Três das passagens do livro são intituladas "Marcha Fúnebre", uma das quais ("Marcha Fúnebre para o Rei Luís II da Baviera") personifica e glorifica simultaneamente a morte. Se o *Livro do Desassossego* é a essência espiritual e psicológica da vida-obra de Pessoa, ou da sua obra-vida (no seu caso os dois termos são inseparáveis), a morte está no coração e na génese deste livro.

Pessoa sempre teve consciência de que o relógio do tempo não para, referindo em vários textos que cada dia vivido significa um dia a menos que ainda nos resta para viver. Além disso, o relógio pode surpreender-nos em qualquer momento com o toque do seu alarme fatal, anunciando o fim. E não importa quão longa seja a nossa vida, será sempre infinitesimalmente breve se tivermos o cosmos como horizonte, ou mesmo a nossa não tão provecta Terra. Estas não são ideias originais, mas o que as distingue em Pessoa é precisamente não serem de todo ideias, mas factos que ele sentia na sua própria pele. Isto terá contribuído para o seu relativo desinteresse pelas típicas ambições da espécie humana. Acumulação de riqueza e poder, constituição de família, notabilidade nesta vida – nada disto tinha interesse algum. O reconhecimento e a fama *depois* da morte eram, no entanto, para si motivo de fascínio e até de obsessão, uma vez que poderiam trazer-lhe, pelo menos, uma pseudoimortalidade que perduraria enquanto a humanidade existisse.

Outro dos seus grandes interesses – já mencionado – era o que recaía sobre os aspetos espirituais, e também nesta esfera ele percorreu o seu próprio caminho, ou múltiplos caminhos. Estudou religiões muito antigas e difundidas como o Cristianismo, o Judaísmo e o Budismo, mas explorou também com grande entusiasmo tradições esotéricas como a Cabala, o Rosacrucianismo e a Francomaçonaria. Como ávido astrólogo amador, traçou variados mapas astrais, na tentativa de determinar a idade com que morreria. Sessenta e nove anos, foi a conclusão a que chegou de acordo com um dos cálculos (cf. Vieira e Zenith 2008: 15).

Não obstante todo o tempo e estudo dedicado a diversas religiões, doutrinas e disciplinas espirituais, Pessoa parece não ter acreditado em nenhuma delas. Sem dúvida que nunca se terá comprometido plenamente com nenhum credo ou prática espiritual. Ele não podia silenciar a voz da razão que constantemente o relembrava que as palavras e os pensamentos humanos não podem alcançar domínio algum para além daquele da compreensão humana. Ele forçou os seus limites ao máximo que conseguiu. Truz-truz, truz-truz: está alguém ou algo desse lado? Apesar de não obter nenhuma resposta, Pessoa professou a crença na existência de "mundos superiores ao nosso" e de "diversos graus de espiritualidade, subtilizando até se chegar a um Ente Supremo".[3] Esta não seria como a filosófica Aposta de Pascal, dado que ele nem procurava nenhum céu nem temia nenhum inferno (lugar cuja conceção "só uma alma satânica poderia ter inventado", de acordo com o *Livro do Desassossego*, texto 168),[4] nem sequer estaria a sacrificar algo de valioso para si. A sua confissão não era tanto de fé expectante ou mesmo de um desejo de fé, mas antes o resultado da insatisfação que advém dos limites e da pequenez da vida neste mundo.

A contrapartida evidente e proativa para a crença em mundos espirituais foi a criação de mundos imaginários e de seres inventados – os heterónimos – para os habitar com estes. E isto era uma declaração de morte, não de vida. "Tudo aquilo que em nossas atividades consideramos superior, tudo isso participa da morte, tudo isso é morte", escreve o autor

---

[3] Da sua carta de 13/1/1935 a Adolfo Casais Monteiro (Pessoa 1998: 346).
[4] Doravante, a numeração a seguir a uma citação corresponde ao nº do fragmento que a integra em *Livro do Desassossego* (Pessoa 2013).

no *Livro do Desassossego* (texto 178). E continua:

> Que é o ideal senão a confissão de que a vida não serve? Que é a arte senão a negação da vida? Uma estátua é um corpo morto, talhado para fixar a morte, em matéria de incorrupção. O mesmo prazer, que tanto parece uma imersão na vida, é antes uma imersão em nós mesmos, uma destruição das relações entre nós e a vida, uma sombra agitada da morte.

Será então a morte aquilo a que o idealista, o artista, o escultor e o hedonista aspiram? Sim. Pois é no reino dos mortos que a nossa vida "real" acontece, tal como o início do supracitado trecho do *Livro do Desassossego* explica: "Somos morte. Isto, que consideramos vida, é o sono da vida real, a morte do que verdadeiramente somos. Os mortos nascem, não morrem. Estão trocados, para nós, os mundos. Quando julgamos que vivemos, estamos mortos; vamos viver quando estamos moribundos". Poderá parecer apenas uma questão semântica, no entanto esta perspetiva às avessas teve sérias implicações para o poeta que a propôs. E esclarece-nos o pleno significado de certos termos do seu vocabulário. Refiro-me, em particular, a vocábulos como *interlúdio*, *intervalo* e *interstício*, ou a palavra inglesa *gap*, empregue no poema "The King of Gaps", cujo protagonista é:

> lord of what is twixt thing and thing,
> Or interbeings, of that part of us
>   That lies between our waking and our sleep,
>   Between our silence and our speech, between
> Us and the consciousness of us.

Pessoa publicou um grupo de cinco poemas sob o título "Ficções do Interlúdio", epíteto que mais tarde utilizou para caracterizar os seus heterónimos. Esta e outras alusões pessoanas a interlúdios e intermitências lembram-nos o intervalo nas peças dramáticas, durante os quais – desde Shakespeare até aos dias de Pessoa, mas já não nos dias de hoje – música ligeira e/ou pequenos números cómicos distraíam o público enquanto os atores faziam uma pausa. Evidentemente, a peça em si mesma pode ser também ela considerada como um interlúdio ou uma suspensão, tal como sugere a seguinte passagem do *Livro do Desassossego* (texto 348):

> Seja o que for este interlúdio mimado sob o projetor do sol e as lantejoulas das estrelas, não faz mal decerto saber que ele é um interlúdio; se o que está para além das portas do teatro é a vida,

viveremos; se é a morte, morreremos, e a peça nada tem com isso.

No caso de haver ainda qualquer dúvida acerca do significado metafórico deste interlúdio ou intermitência, um dos textos do *Livro do Desassossego*, intitulado "Marcha Fúnebre", oferece-nos uma inequívoca clarificação: "A vida é pois um intervalo, um nexo, uma relação, mas uma relação entre o que passou e o que passará, intervalo morto entre a Morte e a Morte".

Se a vida não é senão um intervalo morto, então esta Morte (em maiúscula) que a precede e a sucede é, presumivelmente, a dimensão que mais importa. Contudo, a penúltima citação aparenta estar em desacordo com este ponto de vista, atribuindo primazia ao interlúdio que vivemos na terra, uma vez que por mais insignificante que este possa ser, nunca poderemos saber se o que virá depois é uma morte viva ou uma morte morta. O interlúdio pode, por outras palavras, ser sucedido por um absoluto vazio – pelo menos, ao nível individual e espiritual. A continuação dessa passagem deixa claro, porém, que o espetáculo (a vida na terra) é amplamente determinístico – pensamos que atuamos mas o enredo (a teia das nossas próprias circunstâncias) é aquele que atua sobre nós –, razão pela qual Bernardo Soares se refugia numa vida imaginada, através de romances e no sonho, para não mencionar a prosa sonhadora do seu *Livro do Desassossego*.

O entendimento pessoano da vida e da morte, ou Vida e Morte, revela-se mais complexo do que aquilo que eu tenho vindo a desenvolver até aqui. Os dois termos não se colocam numa relação de oposição de hoje uma coisa e amanhã outra, mas apresentam-se em correspondência simbiótica. São sinergéticas, atuando em parceria. Podendo correr o risco de incidir na banalidade, a morte é parte *integral* da vida. Os itálicos reforçam o facto de que a sua participação não é passiva; a morte não é apenas o inevitável limite da trajetória da vida mas é um agente que a instiga a avançar. A interação entre a vida e a morte, no mundo de Pessoa, é desde logo insinuada pela forma como ambos os termos se permutam entre si, referindo-se à morte como a nossa verdadeira vida e considerando a vida na terra como existência morta. Ocorre uma incessante oscilação entre estes dois estados ao longo da nossa existência viva-morta. A última frase citada, de "Marcha Fúnebre", é precedida pelas seguintes observações: "Tudo quanto vive, vive porque muda; muda porque passa; e, porque passa, morre. Tudo quanto vive perpetuamente se torna outra coisa, constantemente se nega e se furta à vida". O "intervalo morto entre a Morte e a Morte" poderá referir-se, é claro, ao nosso tempo de vida na terra, mas também designa as contínuas transições "entre o que passou e o que passará", de ano para ano, de dia para dia, de minuto a minuto.

O *continuum* morte-vida, descrito por Pessoa, enfatiza a ondulante e dinâmica natureza da realidade. Em *Notas Para a Recordação do Meu Mestre Caeiro*, o poeta mestre afirma que "tudo quanto é real pode ser mais ou menos", sugerindo que a realidade nunca é estática mas, antes, está em fluxo constante. Tal como todos os espíritos com vocação metafísica, Pessoa almejava a Verdade, todavia esta procura estava condenada ao fracasso, uma vez que a lógica confirmava que nenhuma verdade eterna seria real; uma verdade inconstante, por outro lado, não seria mais a Verdade mas sim uma sucessão de múltiplas verdades contingentes. Não surpreende que as suas indagações espirituais revelem a impossibilidade de se dedicar a um credo ou a uma doutrina específica. Não surpreende que ele tenha sido um poeta fingidor, fabulando uma série de verdades que eram frequentemente contraditórias entre si.

Existe um importante e pouco citado poema em que Alberto Caeiro, sentado nos degraus da sua casa caiada com as mãos abraçando os joelhos cruzados, observa um homem cego caminhando na estrada abaixo e medita sobre a natureza profunda da "verdade, mentira, certeza e incerteza". O cego fica imóvel por um momento e Caeiro, coincidentemente, remove as mãos dos joelhos. O efeito é catastrófico: "Verdade, mentira, certeza, incerteza são as mesmas?/ Qualquer coisa mudou numa parte da realidade – os meus joelhos e as minhas mãos". O cego segue o seu caminho mas "Já não é a mesma hora, nem a mesma gente, nem nada igual./ Ser real é isto".[5] Este poema, em que as transformações no estado de espírito do observador afetam a realidade daquilo que ele observa, revela um entendimento bastante avançado, para o seu tempo, da Física. A natureza relativa da realidade é, de novo, confirmada por Caeiro quando este expressa (em *Notas Para a Recordação do Meu Mestre Caeiro*) que nada existe sem limites, de forma absoluta, visto que algo apenas existe em relação a outra coisa que também existe. Na dimensão temporal, esta limitação implica que tudo aquilo que existe terá de morrer. A sua substância talvez possa continuar a viver, mas não poderá continuar a ser a mesma coisa que era, uma vez que o momento já será outro e as circunstâncias já serão outras também. Existem ciclos, mas nada se repete exatamente da mesma forma. Caeiro poderia ser igualmente citado nesta questão, mas prossigamos com Ricardo Reis:

---

[5] "Verdade, mentira, certeza, incerteza...," datado de 12/4/1919.

> Não torna ao ramo a folha que o deixou,
> Nem com seu mesmo pó se uma outra forma.
> O momento, que acaba ao começar
> Este, morreu p'ra sempre.[6]

O momento morre, mas sem esta morte o momento seguinte nunca poderia existir. E antes de podermos apanhar esse novo instante, já este também se desvaneceu. O mundo de Pessoa não é o do *ser* mas o do *devir*. E assim, põe Bernardo Soares a questionar "se tudo na vida não será a degeneração de tudo. O ser não será uma aproximação – uma véspera, ou uns arredores" (*Desassossego*, texto 86). Todas as coisas ou estão na iminência de ser ou são o resultado de algo que já não é mais. Para onde quer que olhasse, Pessoa observou o desenrolar deste infindável processo de transformação e regeneração. Era este o ponto central do seu entendimento da história literária, tal como o demonstrou nos seus primeiros ensaios, publicados em *A Nova Poesia Portuguesa* (1912). Foi também esta a conceção que contribuiu para a sua visão da história política e da história das religiões como uma sucessão de decadências, em que cada época se desenvolve a partir das doutrinas corrompidas e estruturas viciadas da época precedente. O poema inaugural de Alexander Search, mencionado no início deste ensaio, "The Death of the Titan", relembra como os primeiros soberanos da Terra foram derrotados e substituídos por deuses do Olimpo. A morte – bastante mais ancestral que qualquer vida humana, animal ou vegetal – é anterior ao princípio da existência divina, e assinala as várias fases de evolução em qualquer domínio. Os deuses olímpicos que derrotaram os Titãs serão assim substituídos por outras divindades, elas mesmas sucedidas por outros deuses, sucessão esta que é sintetizada por Pessoa num poema intitulado "Natal" (1922): "Nasce um Deus. Outros morrem". A morte pressupõe um nascimento, e não apenas porque algo sucumbe para dar lugar ao que é novo. A morte é tecida no âmago da própria vida, na sua essência mais elementar e mais orgânica. Num outro texto, publicado pela primeira vez em 2009,[7] Pessoa escreve: "A morte subjaz o nosso gesto vivido. Mortos nascemos, mortos vivemos, mortos já entramos na morte. Compostos de células vivendo da sua desagregação, somos feitos da morte".

O *leitmotiv* da morte na obra de Pessoa prende-se com as noções de que a mudança é inevitável e de que o tempo flui inexoravelmente. Esta

---

[6] "Não torna ao ramo a folha que o deixou", datado de 28/9/1926.
[7] Na 8ª edição do *Livro do Desassossego*, texto 305 (Pessoa 2009).

última ideia surge como mote poético frequente em Pessoa, de modo exemplar no seu longo e inacabado poema "A Passagem das Horas", que considero um dos seus poemas mais extraordinários, a par com "Tabacaria", que é mais célebre. Embora ambos os poemas tenham sido assinados pelo "engenheiro naval e poeta sensacionista", podem ser lidos, pelo menos superficialmente, como textos antitéticos. Ao contrário de "Não sou nada./ Nunca serei nada", o Álvaro de Campos de "A Passagem das Horas" é todas as coisas e todas as pessoas: "Todas as épocas me pertencem um momento,/ Todas as almas um momento tiveram seu lugar em mim". No mesmo poema, em vez de cismar sobre si mesmo, sentado na cadeira a fumar um cigarro, o narrador declara: "Estatelo-me ao comprido em toda a vida/ E urro em mim a minha ferocidade de viver…".

Que esta avidez pela vida seja meramente imaginada pouco importa. E não importa se o mais vasto heterónimo de Pessoa se desespere ou, pelo contrário, se entusiasme. Quer Campos – e com ele Pessoa – se revele exuberante, quer se abisme na melancolia, o seu estado de ânimo é intensamente sentido e expresso. O nada e o todo caminham lado a lado. A vida vai passando e a morte vai chegando. Elas são um e o mesmo processo, avançando sem trégua. Onde quero chegar, afinal, é que o profundo conhecimento, aceitação e até mesmo celebração da morte conduziram Pessoa, mais do que nos possa fazer parecer à primeira vista, a uma maior entrega à vida e aos seus processos dinâmicos. Numa carta a João Gaspar Simões (datada de 11/12/1931) proclamou-se futurista no sentido mais literal da palavra, e apesar de nos seus poemas se referir frequentemente às saudades que sentia da sua infância, nunca foi, à maneira de Proust, à procura do tempo perdido. Pessoa não sabia (quem poderá saber?) o que o amanhã traria, mas ainda assim, durante a sua vida inteira, lançou-se para esse vasto desconhecido.

Referências bibliográficas

Pessoa, Fernando (1998). *Correspondência 1905-1922*, Manuela Parreira da Silva (ed.). Lisboa: Assírio & Alvim.

Pessoa, Fernando (2009). *Livro do Desassossego*, 8ª ed. Lisboa: Assírio & Alvim.

Pessoa, Fernando (2013). *Livro do Desassossego*, 11ª ed. Lisboa: Assírio & Alvim.

Vieira, Joaquim; Zenith, Richard (2008). *Fotobiografias século XX: Fernando Pessoa*. Lisboa: Círculo de Leitores.

"Um desejo de termos companhia".
Fernando Pessoa e o companheiro Mário de Sá-Carneiro

Rita Patrício

A relação, pessoal e literária, entre Mário de Sá-Carneiro e Fernando Pessoa é um tópico relevante na tradição crítica que se ocupa destes autores. A partir da leitura presencista de *Orpheu*, Pessoa e Sá-Carneiro acompanharam-se frequentemente, por vezes lidos enquanto par, por vezes lidos em confronto, quer na tentativa de decidir valores relativos, quer na especificação das suas afinidades e diferenças. Como sintetizou Adolfo Casais Monteiro:[1]

> Mário de Sá-Carneiro e Fernando Pessoa, irmanados no frontispício do *Orpheu 2*, irmanados viriam até nós, como as mais significativas expressões do movimento a que a revista deu o seu nome. Na sua obra se fixaram as duas direcções que, depois, constituíram o fermento graças ao qual, passada essa fase explosiva, de inaudita força de concentração, veio a encontrar novos caminhos. (Monteiro 1958: 40-41)

E se Pessoa rapidamente conquistou um espaço próprio, Sá-Carneiro é ainda hoje objeto de um olhar que rapidamente tende a convocar o primeiro como medida do seu valor.[2]

Uma vez que a leitura crítica da relação entre Pessoa e Sá-Carneiro

---

[1] Vejam-se alguns exemplos de leituras que ligam Sá-Carneiro e Pessoa, sublinhando o que neles possa haver de proximidade. Num ensaio de 1960, Jorge de Sena, sugerindo que Sá-Carneiro havia sido o "Werther" de Pessoa, escreve: "Ninguém como Pessoa compreendeu Sá-Carneiro, porque se estava compreendendo a si próprio na pessoa do outro, cuja intimidade de espírito e cujas declarações escritas são sinal de uma identidade de contrários que o suicídio de Sá-Carneiro sublima" (Sena 2000: 125). O ensaio de David Mourão-Ferreira "Ícaro e Dédalo: Mário de Sá-Carneiro e Fernando Pessoa", de 1964, começa com a declaração de que a relação entre os dois poetas é "dos episódios mais comovedores de toda a nossa história literária a alta e límpida amizade – "a onda viril/ de afecto fraterno, como diria Manuel Bandeira – em que Sá-Carneiro e Fernando Pessoa inalteravelmente comungaram" (1988: 65).

[2] Sobre a atual desproporção de reconhecimento de Sá-Carneiro relativamente a Pessoa, tomem-se as palavras eloquentes de Ricard Zenith, num volume dedicado a Sá-Carneiro: "It took about fifty years for Fernando Pessoa, deceased in 1935, to be recognized as a major European Modernist and not just a prodigy who wrote under many different names. A hundred years have passed since the death of Mário de Sá-Carneiro, who still tends to be confined to Portuguese Literature departments – even in Portugal" (2017b: vii).

desde cedo se pautou por uma clave agónica, o que pretendo discutir neste ensaio é o modo como, em alguns momentos particulares, o confronto com Sá-Carneiro foi inevitável para Pessoa. Na obra pessoana, encontramos vários testemunhos da proximidade e da distância que Pessoa declarava sentir existir entre si e Sá-Carneiro. Pessoa desde cedo reconheceu em Sá-Carneiro o eleito para a projeção do seu "desejo de termos companhia", usando termos de um verso do poema em que evoca o amigo. O presente estudo parte da discussão de textos em que Pessoa anuncia e se debate com a possibilidade dessa companhia. É para a leitura dessa tensão que pretendo contribuir, discutindo como, em diferentes momentos e de vários modos, Pessoa foi reconhecendo em Sá-Carneiro um possível par, projetando-o como o objeto do seu desejo de ter uma companhia literária e como, confrontado com a possibilidade dessa paridade, foi assinalando a diferença insuperável entre si e o companheiro. Afinal, se o tempo do encontro foi o de uma promessa, a de encontrar em quem projetar esse "desejo de termos companhia", o tempo futuro, aquele para que Pessoa afinal viveu, foi sempre imaginado e preparado como o de uma afirmação singular.

1.
Na correspondência de Pessoa, a primeira referência a Sá-Carneiro encontra-se numa carta a Álvaro Pinto, datada de 4 de dezembro de 1912, que acompanha o envio da última parte do artigo "A nova poesia portuguesa no seu aspecto psicológico", a ser publicada ainda esse mês na *Águia*. Nessa carta, Pessoa sugere, para o nº1 do segundo ano da 2ª série, "a inclusão de dois escritos que, parece-me, teriam interesse" (Pessoa 1998: 54). Recordando a promessa de não enviar "para cima da sua desprevenida amabilidade remessas que me houvessem pedido", que teria cumprido "à risca", Pessoa antevê a boa receção destas sugestões: "Suponho, porém, que o meu amigo não me levará a mal que lhe *aponte* o que me pareça bom e que eu possa obter [...]". A primeira proposta é o longo e "muito interessante" poema "Romaria das Árvores", de António Cobeira; a segunda, o conto *O Homem dos Sonhos*, "é mais interessante ainda – porque de género mais raro, e, no género, perfeito" (1998: 55). Fernando Pessoa apresenta, então, o autor desse "magnífico conto": "Mário de Sá-Carneiro, que está actualmente em Paris, e é, não sei se sabe, autor de um belo e revelador livro recente, *Princípio* de seu título". No final da carta, Pessoa volta a responsabilizar-se inteiramente pelas sugestões de publicação, assumindo o pedido em exclusivo nome próprio: "Pode crer que nenhum dos autores me pediu a inserção".

As condições deste apontamento decorrem do diagnóstico da

emergência de uma poesia nova, feita meses antes nas páginas da mesma *Águia* e, nessa medida, pode ser entendido o espírito agónico com que Pessoa aposta em Sá-Carneiro para destronar António Patrício: "O conto não é grande e o autor é o único capaz de contestar a António Patrício o primeiro lugar entre os contistas". Neste seu primeiro gesto empenhado em divulgar Sá-Carneiro, Pessoa anuncia o conto do amigo como superior aos de *Princípio* (livro, aliás, que Pessoa mais tarde retirará da bibliografia de Sá-Carneiro) e o valor maior que lhe aponta é o da construção:

> Como *construtor* do enredo é já mais do que uma promessa; este conto é, de resto, superior em construção aos que vêm no "Princípio". Ele leu-me aqui o conto e, como eu gostei muito, dedicou-mo; mas espero que me fará a justiça de crer que não é por isso que tinha empenho em o ver publicado em A *Águia*. É por ele – autor – e pela *Águia*. (Pessoa 1998: 55)

Aqui, por um lado, o elogio da construção reflete a coeva preocupação pessoana com esta categoria estética (que não é tão evidente nos artigos da *Águia*, por exemplo, publicados a partir de Abril desse ano); dois dias depois de assinar estas palavras, a 6 de dezembro de 1912, em carta a Mário Beirão, Pessoa aconselha ao seu destinatário a perseguir a construção artística como valor superior.[3] Por outro, na parte final desta passagem da carta, Pessoa precisa que o seu empenho recai não propriamente sobre a publicação do conto mas sobre a do seu do autor: é por este que Pessoa se empenha, não por esta obra específica. Aliás, *O Homem dos Sonhos* não aparecerá dedicado a Fernando Pessoa, sendo o próprio Mário de Sá-Carneiro a conceder ao amigo a possibilidade de escolher um outro conto para esse fim, o que mostra a liberdade conferida a Pessoa para intervir nessa decisão.[4] Podemos ler esta

---

[3] Recordem-se as palavras de Pessoa: "O que é preciso obter é aquela qualidade que os gregos tiveram maximamente – a noção da poesia como 'um todo composto de partes', e não aquela em que você tende a cair – pelo género da sua intensa inspiração – a da poesia como 'partes compondo um todo'" (1998: 57). A defesa da construção como valor ocupará a carta de 22 de janeiro a Jaime Cortesão (1998: 71-76). Sobre a construção em Pessoa, ver Patrício 2102: 145-61.

[4] A carta de Sá Carneiro, de 21 de janeiro de 1913, termina com o seguinte *post-scriptum*: "Uma das narrativas há-de levar o seu nome à frente. Prefere o 'Homem dos Sonhos', como estava assente, ou agrada-lhe mais que eu lhe dedique uma das outras? À sua escolha... Não se esqueça de responder também a isto" (2001: 39). O conto escolhido será "A Grande Sombra". Em carta a Armando Cortes Rodrigues, datada de 4 de outubro de 1914, Fernando Pessoa refere-se superlativamente a este texto: "O Sá-Carneiro está na sua quinta. Deve ali

diligência na publicação de Sá-Carneiro como uma primeira manifestação de um desejo de ter companhia: Pessoa quereria ver o autor Mário de Sá-Carneiro reconhecido publicamente e assim usava o palco que estava no momento à sua disposição, ou seja, a *Águia*.[5]

Pessoa diz eleger o amigo como a sua única companhia precisamente durante o tempo de empenho na publicação deste conto.[6] A carta de 13 de maio 1913 de Sá-Carneiro transcreve as palavras pessoanas que sinalizam essa eleição: "Afinal estou em crer que em plena altura, pelo menos quanto a sentimento artístico, há em Portugal só nós dois". Essa citação sinaliza a importância concedida a esta declaração de crença. Sá-Carneiro acolhe estas palavras "entranhadamente (mas não num agradecimento de coração) num agradecimento comovido e orgulhoso aonde vai toda a minha alma", estendendo o agradecimento "às linhas em que fala da minha compreensão em face dos seus versos" e afirma ser "esse um dos cumprimentos que mais me lisonjeiam – porque é, para mim, a melhor das 'garantias' de mim-próprio" (2001: 88). A melhor das

---

demorar-se até ao fim deste mês. Acabou há dias *A Grande Sombra*. Acabou-a completamente, isto é, passada a limpo e tudo. É, a meu ver, a melhor coisa que ele tem feito. Magistral, meu caro, magistral" (1998: 124).

[5] A carta de Sá-Carneiro de 10 dezembro 1912 confirma ser de Pessoa a iniciativa de sugestão de publicação de "Homem dos Sonhos". Para o empolgado mediador, a reação do autor não foi de equiparável entusiasmo, pelo que Sá-Carneiro se sente na necessidade de corrigir o entendimento do amigo: "De forma alguma concordo com você em que possa ser dúbia a maneira como falo da publicação do 'Homem dos Sonhos'. Aliás com o máximo prazer satisfarei esse pedido, estimando mesmo ver o conto publicado na *Águia*" (Sá-Carneiro 2001: 22). O empenho de Pessoa nesta publicação daria a ver-se também, nesta carta, no seu oferecimento enquanto revisor das provas do texto.

[6] A 22 de março do ano seguinte, escreve Pessoa a Álvaro Pinto, dando conta da redação definitiva do conto e de uma alteração como à autoria da revisão de provas: "Já tenho em meu poder o maravilhoso conto de Mário de Sá-Carneiro de que há tempo lhe falei, mas não o mando por não querer tomar-lhe o número de assalto com coisas minhas e de amigos: demais a mais o Sá-Carneiro pediu-me que daqui lhe enviasse as provas para Paris, o que exige certa antecedência na composição do conto" (1998: 91). A 3 de maio, dá-se finalmente o envio de "O Homem dos Sonhos": "Remeto hoje o conto do Mário de Sá-Carneiro com um papel com a assinatura dele. Vai também um soneto do Nuno d'Oliveira que, sabendo que eu escrevia para aí, me pediu que incluísse também na carta. Realmente da minha parte vai o conto do Sá-Carneiro. Vai a tempo? As provas do conto vêm para mim, é claro; as do soneto, é natural que vão para a Redacção da *República*, onde o autor é redactor" (1998: 93). Para além de a responsabilidade da revisão das provas retornar agora a Pessoa, sublinhe-se a distinção que é feita quanto à implicação de Pessoa nos envios: só o conto de Sá-Carneiro vai realmente "da parte" de Pessoa. A carta de 13 de junho a Álvaro Pinto regista o contentamento de Pessoa perante a boa receção de Sá-Carneiro na *Águia*, o que abriria a porta a mais publicações (cf. 1998: 96).

garantias de si-próprio, para Sá-Carneiro, seria o reconhecimento por parte de Pessoa das suas capacidades críticas, aferidas pela capacidade de compreender a poesia pessoana: ou seja, Sá-Carneiro é reconhecido por Pessoa na medida em que este o reconhece. A admissão pessoana de que em Portugal há "só nós dois" funda assim um mútuo sentimento de companhia, assente num afastamento relativamente aos demais companheiros de letras.[7]

Nesse mesmo ano, Sá-Carneiro publica *A Confissão de Lúcio*, cuja epígrafe elege palavras pessoanas de "Na floresta do alheamento": "assim eramos nós obscuramente dois, nenhum de nós sabendo bem se o outro não era êle-proprio, se o incerto outro viveria...".[8] A citação replica o gesto de transcrição que Sá-Carneiro tivera na carta, ao retomar a declaração tutelar pessoana de uma crença numa identidade a dois. Na novela de Mário de Sá-Carneiro, é, pois, a voz de Pessoa a ouvir-se na descrição de um par em que se dissolve a identidade singular, em que dois se fundem incertamente de tal modo que dentro desse "nós" já não

---

[7] Será também a certeza de que "em plena altura, pelo menos quanto a sentimento artístico, há em Portugal só nós dois" a determinar a antevisão da importância da correspondência trocada, entendida já por Pessoa como matéria publicável. Um ano mais tarde, a 20 de julho de 1914, reconhece Mário de Sá-Carneiro: "Você tem razão, que novidade literária sensacional o aparecimento em 1970 da Correspondência inédita de Fernando Pessoa e Mário de Sá-Carneiro – publicada e anotada por... (perturbador mistério!)" (2001: 131).
[8] No exemplar oferecido a Fernando Pessoa, podemos ler: "A Fernando Pessoa – ao seu génio d'Àlem./ em 15 de nov. 1913/ com um grande, grande abraço exprimindo muito afecto, muito agradecimento e muita admiração./o Mário de Sá-Carneiro" (exemplar guardado na Biblioteca da Casa Fernando Pessoa). A dedicatória do volume *Princípio* endereçada a Fernando Pessoa, e escrita em setembro do ano anterior, dava conta das qualidades em que se fundava a admiração de Sá-Carneiro pelo companheiro de letras: "Ao seu querido amigo Fernando Pessoa – ao alto espirito, ao artista, ao pensador, oferece com um grande abraço em 29 de agosto de 1912 Mário de Sá-Carneiro" (exemplar guardado na biblioteca particular de Fernando Pessoa, na Casa Fernando Pessoa). Para Sá-Carneiro, logo no início da aproximação entre ambos, Pessoa seria já um "alto espirito" e um "artista", e só depois um "pensador". Será essa hierarquia de qualidades que Sá-Carneiro entende dever ser reconhecida em Pessoa (veja-se, por exemplo, a carta de 13 de fevereiro de 1913: "O que é preciso, meu querido Fernando, é reunir, concluir os seus versos e publicá-los não perdendo energias em longos artigos de crítica [...]. É preciso que se conheça o poeta Fernando Pessoa, o artista Fernando Pessoa – e não o crítico só – por lúcido e brilhante que ele seja. Atenda bem nas minhas palavras" (Sá-Carneiro 2001: 40). A dedicatória de *A Confissão de Lúcio*, comparada com a de *Princípio*, demonstra uma ligação afetiva e valorização artística crescentes: agora, Sá-Carneiro não só não hesita na genialidade atribuída ao amigo como reitera a grandeza do abraço em que daria conta do muito que o ligaria a Pessoa (e a ordem das coisas a exprimir – afeto, agradecimento, admiração – dá a ver a natureza anímica dessa aproximação).

pode ver no outro a alteridade necessária para que o eu se reconheça indiviso.

Num texto de Pessoa sobre o Sensacionismo e as particularidades das personalidades envolvidas, a descrição da origem do movimento centra-se precisamente nessa ligação indiscernível entre Pessoa e Sá-Carneiro: é nesse espaço em que não se sabe onde um começa e o outro acaba que terá começado o movimento sensacionista:[9]

> Sensationism began with the friendship between Fernando Pessoa and Mário de Sá-Carneiro. It is probably difficult to separate the part each of them had in the origin of the movement, and certainly quite useless to determine it. The fact is that they built up the beginnings between them. (2009: 215)

Na correspondência de Sá-Carneiro, encontramos, contudo, assinalada a impossibilidade dessa identidade paritária, na assunção da sua inferioridade estética relativamente a Pessoa. Veja-se, por exemplo, a carta de 24 de agosto de 1915, em que o sublinhado de "nossa" dá conta da consciência da impossibilidade dessa grandeza a dois:[10]

> E é meditando em páginas como as que hoje recebi – procurando rasgar véus ainda para além delas – que verifico a *nossa* grandeza, mas, perante você, a minha inferioridade. Sim, meu querido amigo – é você a Nação, a Civilização – e eu serei a grande Sala Real, atapetada e multicolor – a cetins e a esmeraldas – em douraduras e marchetações. (2001: 200)

2.
A eleição do amigo como a sua única companhia "quanto a sentimento artístico" é um óbvio reconhecimento de valor por parte de Pessoa e sugere um assentimento de proximidade. Mas depois vários são os momentos em que, em relação a Sá-Carneiro, o autor marca uma clara

---

[9] Este texto, que não tem qualquer atribuição autoral, foi publicado em *Páginas Íntimas e de Auto-Interpretação*, edição de Georg R. Lind e Jacinto do Prado Coelho, como sendo de Álvaro de Campos e em *Prosa Íntima e de Auto-Conhecimento*, edição de Richard Zenith, como atribuível a Thomas Crosse (cf. Pessoa 2009: 215). Reconhecendo a indissociabilidade do trabalho dos autores entre 1913 e 1916, Richard Zenith sugere a necessidade de se estudarem os ecos poéticos de Sá-Carneiro em Pessoa (a esse propósito, cf. Martins 2015. Para o estudo de outro tipo de presença de Pessoa em Sá-Carneiro, cf. Castro 2017).
[10] E as frequentes queixas de silêncio epistolar mostram como Sá-Carneiro frequentemente se sentia "falho de Pessoa".

distância crítica. De facto, Pessoa foi contundente a elencar os seus deméritos artísticos. Veja-se, por exemplo, o caso de *A Confissão de Lúcio*, a merecer uma ironia devastadora. Em notas pretensamente da autoria de um psiquiatra, começa por se afirmar que "O livro todo é degenerescência", precisando-se, depois, a degenerescência diagnosticada: "Na triste personagem chamada Gervasio Villa-Nova está estampada a degenerescência inferior. O sr. Sá-Carneiro chama genial a esse snr., sem que do romance conste porquê". A razão dessa avaliação estaria na ausência de qualquer idealização artística:

> Qualquér creatura não de todo destituida de perspicacia percebe que se trata de uma creatura real. Não sei, certo, até que ponto está desvirtuada essa creatura. Mas não o deve estar muito. Sem querer, o sr. Sá-C[arneiro] faz-nos um perfeito estudo do género de cretino que habita os cafés de Paris e que da civilização sabe só o que são os cafés e os music-halls. (Bothe 2013: 232)

No protagonista da novela faz-se ver o decalque de uma figura vulgar, "o typo do blagueur banal, como entre empregados de comercio há innumeros", mas a perfeição do retrato não decorre de uma intenção artística, empreendido que foi "sem querer". Ainda que reconheça esse estudo psicológico como "quasi superior", a ressalva é imediata e decisivamente depreciativa: "não sei com que lucidez feito". A ausência de lucidez compositiva inibe o reconhecimento de qualquer superioridade artística.

Sob a assinatura de Jean Seul, já Pessoa denunciara a ausência de idealização estética como motivo de condenação da arte exibicionista, aquela que caracterizava precisamente os cafés e os *music-halls* parisienses, palcos privilegiados para a degenerescência sexual (cf. Pessoa 2006). Também nas notas críticas sobre *A Confissão de Lúcio*, a sexualidade das personagens (já tratadas como "figuras do autor") começa por ser descrita como de uma "ingenuidade tocante": "Todos eles fallam como colegiais – que é o que eles todos são, a julgar pelo que dizem – ainda virgens". O que toca então o crítico será, não uma ingenuidade ficcionalmente narrada, mas a "ignorância" do autor a determinar a sua composição:

> Certas palavras, certos modos de dizer, certas descripções – que seria melhor o autor não ter tentado – revelam uma tal ignorância das attitudes do par sexual, um tão ignominioso desconhecimento dos gestos tanto accesorios, como fundam-

entaes – e tanto physicos como psychicos – da acção sexual, que passamos da inocencia do autor ao tentar fazel-os, a pensar que estava revelando elementos de si proprio que naturalmente não queria revelar.
A *Confissão de Lucio* é apenas a confissão do sr. M[ário] de S[á] C[arneiro]. Com caracteristica ingenuidade, mal sabe o autor quanto confessa de si, especialmente para quem, como um psychiatra batido em aplicações da sua sciencia á literatura.
Quanto mais sexualmente nos falla, mais sexual se nos revela. No fim acabamos por ter uma grande piedade medica por elle. (Bothe 2013: 232)

Sem querer (mais uma vez Pessoa a tomar a ausência de intenção como característica de Sá-Carneiro), o autor confessa-se e o que revela merece um piedoso olhar clínico. Sobre *Céu em Fogo*, as notas que nos chegaram são mais breves e menos violentas. Ainda que se reconheça ao autor "notas d'uma simplicidade tão commovida e directa, como as dos poemas 'traduzidos' de Zagoriansky, e d'uma tão emotiva sinceridade como as paginas finaes do volume", ou seja, a expressão de um fundo emocional sincero, o que também lhe é agora imputado é uma intenção criativa específica, que nestes apontamentos críticos não se subscreve: "E o autor, que, não duvida praticar o que, diga-se sem rebuço, são blagues, como essa invocação a Paris na 'Ressurreição' ou os espantosos paragraphos do principio do 'Homem de Sonhos'" (Bothe 2013: 233). As *blagues*, para Pessoa, são, por esta altura, manifestações artísticas inferiores, pelo que se insiste na incapacidade criativa de Sá-Carneiro: "Custa comprehender a que fim artístico visou Mario de Sá-Carneiro ao escrever estes trechos".[11]

A ausência de finalidade artística é uma constante na visão crítica pessoana sobre Sá-Carneiro. Num outro apontamento crítico, Pessoa considera que a arte implica a ordenação sucessiva de elementos: "Como

[11] Sobre o conceito de '*blague*' na geração de *Orpheu*, muito em particular, em Sá-Carneiro e em Pessoa, cf. Vasconcelos (2017). Discutindo a (des)qualificação pessoana de "Manicure" enquanto *blague*, o autor sugere que Pessoa teria sobre a *blague* opiniões várias, subsumíveis num jogo dramático de contraposição de vozes. Um outro entendimento sobre o desvalor atribuído à *blague*, que considero mais produtivo, têm Amado (2015) e Sepúlveda (2015), considerando a evolução do ideário estético pessoano. Ainda sobre a visão de Pessoa relativamente a Sá-Carneiro no momento da publicação de *Orpheu* ver Amado (2016), em que se sinalizam e discutem as diferenças estéticas entre os dois autores. No documento 14E-2 encontramos uma breve nota de cariz editorial em que Pessoa dá conta da intenção de publicar "Manicure" e um artigo de jornal "não como arte mas como simples curiosidades".

se ordena a imaginação? Tornando-a intellectual, baseada sempre em uma /idea/. Como se ordena a intelligencia especulativa? Creando a emoção do abstracto". Depois da sequencialização destes critérios estético-compositivos, surge o nome do autor de *A Confissão de Lúcio*:

> Mario de Sa-Carneiro pertence ao principio de uma corrente, conscientemente iniciada em Portugal (como e porquê não importa) para a intellectualização da imaginação.
> Em Sa-Carneiro, porém, estes elementos renovados mixturam-se, infelizmente, com elementos decadentes.
> Não eleva o pessoal ao universal, sinão ao abstracto. (Bothe 2013: 231)

Sá-Carneiro ficaria assim a meio caminho entre o passado e o futuro: se participava já do movimento emancipatório que intelectualizava a emoção, ainda não estava liberto de elementos decadentes, ou seja, ainda não superava a dimensão estritamente individual que marcava a arte romântica, aqui entendida como decadente. Sá-Carneiro aparece aqui como um projeto falhado de modernidade estética, de uma modernidade de que Pessoa se anunciará como exemplo maximamente superior ao cumprir a máxima intelectualização da arte.[12]

Num caderno com apontamentos datáveis de 1917, poucas páginas depois de um primeiro esboço de publicação da obra do amigo (cf. 144Y-58v), encontramos breves notas intituladas "Sá-Carneiro". Sob esse título, escreve Pessoa: "Pobre creança! Não tinha ao menos o poder do pensamento abstracto, que ergue acima do individuo, disciplinando-o de certo modo, uma 'realidade' exterior a elle" (Bothe 2013: 233).[13] Com estas linhas, Pessoa resumia aquela que para si era a falha maior de Sá-

---

[12] Num texto em que começa por dar conta da indissociabilidade entre Sá-Carneiro e Fernando Pessoa, já citado na conclusão do ponto 1., Pessoa defende que o modo de discernir os dois autores passa por reconhecer no primeiro "the expression of what may be called, in sensationist, coloured feelings"; o segundo "is more purely intelectual; his power lies more in the intelectual analyses of feeling and emotion, which he has carried to a perfection which renders us almost breathless. Of his static Drama 'The Sailor' a reader once said: 'It makes the exterior world quite unreal', and it does" (2009: 216). Em textos posteriores, a defesa da supremacia estética da dimensão intelectual sobre a expressiva será ainda mais evidente (veja-se, por exemplo, a descrição dos graus da poesia em Pessoa 2007: 150-51).

[13] Em [144Y-48r] está inscrita a data 25-7-1917. Algumas páginas depois [144Y-51], encontramos um plano de publicação da obra, que se dividiria em quatro volumes: "Vol. I – Amisade. Principio./ Vol.II – A Confissão de Lucio. Poemas./ Vol.III – Ceu em Fogo / Vol.IV – Contos. Fragmentos".

Carneiro: a ausência de idealização que condenava a sua arte a uma incipiência estética. Retoma a visão crítica de Sá-Carneiro enquanto autor de insuperável puerilidade estética, incapaz de progredir na escala poética. Por isso, seria sempre uma criança. Nesse mesmo caderno, duas páginas depois (144Y 62r), encontramos os seguintes versos: "Pobre creança que qu'ria ter/ Em toda a vida canções da ama" (Pessoa 2005: 145). A proximidade topográfica e a repetição do *incipit* permitem correlacionar com segurança os dois textos. Se no primeiro Pessoa discorre sobre a razão do não desenvolvimento estético de Sá-Carneiro, no segundo dá-nos uma imagem poética da infantilidade que agora remete, não para a arte, mas para a vida.[14]

3.

José Régio foi, não só o crítico entusiasmado por Sá-Carneiro, como também, segundo Pessoa, um autor por quem este último se entusiasmaria. Em carta datada de 30 de janeiro de 1930, Pessoa escreve ao director da *presença*:

> Acabo de ler, por inteiro, e num só hauto feliz, o seu livro "Biographia", ha meia hora recebido. É um livro admiravel, porém a sua leitura, para em seu effeito ser mais admiravel, faz-me saudades. Faz-me saudades do maior amigo meu, do unico grande amigo que tive – o Mario de Sá-Carneiro, a quem a leitura dos seus sonetos enthusiasmaria como uma boa nova. Sonhei sem querer – em um d'aquelles sonhos retrospectivos e erroneos – que estivessemos lendo junctos os seus sonetos, e reconheço a voz d'elle e a minha no consenso entusiasthico da apreciação. (Martines 1998: 80)

É deste modo que Pessoa transmite a Régio a sua apreciação crítica: sem nada dizer sobre a obra em apreço, Pessoa descreve o seu efeito e é a partir deste que sinaliza o valor daquela. O primeiro efeito admirável dos sonetos regianos é recordarem uma ausência, a de Sá-Carneiro. O segundo é o regresso do amigo desaparecido. No sonho involuntário, os antigos companheiros reencontram-se nessa leitura conjunta e as duas

---

[14] E esta criança desprotegida e carente será a imagem que Pessoa transmitirá a Gaspar Simões. Veja-se a carta de 11 de dezembro de 1931: "A obra de Sá-Carneiro é toda ella atravessada por uma intima deshumanidade, ou, melhor, inhumanidade: não tem calor humano, nem ternura humana, excepto a introvertida. Sabe porquê? Porque elle perdeu a mãe quando tinha dois annos e não conheceu nunca o carinho materno" (Pessoa 1998: 177).

vozes fundem-se "no consenso enthusiasthico da apreciação", ou seja, num monólogo a duas vozes. Pessoa explica depois a razão pela qual os sonetos presentificam a voz de Sá-Carneiro: "Há uma íntima analogia entre o seu modo de sentir e o modo de sentir que distinguia o Sá-Carneiro. O modo de sentir o modo de sentir é que é diferente, como convém a dois que são dois, e não comummente o terceiro que não é ninguém". É pela detecção de uma afinidade profunda entre Régio e Sá-Carneiro que Pessoa recupera a voz do amigo, mas imediatamente sublinha a diferença que impossibilita qualquer comunhão: Régio e Sá-Carneiro são dois que serão sempre dois, sem qualquer hipótese de união anímica. A natureza especial da sua apreciação de leitura é sinalizada pelo próprio Pessoa, que termina a carta reconhecendo que "Estes semi-dizeres não chegam a ser palavras": mais do que uma perspectiva crítica, Pessoa transmite uma emoção, ou seja, uma "expressão imediata, spontanea e inteira" (Martines 1998: 80), instantâneo de um momento em que, involuntariamente, o outro ausente se torna presença (no reconhecimento da voz desaparecida).

O poema "Sá-Carneiro", que Pessoa escreveu em 1934 em memória do amigo, é uma elegia pungente que recupera poeticamente algumas das passagens desta carta a Régio. No poema, a relação entre o amigo morto e a voz sobrevivente é descrita como a de "almas pares" ("Ha almas pares, as que conheceram/ Onde os seres são almas"), pelo que a ausência do amigo é a negação de uma vida plena:

> Ah, meu maior amigo, nunca mais
> Na paisagem sepulta d'esta vida
> Encontrarei uma alma tam querida
> Ás coisas que em meu ser são as reais.
>
> Não mais, não mais, e desde que sahiste
> Desta prisão fechada que é o mundo,
> Meu coração é inerte e infecundo
> E o que eu sou é um sonho que está triste. (Pessoa 2000b: 187)

Neste poema, o tópico da fusão de almas é retomado para dar conta do peso da ausência do amigo: "Hoje, falho de ti, sou dois a sós". Nessa evocação comovida, a ausência da alma par começa por ser descrita como a presença dessa falha, mas a memória de "como éramos" vem corrigir essa definição, passando de um "ser-se dois a sós" para um "estar-se um a sós":

> Como eramos só um, fallando! Nós
> Eramos como um dialogo numa alma.
> Não sei se dormes [...] calma,
> Sei que, falho de ti, estou um a sós.

A presença do par é aqui recordada, não enquanto propiciadora de uma dissolução obscura (como descrito na passagem de Pessoa que Sá-Carneiro toma como epígrafe de *A confissão de Lúcio*), mas antes como possibilidade se se ser pluralmente "só um", possibilidade garantida enquanto durasse a fala que os unia. Assim, o poema conclui com a permanência do desejo do outro, desejo que persistiria para além da superação de sermos "nós mesmos a sós", em plenitude ("sem nostalgia"), e esse "desejo de termos companhia" recai sobre "o amigo enorme que a fallar amamos":

> Porque ha em nós, por mais que consigamos
> Ser nós mesmos a sós sem nostalgia,
> Um desejo de termos companhia –
> O amigo enorme que a fallar amamos.

A memória comovida de Sá-Carneiro, neste poema, assenta precisamente nessa saudade da comunhão de vozes.[15] Na carta a Régio, as saudades de Sá-Carneiro eram as da sua voz e a do diálogo que com ela pôde manter: afinal, a duração da fala é a desse amor. E se, na carta, por um efeito admirável dos sonetos regianos, o eco súbito da presença do amigo surge "em um d'aquelles sonhos retrospectivos e erróneos", no poema, a certeza de, na "paisagem sepulta d'esta vida", não mais encontrar a alma par perdida leva à desolada constatação de que "o que sou é um sonho que está triste". A seu modo, o poema é também um sonho retrospetivo e erróneo, pois a fala poética que dirige ao amigo desaparecido, esse "que a fallar amamos", é a forma de o tornar presente.

---

[15] Na correspondência de Sá-Carneiro, lemos a mesma valorização afetiva dos diálogos: a 7 de janeiro de 1913 "Como é bom termos alguém que nos fale e que nos compreende e é bom e sincero, lúcido, inteligente = grande. O prazer com que eu [o] abraçarei daqui a um semestre! As longas, deliciosas conversas que teremos! (Sá-Carneiro 2001: 30); a 25 de março do mesmo ano, "Como você tem razão quando diz: o que precisávamos era poder conversar! Que saudades, que saudades eu tenho das nossas palestras! Nem o meu querido amigo imagina! Como nos desforraremos este Verão!" (2001: 60).

4.

A morte de Sá-Carneiro colocou Pessoa no papel de seu herdeiro literário e, consequentemente, de seu editor privilegiado. Na "Tábua Bibliográfica - Mário de Sá-Carneiro" que fez publicar na *presença*, Pessoa inscreve os plenos poderes que detém sobre a obra do amigo: "Mário de Sá-Carneiro deixou a Fernando Pessoa a indicação de publicar a obra, que dele houvesse, onde, quando e como lhe parecesse melhor" (Pessoa 2000a: 374-75).

A Pessoa coube zelar pela memória futura de Sá-Carneiro, na ponderação do destino a dar à sua obra. É no diálogo com os da *presença* que Pessoa se empenha mais sustentadamente em tornar presente e futura a obra do companheiro. Em carta a João Gaspar Simões, datada de 30 de setembro de 1929, Pessoa responde ao repto que lhe fora lançado dias antes, sobre uma eventual edição das obras de Sá-Carneiro pela revista coimbrã: "Estou disposto, do coração, a apoiar o vosso intuito de publicar as obras de Mário de Sá Carneiro" (Martines 1998: 97). Para esse empreendimento "do coração", Pessoa tem uma visão editorial muito clara, retomando o que anunciara na tábua bibliográfica publicada um ano antes.[16] Perante o pedido de um prefácio ou estudo preliminar, Pessoa usa de cautela relativamente a um compromisso: "tudo depende do tempo, que eu teria para o fazer" (1998: 98). E adianta: "Na falta de tempo, bastaria (talvez com um breve acréscimo) aquele mesmo estudo, ou nota, com que abri o n° 2 da *Athena*. Diz tudo, e, por isso mesmo, dispensa dizer mais". Esse "tudo" que o ensaio comportaria merece, por isso, redobrada atenção crítica.[17]

---

[16] "Entendo [...] que esse conjunto das obras dele deve ser formado por: (1) *Dispersão*, (2) *Confissão de Lúcio*, (3) *Céu em Fogo*, (4) *Indícios de Ouro*, inéditos ainda em conjunto". A avaliação sobre as obras de juventude é inequívoca: "Elimino o volume *Princípio* pela simples razão de que não presta, e o mesmo critério me leva a excluir a peça *Amizade*, que o precedeu, e que nunca li, por imposição do próprio Mário de Sá-Carneiro" (1998: 97).

[17] Depois de ter declarado o seu apoio "do coração", Pessoa vai adiando a concretização do projeto de publicação da obra do amigo, como tantas vezes adiou a própria. Não será nem nos dias, nem nas semanas seguintes que Pessoa enviará o material em causa. Na carta de 6 de dezembro 1929, explica: "Não tenho feito nada, e não tenho escrito nada, nem (a prova existe na ausência de prova) a ninguém". Quebra esse silêncio perante o anúncio no número recém recebido da *presença* da publicação dos volumes da obra de Sá-Carneiro "Subiu-me a vergonha à máquina de escrever: respondo". Na resposta segue um plano muito imediato: "como primeiro movimento prático", Pessoa passaria a limpo *Dispersão e Indícios de Ouro*, que constituiriam o primeiro dos volumes. "Irei fazendo isto por estes dias próximos", começa por prometer Pessoa, dando depois conta que essa tarefa seria "o único ponto difícil para a publicação", uma vez que *Confissão de Lúcio* e *Céu em Fogo* tinham sido já publicados. Esse ponto,

Contudo, o que se publica no segundo número de *Athena* em memória de Sá-Carneiro, e antecedendo a publicação dos seus "Últimos poemas", pouco ou nada diz sobre o autor evocado, pelo que a afirmação de que essa nota, dizendo tudo, dispensaria outras palavras, se torna deveras significativa. Sob o título "Mário de Sá-Carneiro (1890-1916)" Pessoa ensaia algumas considerações sobre a incompreensão a que o génio está votado na sua contemporaneidade, a partir de uma citação clássica, prolongando o tom classicizante da nota de abertura do primeiro número da revista. Nessa longa reflexão sobre a inevitável inadaptação do génio ao seu tempo (que a morte poderia ilustrar), tópico tão caro a Pessoa, o nome de Sá-Carneiro surge duas vezes. Em ambas aparece como um exemplo de um argumento que se pretende provar, pelo que, em ambas, o caso individual Sá-Carneiro imediatamente cede lugar a uma constatação universalizante sobre a impossibilidade de reconhecimento em vida do génio:

> Génio na arte, não teve Sá-Carneiro nem alegria nem felicidade nesta vida. Só a arte, que fez ou que sentiu, por instantes o turbou de consolação. São assim os que os Deuses fadaram seus. Nem o amor os quer, nem a esperança os busca, nem a glória os acolhe. [...] Mas para Sá-Carneiro, génio não só da arte mas da inovação nela, juntou-se à indiferença que circunda os génios, o escárnio que persegue os inovadores, profetas, como Cassandra, de verdades que todos têm por mentiras. *In qua scribebat, barbara terra fuit*. Mas, se a terra fora outra, não variara o destino. Hoje, mais do que em qualquer outro tempo, qualquer privilégio é um castigo. (Pessoa 2000a: 228-29)

No documento [14E-5] do espólio pessoano [imagem em anexo] podemos ler uma primeira versão deste ensaio. O *incipit* vai manter-se na versão final, ainda que nesta conheça outro desfecho:

> "Morrem jovens quem os Deuses amam": é um preceito de sabedoria antiga. E porcerto a imaginação, que figura novos mundos, e a arte, que em obras os finge, são os signaes notaveis d'esse amor divino. Não concedem os Deuses esses dons para que sejamos felizes, senão para que sejamos seus pares. Quem ama ama só a egual, porque o faz egual com amal-o.

---

contudo, não deveria ser impeditivo para a concretização do projeto: "Seja como fôr, isto de momento não importa. O que importa é recebermos agora, e sem demora, o material para o primeiro volume. Para a semana começo o traslado" (1998: 109).

Nesta versão, Pessoa centra-se imediatamente no autor evocado e no segundo parágrafo é logo Sá-Carneiro o objeto imediato do discurso:[18]

> Não teve Sá-Carneiro nem alegria nem felicidade nesta vida. Só a arte, que fez ou que sentiu, lhe serviu de refugio e de consolação. São assim os que os Deuses fadaram seus. Nem o amor os quer, nem a esperança os busca, nem a gloria os aceita.

A comparação desta primeira versão com a publicada na *Athena* deixa clara a preocupação de Pessoa em desenvolver amplamente a reflexão sobre as condições gerais do génio e sobretudo sobre a incapacidade de o momento presente acolher e reconhecer uma excepcionalidade, tornando mais rarefeita a referência imediata a Sá-Carneiro. Nesse sentido, sublinhe-se a eliminação da seguinte passagem: "Assim, num só gesto dos Deuses, recebeu Sá-Carneiro a grandeza e a morte: deram-lhe a maldição sublime do genio no abraço de fogo com que, queimando-o, o converteram na sua própria ígnea substancia divina". A vívida sagração de Sá-Carneiro desaparece e o que aparecerá no texto publicado é de outra ordem: "Génio na arte, não teve Sá-Carneiro nem alegria nem felicidade nesta vida. [...] São assim os que os Deuses fadaram seus" (2000a: 228). Tudo o que se afirma sobre o génio e a sua morte prematura tanto descrevem Sá-Carneiro como qualquer outro poeta genial, prematuramente desaparecido: Caeiro, por exemplo.

Para além das diferenças entre as duas versões, a observação do documento [14E-5] importa ainda por outra razão: se as notas sobre Sá-Carneiro ocupam a metade superior da folha, outras, sobre Alberto Caeiro, ocupam a metade inferior:

> Alberto Caeiro é, cremos, o maior poeta português do seculo vinte porque é o mais completo subversor de todas as sensibilidades diversamente conhecidas, e de todas as formulas intellectuaes variamente acceites. Viveu e passou obscuro e desconhecido. É esse (dizem os occultistas) o distinctivo (signal) dos Mestres.

---

[18] As imagens que se seguem serão acolhidas no texto final precisamente no seu fecho: "As plebes de todas as classes cobrem, como uma madre morta, as ruinas do que foi grande e as sementes dispersas do que poderia sel-o. O circo, mais que em Roma que morria, é hoje a vida de todos, porem alargou os seus muros até aos confins da terra. A gloria é dos gladiadores e dos jograes. Nada nasce de grande que não nasça maldito, nem cresce de nobre que não definhe, crescendo. Se assim é, assim seja. Os Deuses o quizeram assim".

A apresentação de Caeiro como "o maior poeta do seculo vinte" imediatamente o apresenta como superior a qualquer outro poeta de génio que esse século tivesse conhecido, como, por exemplo, Sá-Carneiro. Pessoa fará publicar Caeiro na *Athena*, no número 4; este projeto de apresentação deveria ser assinado por Reis, que havia sido publicado no número 1.[19] O que este documento mostra é que a apresentação de Caeiro foi pensada a par da de Sá-Carneiro. Em ambos os casos, os autores desaparecidos são apresentados pela mão de quem cuida da obra e os prefaciadores cuidam de adiantar uma chave de leitura. São chaves distintas, pois se a insistência de Pessoa, na nota sobre Sá-Carneiro, recai sobre o amor que os deuses lhe terão tido, ou seja, sobre as condições de eleição, o elogio da absoluta novidade de Caeiro incide sobre a sua obra, sinalizando o seu singular lugar de excelência: "A obra de Caeiro, é mister que seja lida com atenção nova. Tudo é novo ali. Nem a substancia intelectual, nem a arte das imagens, nem a própria figuração verbal têm precedentes nem aliança". E se Sá-Carneiro foi apresentado a partir de um preceito da sabedoria antiga, Caeiro personifica a superação de toda a sabedoria antiga: "Os proprios gregos da vera Grecia, creadores do Objectivismo, não alcançaram o Objectivismo Transcendente do assombroso portuguez". A partir deste documento, podemos ler a apresentação de Caeiro como um gesto que reage à apresentação de Sá-Carneiro e que pretende dá-lo como superior a este.[20]

A possibilidade de publicação das obras de Sá-Carneiro volta a colocar-se em 1933, por sugestão de Pessoa. A 17 de fevereiro, Gaspar Simões pede autorização para publicar um volume pessoano, à escolha do seu autor, numa colecção de autores modernos que *a presença* se preparava para lançar: "É nosso intuito reunir numa frente única os escritores portugueses que consideramos modernos, para que o publico os veja, para que a sua obra ganhe consistência" (Martines 1998: 208).

---

[19] Este texto aparece publicado como sendo de Ricardo Reis na edição de Manuela Parreira da Silva (cf. Pessoa 2003: 63-64).
[20] Entre o companheiro Mário de Sá-Carneiro e o mestre Alberto Caeiro houve sempre uma relação complexa. Para Richard Zenith, a relação está logo no baptismo do heterónimo: "O nome *Caeiro* é, por assim dizer, *Carneiro* sem a carne, para um pastor cujos carneiros foram espiritualizados em pensamentos. [...] Uma boa partida e uma elevada homenagem" (Zenith 2001: 231). Pessoa coloca o primeiro na origem do segundo, pois o "poeta bucólico de espécie complicada", recorde-se, nasceu precisamente da ideia de fazer uma partida a Sá-Carneiro. António Feijó sugere que "o papel de Sá-Carneiro na criação de Caeiro foi mais do que o amigo a quem Pessoa quis 'fazer uma partida' [...] foi a hospitaleira superfície de afecto em que a agência poética se pôde inscrever" (2015: 29). Mais recentemente, Richard Zenith revelou a presença da mão de Sá-Carneiro nas páginas em que surgem os primeiros poemas de Caeiro (2017).

Pessoa responde imediatamente, no dia seguinte, aceitando o repto, e apontando para "um dos livros do meu *Cancioneiro*" (Martines 1998: 209). Em carta de 25 de fevereiro, corrige a sugestão: "encontrei qualquer coisa de preferível a um dos livros do *Cancioneiro*", explicando a preferência por *O Guardador de Rebanhos*, de Caeiro: "mais breve (embora, é certo, não muito mais breve), muito superior, e muito mais de acordo com a publicação de coisas 'novas' que será por certo a intenção dos livros projectados". Esta sugestão é acompanhada por uma outra:

> Querem vv. publicar, num desses volumes, os *Indícios de Ouro* do Sá-Carneiro? É o livro inédito dele, e esse está pronto, tal qual é, a ser publicado. Não é o caso das *Obras Completas*, sobre as quais há a dificuldade de eu querer procurar, através do grande número de cartas que tenho, outros poemas não incluídos nos *Indícios de Ouro,* e dignos de figurar nessa edição definitiva. Acresce que ainda não perdi de todo a esperança de que algures, na posse não sei de quem, possa existir o original do primeiro capítulo do *Mundo Interior,* maravilhoso trecho de prosa que o Sá-Carneiro me leu aqui em Lisboa e de que sei que não houve continuação. (Martines 1998: 211)

A ideia de "obra completa" em Sá-Carneiro revelava-se problemática a Pessoa e uma "edição definitiva" tornava-se um projeto mais uma vez adiado. Contudo, a possibilidade de publicação de *Indícios de Ouro*, volume preparado pelo próprio autor, é elogiada por Pessoa, entendendo este que essa publicação iria permitir que essa obra ficasse "inteiramente publicada":

> Publicando o livro de poemas do Sá-Carneiro conseguem, de certo modo, justificar-se perante os leitores da *Presença* do não aparecimento da anunciada edição das obras completas dele. É, aliás, assunto que poderia ser referido, *passim* num breve prefácio. A obra do Sá-Carneiro – salvo os tais inéditos possíveis – ficaria assim inteiramente publicada. (Martines 1998: 211)

Querendo a coleção da *presença* mostrar os modernos a um público mais alargado, Pessoa exprime, mais uma vez, o desejo de ter a companhia de Sá-Carneiro. Adianta, aliás, que "se houver inconveniente na publicação dos dois livros, já v. sabe que deve publicar o do Sá-Carneiro, de preferência ao meu". Contudo, essa disponibilidade de abdicação é contraditada pelo parágrafo que imediatamente se segue, que declara inabalavelmente o valor inultrapassável da obra de Caeiro, a inibir qualquer hipótese de desistência de publicação:

> De facto, e para dizer qualquer coisa parecida com a verdade, gostaria que vv. publicassem *O Guardador de Rebanhos*. Teria eu assim o prazer de serem vv. que apresentassem o melhor que eu tenho feito – obra que, ainda que eu escrevesse outra *Ilíada*, não poderia, num certo íntimo sentido, jamais igualar, porque procede de um grau e tipo de inspiração (passe a palavra, por ser aqui exacta) que excede o que eu racionalmente poderia gerar dentro de mim, o que nunca é verdade das *Ilíadas*. (Martines 1998: 211)

Dois anos mais tarde, na carta a Adolfo Casais Monteiro, será desenvolvida a narrativa que ilustra a excecionalidade dessa obra, mas nesta proposta de publicação a Gaspar Simões está já inscrita a sua absoluta genialidade, declarada em termos que qualquer presencista admitiria como valores estéticos irrefutáveis: *O Guardador de Rebanhos* decorreria de "um grau e tipo de inspiração" a exceder qualquer intenção intelectual, ou seja, seria arte autêntica e sincera. Nos meses que se seguiram, a publicação de *Indícios de Ouro* e de *O Guardador de Rebanhos* acompanharam-se enquanto projetos pessoanos, tendo-se Pessoa ocupado da preparação da edição do seu volume depois de ter terminado a do seu amigo.[21]

Pessoa sabia o lugar de destaque que a *presença* reservava a Mário de Sá-Carneiro. Em "As correntes e as individualidades na moderna poesia portuguesa", estudo de 1925 assinado por José Maria dos Reis Pereira, Mário de Sá-Carneiro fora dado como o mestre da arte moderna; e o seu nome é o primeiro que o mesmo crítico, já como José Régio, toma como exemplo ao apresentar "Da geração modernista" no terceiro número da *presença*.[22] Num ensaio sobre o "Modernismo", Gaspar Simões, no número de 23 de julho de 1928, apontou "sobretudo" Sá-Carneiro como o genial adivinhador das tendências estéticas atuais (depois de ter começado por irmanar Sá-Carneiro e Pessoa enquanto génios). Será

---

[21] Em carta de 2 de abril, enviando já material passado a limpo do caderno de poemas de Sá-Carneiro, anuncia: "Logo que esteja pronto o traslado dos *Indícios de Ouro*, farei o do *Guardador de Rebanhos*.". A 11 de abril de 1933, Pessoa dá conta da conclusão desse traslado, prometendo uma nota preliminar para o volume e o envio célere de *O Guardador*, que deveria também ter um breve prefácio. Nenhum dos volumes foi publicado em vida de Pessoa.
[22] Para uma leitura da visão regiana de Sá-Carneiro, ver Martinho 1990.

também o único nome a figurar na nota de Gaspar Simões que, em nome da revista coimbrã, declara, no número 3 da revista *Sudoeste*, no momento de revisitação e de avaliação de *Orpheu*: "Do *Orpheu* ficou-nos a obra de Mário de Sá-Carneiro e a de quantas *individualidades* nele colaboraram e depois dele subsistiram como *individualidades*" (Simões 1935: 27).[23]

A *presença* foi o palco em Pessoa ensaiou a sua posteridade e parte desse ensaio foi feito com a companhia de Sá-Carneiro. Nas páginas presencistas e no diálogo com os da *presença*, Pessoa afirmou-se o editor privilegiado de Sá-Carneiro e, em larga medida, autor da sua imagem de autor, com a publicação da sua "Tábua Bibliográfica", modelo para a sua própria Tábua: e se o segundo número de *Orpheu* irmanara os dois nomes, dirigentes de uma revista que se pretendia a anunciar o futuro, os números 16 e 17 da *presença*, em que se publicam ambas as tábuas bibliográficas, retomam analogamente os dois nomes, numa inscrição que, pretendendo fixar o passado, visa mostrar o que dele ficará para o futuro. Mas se a irmanação em *Orpheu* dizia uma realidade imediata (na medida em que eram de facto ambos diretores da revista), na *presença* essa paridade era artificial: não só Pessoa foi o autor de ambas as tábuas (compondo ambas as imagens de autor), como a obra de Sá-Carneiro estava terminada há mais de vinte anos (e nessa medida é uma obra que pode ser delimitada) e a de Pessoa estava ainda a ser feita (pelo que qualquer tentativa de descrição é inevitavelmente incompleta e provisória); para além disso, a obra de Sá-Carneiro apresentava-se elencando títulos, enquanto a de Pessoa alterava as condições de constituição do conceito de obra, pelo que a sua tábua, mais do que uma bibliografia, é a exposição de categorias de obras que, pela primeira vez, o autor denomina ortónimas e heterónimas.[24]

Se a possibilidade de publicação apresentada pela *presença* foi por

---

[23] Nesse mesmo número de *Sudoeste*, recorde-se, Álvaro de Campos, numa "Nota ao Acaso" (que podemos ler como uma outra nota para a recordação do seu mestre Caeiro para além das que foram publicadas na *presença*), depois de estabelecer uma tipologia de poetas e de sinceridades poéticas, cumpre a homenagem ao Mestre escrevendo-lhe o mais encomiástico dos epitáfios ao mesmo tempo que responde ao conceito presencista de sinceridade: "O meu mestre Caeiro foi o único poeta inteiramente sincero do mundo" (Campos 2014: 450). Pessoa fez Campos dedicar o seu "Opiário" a Mário de Sá-Carneiro, precisamente o poema que dá a ver Campos antes de Caeiro. Essa dedicatória foi retirada em planos posteriores em planos datáveis de 1917, "Opiário" aparece dedicado a Fernando Pessoa e a "Ode Triumphal" e Sá-Carneiro (Pessoa 2014: 374).

[24] Sobre relevância desta "Tábua bibliográfica" na conceção de obra em Pessoa, cf. Sepúlveda 2013.

iniciativa de Pessoa imediatamente estendida à obra do amigo, demonstrando o desejo de ter a sua companhia na coleção presencista, por outro, a proposta de publicação de *O Guardador de Rebanhos* de Caeiro foi também, para Pessoa, momento de assinalar a primazia da sua obra relativamente à do amigo. Nesse sentido, o projeto de publicar *O Guardador de Rebanhos* depois de *Indícios de Ouro* replica os gestos anteriores de apresentar Alberto Caeiro depois de Sá-Carneiro e de escrever a sua tábua bibliográfica depois de escrever a do amigo. Em todos estes momentos, Pessoa declarou a sua radical superioridade literária relativamente ao companheiro. Como poeta futurável, Pessoa queria-se e sabia-se singular. No seu desejo de futuro não há desejo de ter companhia.

Anexo

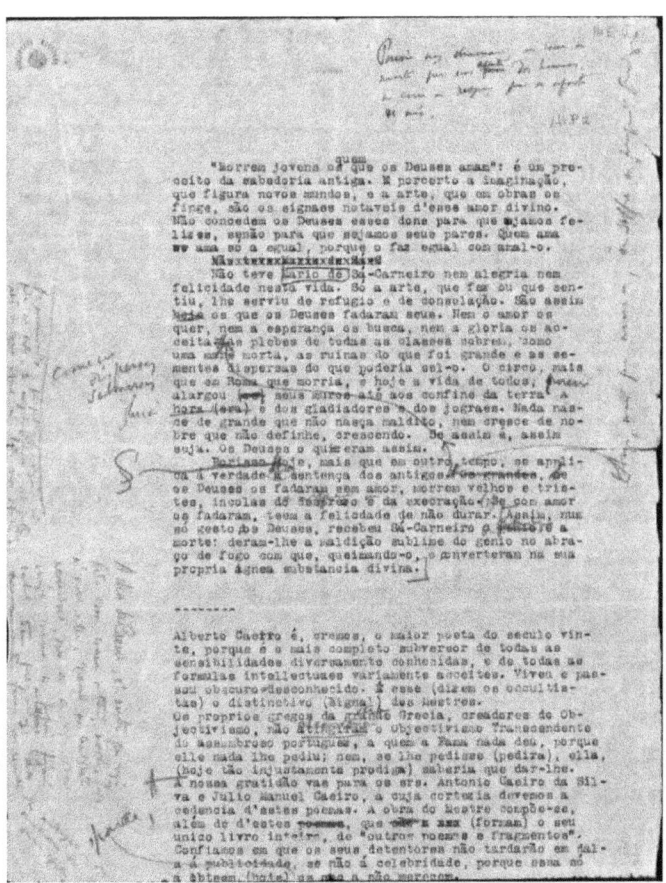

[14E-5]

Referências bibliográficas

Amado, Nuno (2015). "Orpheu e... Eurídice", *Estranhar Pessoa*, nº2, 57-70.

Amado, Nuno (2016). "Palhaçadas e coisas sérias", *100 Orpheu*, Dionísio Vila Maior e Annabela Rita (eds.). Viseu: Edições Esgotadas, 49-60.

Bothe, Pauly Ellen (2013). *Apreciações literárias de Fernando Pessoa*. Lisboa: INCM.

Castro, Mariana Gray (2017). "A Phanton Presence: Mário de Sá-Carneiro in Fernando Pessoa's Poetry", *Mário de Sá-Carneiro, A Cosmopolitan Modernist*, Fernando Beleza e Simon Park (eds.). Oxford: Peter Lang, 157-75.

Feijó, António (2015). *Uma admiração pastoril pelo Diabo (Pascoaes e Pessoa)*. Lisboa: INCM.

Martines, Enrico (1998). *Cartas entre Fernando Pessoa e os directores da* presença. Lisboa: INCM.

Martins, Fernando Cabral (2015). "Notas sobre o diálogo poético entre Sá-Carneiro e Pessoa", *Estranhar Pessoa nº2*, 137-45.

Martinho, Fernando J. B. (1990). "Mário de Sá-Carneiro e José Régio", *Mário de Sá-Carneiro e o(s) outro(s)*. Lisboa: Hiena, 17-28.

Monteiro, Adolfo Casais (1958) *Estudos sobre a Poesia de Fernando Pessoa*. Rio de Janeiro: Agir.

Mourão-Ferreira, David (1988). "Ícaro e Dédalo: Mário de Sá-Carneiro e Fernando Pessoa", *Nos passos de Pessoa*. Lisboa: Editorial Presença, 63-74.

Patrício, Rita (2012). *Episódios. Da teorização estética em Fernando Pessoa*. Braga: Húmus.

Pessoa, Fernando (1998). *Correspondência 1905-1922*, Manuela Parreira da Silva (ed.). Lisboa: Assírio & Alvim.

Pessoa, Fernando (2000a). *Crítica – Ensaios. Artigos, entrevistas*. Fernando Cabral Martins (ed.). Lisboa: Assírio & Alvim.

Pessoa, Fernando (2000b). *Poemas de Fernando Pessoa 1934-1935. Edição Crítica de Fernando Pessoa*, vol. I, tomo V, Prista Luís (ed.). Lisboa: INCM.

Pessoa, Fernando (2003). *Ricardo Reis – Prosa*, Manuela Parreira da Silva (ed.). Lisboa: Assírio & Alvim.

Pessoa, Fernando (2005). *Poemas de Fernando Pessoa 1915-1920. Edição Crítica de Fernando Pessoa*, vol. I, tomo II, João Dionísio (ed.). Lisboa: INCM.

Pessoa, Fernando (2006). *Jean Seul de Méluret, Edição Crítica de Fernando Pessoa*, vol. VIII, Rita Patrício e Jerónimo Pizarro (eds.). Lisboa: INCM.

Pessoa, Fernando (2009). *Sensacionismo e outros ismos, Edição Crítica de Fernando Pessoa*, vol. X, Jerónimo Pizarro (ed.). Lisboa: INCM.

Pessoa, Fernando (2014). *Obra completa de Álvaro de Campos*, Jerónimo Pizarro e Antonio Cardiello (eds.). Lisboa: Tinta-da-China.

Sá-Carneiro, Mário (2001). *Cartas de Mário de Sá-Carneiro a Fernando Pessoa*, Manuela Parreira da Silva (ed.). Lisboa: Assírio & Alvim.

Sena, Jorge (2000). *Fernando Pessoa & Cª Heteronímica*, 3ª ed. Lisboa: Edições 70.

Sepúlveda, Pedro (2013). *Os livros de Fernando Pessoa*. Lisboa: Ática.

Sepúlveda, Pedro (2015). "Orpheu em lugar de Caeiro", *Estranhar Pessoa*, nº2, 86-109.

Simões, João Gaspar (1935). "Nós, a 'Presença'", *Sudoeste*, nº3, novembro.

Vasconcelos, Ricardo (2017). "Mário de Sá-Carneiro, *Orpheu* and the Modernist *Blague*", *Mário de Sá-Carneiro, a Cosmopolitan Modernist*, Fernando Beleza e Simon Park (eds.). Oxford: Peter Lang, 27-47.

Zenith, Richard (2017a). "A verdadeira partida ao Sá-Carneiro", *Colóquio Letras*, nº195, 135-42.

Zenith, Richard (2017b). "Foreword", *Mário de Sá-Carneiro, a Cosmopolitan Modernist*, Fernando Beleza e Simon Park (eds.). Oxford: Peter Lang, vii-x.

Zenith, Richard (2001). "Caeiro Triunfal", *Alberto Caeiro: Poesia*, Fernando Cabral Martins e Richard Zenith (eds.). Lisboa: Assírio & Alvim, 227-62.

O riso irônico de Pessoa

Caio Gagliardi

> Assisto ao que me acontece, de longe, desprendidamente, sorrindo ligeiramente das coisas que acontecem na vida. Hoje, ainda ninguém sente isto; mas um dia virá quem o possa perceber.
>
> Fernando Pessoa

Breve revisão da fortuna crítica

Em que pese a inexistência de um estudo de fôlego dedicado à dimensão irônica de sua obra, a fortuna crítica de Fernando Pessoa oferece-nos pontos de apoio e de partida para refletir a seu respeito. Nessa gama de leituras, a opinião de João Gaspar Simões serve-nos em regime de contraste. Para o autor de *Vida e obra de Fernando Pessoa* (1950), "quando se diz que Fernando Pessoa punha ironia em muitas das suas afirmações, procura-se explicar a pouca sinceridade com que ele se dava a certas ideias e a certas práticas" (Simões 1991: 519). Ainda preso a um regime de ideias alimentado pelo espírito presencista, marcado pelo binômio sinceridade-fingimento, o primeiro biógrafo do escritor não encontra uma síntese menos esquemática que ceda espaço à sensibilidade intelectual de Pessoa. A seu ver, a ironia é o contrário da sinceridade, e uma vez que esta última é por ele considerada como um traço inerente aos grandes escritores, Pessoa não poderia ser irônico: "Ora, Fernando Pessoa nunca foi um espírito irônico. A ironia é imprópria dos tímidos, e Fernando Pessoa, visceralmente, era um tímido" (Simões 1991: 519). Essa afirmação, guiada por uma lógica redutora, se ao associar a ironia à ausência de timidez parece-nos controversa em si mesma, por outro lado denuncia o estro biográfico adotado pelo crítico, já assinalado como falácia biográfica, por justificar uma característica do escritor com base num traço psicológico do sujeito empírico.[1]

---

[1] Essa circunscrição biográfica da ironia se verifica, igualmente, no livro de Luís Machado, que procura nos apresentar o indivíduo Pessoa como alguém que "embora não muito dado ao riso", "tinha uma certa ironia e algum humor, sobretudo se estava bem disposto, o que acontecia algumas vezes quando os amigos mais próximos o desafiavam para jantares". Segundo Machado, "curiosamente" nesses momentos Pessoa "libertava-se então da sua timidez e gesticulava de um modo mecânico e repetitivo, deixando escapar um riso nervoso, às vezes irritante" (Machado 2001).

Ora, se a introversão de caráter é característica de um indivíduo socialmente reservado, o mesmo não se pode afirmar a respeito do sujeito cultural Fernando Pessoa, que se projeta sobre a cena intelectual lisbonense com muito menor discrição. É importante deixar claro que, ao tratar de sua ironia, referimo-nos, não ao indivíduo que por acaso escreve, mas ao autor que resulta da escrita, que se projeta através dela, isto é, ao *ethos* autoral, cuja substância é composta por traços de estilo.

Como contraponto a essa leitura psicobiográfica, são especialmente significativas as poucas, embora agudas, palavras que Eduardo Lourenço dedicou ao tema. Em 1985, em seu ensaio "Fernando, rei da nossa Baviera", Lourenço chama-nos a atenção para o "humor como indiferença no interior da tragédia" cultivado por um jovem poeta que viveu com exaltação seu encontro com Portugal (Lourenço 1993: 16). Lourenço considera Pessoa uma figura de exceção na tradição lírica portuguesa, por ser "o criador de um novo olhar poético, o inventor do sorriso no meio do desastre, do sentido imaginário no interior do sem sentido absoluto e do naufrágio" (Lourenço 1993: 16). Num outro momento do mesmo ensaio, o ensaísta português afirma que "se há enigma" na obra de Pessoa, "é o da sua universal claridade. Por detrás dela não é difícil descortinar o sorriso de Pessoa, gozando a nós, como escreveu, 'a ironia de o não estranharem'" (Lourenço 1993: 10). Poderíamos, entretanto, objetar que talvez seja Eça de Queirós um ironista anterior a Pessoa, e que lhe roubaria a novidade. Lourenço logo esclarece que, no caso do poeta:

> [...] o humor poético e metafísico não é o da ironia de Eça, humor sobre ou à custa do "outro". É o olhar de um deus triste sobre si mesmo, sorriso de Daniel na cova dos leões. Este "olhar frio" pousado sobre a vida separa a poesia de Pessoa de toda a poesia portuguesa não camoniana, poesia de lirismo imediato. (Lourenço 1993: 16)

Já muito distante da perspectiva biográfica, José Guilherme Merquior, em um ensaio penetrante sobre o lugar que Pessoa ocupa na modernidade, propõe-lhe um parentesco intelectual com "os grandes ironistas modernos" (Merquior 1989: 39), como André Gide, Luigi Pirandello, Thomas Mann e Robert Musil. "Ironista moderno" é, aliás, a expressão utilizada por Malcolm Bradbury ao se referir a Pirandello. Ao tratar da sensação – muito característica em Pessoa, acrescentemos – de não encontrar lar no mundo, o crítico assinala ter sido justamente ela "que fez de Pirandello um grande ironista moderno" (Bradbury 1989: 182).

Ainda sobre o escritor italiano, vem a propósito lembrar que Bradbury associa à sua ironia essencial a consciência manifesta pelo autor a respeito da fragilidade da identidade humana. Em Pessoa, é justamente a recusa da noção de uma identidade fixa e romanticamente determinada que abre caminho para a multiplicação de identidades em sua obra. Essa dimensão irônica dos escritores, inserida no jogo circular entre as esferas do *ser* e do *parecer*, está, por fim, relacionada ao caráter eminentemente intelectual de seus escritos. Se em Pessoa o célebre verso "O que em mim sente 'stá pensando" fornece uma síntese precisa para o seu intelectualismo, é de modo semelhante, como se glosasse essa afirmação, que Pirandello se refere, aqui através da citação de Bradbury, ao mesmo tema: "Em toda a sua obra percebe-se um olhar intelectual constante: 'Uma das inovações que introduzi no teatro moderno consiste em converter o intelecto em paixão', viria a afirmar posteriormente" (Bradbury 1989: 182).

Econômico e não menos impactante resulta o juízo de Jacinto do Prado Coelho a respeito do tema. Referindo-se a outro crítico do poeta, o primeiro *scholar* pessoano dispara: "Agostinho da Silva é um homem convicto, falta-lhe o niilismo irónico do autor de *Mensagem*" (Coelho 1985: 223). A associação entre o conceito de ironia e a noção de "vazio", nietzscheanamente circunstanciada por Prado Coelho, parece-nos precisar o sentimento de *detachment*, enfatizado por Pessoa em suas considerações sobre o provincianismo português, daquele que experimentou a suave volúpia de viver como um estranho espectador da vida: "Assisto ao que me acontece, de longe, *desprendidamente*, sorrindo ligeiramente das coisas que acontecem na vida. Hoje, ainda ninguém sente isto; mas um dia virá quem o possa perceber" (Pessoa 1966: 64).

O niilismo irônico sugerido por Prado Coelho, e que em ensaio posterior, de Vergílio Ferreira (1988), reaparece em ordem trocada, como "ironia niilista", parece-nos, de fato, cobrir uma dimensão importante da liberdade do escritor. Se Pessoa, segundo diferentes modalizações, definia-se como um "interlúdio vazio", era em nome dessa mesma liberdade que rejeitava assumir convicções: "A liberdade, sim, a liberdade!/ A verdadeira liberdade!/ Pensar sem desejos nem convicções" (Pessoa 1993: 137). Para quem afirmava só ter impressões, as convicções eram atributos dos "políticos e religiosos": "Convicções profundas, só as têm as criaturas superficiais. Os que não reparam para as coisas quase que as veem apenas para não esbarrar com elas, esses são sempre da mesma opinião, são os íntegros e os coerentes" (Pessoa 1980b: 5).

Será também de Prado Coelho a passagem que, por associar ironia e jogo heteronímico, e por elevá-la ao estatuto de método crítico, poderíamos considerar como norteadora da presente hipótese de leitura:

> Uma leitura inteligente de um texto de Pessoa envolve ironicamente todo o sistema do "drama em gente", traz à consciência o jogo de relações entre as grandes unidades (heterónimos, livros ortónimos) da obra – e daí que ao sentido "separado" venha juntar-se, alterando-o, um sentido segundo.
> (Coelho 1985: 107)

A ironia e o humor são adotados como perspectiva dominante dos trabalhos de Lélia Parreira Duarte, que dedica três breves análises nessa mesma clave a Fernando Pessoa. Apesar do seu caráter introdutório, a principal delas, "Encenação e fingimento na poesia de Fernando Pessoa", apresenta a poesia do autor como uma arte a serviço da representação, produtora de verdades tão somente transitórias, a ponto de encarar a heteronímia como uma forma que o poeta teria encontrado de zombar da própria imagem, ou da falta dela, ao propô-la como uma "representação da representação" (Duarte 2006: 221).

Ainda entre os poucos críticos que atentaram para a ironia pessoana, Jorge de Sena foi pioneiro ao identificá-la através da expressão *racionalismo irônico* (Sena 1979), por considerá-la inerente ao modo de pensar do escritor, e classificá-la com base em três diferentes tipos de manifestação: uma "ironia primária", devido ao escritor ter "se adiantado demais aos companheiros de viagem", e "duas secundárias: uma, informando o próprio estilo; outra, desvalorizando o resultado" (Pessoa 1946: 29). Considerado por Sena como um "agitador intelectual", o poeta teria exacerbado essa faceta irônica a ponto de instaurar polêmicas, tornar-se alvo de más-interpretações e alimentar críticas exageradamente ásperas a seu respeito (Pessoa 1946: 29).

Um ridente irremissível
"Numa sociedade de inteligências puras provavelmente deixaríamos de chorar, mas talvez continuássemos a rir...",[2] afirma Bergson em um de seus ensaios mais penetrantes (Bergson 1991: 19). Essa previsão, se lançada ao encontro da obra pessoana, acrescenta à noção de ironia uma outra, a ela associada e igualmente importante para a nossa proposta de

---

[2] A citação continua assim: "ao passo que um mundo de almas invariavelmente sensíveis, afinadas em uníssono pela vida, onde todo e qualquer acontecimento se prolongasse numa ressonância sentimental, não conheceria nem compreenderia o riso".

leitura: o riso demoníaco. Um dos textos mais significativos a respeito desse ponto de vista é o seguinte fragmento do *Livro do Desassossego*, que, por sua exemplaridade, vale a pena citar na íntegra:

> Houve tempo em que me irritavam aquelas coisas que hoje me fazem sorrir. E uma delas, que quase todos os dias me lembram, é a insistência com que os homens quotidianos e ativos na vida sorriem dos poetas e dos artistas. Nem sempre o fazem, como creem os pensadores dos jornais, com um ar de superioridade. Muitas vezes o fazem com carinho. Mas é sempre como quem acarinha uma criança, alguém alheio à certeza e à exatidão da vida.
> Isto irritava-me antigamente, porque supunha, como os ingênuos, e eu era ingênuo, que esse sorriso dado às preocupações de sonhar e dizer era um eflúvio de uma sensação íntima de superioridade. É somente um estalido de diferença. E, se antigamente eu considerava esse sorriso como um insulto, porque implicasse uma superioridade, hoje considero-o como uma dúvida inconsciente; como os homens adultos muitas vezes reconhecem nas crianças uma agudeza de espírito superior à própria, assim nos reconhecem, a nós que sonhamos e o dizemos, uma qualquer coisa diferente de que eles desconfiam como estranha. Quero crer que, muitas vezes, os mais inteligentes deles entrevejam a nossa superioridade; e então sorriem superiormente, para esconder que a entreveem. (Pessoa 2014: 97)

O riso em Pessoa não se manifesta, pelo que se lê, como um gesto frouxo e espontâneo, de satisfação sardônica, e sim com contenção, por ser um produto antes da ironia madura do que da comicidade infantil. Sua associação com a consciência da própria superioridade, tal como se constrói no excerto, é comum na obra do poeta. Uma das passagens mais exemplares a esse respeito é o seguinte trecho do *Livro do Desassossego*: "O homem superior difere do homem inferior, e dos animais irmãos deste, pela simples qualidade da ironia. A ironia é o primeiro indício de que a consciência se tornou consciente" (Pessoa 2014: 139). Ao contrário das pessoas comuns, que viveriam em estado de profunda inconsciência de si mesmas, o homem superior, consciente de que não poderá atingir o autoconhecimento, praticaria, conscientemente, o exercício do autodesconhecimento:

> Desconhecer-se conscientemente, eis o caminho. E desconhecer-se conscienciosamente é o emprego activo da ironia. Nem conheço coisa maior, nem mais própria do homem que é deveras

grande, que a análise paciente e expressiva dos modos de nos desconhecermos, o registo consciente da inconsciência das nossas consciências, a metafísica das sombras autónomas, a poesia do crepúsculo da desilusão. (Pessoa 2014: 139)

A referida passagem é exemplar de uma perspectiva negativa, mesmo sombria, da existência. Nunca encontramos consolo na poesia de Fernando Pessoa. É, afinal, do pessimismo cético que advém sua força exclusivamente crepuscular. Ao retomar o estudo pioneiro de Jacinto do Prado Coelho sobre o poeta, José Guilherme Merquior elenca aqueles que seriam, para o crítico português, os motivos centrais dessa poesia: "a desilusão; o autoconhecimento; a agonia do pensamento, as epifanias e, em último lugar (mas não menos importante), o fatalismo" (1989: 35). A partir desse sumário, o crítico brasileiro conclui que "tomados em conjunto, tais motivos apontam para a ironia trágica como categoria fundamental da visão de mundo de Pessoa" (1989: 35). Não são poucos os estudiosos que identificam uma ruptura na literatura do século XX relacionada ao surgimento de uma visão trágica do real. A ironia de Pessoa estaria, assim, intimamente associada a essa perspectiva.[3]

Em Pessoa, o sentido trágico da existência está associado à autoironia. Pode-se dizer, inclusive, que é ela que o preside. O resultado da tomada de consciência de que o autoconhecimento é uma utopia resulta no riso irônico, dirigido aos demais e, sobretudo, a si mesmo. A associação entre o riso e o sentimento de superioridade está exemplarmente desenvolvida no ensaio de Charles Baudelaire "De l'essence du rire et généralement du comique dans les arts plastiques" (1855). Nesse texto, que aliás provoca a lembrança do ensaio que Pessoa publica, em 1913, n'*A Águia*, intitulado "As caricaturas de Almada Negreiros" (Pessoa 1980a: 99), Baudelaire caracteriza o riso como um dos sinais satânicos mais claros do homem, por sua origem estar ligada ao orgulho próprio, à ideia de superioridade, bem como por ser ele uma das expressões mais frequentes da loucura:

> Le rire vient de l'idée de sa propre supériorité. Idée satanique s'il en fut jamais! Orgueil et aberration! Or, il est notoire que tous les fous des hôpitaux ont l'idée de leur propre supériorité développée outre mesure. Je ne connais guère de fous d'humilité. Remarquez que le rire est une des expressions les plus fréquentes et les plus nombreuses de la folie. (Baudelaire 1925: 99)

---

[3] Para um aprofundamento da relação entre "ironia (trágica)" e "modernidade", há duas obras capitais: ver Glicksberg (1963) and Glicksberg (1969).

Por hipótese, o riso pessoano é um *riso demoníaco* no sentido que Baudelaire aplica à expressão. Ao tratar do riso romântico, o escritor francês associa-o ao que define como uma das subdivisões do Romantismo, a "escola satânica", que viria bem ilustrada por Melmoth, uma personagem do romance gótico *Melmoth the Wanderer* (1820), do escritor irlandês Charles Robert Maturin. O romance é uma versão do tema fáustico, no qual o estudante Melmoth, um típico judeu errante, vende a alma ao diabo em troca de 150 anos de vida. Acompanhemos como Baudelaire se refere a essa personagem:

> Melmoth est une contradiction vivante. Il est sorti des conditions fondamentales de la vie; ses organes ne supportent plus sa pensée. C'est pourquoi ce rire glace et tord les entrailles. C'est un rire qui ne dort jamais, comme une maladie qui va toujours son chemin et exécute un ordre providentiel. Et ainsi le rire de Melmoth, qui est l'expression la plus haute de l'orgueil, accomplit perpétuellement sa fonction, en déchirant et en brûlant les lèvres du rieur irrémissible. (Baudelaire 1925: 100)

Relacionando as duas passagens, não poderíamos afirmar que também o riso de Pessoa, esse "rieur irrémissible", é a expressão mais alta da sua loucura e de seu orgulho? Afinal, são recorrentes em sua obra as associações entre esse indisfarçado orgulho próprio e as noções imbricadas de gênio e loucura: "O gênio é uma loucura talentosa" (Pessoa 2006: 306-07).

Ao refletir sobre aspectos da crítica e história da filosofia em Friedrich Schlegel, Márcio Suzuki postula que uma das distinções entre o homem comum e o filósofo é que, para o primeiro, a intuição intelectual desaparece, dando espaço às apreensões sensíveis (1998). Trata-se, pois, de um gênio que não tem consciência de sua genialidade. Por outro lado, o filósofo seria aquele que mais se aproxima do gênio, ao utilizar a intuição intelectual como forma de autoconsciência de suas ações. Está-se no âmbito do "gênio para si mesmo", enquanto convicção da própria natureza genial. Vem a propósito lembrar como, em uma de suas mais conhecidas cartas, Pessoa lança mão da concepção de *homem de gênio* para afiançar a consciência de sua missão:

> Hoje, ao tomar de vez a decisão de ser Eu, de viver à altura do meu mister, e, por isso, de desprezar a ideia do reclame, e plebeia sociabilizacão de mim, do Interseccionismo, reentrei de vez, de volta da minha viagem de impressões pelos outros, na posse

plena do meu Génio e na divina consciência da minha Missão. Hoje só me quero tal qual meu carácter nato quer que eu seja; e meu Génio, com ele nascido, me impõe que eu não deixe de ser. (Pessoa 1966: 63-64)

O trecho destacado, enquanto construção do *ethos*, não só marca o nascimento do gênio, como evidencia o suposto entusiasmo de um jovem escritor com a ideia de "tomar posse de seu gênio".

O riso irônico, orgulhoso de si, aparece em diferentes instâncias da obra pessoana. Se recorrermos novamente ao *Livro do desassossego*, é revelador que já na sua introdução leiamos:

> Mas o contraste não me esmaga – liberta-me; e a ironia que há nele é sangue meu. O que devera humilhar-me é a minha bandeira, que desfraldo; e o riso com que deveria rir de mim, é um clarim com que saúdo e gero uma alvorada em que me faço. (Pessoa 2014: 34)

Nesse trecho de prosa poética, é justamente através do riso autocrítico, essa alvorada que ilumina o caminho a ser trilhado, que Pessoa-Soares se perfaz como sujeito. Nesse mesmo texto, Soares tratará da "glória de ser grande não sendo nada", expressão que sintetiza seu orgulho e sua falibilidade, comparando-se ao "monge" e ao "eremita", ambos retirados e iluminados por Cristo. O alijamento social, proveniente da genialidade, ou da loucura, encontra uma síntese irônica nos seguintes fragmentos do ensaio "Heróstrato", sobre a posteridade das obras de arte, nos quais Pessoa evoca, a exemplo da passagem acima, a imagem de Cristo e, em seguida, do escritor irlandês Oscar Wilde:

> Em todos os casos, quanto mais nobre o gênio menos nobre o destino. Um gênio pequeno alcança a fama, um grande gênio alcança o descrédito, um gênio ainda maior alcança o desespero; um deus é crucificado.
> [...]
> Wilde nunca foi tão confirmadamente génio como quando o homem na gare de caminho de ferro lhe escarrou na cara quando ele foi agrilhoado. Muitos génios sofreram grave prejuízo: ainda ninguém lhes escarrou no rosto. (Pessoa 2000: 73)

Na obra de Pessoa, o que se percebe é, por um lado, o interesse por relacionar a noção de gênio a uma mentalidade decadente, derivada das leituras de Cesare Lombroso e, sobretudo, Max Nordau, o que resultará nas reflexões de caráter psicológico que levam o escritor a se classificar como um "histeroneurastênico", na conhecida carta sobre a gênese dos heterônimos, já em 1935. Por outro lado, essa associação adquire uma conotação positiva, uma vez que a loucura será vista como uma força criadora e será canalizada para o "fim criador-de-civilização de toda a obra artística", tal como Pessoa afirma em carta (19-01-1915) enviada a Armando Côrtes-Rodrigues (Pessoa 1999: 143). A loucura, mais do que um diagnóstico, é, portanto, um tema recorrente na obra do autor, e se relaciona a uma espécie de energia vital que garantirá aos homens de gênio a imortalidade.

A loucura em *Fausto*, por exemplo, está relacionada à genialidade dos grandes criadores e representantes da história. No fragmento IX, que segundo uma nota deixada sobre o poema, revela ser Cristo a interpelar Fausto, lê-se o seguinte:

> A sonhar eu venci mundos
> Minha vida um sonho foi.
> Cerra teus olhos profundos
> Para a verdade que dói.
> A ilusão é mãe da vida:
> Fui doido, e tudo por Deus.
> Só a loucura incompreendida
> Vai avante para os céus. (Pessoa 1988: 34)

Segundo Maria Aliete Galhoz (Pessoa 2001: 793), em uma nota solta Pessoa revela a intenção de fazer surgir em cena como representantes da vitória da loucura as figuras de Cristo, Maomé e Buda, por um lado, e, por outro lado, Shakespeare, Goethe e Camões. Desse intento não resultaram mais do que breves e incompletos fragmentos, porém, por si só, ele nos dá mostras da obsessão de Pessoa pelo tema. Esse orgulho de ser "gênio" é o mesmo orgulho de ser "louco" – gênio louco tal como D. Sebastião se opõe ao homem cotidiano, "cadáver adiado que procria", em um dos poemas mais perfeitos da língua portuguesa, "D. Sebastião, Rei de Portugal": "Louco, sim, louco, porque quis grandeza" (Pessoa 2007: 61).

O riso da genialidade é, afinal, o mesmo riso da loucura. Ambos expressam, com seu corte demoníaco, um invencível orgulho próprio.

É de autoria de um romancista o ensaio mais perentório a respeito do riso pessoano. Em "O riso em Pessoa – que riso?", Vergílio Ferreira estranha a inexistência, até 1988, de uma pesquisa dedicada ao riso em Pessoa, "porque, sem uma grande ousadia, nós arriscamos a afirmação de que esse riso ou ironia é o grande ordenador de *toda a sua obra*" (Ferreira 1988: 120). A seu ver, o que há de melhor em Pessoa, deve-se, justamente, "a esta luz de contraste ou memória do riso", e é assim que "nós devemos entender os famosos heterónimos" (Ferreira 1988: 122). Não se trata, entretanto, de um riso flagrante, como o de Almada:

> É assim dificilmente concebível nele uma certa fotografia de Almada com um grande riso ou sorriso bem aberto e um olhar oblíquo de provocação, como é sobretudo inimaginável um Pessoa vestido de um fato-macaco para palhacices públicas. E inversamente é dificilmente concebível em Almada uma frase dentre as muitas de Pessoa em que se denuncia a gravidade do tempo que lhe coube. Da gravidade, Almada conheceu fundamentalmente a parte da comédia, que era realmente o seu lado exterior, porque dela o interior era a tragédia. Mais visível e mais rentável publicitariamente, foi essa parte de comédia, a única entendida por quem se quis ou esteve mais tarde na linha hereditária do *Orpheu*, como certo surrealismo. Mas justamente por isso, foi Almada e não Pessoa o modelo para a comédia publicitária. O Pessoa interior quase não teve herdeiros, porque a herança era pobre, pouco vistosa e pouco transacionável na palhacice ou "porreirismo" social. Ou teve-os o Pessoa manifesto, o da superfície, o mais pretensamente entendível na referida comédia de Almada. [...] Humilde, apagado em si e na vida, Pessoa instaura entre nós o que um dia chamei de "riso niilista". (Ferreira 1988: 124)

Esse riso niilista a que se refere Ferreira não apresenta um modelo, ao contrário do "riso burguês" de Eça e dos realistas. Trata-se de um riso que se reconhece na negatividade total de Pessoa, em sua amargura diante da existência. Não iremos encontrá-lo, afinal, no homem mundano, tal como aquele outro riso cultivado no Realismo. O riso niilista, que aqui constitui parte significativa do que identificamos, simplesmente, como *riso pessoano*, é um riso da inteligência, nela fundado e implicado. Mas é também, e por outro lado, um riso trágico, indulgente consigo e com a vida, que supera a nota meramente cômica justamente por lhe acrescentar, como ocorre especialmente com o *humorismo* de Pirandello, a largueza da melancolia: "Uma interpretação irónica da vida, uma aceitação indiferente das coisas, são o melhor remédio para o sofrimento, posto que o não sejam para as razões que há para sofrer" (Pessoa 1990: 232). Raymond Williams dirá que "Pirandello reconhece e transmite, de maneira premente, o sofrimento que leva ao autoengano e à fantasia. A ilusão, desse modo, em seu mundo, não deve ser alvo de zombaria; ele começa com a experiência comum, mas estende esse processo a uma aporia geral" (Williams 2002: 197). A consciência dessa necessidade de ilusão se desloca do caráter inicialmente ridículo, como farsa em Pirandello, e, assim como ocorre na obra de Pessoa, torna-se razão do trágico. O trágico pessoano parece conter a mesma conclusão pela *compaixão amarga* que há em Pirandello, a mesma tendência ao paradoxo, à aporia da impossibilidade de compreensão, que é resultado justamente da busca consciente de compreensão. O riso pessoano desnuda, portanto, uma problemática do ser, a nota trágica de sua existência, posto que foi, considerando bem, um recalcamento, ou o seu modo particular de chorar.

Segundo as próprias palavras do poeta, que nos servem como epígrafe: "Assisto ao que me acontece, de longe, desprendidamente, sorrindo ligeiramente das coisas que acontecem na vida. Hoje, ainda ninguém sente isto; mas um dia virá quem o possa perceber" (Pessoa 1966: 64). Há um riso agudo por trás da poética pessoana. Um riso sibilino e constante – é verdade que bem disfarçado, mas por isso mesmo um riso esfíngico, eivado de uma ironia que, com o decorrer dos anos, muitos outros passaram a julgá-la superior.

Referências bibliográficas
Baudelaire, Charles (1925). *De l'essence du rire et généralement du comique dans les arts plastiques*. Paris: Édition René Kieffer.
Bergson, Henri (1991). *O riso: ensaio sobre a significação do cômico*, trad. Miguel Serras Pereira. Lisboa: Relógio d'Água.
Bradbury, Malcolm (1989). *O mundo moderno*, trad. Paulo Henriques Brito. São Paulo: Companhia das Letras.
Coelho, Jacinto do Prado (1985). *Diversidade e unidade em Fernando Pessoa*, 8ª ed. Lisboa: Editorial Verbo.
Duarte, Lélia Parreira (2006). *Ironia e humor na literatura*. São Paulo: Alameda/ Belo Horizonte: Editora Puc Minas.
Ferreira, Vergílio (1988). "O riso em Pessoa – que riso?", *Um século de Pessoa*, encontro internacional do centenário de Fernando Pessoa. Lisboa: Fundação Calouste Gulbekian.
Glicksberg, Charles I. (1963). *The Tragic Vision in Twentieth-Century Literature*. Carbondale: Southern Illinois University Press.
Glicksberg, Charles I. (1969). *The Ironic Vision in Modern Literature*. The Hague: Martinus Nijhoff.
Lourenço, Eduardo (1993). *Fernando, rei da nossa Baviera*. Lisboa:

INCM.
Machado, Luís (2001). *À mesa com Fernando Pessoa*, pref. Teresa Rita Lopes. Lisboa: Pandora.
Merquior, José Guilherme (1989). "O lugar de Fernando Pessoa na poesia moderna", *Colóquio-letras*, 108, março.
Pessoa, Fernando (1946). *Páginas de doutrina estética*. Lisboa: Editorial Inquérito.
Pessoa, Fernando (1966). *Páginas íntimas e de auto-interpretação*, textos estabelecidos e prefaciados por Georg Rudolf Lind e Jacinto do Prado Coelho. Lisboa: Ática.
Pessoa, Fernando (1980a). *Textos de crítica e de intervenção*. Lisboa: Ática.
Pessoa, Fernando (1980b). *Ultimatum e páginas de sociologia política*, recolha de textos de Maria Isabel Rocheta e Maria Paula Morão, intro. e org. de Joel Serrão. Lisboa: Ática.
Pessoa, Fernando (1988). *Fausto – tragédia subjectiva*, Teresa Sobral Cunha (ed.). Lisboa: Presença.
Pessoa, Fernando (1990). *Livro do Desassossego, por Bernardo Soares*, António Quadros (org.). Mem Martins: Europa-América.
Pessoa, Fernando (1993). *Álvaro de Campos – Livro de Versos*, edição crítica de Teresa Rita Lopes. Lisboa: Estampa.
Pessoa, Fernando (1994). *Livro do Desassossego*, Richard Zenith (ed.). Lisboa: Assírio & Alvim.
Pessoa, Fernando (1999). *Correspondência 1905-1922*. São Paulo: Companhia das Letras.
Pessoa, Fernando (2000). *Heróstrato e a busca da imortalidade*, Richard Zenith (ed.). Lisboa, Assírio & Alvim.
Pessoa, Fernando (2001). *Obra poética*. Maria Aliete Galhoz (org.). Rio de Janeiro: Ed. Nova Aguilar.
Pessoa, Fernando (2006). *Escritos sobre gênio e loucura*, Jerónimo Pizarro (ed.). Lisboa: INCM.
Pessoa, Fernando (2007). *Mensagem*, Caio Gagliardi (ed.). São Paulo: Hedra.
Sena, Jorge de (1979). "Inédito sobre o Livro do Desassossego", *Persona*, 3. Porto, 3-40.
Simões, João Gaspar (1991). *Vida e obra de Fernando Pessoa – história de uma geração*, 6ª ed. Lisboa: Publicações Dom Quixote.
Suzuki, Márcio (1998). *O Gênio romântico*. São Paulo: Editora Iluminuras/ FAPESP.
Williams, Raymond (2002). *Tragédia moderna*, trad. Betina Bischof. São Paulo: Cosac Naify.

Apocalipse... nau

O Apocalipse segundo Fernando Pessoa: quatro notas sobre o imaginário do fim do mundo[1]

Pedro Eiras

> porque o tempo
> é, como eu, um mero fabricante
> de véus e teias que os humanos rasgam
> sem sentir como nelas estão presos.
> António Franco Alexandre, *Aracne*

"Magnificat"

O sistema heteronímico de Fernando Pessoa parece menos interessado em representar o passado e imaginar o futuro do que em descrever o presente imediato do mundo. As sensações, segundo Alberto Caeiro, exigem ser vividas no instante da experiência – mesmo se o conceito de presente é ainda demasiado abstrato para o mestre, que afirma: "eu não quero o presente, quero a realidade" (Pessoa 2001: 169). É só *agora* que se podem enlaçar, ou desenlaçar, as mãos de Lídia e do sujeito nos poemas de Ricardo Reis. É *agora* que Bernardo Soares age ou abdica da ação; se o Ganges corre na Rua dos Douradores, decerto a eternidade também está contida no instante – mas é só nesse enquadramento do *agora* que se pode perseguir o eterno; e o próprio Soares afirma sem qualquer dúvida: "Vivo sempre no presente. O futuro, não o conheço. O passado, já o não tenho" (Pessoa 1998b: 129). Quanto à infância, esclarece o ortónimo, só pode ser vivida "outrora agora", e nem a comoção provocada por uma "pobre, velha música" (Pessoa 1998a: 66) permite abandonar deveras o instante presente.

Este ensaio pretende, apesar dessa centralidade do agora (e decerto também por causa dela), interrogar o imaginário do futuro, relativamente raro mas de modo nenhum irrelevante, em Fernando Pessoa; interrogar não apenas a simples consciência da passagem dos dias, num fluxo homogéneo, mas a invenção de um porvir que interrompa esse fluxo, um horizonte utópico, eventualmente messiânico, que confira sentido a demandas políticas (*Mensagem*), apazigue angústias pessoais (Álvaro de Campos) ou descreva a lei do desassossego (Bernardo Soares). Trata-se então de surpreender, entre diversos textos orto- e

---

[1] Este artigo foi desenvolvido no âmbito do Programa Estratégico «UIDP/00500/2020», financiado por Fundos Nacionais através da FCT – Fundação para a Ciência e a Tecnologia.

heteronímicos, a invenção de um instante final que vem sus-pender o sofrimento atual, a invenção de um tempo que é a negação e a resolução de todo o tempo, ou ainda, na expressão certeira de Heinrich von Kleist, o inaugurar do "último capítulo da história do mundo" (2009: 143). Neste sentido, talvez seja possível descrever, *mutatis mutandis*, um Apocalipse segundo Fernando Pessoa.

Começo por lembrar o poema "Magnificat", de Álvaro de Campos, com a sua inesperada formulação teleológica, a sua ancoragem num futuro purificador:

> Magnificat
>
> Quando é que passará esta noite interna, o universo,
> E eu, a minha alma, terei o meu dia?
> Quando é que despertarei de estar acordado?
> Não sei. O sol brilha alto,
> Impossível de fitar.
> As estrelas pestanejam frio,
> Impossíveis de contar.
> O coração pulsa alheio,
> Impossível de escutar.
> Quando é que passará este drama sem teatro,
> Ou este teatro sem drama,
> E recolherei a casa?
> Onde? Como? Quando?
> Gato que me fitas com olhos de vida,
> Quem tens lá no fundo?
> É Esse! É esse!
> Esse mandará como Josué parar o sol e eu acordarei;
> E então será dia.
> Sorri, dormindo, minha alma!
> Sorri, minha alma: será dia! (Pessoa 1994: 320)

Claro, neste Campos final (o poema está datado de 7 de novembro de 1933) só existe o presente – do sol, das estrelas, do coração, do gato – e mesmo o futuro depende de uma interrogação que é feita neste instante. Ainda assim, Campos inventa aqui, e como nunca, uma incursão fantasmática num porvir com atípicos traços apocalíticos.

Trata-se, claro, de uma purificação do presente. Se Campos é "uma contínua modulação de visceral angústia determinada pela ausência misteriosa e inaceitável da unidade", nas palavras de Eduardo Lourenço (2000: 177), então o seu futuro apocalíptico desenha-se como a exata inversão dessa realidade imediata – ou seja: uma unidade reencontrada, uma dissolução dos acidentes e de si próprio num todo maior, sem angústia nem divisão. De resto, como escreve Maria Manuel Lisboa em *The End of the World: Apocalypse and its Aftermath in Western Culture*, qualquer imaginário apocalíptico tem sempre relações diretas com o estado de coisas atual: "Stories of apocalypse ultimately narrate us. It could not be otherwise, since we make them up" (2011: 105). Uma narrativa apocalíptica descreve sempre o quadro de valores e emoções de quem a inventa ou transmite; a cada qual o apocalipse que merece.

Regresso ao poema de Campos. Como se sabe, "Magnificat" designa o louvor a Deus proferido por Maria, no início do *Evangelho segundo Lucas*, quando visita a sua parente Isabel; Maria não "conhece[u] homem" (*Lucas* 1:34) e Isabel era considerada estéril, porém ambas estão grávidas. Assim, Maria enaltece Deus num discurso que começa pelas palavras "A minha alma engrandece o Senhor" (1:46; ou, segundo a *Vulgata*, "Magnificat anima mea Dominum"), e que consiste numa montagem e numa adaptação de citações do *Antigo Testamento*. Por outro lado, o poema de Campos refere um célebre episódio do *Livro de Josué*: a capacidade de suspender a passagem do Sol à volta da Terra (num sistema de pensamento geocêntrico), capacidade que liberta do ciclo de dias e noites, tão opressor para o heterónimo.

Ora, o *Evangelho* e o *Livro de Josué* vinculam o imaginário do futuro segundo Campos a uma narrativa judaico-cristã. Neste sentido, o instante em que "passará esta noite interna, o universo" e "será dia" não pode deixar de evocar também as narrativas proféticas – de *Ezequiel* a *Isaías*, de *Jeremias* a *Daniel*, mas também de alguns enunciados de Cristo nos *Evangelhos* ao *Apocalipse* de João em Patmos, para não falar de tantos textos apócrifos; Campos responde então a uma extensa linhagem de escritos sobre o fim dos tempos e o início da eternidade.

Tudo isto soa inevitavelmente estranho num discípulo de Caeiro, mestre neopagão, ou mestre que, como afirma ainda Campos, é o próprio paganismo (Pessoa 1997: 42). O presente da sensação como único meio de acesso ao ser é então substituído pela experiência de um futuro revelado, ou pelo menos desejado, a partir de um léxico judaico-cristão, um jogo intertextual com a *Bíblia*. Na verdade, o próprio Campos sugere várias vezes um ponto de vista que resiste à narrativa pagã do mestre. Lembre-se esta passagem de *Notas para a Recordação do meu Mestre Caeiro*:

> O mal destes homens todos – do Ricardo Reis, do António Mora, do Fernando Pessoa, sim, porque sinto *outside idolatry*, do meu

mestre Caeiro também – é que *só vêem* a realidade. Diversamente, todos a vêem com clareza; todos são objectivistas, até o Fernando Pessoa, que é subjectivista também. Mas eu não só vejo a realidade – *palpo-a*. Por isso eles são, mais ou menos declaradamente, politeístas, e eu sou monoteísta. É que o mundo considerado com o tacto, não tem diversidade nenhuma. Eles são todos, diversamente, mais inteligentes do que eu, mas eu sou mais profundamente prático do que eles todos. Por isso creio em Deus. (Pessoa 1997: 79)

O argumento de Campos é frágil; a *Carta sobre os cegos para uso dos que vêem*, de Diderot, mostra poderosamente que o mundo percebido pelo tato é tudo menos homogéneo. Mas pretendo sublinhar antes este salto argumentativo improvável do engenheiro: por que razão uma suposta falta de "diversidade" do mundo segundo o tato (questão epistemológica) deveria conduzir a uma crença monoteísta (questão religiosa)? Por outro lado, a compreensão de que "a natureza é partes sem um todo" (Pessoa 2001: 84), ou seja, uma extrema diversidade, fará realmente de Alberto Caeiro um autor politeísta? Ou Campos força o argumento da descrição da natureza para incluir no seu sistema uma descrição de Deus/ dos deuses?

Realizado o salto improvável, porém, Campos pode invocar narrativas bíblicas, ora solenemente, como em "Magnificat", ora com dúvida, ironia e contradição. Lembro um poema sem título que começa com estes versos: "Dá-nos a Tua paz,/ Deus Cristão falso, mas consolador, porque todos/ Nascem para a emoção rezada a ti;/ Deus anti-científico mas que a nossa mãe ensina" (Pessoa 1994: 160). Poema inquietantemente *self-voiding*: tem como ponto de partida um texto litúrgico – *Dona nobis pacem* – para logo depois simultaneamente afirmar e negar o mesmo "Deus cristão". Ou ainda, noutro poema também sem título, escrito em 1934: "Se eu pudesse crer num manipanso qualquer –/ Júpiter, Jeová, a Humanidade –/ Qualquer serviria,/ Pois o que é tudo senão o que pensamos de tudo?" (Pessoa 1994: 326). Perante uma tal assunção de relativismo, como compreender a crença de Campos em "Magnificat"? Poderá este poema ser apenas um exercício de crença, consolo, autossugestão?

Regresso ao tema do tempo em Campos. Enquanto o pensamento dos politeístas Caeiro ou Reis é omisso quanto à representação do futuro, o discípulo monoteísta considera um julgamento futuro de todos os atos, provavelmente devedor da ideia de Juízo Final. Num poema manuscrito, fragmento da nunca concluída "Ode marcial", lê-se:

> Se eu tirar com uma pancada
> O bolo barato da boca da criança pobre
> Onde encontrarei justiça no mundo,
> Onde me esconderei dos olhos do Vulto
> Invisível que espreita pelas estrelas
> Quando o coração vê pelos olhos o mistério olhar o universo?
> (Pessoa 1994: 135)

Enquanto Caeiro apenas concebe o que é visível, Campos considera as suas ações conforme o juízo de um "Vulto/ Invisível" e transcendente. O tempo humano é submetido a uma avaliação metafísica, judaico-cristã, profético-apocalíptica; e esta avaliação implica trair novamente a lição de Caeiro, para quem não há um sentido transcendente ou escondido nas coisas; ou, em forma de paradoxo: "O único sentido íntimo das cousas/ É elas não terem sentido íntimo nenhum" (Pessoa 2001: 30).

Decerto também Caeiro pode conceber o futuro, e a sua própria morte no futuro: "Quando vier a primavera,/ Se eu já estiver morto,/ As flores florirão da mesma maneira/ E as árvores não serão menos verdes que na primavera passada./ A realidade não precisa de mim./ [...]/ O que for, quando for, é que será o que é" (109). Nenhum juízo metafísico sobre a essência do morto, nenhuma alteração catastrófica da natureza. Já Campos, ao antever a sua morte, recorre à palavra "apocalipse"; veja-se um fragmento do poema "A partida":

> A morte – esse pior que tem por força que acontecer;
> Esse cair para o fundo do poço sem fundo;
> Esse escurecer universal para dentro;
> Esse apocalipse da consciência, com a queda de todas as estrelas –
> Isso que será meu um dia,
> Um dia pertíssimo, pertíssimo,
> Pinta de negro todas as minhas sensações. (Pessoa 1994: 182)

Suponho que Campos não está a usar a palavra "apocalipse" no sentido que tem no grego original (desvelamento, revelação), mas num sentido de uso generalizado: destruição, catástrofe. Seja como for, *dixit*: usada a palavra, ela precipita no entendimento do heterónimo todo o universo de João de Patmos, ao mesmo tempo que esvazia a narrativa caeiriana. Além disso, se Caeiro afirma que a sua morte não alterará a natureza, Campos afirma um "apocalipse da consciência, com a queda de todas as estrelas". A morte própria esgotará o universo inteiro: Campos é solipsista.

Talvez não se possa conciliar a esperança de "Magnificat" com o desespero deste último poema. Campos parece crer, simultânea e contraditoriamente, na resolução do tempo *e* na destruição da vida; num juízo divino *e* na inexistência de Deus (ou dos deuses). Em rigor, a descrição do tempo nesta obra poética deve incluir ainda outros modelos, multiplicando as contradições: por exemplo, a sobreposição dos tempos num super-presente, que se descreve no início da "Ode triunfal" – "Canto, e canto o presente, e também o passado e o futuro,/ Porque o presente é todo o passado e todo o futuro" (Pessoa 1994: 87) – e também um modelo de eterno retorno do tempo, que Fernando Cabral Martins encontra em "Tabacaria": noutros planetas os mesmos gestos de Campos e do Dono da Tabacaria repetir-se-ão, "É a ideia do eterno retorno [...]. Nada sobrevive ao tempo, nem os homens, nem os versos, mas a esse aniquilamento geral inevitável sucederá o regresso igualmente inevitável de tudo" (2014: 173); ou ainda, como sugere Silvina Rodrigues Lopes numa leitura do poema "Grandes são os desertos, e tudo é deserto", um modelo de "presente absoluto, aquele em que não se passa nada, composto pela indiferenciação e o tédio" (2003: 19).

Porém, seja qual for a conceção de tempo em Álvaro de Campos, entre euforia e disforia, entre revelação e secularização, decerto todos os seus gestos cristalizam num infinito adiamento. Não se pode saber quando "passará esta noite interna", nem cabe ao sujeito precipitar o fim dos tempos: a sua ação é apenas secular, e nem essa se realiza: "Tenho muito sono./ Amanhã te direi as palavras, ou depois de amanhã.../ Sim, talvez só depois de amanhã...// O porvir.../ Sim, o porvir..." (Pessoa 1994: 245). A iniciativa que se poderia assumir é adiada; a que apenas se pode esperar – não acontece: nenhum *magnificat*, secular ou transcendental, presente ou futuro, pode acordar definitivamente Álvaro de Campos.

Livro do Desassossego

É difícil definir Bernardo Soares. Num fragmento do *Livro do Desassossego*, lê-se: "Nunca tive ninguém a quem pudesse chamar 'Mestre'" (Pessoa 1998b: 406); noutro, "Releio passivamente, recebendo o que sinto como uma inspiração e um livramento, aquelas frases simples de Caeiro" (80). Não sabemos, pois, se Soares foi, ou não, discípulo do grande Pã renascido. Também não sabemos se Soares é, nos termos usados por Campos, politeísta ou monoteísta. Por um lado, relativiza: "Os Deuses são uma função do estilo"; por outro, implora: "Onde está Deus, mesmo que não exista?" (116); por outro lado ainda, invoca uma divindade a que chama "Nossa Senhora do Silêncio", "Senhora das Horas que passam, Madona das águas estagnadas e das algas mortas, [...]/ Consoladora dos que não têm consolação" (458), numa perturbadora familiaridade com os cultos marianos (do mesmo modo que "Magnificat" não pode deixar de evocar Maria, a liturgia, a tradição dos *Magnificat* musicais barrocos...) – mesmo se os pedidos que Soares dirige à Senhora do Silêncio estão longe de ser os habituais no cristianismo.

Se Pessoa chegasse a publicar o *Livro* em vida, não sabemos se teria esclarecido ou resolvido essas contradições (nem sabemos, sequer, se as entenderia como contradições). Cristão ou pagão, monoteísta ou politeísta, centrado no presente ou esperançado num dia futuro em que "passará esta noite interna, o universo", Bernardo Soares recorre três vezes, explicitamente, ao conceito ou à narrativa do apocalipse.

A primeira menção é muito simples: "E por fim, sobre a escuridão dos telhados lustrosos, a luz fria da manhã tépida raia como um suplício do Apocalipse. É outra vez a noite imensa da claridade que aumenta. É outra vez o horror de sempre – o dia, a vida, a utilidade fictícia, a actividade sem remédio" (Pessoa 1998b: 385), e parece usar o termo "Apocalipse", como já vimos acontecer em Campos, no sentido não-etimológico, mas muito popularizado, de *desastre, catástrofe, tormento*. Contudo, e mesmo se Soares não entra em diálogo com o texto de João, nem a palavra "Apocalipse" volta a aparecer no texto, ela vincula de imediato a descrição do dia (ou da existência humana que decorrerá nesse dia) a uma narrativa cristã que define o fim do mundo. Um pano de fundo escatológico transfigura o quotidiano burocrático do ajudante de guarda-livros nos tormentos que anjos, gafanhotos ou cavaleiros do *Apocalipse* infligem aos injustos. Porém, em Soares, nem é certo que tais tormentos constituam um episódio transitório que depois possibilitasse, aos justos, uma recompensa eterna; a Rua dos Douradores é o cenário de uma tortura sem remissão.

A segunda referência é mais complexa, tanto mais que apenas evoca a perspetiva apocalíptica para logo a negar:

> Quem me dera [...] Poder conhecer na varina a sua realidade humana independentemente de se lhe chamar varina, e de saber que existe e que vende. Ver o polícia como Deus o vê. Reparar em tudo pela primeira vez, não apocalipticamente, como revelações do Mistério, mas directamente como florações da Realidade. (404)

Começo por notar que "apocalipticamente", desta vez, não implica destruição, mas sim revelação (do que estava velado); assim, este "apocalipticamente" e o "Apocalipse" do texto anterior estão, ao mesmo tempo, muito próximos e muito distantes. Por outro lado, Soares deseja "conhecer na varina a sua realidade humana independentemente de se lhe chamar varina, e de saber que existe e que vende", ou seja, o conhecimento das coisas e dos seres não exige uma transformação do objeto (a varina não precisa de mudar, aliás é fundamental que ela continue a ser exatamente quem era até então), exige antes uma transformação do sujeito: é o sujeito da inquirição soariana que deve aprender a ver o mundo de outro modo, "como Deus o vê". E esse conhecimento deve acontecer "independentemente de se lhe chamar varina, e de saber que existe e que vende", isto é, independentemente do domínio do sujeito sobre a linguagem, a filosofia, a cultura. Em suma, o sujeito deve ter a consciência da inconsciência das coisas, *koan* irresolúvel que nunca deixou de perseguir Pessoa (cf. 1998b: 72).

Embora se trate de uma aporia, o excerto fornece ainda uma pista importante. Ao dizer: "Quem me dera [...] Reparar em tudo pela primeira vez, não apocalipticamente, como revelações do Mistério, mas directamente como florações da Realidade", Soares não procura um desvendamento do velado, porque em rigor nunca houve véu e as coisas sempre estiveram claramente expostas: reconhecemos a sombra de Caeiro nesta recusa do modelo apocalíptico. Contudo, para Soares, e ao contrário do que afirma o mestre, não chega a haver acesso à verdade, nem exposta nem ocultada, Pessoa viu "que o ser é uma ficção e que nós mesmos somos, quando muito, a ficção dessa ficção", citando de novo Eduardo Lourenço (1991: 24). Por isso, no *Livro do Desassossego*, resta apenas o sonho de um conhecimento perfeito e utópico que, a haver, teria de ser imediato, rente ao real, sem enigma: para o sujeito capaz da consciência da inconsciência, nada no mundo seria oculto, eliminando-se instantaneamente o próprio problema epistemológico. O *Apocalipse*, ao contrapor ocultações e desocultações, ainda é demasiado mediado para este modelo de epifania em Bernardo Soares.

A terceira e última menção está num texto extenso do *Livro do Desassossego* que se chama, precisamente, "Sentimento apocalíptico". Cito o início:

> Pensando que cada passo na minha vida era um contacto com o horror do Novo, e que cada nova pessoa que eu conhecia era um novo fragmento vivo do desconhecido que eu punha em cima da minha mesa para quotidiana meditação apavorada – decidi abster-me de tudo, não avançar para nada, reduzir a acção ao mínimo, furtar-me o mais possível a que eu fosse encontrado quer pelos homens, quer pelos acontecimentos, requintar sobre a abstinência e pôr a abdicação a bizantino. Tanto o viver me

apavora e me tortura.
Decidir-me, finalizar qualquer coisa, sair do duvidoso e do obscuro, são coisas [que] se me figuram catástrofes, cataclismos universais.
Sinto a vida um apocalipse e cataclismo. Dia a dia em mim aumenta a incompetência para sequer esboçar gestos, para me conceber sequer em situações claras de realidade. (Pessoa 1998b: 474)

Em que sentido é usada aqui a palavra "apocalíptico"? Enquanto referência a uma destruição do mundo, um fim dos tempos (isto é, fim do tempo de uma vida, e nem sequer seguida da morte, mas estagnada numa suspensão eterna) *ou* enquanto referência a uma revelação, um novo acesso à consciência do mundo tal como ele é, uma manifestação extrema da verdade? *Ou ainda*: será que Bernardo Soares considera simultaneamente as duas aceções? É certo que a frase "Sinto a vida um apocalipse e cataclismo" aproxima o termo da ideia de destruição; mas a dúvida mantém-se: se Soares pretende designar (apenas) um cataclismo, por que recorre exatamente à palavra "apocalíptico", com todas as suas ressonâncias metafísicas, teológicas, escatológicas?

Ora, o texto não introduz qualquer debate teológico, mas uma confissão de ordem psicológica ou ética; não coloca questões onto- ou epistemológicas (em que consiste a verdade da varina, como se pode ver a varina na sua verdade, o que é um polícia aos olhos de Deus, etc.), mas avalia a vida do sujeito; e não *sub specie æternitatis*, mas simplesmente *temporis* (uma revelação da eternidade teria transformado o desassossego de Soares num *magnificat* exultante). O que é então o sentimento apocalíptico? Por um lado, a sensação de cataclismo provocada pela "incompetência para sequer esboçar gestos, para me conceber sequer em situações claras de realidade": apocalipse por impotência. Mas a originalidade maior de Soares está em afirmar que o apocalipse é também, por outro lado, "Decidir-me, finalizar qualquer coisa, sair do duvidoso e do obscuro", e nesta aceção inesperada encontramos agora um apocalipse por potência. Em rigor, Soares não se decide, nunca sai do duvidoso; mas a simples consciência da possibilidade de realizar todos esses gestos, viáveis, ou mesmo latentes, chega para instaurar um duplo apocalipse.

Os *disaster* e *post-apocalyptic movies* já nos habituaram ao imaginário da impotência, à inelutável submissão perante forças sublimes da natureza ou da técnica. A originalidade de Soares é outra, e está toda no desastre do poder. A este nível, tanto faz dizer o *Ja* da transmutação de todos os valores, em Nietzsche, o *Nein* de Michael Kohlhaas, em Kleist, ou mesmo o *I would prefer not to* do escrivão Bartleby, em Herman Melville: cada um destes gestos é uma decisão. Em rigor, mesmo esta escolha de Bernardo Soares – "decidi abster-me de tudo, não avançar para nada, reduzir a acção ao mínimo, furtar-me o mais possível a que eu fosse encontrado quer pelos homens, quer pelos acontecimentos, requintar sobre a abstinência e pôr a abdicação a bizantino" – continua a ser uma decisão; é, na melhor das hipóteses, o menos mau de todos os sentimentos apocalípticos, um compromisso sedativo que permite sobreviver. A abdicação, pois; ou esta outra possibilidade igualmente problemática:

> No fundo nenhum outro prazer do que a análise da dor, nem outra volúpia que a do colear líquido e doente das sensações quando se esmiúçam e se decompõem – leves passos na sombra incerta, suaves ao ouvido, e nós nem nos voltamos para saber de quem são, vagos cantos longínquos, cujas palavras não buscamos colher, mas onde nos embala mais o indeciso do que dirão e a incerteza do lugar donde vêm [...].
> A hora que passe e esqueça... A noite que venha, que cresça, que caia sobre tudo e nunca se erga. Que esta alma seja o meu túmulo para sempre, e que [...] se absolute em treva e eu nunca mais possa viver sem sentir ou desejar. (Pessoa 1998b: 475-77)

Decerto a referência apocalíptica, no seu duplo sentido, é menos útil para ler estas linhas. Pelo contrário, estamos próximos de um masoquismo decadente, um simbolismo epicurista, um estoicismo analítico (formulações paradoxais, claro; mas próximas, espero, dos consecutivos paradoxos que definem a escrita de Soares). O sujeito deste texto sabe que não pode evitar o *spleen* muito especial que o toma, e ainda menos opor-se a ele; mas também não o aceita simplesmente: procura antes inventar uma economia do sofrimento, que seja também uma estética, uma epistemologia, uma analgesia: "Resume-se tudo enfim em procurar sentir o tédio de modo que ele não doa", lê-se noutro fragmento (Pessoa 1998b: 362).

E contudo não se pode deixar de entender "Sentimento apocalíptico" num diálogo intertextual com o texto joanino, mesmo quando um existe para negar o outro; o sentido do texto de Soares consiste em inverter o sentido do texto de João. Lê-se no *Livro do Desassossego*: "A hora que passe e esqueça... A noite que venha, que cresça, que caia sobre tudo e nunca se erga. Que esta alma seja o meu túmulo para sempre, e que [...]

se absolute em treva e eu nunca mais possa viver sem sentir ou desejar".
É contra o dia infinito da nova Jerusalém, no *Apocalipse* (21: 2), que Soares deseja a noite do infinito apagamento.

Mensagem

Mensagem não é um hipertexto do *Apocalipse* – pelo menos não explicitamente. Contudo, baseia-se também na espera de um tempo futuro emancipado, um tempo em que possa "cumprir-se Portugal" (Pessoa 2007: 49); invoca messiânica e obsessivamente uma figura divinizada: um Rei, o Desejado, o Encoberto, que deve regressar ao mundo terreno e repor os valores e a verdade, porque, no presente decaído, "Ninguém conhece que alma tem,/ Nem o que é mal nem o que é bem" (91). Neste sentido, há mais do que uma coincidência entre *Mensagem* e o *Apocalipse*: como João em Patmos aguarda o regresso de Cristo, Pessoa em Portugal aguarda o regresso de D. Sebastião; em ambos os casos, a História (da humanidade ou dos portugueses) deve ser resolvida e transcendida num instante futuro, que corrige os acidentes do devir e descreve a perfeição moral: o surgimento de uma Jerusalém celeste ou a criação de um Quinto Império.

Como se sabe, o mito do Quinto Império nasce no *Antigo Testamento*. No *Livro de Daniel* (2: 39-45), o sonho de Nabucodonosor – uma estátua com partes feitas de ouro, prata, bronze, ferro e barro – é interpretado como descrição de diversos impérios, sendo que os primeiros quatro provavelmente eram, na alegoria de Daniel, os dos babilónios, dos medos, dos persas e dos gregos, enquanto o quinto e último "será eterno e não perecerá" (2: 44). Já o Padre António Vieira considera, na *História do Futuro*, que os quatro impérios seriam o assírio, o persa, o grego e o romano, seguindo-se um quinto, o "Império de Cristo e dos cristãos" (2016: 459), sob o domínio de um suserano português (não D. Sebastião regressado, mas talvez D. Afonso VI); para esta leitura do futuro, Vieira recorre a fontes diversas – de Daniel às profecias do Bandarra, de referências apocalípticas à lenda da aparição de Cristo a D. Afonso Henriques.

Assim, quando *Mensagem* retoma o mito, filia-se numa tradição profética que prevê o culminar da História num Império eterno (político, cultural, religioso?): a utopia implica a instauração de um paraíso reencontrado (e talvez algum ressentimento, em termos nietzschianos, quanto ao devir histórico: pelo menos, é esta a leitura que D. H. Lawrence [1993] faz do *Apocalipse* joanino, como imaginário reativo, menos teológico do que politizado, e dominado por uma feroz fome de poder). Assim, mesmo se o *Apocalipse* não é pertinente para a leitura do mito do Quinto Império, a eternidade da Jerusalém celeste condiz com o paradigma dessa resolução da História.

Assinaladas as semelhanças e as dívidas entre *Mensagem*, *Daniel* e o *Apocalipse*, pretendo fazer uma pergunta muito direta e algo inocente: para se "cumprir Portugal", que gesto caberia, na prática, aos portugueses? No *Apocalipse*, a humanidade não pode atrasar nem precipitar o fim da História, o Juízo Final, a revelação da eternidade na Jerusalém celeste: a data que interrompe o devir é da responsabilidade exclusiva de Deus; os diversos anúncios dos anjos, os cataclismos, as ressurreições, tudo é desencadeado por um mecanismo divino autónomo e insondável. A humanidade pode assumir iniciativas (boas obras, crimes, arrependimentos, etc.), mas elas decidem apenas uma inocência ou um cadastro individual, a ser convocado por Deus no Juízo. Mesmo João é só um espectador, não um interveniente: limita-se a (pre)ver acontecimentos que não pode provocar nem impedir.

Pelo contrário, *Mensagem* termina com este jogo entre constativos e performativos, diagnóstico e injunção (Pessoa 2007: 91):

> Tudo é incerto e derradeiro.
> Tudo é disperso, nada é inteiro.
> Ó Portugal, hoje és nevoeiro...
>
> É a Hora!
>
> *Valete, Frates.*

O "hoje" do desespero coincide com a "Hora" da redenção: o futuro messiânico deve eclodir de imediato no presente, e talvez a própria incerteza dolorosa seja necessária, na economia desta narrativa mítica, para o regresso vitorioso do Encoberto (apocaliticamente, não pode haver vitória divina sem ter havido primeiro queda, pecado, sofrimento). Assim, Pessoa resolve pelo menos um problema de forma definitiva: *quando* se cumprirá Portugal? A resposta é: no futuro, mas o futuro acaba de desembocar no presente, nesta "Hora", bocado do tempo que é também parte da eternidade, utopia e ucronia realizadas pela força do performativo, abertura do instante ao infinito. Como afirma Walter Benjamin, no fim de "Sobre o conceito da História", "para os Judeus [...] cada segundo era a porta estreita por onde podia entrar o Messias" (2010: 20). A "Hora" é esse segundo por excelência.

No entanto, ficam por resolver outros problemas: como interpretar aquele "*Valete, Frates*" final? "*Valete*" será uma despedida (da voz lírica ou épica que acabou de endereçar a sua *mensagem*) ou uma convocatória (dos *irmãos* que, terminado o livro, devem inaugurar uma utopia)? Penso que a resposta a esta pergunta decide todo o sentido do texto: confissão de uma solidão *ou* programa coletivo, disforia *ou* euforia. A este nível, o *Apocalipse* é mais claro, fechando com um "Amém. Vem, Senhor Jesus!/ A graça do Senhor Jesus <esteja> com todos" (22: 20-21), diretamente dirigido ao divino e à comunidade dos crentes. Por outro lado, quem são os *"Fratres"*, nomeados pela primeira vez na última linha do livro? Evidentemente, esta saudação é usada no contexto da Fraternidade Rosa-Cruz; logo, acaso esta página defende que o cumprimento de Portugal deverá ser realizado pelos rosa-crucianos? Ou *"Fratres"* designa os portugueses enquanto comunidade, e apela a uma ação conjunta? Mas qual? E é sequer concebível em Pessoa qualquer entendimento de uma comunidade?

Antes de regressar a estas questões, interessa-me pensar quem tem a iniciativa de agir em *Mensagem*; não no sentido de uma ação pretérita, terminada, de que os poemas fossem um constativo mais ou menos celebratório, mas no sentido de uma ação a realizar, no futuro ou no presente imediato. Curiosamente, mesmo personagens do passado ainda podem agir; perante D. Afonso Henriques, um poema tanto descreve como suplica: "Pai, foste cavaleiro./ Hoje a vigília é nossa./ Dá-nos o exemplo inteiro/ E a tua inteira força!// Dá, contra a hora em que, errada,/ Novos infiéis vençam,/ A bênção como espada,/ A espada como bênção!" (Pessoa 2007: 23); mesma estratégia perante Nunálvares Pereira: "'Sperança consumada,/ S. Portugal em ser,/ Ergue a luz da tua espada/ Para a estrada se ver!" (37). Veja-se ainda o seguinte exemplo:

> Quando virás, ó Encoberto,
> Sonho das eras português,
> Tornar-me mais que o sopro incerto
> De um grande anseio que Deus fez?
>
> Ah, quando quererás, voltando,
> Fazer minha esperança amor?
> Da névoa e da saudade quando?
> Quando, meu Sonho e meu Senhor? (81-82)

O que me surpreende aqui não é que uma personagem do passado continue a agir (de resto, o poema desloca essa personagem para um futuro mítico, em que ela regresse, resolvendo o eventual paradoxo), mas o facto de toda a iniciativa pertencer a essa personagem, e nenhuma ao sujeito do poema. *Só* o Encoberto pode voltar, regenerar o sujeito, cumprir Portugal; já a comunidade humana não conhece a data desses acontecimentos, nem pode precipitá-los. Assim, aquele que escreve apenas aguarda, passivamente, o regresso do Encoberto; o sujeito é um objeto, não um agente, neste programa épico. Claro que no *Apocalipse*, como vimos, João também é só uma testemunha dos atos de Deus; e a humanidade limita-se a experimentar torturas e arrebatamentos, castigos e recompensas. Mas eis a diferença decisiva: o *Apocalipse* não termina com uma convocatória para a ação. Pelo contrário, *Mensagem* chama (ou despede?) os *Fratres*, mas para ação nenhuma: resta aguardar a iniciativa do Encoberto; qualquer projeto ativo esbarra na incómoda paralisia do fatalismo.

Ainda outro exemplo:

> Senhor, a noite veio e a alma é vil.
> [...]
>
> Dá o sopro, a aragem – ou desgraça ou ânsia –,
> Com que a chama do esforço se remoça,
> E outra vez conquistemos a Distância –
> Do mar ou outra, mas que seja nossa! (63)

A distribuição da atividade e da passividade é aqui sensivelmente a mesma: o sujeito pode descrever uma meta (num conjuntivo ambíguo: "conquistemos a Distância"), mas essa meta depende de um pedido ("Dá o sopro, a aragem") a um "Senhor" imprevisível. Essa entidade divina, ou divinizada, pode agir; quanto ao sujeito, apenas pedir.

Esse sujeito pode ser singular – "'Screvo meu livro à beira-mágoa" (81) – ou, como acabámos de ver, plural – "conquistemos a Distância –/ [...] que seja nossa". Dirige-se, por outro lado, a "*Fratres*", outro plural, e não é fácil saber se esses dois plurais coincidem numa mesma comunidade. De resto, já sugeri que é difícil, talvez impossível, encontrar em Pessoa a definição de uma comunidade coesa, com um objetivo partilhado. A este nível, Caeiro é omisso, Reis consideravelmente antissocial, e Campos admite a multidão mais como objeto estético do que como força política, ou seja, "gentalha que anda pelos andaimes e que vai para casa/ Por vielas quase irreais de estreiteza e podridão" da "Ode triunfal" (1915: 91), perante a qual o Campos tardio afirmará ainda, condescendente: "Sinto uma simpatia por essa gente toda,/ Sobretudo quando não merece simpatia" (1994: 222).

Mas o próprio ortónimo se manifesta várias vezes a favor de um individualismo que deve negar conceitos como comunidade ou geração. Logo no artigo "A nova poesia portuguesa no seu aspecto psicológico", ao estudar os "períodos capitais da literatura da Europa", Pessoa ressalva: "Escusamos, mesmo, de nos deter no exame do *número* desses grandes representantes de cada período. Basta tomar conta intelectual do representante *máximo* de cada período, e compará-lo aos representantes máximos dos outros períodos. É uma questão de altitude intelectual" (2000: 53). Se Isidore Ducasse propunha que "A poesia deve ser feita por todos" (1980: 788), o jovem Pessoa sugere que basta ler a poesia feita por um só, o mais representativo (que esse "um" venha a ser criador de heterónimos obviamente não invalida o individualismo radical do argumento).

Em suma: *Mensagem* assinala a "Hora" apocalíptica de uma resolução da História. Afirmado este programa teórico, tudo caduca na prática. Miguel Tamen já propôs que talvez esse livro não implique uma consciência clara da ação épica a realizar mas uma sequência de dúvidas e aporias que devem ser levadas à letra: "a pergunta de D. Henrique [...] 'Que farei eu com esta espada?', como aliás qualquer frase de qualquer língua, não vem com um manual de instruções semânticas que explicitem de uma vez por todas o que devemos nós fazer com aquela frase. Com efeito, a pergunta pode muito bem ser lida como 'Podiam explicar-me o que devo fazer com esta espada?'" (2002: 104).

Multipliquemos esta aporia. Quem, em *Mensagem*, pode ou deve agir: todos os portugueses, os enigmáticos "*Fratres*", o sujeito singular e representativo, ou ninguém (pois a ação só pode partir de um ser divino e insondável)? Além disso, em que consiste a ação: feitos militares, a continuação da Expansão, a escrita individual, a heteronímia, a lição de Caeiro, uma busca alquímica, o neopaganismo, todas estas opções, nenhuma delas? Decerto *Mensagem* pretende ser um poema inspirador; mas Pessoa nunca chega a dizer que ato deve ser inspirado, como se forma uma comunidade, como se pode criar esse "Quinto Império" feito apenas de ânsia profética.

"I know not what tomorrow will bring"

A nota final deste ensaio pretende interrogar as últimas palavras escritas por Fernando Pessoa. Cito *Estranho Estrangeiro*, de Robert Bréchon:

> O que acontece a seguir passou a fazer parte da lenda. A 29 [de novembro de 1935, Pessoa] pede papel e lápis. Escreve, num inglês pouco habitual: "I know not what tomorrow will bring". [...] No dia 30 [...] terá pedido à enfermeira, ou a um amigo presente: "Dá-me os óculos". Se de facto as pronunciou, estas são as suas últimas palavras; e, tal como para as suas últimas

palavras escritas, podemos dar-lhes uma interpretação simbólica e glosá-las indefinidamente. A sua última frase escrita, "Não sei o que amanhã trará", deixa sem resposta a questão de se saber se é a visão Caeiro, que postula o nada, ou a visão Rosa-Cruz, aberta a uma vida nova, que o acontecimento agora tão próximo vai certificar. (1996: 569)

No seu ensaio sobre a figura histórica do contador de histórias, Walter Benjamin lembra que o moribundo detém uma "autoridade" especial: "A morte é a sanção de tudo aquilo que o contador de histórias pode narrar" (2015: 161). Aquele que morre possui toda a experiência de uma vida, que nesse instante termina – ou se completa. Por outro lado, o *ars moriendi* medieval sugere que o moribundo entrevê o mistério do além; essa dupla perspetiva de ainda-vivo e já-quase-morto faz dele o mais capaz de aconselhar a comunidade humana que lhe sobreviverá. Ora, talvez não saibamos o que significa a frase "I know not what tomorrow will bring". Será que Pessoa quer confessar uma ignorância? E para quê?

Antes de regressar a estas questões, recordo que a frase "I know not what tomorrow will bring" pode ser uma citação de Horácio. Como lembra António Feijó:

> esta frase modula um verso de Horácio (Ode ix 13): "Quod sit futurum cras fugere quaerere", usado aqui nas circunstâncias adversas de uma crise decisiva. A implicação é, todavia, clara: as últimas palavras de Fernando Pessoa são o enunciado final, incaracteristicamente redigido em inglês, do estóico Ricardo Reis, o autor de tantas versões de odes de Horácio, que, com esse pequeno óbolo, filialmente conduziu Pessoa até à morte. (2015: 75)

Esta identificação da citação de Horácio, porém, complica mais do que explica a frase de Pessoa. Em primeiro lugar, destrói a solidão do autor Fernando Pessoa, ao convocar um clássico latino e um neoclássico *sui generis*; a questão torna-se agora: porquê citar Horácio, em vez de Homero ou Shakespeare ou qualquer outro autor? E porquê ser conduzido até à morte por Ricardo Reis, e não por Álvaro de Campos ou pelo mestre Caeiro? Suponho que estas questões são irresolúveis. Em segundo lugar, a identificação da citação coloca em causa a autoridade do moribundo; segundo Benjamin, o moribundo pode aconselhar os vivos porque está a transmitir o *seu* saber, proveniente da *sua* experiência. Pelo contrário, se Pessoa cita Horácio, transmite uma experiência exterior. E contudo no ato da citação existe mais do que a simples repetição de um texto prévio; aquele que cita torna-se autor do texto citado.

Gostaria de aproximar esta oscilação na atribuição de autorias ou autoridades de um problema hermenêutico clássico. Penso num dos últimos enunciados atribuídos a Cristo na cruz:

> Por volta da hora nona, Jesus gritou com voz grande, dizendo: *Êli Êli lema sabakhthani?*
> Isto significa: "Meu Deus, meu Deus, porque me abandonaste?" Alguns dos que ali estavam de pé, ouvindo <isto>, disseram que "ele está a chamar por Elias". [...] Jesus, de novo gritando com voz grande, deixou <partir> o espírito. (Mt 27: 46-50; cf. também Mc 15: 34-37)

Curiosamente, essas palavras estão ausentes em *Lucas* e *João*, textos onde as últimas palavras de Cristo parecem consideravelmente mais plácidas ou solenes: "Pai, *nas tuas mãos entrego o meu espírito*" (Lc 23: 46) e "está cumprido" (Jo 19: 30).

O enunciado "Meu Deus, meu Deus, porque me abandonaste?" admite leituras inesperadas, como se inaugurasse uma sequência de postulados de morte de Deus que tem em Nietzsche o arauto mais espetacular. Mas o enunciado é ainda mais problemático porque, como se sabe, consiste numa citação: Cristo está a recitar o *Salmo 21 (22)*. Neste sentido, pode-se afirmar que Cristo não está tanto a endereçar um lamento a Deus quanto a rezar uma oração já conhecida e de uso instituído. Assim, o enunciado valeria menos por aquilo que ele diz literalmente (que o Pai abandonou de facto o Filho) do que pelo ato performativo de o enunciar (Cristo reza). Se o conteúdo semântico do texto implica a ausência de Deus, o gesto de o proferir recupera a presença de Deus como interlocutor; este entendimento da frase de Cristo repele a tese da "morte de Deus".

E contudo – por que razão Cristo reza *exatamente* aquele salmo que diz "Meu Deus, meu Deus, porque me abandonaste?" entre tantos salmos e outros textos possíveis? Ou, caso os tenha rezado, por que razão os evangelistas só recordam este salmo de hermenêutica problemática? Logo que é *este* o texto proferido, deixa de ser relevante se ele foi composto por outrem (David, segundo a atribuição histórica habitual): quando se (re)cita um texto alheio, ele passa a pertencer a quem o diz. Neste sentido, a tese da "morte de Deus" volta a ganhar uma força surpreendente.

Este excurso pelas últimas frases de Cristo permite repensar a última frase escrita por Pessoa; também aqui se trata aparentemente de uma citação – de uma ode de Horácio. Mas por que razão Pessoa cita, do infinito de autores disponíveis, Horácio; porquê, de toda a obra de Horácio, uma ode; e porquê, dessa ode, este verso? Decerto estas palavras não são *de* Pessoa; porém o ato rigoroso de escolher esta citação específica faz dele autor pleno do enunciado "I know not what tomorrow will bring".

O que significam aquelas palavras? Como diz Robert Bréchon, "podemos dar-lhes uma interpretação simbólica e glosá-las indefinidamente", considerá-las à luz de "Caeiro, que postula o nada" ou da "visão Rosa-Cruz, aberta a uma vida nova". Uma leitura mística pode lê-las como palavras mágicas, crípticas, experiência metafísica. Uma leitura secular pode entendê-las, por exemplo, como apontamento para a escrita de um poema futuro, à saída do hospital. Por outro lado, se Pessoa tiver consciência de que está a morrer, a frase pode manifestar preocupação com o destino póstumo dos textos na arca: que lhes acontecerá amanhã? De resto, quem é o autor daquela frase: Horácio como autor citado? Fernando Pessoa como autor da citação? Ou Ricardo Reis (mas por que escreveria Reis em inglês)? Ou António Mora? Ou um heterónimo sem nome, que Pessoa inventasse nos últimos momentos? E também não é certo a quem a frase se dirige: Pessoa escreve para si próprio? Ou para outrem? Nesse caso, para quem?

Experimento uma leitura da frase como anti-apocalíptica. Relembro que, ao receber as visões, ao escrevê-las, João de Patmos é aquele que sabe *what tomorrow will bring*: um amanhã próximo ou distante, mas certo, garantido por Deus. Já Pessoa apenas sabe que não sabe, e é isso que escreve. Além disso, junto de um autor que durante toda a vida desenhou horóscopos e mapas astrais, que tentou de todos os modos prever o dia seguinte, é particularmente impressionante esta confissão final. Permito-me uma especulação: se Pessoa compreende que está a morrer, e que as suas experiências de astrologia não lhe revelaram a proximidade dessa morte, então compreende também que nunca adivinhou o futuro, nem o pode adivinhar agora. Nenhuma morte de Deus, mas certamente a morte da astrologia, do ocultismo.

São hipóteses tentadoras, necessárias, muito arriscadas, e necessariamente incomprováveis. Dito de outro modo: a frase de Pessoa é legível, mas indecifrável. Ou, mais uma vez, apocalíptica – mas agora noutro sentido. Em *De um tom apocalíptico adoptado há pouco em filosofia*, Jacques Derrida lembra que João em Patmos é apenas o transmissor de uma mensagem que lhe é endereçada pelos anjos, e os anjos por seu turno falam em nome de Deus; Derrida conclui:

Já não sabemos muito bem quem empresta a sua voz e o seu tom ao outro no Apocalipse, não sabemos muito bem quem endereça o quê a quem. Mas por uma inversão catastrófica aqui mais necessária do que nunca, podemos igualmente pensar nisto: desde que não saibamos já quem fala ou quem escreve, o texto torna-se apocalíptico. (1997: 57)

Do mesmo modo, se não sabemos quem afirma "I know not what tomorrow will bring" – Pessoa, Reis, Horácio, um heterónimo por designar –, e se nem sabemos a quem se dirige este enunciado, ou sequer o que significa, então a última frase escrita por Fernando Pessoa é também apocalíptica. As palavras ditas pelo trovão ribombam nos céus, mas não as podemos desvendar, tão denso é o seu selo.

Referências bibliográficas
AA.VV. (2016). *Bíblia*, vol. I, *Novo Testamento: Os quatro Evangelhos*, trad. Frederico Lourenço. Lisboa: Quetzal.
AA.VV. (2017). *Bíblia*, vol. II, *Novo Testamento: Apóstolos, Epístolas, Apocalipse*, trad. Frederico Lourenço. Lisboa: Quetzal.
AA.VV. (2017). *Bíblia*, vol. III, *Antigo Testamento: Os livros proféticos*, trad. Frederico Lourenço. Lisboa: Quetzal.
Alexandre, António Franco (2004). *Aracne*. Lisboa: Assírio & Alvim.
Benjamin, Walter (2010). "Sobre o conceito da História", *O Anjo da História*, trad. João Barrento. Lisboa: Assírio & Alvim, 9-20.
Benjamin, Walter (2015). "O contador de histórias", *Linguagem, Tradução, Literatura (filosofia, teoria e crítica)*, trad. João Barrento. Porto: Assírio & Alvim, 147-78.
Bréchon, Robert (1996). *Estranho estrangeiro: uma biografia de Fernando Pessoa*, trad. Maria Abreu e Pedro Tamen. Lisboa: Quetzal.
Derrida, Jacques (1997). *De um tom apocalíptico adoptado há pouco em filosofia*. Lisboa: Vega.
Ducasse, Isidore (1980). *Poésies II, Œuvres Poétiques Complètes*. Paris: Robert Laffont, 779-95.
Feijó, António (2015). *Uma admiração pastoril pelo Diabo (Pessoa e Pascoaes)*. Lisboa: INCM.
Kleist, Heinrich von (2009). "Sobre o teatro de marionetas", *Sobre o teatro de marionetas e outros* escritos, trad. José Miranda Justo. Lisboa: Antígona, 131-43.
Lawrence, David Herbert (1993). *Apocalipse*, trad. António Moura. Lisboa: Hiena.
Lopes, Silvina Rodrigues (2003). *Exercícios de aproximação*. Lisboa:

Vendaval.
Lourenço, Eduardo (2000). *Pessoa revisitado: leitura estruturante do drama em gente*, 3ª ed. Lisboa: Gradiva.
Lourenço, Eduardo (2004). *O lugar do anjo: ensaios pessoanos*. Lisboa: Gradiva.
Martins, Fernando Cabral (2014). *Introdução ao estudo de Fernando Pessoa*. Porto: Assírio & Alvim.
Pessoa, Fernando (1994). *Álvaro de Campos. Livro de versos*, 2ª ed. Lisboa: Estampa.
Pessoa, Fernando (1997). *Álvaro de Campos. Notas para a Recordação do meu Mestre Caeiro*. Lisboa: Estampa.
Pessoa, Fernando (1998a). "Alguns poemas", *Ficções do interlúdio*. Lisboa: Assírio & Alvim, 64-72.
Pessoa, Fernando (1998b). *Livro do Desassossego: composto por Bernardo Soares, ajudante de guarda-livros na cidade de Lisboa*. Lisboa: Assírio & Alvim.
Pessoa, Fernando (2000). "A nova poesia portuguesa no seu aspecto psicológico", *Crítica. Ensaios, artigos e entrevistas*. Lisboa: Assírio & Alvim, 36-67.
Pessoa, Fernando (2001). *Alberto Caeiro. Poesia*. Lisboa: Assírio & Alvim.
Pessoa, Fernando (2007). *Mensagem*. Lisboa: Editores Independentes.
Tamen, Miguel (2002). *Artigos portugueses*. Lisboa: Assírio & Alvim.
Vieira, Padre António (2016). *História do futuro e voz de Deus ao mundo, a Portugal e à Baía*. S/l: Círculo de Leitores.

Engatar Fernando: Pessoal?...
Não, só um toque em teoria

Bernard McGuirk

Gato que brincas na rua...
Gato que me fitas com olhos de vida, quem tens lá no fundo?

A ilusão, que me mantinha,
Só no palco era rainha:
Despiu-se, e o reino acabou.

\\ /
"FERNANDO PESSOA"
/ \\

\\ /
O CRÍTICO
/ \\

                    As aspas são as vestes:
                    Dispa-as,
                    E no palco há só palavras.

\\ /
POÉTICA
/ \\

Tibi vero gratias agam quo clamore? Amore, more, ore, re
                                            Athanasius Kircher

Sinto na minha pessoa uma força
religiosa, uma espécie de oração,
uma semelhança de clamor.
Mas a reacção contra mim desce-me da inteligência...
                                        Bernardo Soares

\\ /
RASURAS
/ \\

> L'animal que donc je suis (à suivre)...
> Jacques Derrida

Pessoa (e Derrida) sob rasura
A poesia deve ser apreendida de modo "escrevível" e não meramente legível; não subservientemente mas abertamente, *à la* Roland Barthes, tomando como certo que o nascimento do leitor [ainda que nunca o dictum] deve ter como custo a morte [e o dictat] do autor. Se, de facto, a escrita produz incessantemente sentido, mas é sempre para o evaporar (Barthes 1977: 146-48), então *caveat lector* em encontros com, digamos, a condescendência do Mestre (Caeiro) – evocada pelo jovial cumprimento "saúdo todos os que me lerem" (Pessoa 1993a: 21) – na direção de uma incontável comunidade de interlocutores protagonistas; independentemente de quão confortável possa ser, ou não, a sua "cadeira predileta", o assento favorito (para leitura) ou a favorecida cadeira (académica).

Um poema de Pessoa, arriscadamente, tornará impossível qualquer afirmação, qualquer gesto, assumindo-se "de justifier absolument un point de départ"; não motivará (mais uma vez) senão um alerta quanto à estruturação e estruturalidade da estrutura; resistindo e no entanto representando o dissimulado truísmo derrideano: "Il faut commencer *quelque part où nous sommes* [...] en un texte déjà où nous croyons être" (Derrida 1967: 233). Irrepreensivelmente perspicaz, Richard Zenith, com a palavra *certa* para o contexto, e para um "Pessoa" sempre sob rasura, lança uma bóia de salvação ao exegeta textualista naufragando no esforço, nunca na fonte, da escrita: "we may also suspect that Pessoa's exercise in elimination was, after all, not so successful, or not so instantaneous. We may suspect that the erased life kept reappearing, so that it needed to be reerased over and over" ["podemos sempre suspeitar que o exercício de eliminação de Pessoa não teve, no final de contas, assim tanto sucesso, nem foi tão instantâneo quanto isso. Podemos suspeitar que a vida rasurada ia emergindo de novo, sendo por isso necessário rasurá-la uma e outra vez"] (Zenith 2002: 46).

Magnificat: *Ecce animot*. A minha alma glorifica [... o Signo]

> Surpris nu, en silence, par le regard d'un animal, par exemple, les yeux d'un chat...
> Jacques Derrida

Animot libération

> *Animal*: J'avais donc été tenté [...] de forger un autre mot singulier, à la fois proche et radicalement étranger, un mot chimérique en contravention avec la loi de la langue française, *l'animot* [...] *Ecce animot* [...] Il faut envisager qu'il y ait des "vivants" dont la pluralité ne se laisse pas se rassembler dans la seule figure de l'animalité simplement opposée à l'humanité [...] *Ecce animot* [...] au titre de l'animal autobiographique, en réponse aventurée, fabuleuse ou chimérique à la question "Mais moi, qui suis-je?"
> Jacques Derrida

Liberdade em relação à questão "Mais moi, qui suis-je?" ["Mas eu, quem sou eu?"] poderá ser um ponto de partida demasiado "radicalmente estrangeiro" para aqueles críticos condenados à perdição de um cânone Vida-e-Obra, Vida-como-a-Obra, presos a causa e efeito, e não a uma abordagem analítica, obra-enquanto-palavra [work-as-word], à assinatura – um sinal tanto da sua devoção a Pessoa *qua* autor quanto ao corpus textual fenomenológico designado "Fernando Pessoa", perenemente entre aspas, logo já e sempre re-legível... ou, deste modo, arriscando-nos ao fazer eco de Barthes, escrevível?

Qualquer que seja a "resposta quimérica à questão 'Mas eu, quem sou eu?'", "Conheço-me e não sou eu", o verso final do poema (de 1931) que tem início com o verso "Gato que brincas na rua", raramente parece ter bastado enquanto aviso, aos aspirantes cognoscenti especialistas, para que o autor enquanto sujeito fosse deixado em paz (antes só que mal acompanhado); para que o efeito não fosse tomado senão como e enquanto texto:

> Ser poeta não é uma ambição minha
> É a minha maneira de estar sozinho. (Pessoa 1993a: 21)

Os espectros das marcas imprimidas no campo da crítica pela barthesiana morte do autor, "La mort de l'auteur", antecessora de "L'animal que donc je suis (à suivre)", "O animal que logo eu sou (a continuar/a seguir)", o convite "arriscado, fabuloso ou quimérico", assombrarão – antes do conjeturar de catacreses infelizes, teimosas falácias autorais ou intencionalistas – uma visitação inicial ao tom pseudo-pastoral de "O Guardador de Rebanhos". Errando pelos campos-de-pasto/minas textuais da invetiva de Pessoa, e não pelos genericamente encantadores se bem que ilusórios efeitos de realidade de uma imaginada solidão quer tenha sido vivida ou não, o decifrador *aberrante* prontamente ver-se-á confrontado com um *caveat lector*:

> E se desejo às vezes,
> Por imaginar, ser cordeirinho
> (Ou ser o rebanho todo
> Para andar espalhado por toda a encosta
> A ser muita coisa feliz ao mesmo tempo),
>
> É só porque sinto o que escrevo ao pôr do sol,
> Ou quando uma nuvem passa a mão por cima da luz
> E corre um silêncio pela erva fora.
>
> Quando me sento a escrever versos
> Ou, passeando pelos caminhos ou pelos atalhos,
> Escrevo versos num papel que está no meu pensamento,
> Sinto um cajado nas mãos
> E vejo um recorte de mim
> No cimo dum outeiro,
> Olhando para o meu rebanho e vendo as minhas ideias
> Ou olhando para as minhas ideias e vendo o meu rebanho,
> E sorrindo vagamente como quem não compreende o que se diz
> E quer fingir que compreende.
>
> Saúdo todos os que me lerem,
> Tirando-lhes o chapéu largo
> Quando me vêem à minha porta
> Mal a diligência levanta no cimo do outeiro. (Pessoa 1993a: 21)

Magnifi... corte

> Que les masses lisent la morale, mais de grâce ne leur donnez pas notre poésie.
>
> Stéphane Mallarmé

\ /
Recorte
/ \

vejo
um recorte
de mim
rebanho   ideias
olhando   vendo
ideias   rebanho

Quando Mallarmé afirma ser "profondément et scrupuleusement syntaxier" ["profunda e escrupulosamente sintaxeador"] de modo algum diminui, pelo contrário, contribui para o objetivo último do poeta: "céder l'initiative aux mots" ["ceder a iniciativa às palavras"] (Mallarmé 1945: 366). Concomitantemente, no texto pessoano, a escrita evidencia o primado, pela e na poesia, das palavras sobre as ideias. Uma figura recortada a tesoura ("recorte") ocupa a função de objecto do verbo activo na primeira pessoa do singular; elevada ao nível de silhueta distante, mirador ao longe das "ideias" e do "rebanho" à medida que as duas palavras trocam de lugar, permutavelmente, e enquanto quiasmo, necessariamente, cede a iniciativa às palavras. O "Eu"/ "Sujeito" vislumbra-se apenas quando, já e sempre, desaparecido; tornado (prisioneiro platónico, "quando uma nuvem passa a mão por cima da luz") um outro de sombras que nominalmente olhe para trás (sem amarguras) mas, dotado de agência, fingindo um entendimento do género característico do crítico que feito cordeirinho inocente – fora da caverna e, no entanto, ai de ele, Neanderthal ainda – dando-se ares de entendedor, "sorrindo vagamente"; pastoreando, confusamente, ideias de rebanhos, rebanhos de ideias, ao passo que "o que se diz" consiste..., sim, de palavras.

"Quando me sento a escrever versos [...]/ Escrevo versos num papel que está no meu pensamento", serve, no seguimento de "le vide papier que la blancheur défend" (Mallarmé 1945: 38), para nos relembrar do efeito de estranhamento entre o que é pensado e o que é lido; as palavras na página que, notoriamente, podem vir a ser interpretadas como a suposta metafísica, o raciocínio, ou as meras ideias, do versificador. O poema de Pessoa expõe em seguida uma postura amplamente entendida como uma estética específica de Alberto Caeiro, "Eu não tenho filosofia: tenho sentidos"; então, famosamente, "Há metafísica bastante em não pensar em nada" (Pessoa 1993a: 28), receita mágica do próprio e do seu contrário, da presença e do seu outro. A sintaxe, contudo, "profunda e escrupulosamente", implica também uma exposição arriscada da noção do "Eu"/ sujeito (como resposta à questão "Mas eu, quem sou eu?") às iminência e imanência de "estar"; indelevelmente alinhada com um forte alerta, proferido por Eduardo Lourenço, ao decifrador que espera por um (outro) "Desejado":

> [...] imaginando-o, descrevendo-o, escalpelizando-o, como se tivesse realmente *existido*. Foi só poesia, verbo sem sujeito, sujeito em busca do Verbo, anonimato grandioso onde todos cabemos e ele sobra. (Lourenço 1988: 22)

Ao responder *en différance* – na diferença que é "só poesia" e, no entanto, *toujours et déjà*, para Lourenço é também "anonimato grandioso" –, o "verbo sem sujeito, sujeito em busca do Verbo" poderá seguir "assumindo o título de um animal autobiográfico", arriscando-se assim face à "resposta fabulosa, ou quimérica" – e o discurso – do *animot*.

"Gato que brincas na rua"... "L'animal que donc je suis (à suivre)"

> Au centre optique d'une telle réflexion se trouverait la chose – et à mes yeux le foyer de cette expérience incomparable qu'on appelle la nudité. Et dont on croit qu'elle est le propre de l'homme, c'est-à-dire étrangère aux animaux, nus qu'ils sont, pense-t-on alors, sans la moindre conscience de l'être.
>
> Jacques Derrida

Gato que brincas na rua
Como se fosse na cama,
Invejo a sorte que é tua
Porque nem sorte se chama.

Bom servo das leis fatais
Que regem pedras e gentes,
Que tens instintos gerais
E sentes só o que sentes.

És feliz porque és assim,

> Todo o nada que és é teu.
> Eu vejo-me e estou sem mim,
> Conheço-me e não sou eu. (Pessoa 1995: 131)

Será que não passa de uma linguagem incoerente, "simplesmente oposta à humanidade", porque "soava como se estivesse contrariando as leis da língua (portuguesa)", "Et dont on croit qu'elle est le propre de l'homme"? Ou será um discurso daquela *animotion* "que donc je suis (à suivre)"...? Seja por um "je" ou por um "eu", o que constituirá então atravessar a fronteira última? Será possível?

> Le "j'entre", en passant le seuil, le "je passe" (*peraô*) nous met ainsi, si je puis dire, sur la voie de l'*aporos* ou de l'*aporia*: le difficile ou l'impraticable, ici le passage impossible.
> Jacques Derrida

MAGNIFICAT

Quando é que passará esta noite interna, o universo,
E eu, a minha alma, terei o meu dia?
Quando é que despertarei de estar acordado?
Não sei. O sol brilha alto,
Impossível de fitar.
As estrelas pestanejam frio,
Impossíveis de contar.
O coração pulsa alheio,
Impossível de escutar.
Quando é que passará este drama sem teatro,
Ou este teatro sem drama,
E recolherei a casa?
Onde? Como? Quando?
Gato que me fitas com olhos de vida,
Quem tens lá no fundo?
É esse! É esse!
Esse mandará como Josué parar o sol e eu acordarei;
E então será dia.
Sorri, dormindo, minha alma!
Sorri, minha alma, será dia!
(7 November 1933) (Pessoa 1993b: 298)

> Devant le chat qui me regarde nu, aurais-je honte *comme* une bête qui n'a plus le sens de sa nudité? Ou au contraire honte *comme* un homme qui garde le sens de la nudité? Qui suis-je alors? Qui est-ce que je suis? À qui le demander sinon à l'autre? Et peut-être au chat lui-même?
>
> Jacques Derrida

> [L]e non-passage [...] une imperméabilité [...] d'une frontière infranchissable [...] un seuil [...] une ligne, ou tout simplement le bord ou l'abord de l'autre comme tel.
>
> Jacques Derrida

Magnificat anima mea... mas onde está (objecto oculto/ em falta – a Palavra – o Signo) *Dominum*?
Face à ausência de um Significante Transcendental, e envolto nas *Tenebrae* da "difícil passagem" – "la noche oscura" – tão cara aos místicos em busca do divino na noite escura da alma, o discurso, neste caso, em contraste, joga com e na carestia de objetos e objetivos sagrados. A relação entre as palavras "eu" e "a minha alma" torna-se ambivalente por uma função sintática/ semântica provocantemente dupla: aposição-e-oposição... (dis)junção; dis-função. Longe de propor, e muito menos de declarar, alguma liberação do "eu"/ sujeito, uma espécie de iluminação por entre a escuridão universal, o intertexto inicialmente evocado pelo título do poema não convoca senão diferença. Pois não se encontra aqui asserção alguma, equivalente algum de "exsultavit spiritus meus in Deo salvatore meo" ["o meu espírito exulta em Deus meu Salvador"]. Não resta senão questionamento e perplexidade – sem resolução do mistério (cabalista?) "Quando é que despertarei de estar acordado?". Não se oferece senão paradoxo; quanto ao resto, "Não sei". Ora perante a luz resplandescente, o frio cintilante ou a não menos alienante internalização da percepção putativa, esbarra-se com uma impossibilidade tripla; um drama sem teatro... ou vice-versa.
Histriónico (histérico, para os mais céticos), o retiro do místico em direção ao familiar, por muito que desaponte após a bem-ou-não-sucedida aspiração ao encontro com, e perda em, o amado divino – a abnegação mesma do ser –, foi um retorno a "casa" garantindo ao menos o requisito mínimo da devoção convencional e um lugar de onde a busca (pela boda – "casar") possa se reiniciar. Ao ecoar a impossibilidade tripla

de apreender por via da perceção, enumeração e vigilância, com severidade, urgência, rogando, "Onde? Como? Quando?", está-se longe de re-abordar o (não-) drama e (não-) teatro, o (não-) teatro e (não-) drama de despertar para o haver sido já acordado, despoleta-se antes uma viragem prática, um desvio doméstico, para longe da autocontemplação em busca de revelação, em direcção – ao exacto oposto do misticismo – o axial: "Gato que me fitas com olhos de vida,/ Quem tens lá no fundo?":

> Devant le chat qui me regarde nu, aurais-je honte *comme* une bête qui n'a plus le sens de sa nudité? Ou au contraire honte *comme* un homme qui garde le sens de la nudité? Qui suis-je alors? Qui est-ce que je suis? À qui le demander sinon à l'autre? Et peut-être au chat lui-même? (Derrida 2006: 19)

É esse!... Citizen "Quem"?

A palavra "quem", no seguimento imediato ao vislumbre de vitalidade revelado ao sujeito interpretativo no olhar casual de um gato, reafirma e, ao mesmo tempo, mina a possibilidade – ao enfatizar antes a futilidade – de qualquer aposicionalidade no binómio "eu" e "a minha alma". Será que, poderá, um gato conter um "quem"? Existe no gato alguma profundidade? Ou, antecipando a projeção de uma vergonha autoengendrada pela parte de Derrida, é suficiente a observação? Poder-se-á colocar a análise de lado?[1] Ou, partindo do intemporalmente imperscrutável fitar felino, dar-se-á o caso de a única revelação viável ser – para o sujeito moderno – nada mais que a memória de uma antiga necessidade de milagres? "Comment un animal peut-il vous regarder en face?" pondera Derrida; "Ce sera l'un de nos soucis. Alice s'apercevait ensuite que..." (Derrida 2006: 21) ["Como é que um animal vos pode olhar olhos nos olhos? Essa será uma das nossas preocupações. Alice notou então que..."]. E, *qua scriptor*, eu garanto, cauda a coda, "Já a seguir"...

"É esse! É esse!". Se serve para "Josué", serve para o "eu" também; "sicut locutus est"? Foram sempre as palavras ditas que contaram ("contar") mais do que qualquer estrela, ou adivinhação cintilante de qualquer espécie. Assim sendo, a minha alma engrandece a [Palavra]... e

---

[1] Esse... Z! Citizen Zenith fez-me notar que, no manuscrito do espólio, "Quem" começa com letra maiúscula. Donde, *lisiblement* e, inseparavelmente, *scriptiblement*; *pace* Citoyen Barthes? Ou, *q* pequeno, *Q* grande – "outro" inscrito na ordem Imaginária, "Outro" na ordem Simbólica – respetivamente? De onde, ostensiva "vitória ao crítico [*categórico*]"... *à la* Lacan?

o seu poder *não*-revelatório mas sempre encantatório; mas com uma *différance*... Poderá o texto pessoano, não na presença falada de "paroles" mas na *archi-écriture*, na reformulação forjada de "les mots", ser reencontrado, refundado, re-lido *scriptiblement* – pois a escrita mente sempre – como tendo predicado, antecipado, ("tão completa*mente*") a tentação de Derrida não em se submeter a análise, na busca do eu/sujeito-enquanto-psyche, mas antes "forjar outra palavra no singular, próxima mas ao mesmo tempo radicalmente estrangeira, uma palavra quimérica que soava [*catachresis*?] como se contrariasse as leis da língua francesa [post-portuguesa], *l'animot* [...] *Ecce animot*".

O que ocorreu entre a passagem dos santificados campos de pasto-e-de-batalha e a antiga confiança num Todo-Poderoso interventivo e protetor, à imagem e semelhança do qual o "Eu" fora concebido, para a condição do cidadão moderno, numa era secular de luto pela perda de certezas, de um garantido enquadramento [e enquadrador] de identidade? Nas alturas ("no cimo do outeiro"?) não está nenhum profeta, nenhum vidente, nenhum portador de mandamentos... mas sim a ambivalente *diligência*; *qua* palavra, simultaneamente veículo de, e responsabilidade por, uma nova ética.

Talvez "Nós" – voltando; ou voltando-nos agora para o "gato" – de novo tenhamos de "imaginar a existência de 'criaturas vivas' cuja pluralidade não pode ser contida na figura única de uma animalidade que é simplesmente oposta à humanidade [...] assumindo o título de um animal autobiográfico, na forma de uma resposta arriscada, fabulosa ou quimérica à questão 'Mas eu, quem sou eu?'". Despertará (estando acordado) o "Eu"? O fechamento, contudo, não é permitido sintaticamente (ainda que o poema tenha de acabar):

> Sorri, dormindo, minha alma!
> Sorri, minha alma, será dia!

Primeira pessoa do singular do pretérito perfeito (sorri)? Imperativo singular (sorri)? É uma questão relevante; mas não mais do que a nota, prenhe de promessa, de "será", o último verbo activo do texto; auspiciosamente (ainda "dormindo") "será dia!"... e sempre-exclamativa (nunca-cumprida) futuridade. Agora, familiarmente, a fronteira última, o fim da vida de cada um: "non-passage"; "imperméabilité"; "frontière infranchissable"; "l'*aporos*/ l'*aporia*"; "seuil"; "le bord ou l'abord de l'autre" (Derrida 1996: 44; 25; 31).

Ao perseguir respostas arriscadas, fabulosas ou quiméricas à questão "Mas eu, quem sou eu?", ter-se-á tornado aparente, no vaivém entre imagens e palavras, entre metáforas e metonímias, que também o poeta terá feito uso de uma gramática "próxima mas radicalmente estrangeira". A pluralidade de relações explorada no ato criativo de outrar o outro, frequentemente correndo o risco de o tornar abjeto, por regra implica a absorção de um eu/ sujeito simultaneamente outrado, ou mesmo tornado abjeto. Poucas vezes se terá corrido esse risco mais abertamente do que na projeção de um outro genérico enquanto aliado.

A fortuita troca de olhares entre o felino e a catalisadora "humanidade", encarnada momentaneamente pelo próprio Derrida na medida da (e na) circunstância da investida deste ensaio na questão do radical estrangeiro, examina quer "ce regard dit animal" ["este olhar dito animal"] quer "la limite abyssale de l'humain" ["o limite abissal do humano"] (Derrida 2004: 263). A interrogação de figuras dominantes através do olhar de um ser/ sujeito nos poemas de Pessoa terá sido visto como "seguindo", neste caso, com sempre "mais" por vir; mormente no sondar de ambas profundezas, do "abissal" e do abismal. Ter-se-á visto como a distorção linguística se combina com a monstruosidade figurativa à medida que a animalização assume o papel gramatical de envesgar o outro. Mas onde, onde estou eu [I/ eye]?

Eu/ Nós – terá sido demonstrado de que forma o outro abjeto é multiplicado à medida que se trans[des]forma... mas, na mesma medida, e como Derrida há muito não deixou de alertar, "não podemos pronunciar uma única proposição destrutiva que não tenha já deslizado para a forma, a lógica, e as postulações implícitas daquilo que precisamente procura contestar" (Derrida 1978: 280) ("nous ne pouvons énoncer aucune proposition destructrice qui n'ait déjà dû se glisser dans la forme, dans la logique et les postulations implicites de cela même qu'elle voudrait contester" [Derrida 1967: 412]). O desafio colocado pelo sujeito pessoano no retratar de potenciais alianças e dos efeitos, muitas vezes involuntários, sobretudo, precisamente, através da libertação dos seus *animots*, terá sido o de reconhecer que não há nada que não seja já e sempre, introspetivamente e contestavelmente, inseparavelmente figurativo *e* textual. *Ecce anima*? Existem respostas "arriscadas, fabulosas, ou quiméricas" a essa pergunta, também. Mas elas, o que são elas? E como podem ser reconhecidas?

Terá sido necessário aceitar um eu/ sujeito-no-outro/ outro-no-eu/ sujeito "radicalmente estrangeiro", de modo a que Eu/ Nós, também, confrontando os *animots* de Derrida, sejamos tentados a "imaginar a existência de 'criaturas vivas' cuja pluralidade não pode ser contida na figura única de uma animalidade que é simplesmente oposta à humanidade". Os dois *não* são um só no casamento de conveniência do emparelhamento binário. O terceiro termo – *Il n'y a pas de hors-texte* – é não um nem outro. Não há outro além do texto; é, inseparavelmente no género do poema, concomitantemente *animage* e *animot* (pois não há nada que não seja já, também, textual). Diferente de, e mais do que, qualquer mudança da metáfora para a metonímia, na expressão de Derrida "*Ecce animot* segue assumindo o título de um ['à jamais'] animal autobiográfico". "[N]ão pode ser contida na figura única ['un coup'] uma animalidade que é simplesmente oposta à humanidade", onde quer que o *locus* ["de dés"] esteja, quem quer que o outro/ outrado seja, qualquer que seja a "a resposta quimérica à questão 'Mas eu, quem sou eu?'":

> Partout où il y a Moi,
> *es spukt*, "ça hante".
> Jacques Derrida

Ecce... aniMOTS

UN COUP DE DÉS...

JAMAIS

QUAND BIEN MÊME LANCÉ

...UM JOGO DE DADOS?

\ /
MOTS
/ \

UM JOGO DE RATOS

JAMAIS

QUANDO BEM MESMO LANÇADO

Não é
       ser cordeirinho
                 Ou
                         o rebanho todo

É a minha
       maneira de estar
               um recorte

Gato
nem sorte se chama
Quem **tenho** lá no fundo?

Transforma-se o luto no *animot*...

Não imaginar qualquer excendente espectral na textualidade do poema seria condenar toda e qualquer re-leitura a ocorrer num tempo pré-concebido como estando fora dos eixos; em que a crítica se julga estar já e sempre em dívida, impagável, para com uma archi-poiesis anterior; em que a única coisa que restaria tentar fazer seria, na pior das hipóteses, um empreendimento para refutar (insistentemente, ao ponto de chegar à quadratura do círculo) a afirmação, digamos, de Octavio Paz a respeito – não por casualidade – de Fernando Pessoa, "Los poetas no tienen biografía. Su obra es su biografía" (Paz 1969: 133); ou, ainda que de forma mais plausível, um luto qualquer pela irrecuperabilidade de algum sentido latente, supostamente inerente, recuperável. Assim sendo, imaginar seria aceitar e simultaneamente condenar o "Estado" da crítica literária a uma abjeção ainda mais profunda. Para Derrida, a relação em questão é evocada no subtítulo de *Spectres de Marx*, nomeadamente, *L'État de la dette, le travail du deuil et la nouvelle Internationale* [*Espectros de Marx, o estado da dívida, o trabalho de luto e a Nova Internacional*]; e na sua afirmação categórica de que não há uma memória singular e que todo o trabalho é (de) luto:

> Moi=fantôme. Donc "je suis" voudrait dire "je suis hanté" [...] Partout où il y a Moi, *es spukt,* "ça hante". (Derrida 1993: 212)
>
> [Eu=fantasma. Logo "eu sou" quereria dizer "eu sou assombrado" [...] Onde quer que haja Eu, *es spukt,* "assombra".]

A "resposta arriscada, fabulosa ou quimérica" à questão "Mais moi, qui suis-je?", ou/ e "Mas eu, quem sou eu?" é: onde quer que haja *animot,* "assombra".

> Ma mort est structurellement nécessaire au prononcé du *Je.*
> [A minha morte é estruturalmente necessária ao pronunciar do *Eu.*]
> Jacques Derrida

Coda ou cauda... para os filosoficamente inquinados

> So say the narrativists.
> "We story ourselves and we are our stories" [...]
> Let's ditch the dangerous idea that life is a story.
>
> Galen Strawson

O filósofo analítico e, não por acaso, crítico literário Galen Strawson abordou também *en passant*, numa sua feliz nota-de-rodapé em que diretamente refere Fernando Pessoa, uma distinção crucial que se adequa à discussão da autocaracterização de Mallarmé enquanto "profondément et scrupuleusement syntaxier" ou da formulação de Eduardo Lourenço sobre Pessoa, que "[f]oi só poesia, verbo sem sujeito, sujeito em busca do Verbo, anonimato grandioso onde todos cabemos e ele sobra":

> The basic form of Diachronic self-experience is that [**D**] one naturally figures oneself, considered as a self, as something that was there in the (further) past and will be there in the (further) future – something that has relatively long-term diachronic continuity, something that persists over a long stretch of time, perhaps for life. I take it that many people are naturally Diachronic, and that many who are Diachronic are also Narrative in their outlook on life. If one is Episodic, by contrast, [**E**] one does not figure oneself, considered as a self, as something that was there in the (further) past and will be there in the (further) future. One has little or no sense that the self that one is was there in the (further) past and will be there in the future, although one is perfectly well aware that one has long-term continuity considered as a whole human being. Episodics are likely to have no particular tendency to see their life in Narrative terms. (Strawson 2004: 430)

> [Na forma básica da auto-experiência Diacrónica [**D**] o indivíduo figura-se enquanto sujeito, considerado como tal, como algo que lá estava no (mais remoto) passado e que lá estará no (remoto) futuro – algo com uma continuidade diacrónica, em termos relativos, a longo prazo, algo perdurante através de largos dias, talvez toda uma vida. A meu ver, muitas pessoas são naturalmente Diacrónicas, e as pessoas Diacrónicas são também Narrativas na forma como encaram a vida. Se o indivíduo é Episódico, em contraste, [**E**] esse indivíduo não se figura

enquanto sujeito, considerado como tal, como algo que lá estava no (mais remoto) passado e que lá estará no (remoto) futuro. Tem-se pouca ou nenhuma perceção se o sujeito que se é estava lá no (remoto) passado e estará lá no futuro, embora se tenha perfeita consciência que se goza de uma continuidade a longo prazo enquanto completo ser humano. Os Episódicos não tendem particularmente a ver a sua vida em termos Narrativos.]

Permitir-se-á então que dita nota de rodapé ressoe, uma última vez, em seguida:

Among those whose writings show them to be markedly Episodic I propose Michel de Montaigne, the Earl of Shaftesbury, Stendhal, Hazlitt, Ford Madox Ford, Virginia Woolf, Borges, Fernando Pessoa, Iris Murdoch (a strongly Episodic person who is a natural story teller), Freddie Ayer, Goronwy Rees, Bob Dylan. Proust is another candidate, in spite of his memoriousness (which may be inspired by his Episodicity); also Emily Dickinson. On the other side – to begin with – [I propose] Plato, St. Augustine, Heidegger, Tom Nagel, probably Nietzsche, all the champions of narrative and Narrativity in the current ethico-psychological debate, and some of my closest friends. (Strawson 2004: 432)

[Dentre aqueles cujos escritos os revelam como enfaticamente Episódicos, eu proponho Michel de Montaigne, o Earl of Shaftesbury, Stendhal, Hazlitt, Ford Madox Ford, Virginia Woolf, Borges, Fernando Pessoa, Iris Murdoch (uma pessoa fortemente Episódica que é uma contadora de histórias nata), Freddie Ayer, Goronwy Rees, Bob Dylan. Proust é outro candidato, apesar da sua memoriosidade (possivelmente inspirada pela sua Episodicidade); também Emily Dickinson. Por outro lado – para começar – [eu proponho] Platão, Santo Agostinho, Heidegger, Tom Nagel, provavelmente Nietzsche, todos os defensores da narrativa e da Narratividade no actual debate ético-psicológico, e alguns dos meus amigos mais próximos.]

E alguns dos meus, também... face à "resposta fabulosa, ou quimérica" – e aos discursos sempre, por contraste, episódicos – do *animot*.

Referências bibliográficas

Barthes, Roland (1968). "La mort de l'auteur", *Manteia*, 5, 12-17.
Barthes, Roland (1977). *Image-Music-Text*. London: Fontana Press.
Derrida, Jacques (1967a). *L'écriture et la différence*. Paris: Éditions du Seuil.
Derrida, Jacques (1967b). *Of Grammatology*. Baltimore: Johns Hopkins University Press.
Derrida, Jacques (1978). *Writing and Difference*, trans. Alan Bass. London: Routledge.
Derrida, Jacques (1993). *Spectres de Marx. L'État de la dette, le travail du deuil et la nouvelle Internationale*. Paris: Éditions Galilée.
Derrida, Jacques (1994). *Specters of Marx. The State of the Debt, the Work of Mourning, and the New International*, trans. Peggy Kamuf. New York: Routledge.
Derrida, Jacques (1996). *Apories*. Paris: Galilée.
Derrida, Jacques (2002). "The Animal that I am (More to Follow)", trans. David Wills, *Critical Enquiry* 28, 2, 369-418.
Derrida, Jacques (2004). "L'animal que donc je suis (à suivre)", *La démocracie à venir: autour de Jacques Derrida*, Marie Louise Mallet (ed.). Paris: Éditions Galilée.
Derrida, Jacques (2006). *L'animal que donc je suis*. Paris: Éditions Galilée.
Lourenço, Eduardo (1990). "Invocação Pessoana ou Do Espírito destas comemorações", *Encontro Internacional do Centenário de Fernando Pessoa – Um Século de Pessoa*. Lisboa: Secretaria de Estado da Cultura, 22.
Mallarmé, Stéphane (1945). *Œuvres complètes*. Paris: Bibliothèque de la Pléiade.
Paz, Octavio (1969). "El desconocido de sí mismo", *Cuadrivio*. México: Joaquín Mortiz, 131-63.
Pessoa, Fernando (1993a). *Poemas de Alberto Caeiro*, nota explicativa e notas de João Gaspar Simões e Luiz de Montalvor. Lisboa: Ática.
Pessoa, Fernando (1993b). *Poesias de Álvaro de Campos*. Lisboa: Ática.
Pessoa, Fernando (1995). *Poesias*, nota explicativa de João Gaspar Simões e Luiz de Montalvor. Lisboa: Ática.
Strawson, Galen (2004). "Against narrativity", *Ratio (new series)*, XVII 4, 428-52.
Zenith, Richard (2002). "Fernando Pessoa's Gay Heteronym?", *Lusosex. Gender and Sexuality in the Portuguese-Speaking World*, Susan Canty Quinlan e Fernando Arenas (eds.). Minneapolis and London: University of Minnesota Press, 35-56.

Notas biográficas

Paulo Borges é Professor de Filosofia da Religião, Pensamento Oriental, Filosofia e Meditação e Filosofia em Portugal, na Faculdade de Letras da Universidade de Lisboa. Professor de Medicina e Meditação na Faculdade de Medicina da mesma Universidade. Doutor Honoris Causa pela Universidade Tibiscus de Timisoara, Roménia, 2017. Recebeu o Prémio Ibn Arabi – Taryumán 2019, na Universidade de Ávila. Autor de publicações em Portugal, Reino Unido, Espanha, França, Itália, Alemanha, Roménia, Turquia, EUA, Colômbia e Brasil, bem como de numerosos livros de ensaio filosófico, aforismos, poesia, ficção e teatro, entre os quais 12 dedicados a Fernando Pessoa.

Gisele Batista Candido é professora na Universidade Federal do Rio de Janeiro. Possui formação acadêmica na área de filosofia e dedica-se à pesquisa do universo pessoano desde 2008. Animada pelas reflexões nascidas do diálogo entre os discursos poético e filosófico, em sua tese de doutorado e em sua pesquisa de pós-doutorado, ambas realizadas na Universidade de São Paulo USP, desenvolveu estudos sobre o desassossego e a originalidade filosófica da obra poética de Fernando Pessoa. É autora de artigos e capítulos de livros sobre esse tema. Atualmente suas investigações buscam explorar o vínculo entre o discurso mítico e o fenômeno heteronímico criado por Pessoa.

Mariana Gray de Castro fez a licenciatura e mestrado na Universidade de Oxford, o doutorado em King's College London, e o pós-doutorado nas universidades de Oxford e Lisboa, todos em literatura inglesa e portuguesa. A sua pesquisa incide sobre as influências inglesas de Fernando Pessoa, e já gerou mais de 20 artigos e capítulos em livros, em inglês e português. Lecionou em Oxford e Lisboa. Autora do livro *Shakespeare, Fernando Pessoa, e a invenção dos heterónimos* (2016) bem como a antologia *Amo como o amor ama: escritos de amor de Fernando Pessoa* (2018). Espera terminar em 2021 um livro sobre Fernando Pessoa e os poetas românticos britânicos.

Sara André da Costa é licenciada em Linguística Geral e Românica pela Universidade de Lisboa. Na Universidade de Nottingham, onde se dedica ao ensino de Língua Portuguesa, completou um MA by Research em 2019, com foco na poesia de Herberto Helder. De momento, desenvolve um estudo comparativo entre as obras de Helder e de Clarice Lispector, projeto de doutoramento intitulado *Clarice Lispector e Herberto Helder: do mito ao texto*. Publicou, entre outros, o artigo

"Herberto Helder: poeta-poema", na revista *Tamanha Poesia* (2019), e o capítulo "Mutatis Mutandis: Communicating Absence", no volume *After Clarice – Reading Lispector's Legacy in the Twenty-First Century*.

Pedro Eiras é Professor de Literatura Portuguesa na Universidade do Porto e Investigador do Instituto de Literatura Comparada Margarida Losa. Desde 2005, publicou diversos livros de ensaios sobre literatura portuguesa dos séculos XX e XXI, estudos interartísticos, questões de ética. Entre os mais recentes: *This Is the Way the World Ends* (2020), *O Riso de Momo – Ensaio sobre Pedro Proença* (2018), *[...] – Ensaio sobre os mestres* (2017), *Constelações 2 – Estudos Comparatistas* (2016), *Platão no Rolls-Royce – Ensaio sobre literatura e técnica* (2015). Desenvolve pesquisas sobre a representação e o imaginário do fim do mundo.

Caio Gagliardi é Professor da Universidade de São Paulo na área de Literatura Portuguesa, onde coordena o Grupo de Pesquisa *Estudos Pessoanos*. Realizou investigações de Pós-Doutorado na Università degli Studi di Roma "La Sapienza" e na USP. Além de mais de vinte artigos sobre Fernando Pessoa, entre as suas publicações destaca-se *O renascimento do autor: autoria, heteronímia e fake memoirs* (2019), a organização do volume de ensaios *Fernando Pessoa & Cia. nãoheterônima* (2019) e dos números 4, 5 e 6 da *Revista Estranhar Pessoa* (UNL), bem como as edições de *Mensagem* e *Teatro do Êxtase*, ambas de Fernando Pessoa.

Diego Giménez fez Doutoramento em literatura e pensamento na Universidade de Barcelona com uma tese sobre o *Livro do Desassossego*. Está licenciado em Filosofia pela UB e é mestre em Estudos Literários na mesma universidade. Trabalhou na redacção de *LaVanguardia.com* e cofundou, em 2008, a *Revista de Letras*. Foi bolsista da Fundação Calouste Gulbenkian e pesquisador no projeto financiado pela FCT "Nenhum Problema tem Solução: Um Arquivo Digital do *Livro do Desassossego*", da Universidade de Coimbra. Foi pesquisador de pós-doutoramento na Universidade Estadual de Londrina, onde leccionou as disciplinas Teoria do Poema e Teoria da Narrativa. Atualmente é pesquisador de pósdoutoramento no Centro de Literatura Portuguesa da Universidade de Coimbra.

Kenneth David Jackson é Professor Catedrático de literatura lusobrasileira na Universidade de Yale. Completou o Doutoramento com Jorge de Sena na Universidade de Wisconsin. Entre os seus livros:

Machado de Assis: A Literary Life, Adverse Genres in Fernando Pessoa, Oxford Anthology of the Brazilian Short Story, Portugal: As Primeiras Vanguardas. Sobre o Oriente publicou *A Presença Oculta, Sing Without Shame, Os Construtores dos Oceanos* e três CDs de gravações de música crioula na série *A Viagem dos Sons*. Ainda sobre o Oriente, *De Chaul a Batticaloa: As Marcas do Império Marítimo Português na Índia e no Sri Lanka*. Lançou em Portugal o CD-ROM, *Luís de Camões and the First Edition of The Lusiads*.

Kelvin Falcão Klein é Professor Adjunto de Literatura Comparada na Escola de Letras da Universidade Federal do Estado do Rio de Janeiro. Atua no Programa de Pós-Graduação em História da mesma instituição, desenvolvendo o projeto "Cartografias da disputa: a literatura comparada e o discurso das ciências humanas". Publicou artigos, ensaios e resenhas sobre autores da literatura contemporânea (W. G. Sebald, Silviano Santiago, Ricardo Piglia) e os livros *Conversas apócrifas com Enrique Vila-Matas* (2011) e *Wilcock, ficção e arquivo* (2018). Co-editor do Dossiê W. G. Sebald no periódico "Cadernos Benjaminianos" (2016) e de *Reinvenções da narrativa: ensaios de história e crítica literária* (2019).

Maria Manuel Lisboa é Professora Catedrática em Literatura e Cultura Portuguesa e Brasileira na Universidade de Cambridge onde leciona sobre literaturas portuguesa, brasileira e lusófona. É a autora de artigos e de sete livros sobre autores portugueses, brasileiros, estudos comparatistas sobre o tema de apocalipse, e sobre a obra de Paula Rego. O seu trabalho recebeu dois prémios: Prémio do Grémio Literário (Portugal) por um volume sobre a obra de Eça de Queirós, e Prémio Itamaraty (Brasil) por um ensaio sobre a obra de Lygia Fagundes Telles.

Silvina Rodrigues Lopes é Professora Catedrática na Faculdade de Ciências Sociais e Humanas da Universidade Nova de Lisboa, onde ensina Literatura e Teoria da Literatura. Publicou, entre outros, os seguintes livros: *Tão simples como isso* (ficção, 1982), *E Se-pára* (ficção, 1985), *Alegria da Comunicação* (1989), *Aprendizagem do Incerto* (1990), *A Legitimação em Literatura* (1994), *Carlos de Oliveira – O Testemunho Inadiável* (1996), *Agustina Bessa-Luís. As Hipóteses do Romance* (1998), *A Inocência do devir* (2003), *Literatura defesa do atrito* (3ª ed., 2017), *A anomalia poética* (2006), *A estranheza-em-comum* (2012), *Teoria da Despossessão* (2ª ed., 2014).

Bernard McGuirk é Professor Emérito em Literaturas Românicas e Teoria Crítica da Universidade de Nottingham. Presidente da Associação de Hispanistas da Grã-Bretanha e da Irlanda 1997-98, em 2000 foi agraciado com o título de Comendador da Ordem do Mérito, Portugal. Dentre os livros mais recentes realçam-se: *Erasing Fernando Pessoa* (2017); *Falklands-Malvinas: an Unfinished Business* (2ª ed., 2018); *Latin American Literature and Post-Structuralism* (2018); *Is there a Latin American Text in this Class* (2020). His latest monograph, to be published in 2021, is *It Breaks Two To Tangle. The Falklands-Malvinas Conflict in the Political Cartoon*.

Rui Gonçalves Miranda é Professor Associado na Universidade de Nottingham. Realizou o seu Doutoramento em Teoria Crítica e Literatura Modernista (sobre Jacques Derrida e Fernando Pessoa) e levou a cabo um projeto de Pós-Doutoramento financiado pela Fundação de Ciência e Tecnologia no Centro de Estudos Humanísticos (Universidade do Minho) e na Universidade de Nottingham. As suas áreas de pesquisa incluem literatura, cinema, teoria crítica, e culturas no pós-conflito. É co-editor de *Post-Conflict Reconstructions* (2013) e autor de *Personal Infinitive: Inflecting Fernando Pessoa* (2017), bem como de vários capítulos em volumes coletivos e artigos em revistas especializadas.

Francesca Pasciolla é Doutora em Crítica Literária e Literaturas Comparadas pela Università Ca' Foscari de Veneza, tendo escrito uma tese sobre as descontinuidades no *Livro do Desassossego* de Fernando Pessoa. É autora da monografia *Walt Whitman in Fernando Pessoa* (2016), prefaciadora, tradutora e ilustradora da peça de Paulo Borges *The Apocalypse according to Fernando Pessoa and Ofélia Queirós* (2019), e editora de Georgiana Colvile, *Slippery Selves: Women Surrealists Reprised* (2020). A sua investigação atual questiona a rasura e o gesto de (r)escrever a partir de *A mão inteligente* de Ana Hatherly.

Rita Patrício é Professora Associada da Faculdade de Letras da Universidade de Lisboa e é membro do seu Centro de Estudos Comparatistas. Colabora com o Centro de Estudos Humanísticos da Universidade do Minho e com o Instituto de Estudos de Literatura e Tradição da Faculdade de Ciências Sociais e Humanas da Universidade Nova de Lisboa. Publicou *Episódios. Da teorização estética em Fernando Pessoa* (2012) e *Apontamentos. Pessoa, Nemésio, Drummond* (2016). É autora de vários ensaios, em volumes coletivos e em revistas especializadas, decorrentes dos seus estudos sobre literatura portuguesa moderna e contemporânea, nomeadamente sobre Fernando Pessoa e Vitorino Nemésio. É membro do projeto *Estranhar Pessoa. Um escrutínio das pretensões heteronímicas*.

Flávio Rodrigo Penteado é mestre em Literatura Portuguesa pela Faculdade de Filosofia, Letras e Ciências Humanas da Universidade de São Paulo. Foi bolsista da Fundação de Amparo à Pesquisa do Estado de São Paulo (FAPESP) e, na mesma universidade, desenvolve a tese de Doutoramento "Pessoa dramaturgo: tradição, estatismo e deteatrização", propondo-se a ler os "dramas estáticos" do autor para além do Simbolismo de matriz maeterlinckiana. Para tanto, aproxima tais textos daqueles de outros dramaturgos modernos, tanto portugueses quanto estrangeiros. Integra, desde sua fundação, em 2013, o Grupo de Pesquisa Estudos Pessoanos, coordenado por Caio Gagliardi.

Nuno Ribeiro é Pós-Doutorando do IELT – Instituto de Estudos de Literatura e Tradição (Universidade Nova de Lisboa, Faculdade de Ciências Sociais e Humanas), com uma bolsa financiada pela Fundação para a Ciência e a Tecnologia, ao abrigo do FSE. Doutorou-se em Filosofia – também pela Universidade Nova de Lisboa – com uma tese intitulada: *Tradição e pluralismo nos escritos filosóficos de Fernando Pessoa*. Realizou pesquisas de pós-doutoramento na Universidade Federal de São Carlos e na Universidade de São Paulo. É autor de numerosas edições e vários estudos sobre a obra de Fernando Pessoa, publicados na Europa, no Brasil e nos Estados Unidos.

Mark Sabine é Professor Associado em Estudos Lusófonos na Universidade de Nottingham. Publicou diversos artigos sobre Fernando Pessoa, José Saramago, al berto e outros autores em revistas como *Colóquio-Letras*, *Via Atlântica*, *Portuguese Literary and Cultural Studies* e *Journal of Romance Studies*, e é também autor de *José Saramago: History, Utopia and the Necessity of Error* (2016). Coordenou, com Anna M. Klobucka *O Corpo em Pessoa: corporealidade, género, sexualidade* (2010), e, com Tatiana Pequeno, um número da *Revista Abril*, "O corpo: versões e subversões de muitas escritas" (2017). Desenvolve projetos que abordam a memória e representação da luta anti-colonial em África, e a identidade e produção das comunidades LGBTQ+ em Portugal no pós-25 de abril.

Richard Zenith, originário dos EUA, emigrou para Portugal em 1987. Escritor, investigador, ensaísta e organizador de numerosas edições de Fernando Pessoa, incluindo o *Livro do Desassossego*, publicou *Fotobiografias do séc. XX: Fernando Pessoa* (2008), em parceria com Joaquim Vieira. Entre 2010 e 2012, organizou, junto com Carlos Felipe Moisés, a exposição *Fernando Pessoa, Plural como o Universo*, na Fundação Gulbenkian de Lisboa, no Museu da Língua Portuguesa de São

Paulo e no Centro Cultural dos Correios do Rio de Janeiro. Em 2012, foi galardoado com o Prémio Pessoa. Em 2021 publica *Pessoa: A Biography*. Também traduz poesia – de Camões, Pessoa, Sophia de Mello Breyner, Carlos Drummond de Andrade e outros.

Índice

25 de abril, 55

A *Águia*, 194-95, 197, 214, 276, 301
Agamben, Giorgio, 13, 104, 158, 161
al berto, 15, 221-41

Badiou, Alain, 106
Barão de Teive, 13, 65, 154-62
Barthes, Roland, 10-11, 38-40, 42, 44, 48, 50-51, 58, 62, 70, 194, 226-28, 238-39, 332-33, 339
Baudelaire, Charles, 34, 225, 301-302, 306
Benjamin, Walter, 43, 322, 326
Bergson, Henri, 299
Blanchot, Maurice, 54, 57, 159-61
Bloom, Harold, 16, 127
Borges, Jorge Luis, 7, 158, 244, 345
Bradbury, Malcolm, 202, 207, 213, 297-98
Bruno, Sampaio, 195, 200, 204, 209, 211
Burroughs, William, 226
Butler, Judith, 233

Caeiro, Alberto, 9, 23, 32, 42, 94, 97-100, 104, 116, 123, 125, 171, 266, 271, 288-93, 311, 313-16, 318, 324-26, 328, 332, 335
Calderón de la Barca, Pedro, 75, 82, 177-78, 181-82, 187, 191
Calvino, Italo, 11, 61-62, 66

Camões, Luís Vaz de, 142, 150, 203, 205, 208, 224, 226, 228, 304
Campos, Álvaro de, 9, 16-17, 50, 81, 99-101, 104, 115-16, 123, 125, 129, 136, 169, 221, 226, 227-30, 242, 266, 273, 279, 292, 311-17, 324, 326
Capitão Ayakwaan, 170, 172
Chatwin, Bruce, 226
Coelho, Eduardo Prado, 255
Coelho, Jacinto Prado, 210, 250, 279, 298-99, 301
Coleridge, Samuel Taylor, 68, 127, 170, 213, 225, 227
Condillac, Étienne Bonnot de, 38, 46
Cousineau, Thomas J., 44, 47, 50

D. Sebastião, 137, 139-41, 150, 172, 200, 210-12, 232, 304, 321
de Man, Paul, 64, 289
Deleuze, Gilles, 258
Derrida, Jacques, 18, 56, 194, 202, 211-13, 328, 331-33, 336-43
Ducasse, Isidore, 325

Eco, Umberto, 41
Eliot, T. S., 13, 123-26, 128, 131
Estado Novo, 137, 139-40, 142, 147, 151, 194, 196, 203, 207-208, 214

Feijó, António, 206, 289, 326
Ferreira, Vergílio, 298, 304, 305

Ferro, António, 140-41
Foucault, Michel, 43, 159, 227-28
Freud, Sigmund, 32, 135, 150
Frey, Hans-Jost, 47

Gil, José, 96, 104-105
Ginzburg, Carlo, 161
Glicksberg, Charles, 301
Goethe, Johann Wolfgang von, 266, 304
Guattari, Félix, 258

Helder, Herberto, 15, 244-45, 247, 252-60
Herr Prosit, 143-46, 149, 167
Holecek, Andrew, 77, 79-80, 82-83, 85, 91

Joyce, James, 7, 13, 123-26, 128-29, 131, 265

Kafka, Franz, 7, 11, 31, 70, 159-61, 244
Kant, Immanuel, 43, 106-107, 146
Keats, John, 13, 123-28, 131
Kristeva, Julia, 38, 46, 148-49, 253
Kujawski, Gilberto, 95

Lacan, Jacques, 48, 247-48, 250-51, 339
Lind, Georg Rudolf, 46, 279
Lourenço, Eduardo, 4, 173, 228, 260, 297, 312, 318, 336, 344
Lowry, Malcolm, 226
Lyotard, Jean-François, 23

Maeterlinck, Maurice, 114, 167, 176

Mallarmé, Stéphane, 11, 18, 47, 63-64, 334-35, 344
Manzoni, Alessandro, 63
Martins, Fernando Cabral, 45, 260, 279, 316
Maupassant, Guy de, 62
McGann, Jerome, 48
Melville, Herman, obras: *Bartleby, the Scrivener*, 13, 30, 155, 156, 158, 162, 320; *Moby-Dick*, 170
Merquior, Guilherme, 297, 301
Michaux, Henri, 66
Moisés, Carlos Felipe, 95, 99, 101, 106, 162

Negreiros, Almada, 136, 301
Novalis, 12, 33, 75, 110, 113-19

O Encoberto, 200, 204, 211, 212
Os Lusíadas, 206, 223-24

Pascal, Blaise, 12, 110-13, 119, 150, 268
Paz, Octavio, 46, 343
Pessoa, Fernando, obras: *A Very Original Dinner*, 13, 135; *Livro do Desassossego*, 10-12, 23, 25-27, 35-36, 38, 41-48, 50-51, 54, 57, 59, 61, 64-66, 70, 75, 83, 102, 112-13, 123, 154, 157-58, 168, 177, 190, 267-70, 272, 300, 316, 318, 320; *Mensagem*, 7-8, 13-14, 17, 137, 140-42, 151, 155, 167, 173, 194, 196-97, 200, 203-204, 206-212, 214, 298, 311, 321-25; *O Marinheiro*, 14-15, 167, 169, 176-78, 180, 182, 187, 189-92, 221-22, 230, 232-34, 237-38, 242; *The Mad*

Fiddler, 171
Perrone-Moisés, Leyla, 162, 247
Pizarro, Jerónimo, 94, 157, 159
Pound, Ezra, 13, 123, 125-26, 131, 206
presença, 283, 286, 289-92

Queirós, Eça de, 297

Rancière, Jacques, 11, 38, 45, 49, 50-51
Reis, Ricardo, 9, 99-101, 104, 116, 123, 125, 266, 271, 289, 291, 311, 313-14, 324, 326, 328-29
Rimbaud, Arthur, 8, 15, 155-56, 222, 226-28, 242
Rousseau, Jean-Jacques, 33, 35, 205, 210

Sá-Carneiro, Mário de, 16, 45, 136, 160, 244, 274-93
Salazar, António de Oliveira, 137-42, 147, 203, 207, 210
Santos, Irene Ramalho, 198, 209
Saussure, Ferdinand de, 38, 46
Schlegel, Friedrich, 302
Seabra, José Augusto, 103, 209
Search, Alexander, 13, 134-35, 142-51, 265-66, 272
Sena, Jorge de, 129, 203, 206, 274, 299
Sepúlveda, Pedro, 41, 173, 247, 260, 281, 292
Sérgio, António, 139
Shakespeare, William, 12, 14, 75, 123, 126-31, 176-82, 187-91, 258, 269, 304, 326
Simões, João Gaspar, 124, 273, 283, 286, 289, 291, 296

Soares, Bernardo, 10-11, 13, 17, 23, 25, 27-28, 30-31, 34, 36, 38, 41-42, 44, 50, 65, 75, 83-90, 94, 101-102, 104, 123, 126, 128, 157, 270, 272, 303, 311, 316-20, 331
Sterne, Laurence, 11, 62-64, 67-68, 123
Stevenson, Robert Louis, 64, 168
Strawson, Galen, 344-45
Suzuki, Márcio, 94, 107, 302

Tabucchi, Antonio, 14, 176-77, 191
Terdiman, Richard, 206
Torga, Miguel, 138
Trindade, Luís, 60, 199, 203

Valéry, Paul, 15, 197-199, 201, 202, 207, 211
Vieira, Afonso Lopes, 199, 203
Vieira, Padre António, 321
Vila-Matas, Enrique, 13, 155-59, 162

Wilde, Oscar, 13, 123-26, 130-31, 303
Williams, Raymond, 305

Yeats, W. B., 124, 150

Zilsel, Edgar, 24
Žižek, Slavoj, 150

Other Books in the SPLASH Pessoa Studies series

Fernando Pessoa's Shakespeare: The Invention of the Heteronyms

Shakespeare, Fernando Pessoa, e a Invencao dos eteronimos

Walt Whitman in Fernando Pessoa

Erasing Fernando Pessoa

Personal Infinitive: Inflecting Fernando Pessoa

The Apocalypse according to Fernando Pessoa and Ofélia Queirós

www.ingramcontent.com/pod-product-compliance
Lightning Source LLC
Chambersburg PA
CBHW032147080426
42735CB00008B/612